V.I. LENIN

EL ESTADO Y LA REVOLUCIÓN Y ANTOLOGÍA DE ENSAYOS ROJOS

astria

EL ESTADO Y LA REVOLUCIÓN Y ANTOLOGÍA DE ENSAYOS ROJOS
V. I. LENIN

©Astria Ediciones
Diseño de portada: Andrea Rodríguez—Mariana Turcios
Supervisión Editorial: Óscar Flores López
Administración: Tesla Rodas y Jessica Cordero
Director Ejecutivo: José Azcona Bocock

Primera edición
Tegucigalpa, Honduras—Enero de 2025

PRIMERA PARTE: EL ESTADO Y LA REVOLUCIÓN

CAPÍTULO 1: LA SOCIEDAD DE CLASES Y EL ESTADO

1. EL ESTADO, PRODUCTO DEL CARÁCTER IRRECONCILIABLE DE LAS CONTRADICCIONES DE CLASE

Con la doctrina de Marx ocurre hoy lo que ha sucedido repetidamente en la historia con las ideas de los pensadores revolucionarios y los líderes de las clases oprimidas en su lucha por la liberación. Durante la vida de los grandes revolucionarios, las clases opresoras los persiguen sin descanso, atacan sus ideas con furia y desatan campañas de calumnias y mentiras contra ellos. Sin embargo, después de su muerte, intentan convertirlos en figuras inofensivas, canonizarlos, por así decirlo, y rodear sus nombres con un aura de gloria para "consolar" y engañar a las clases oprimidas. En este proceso, despojan sus doctrinas de su contenido revolucionario, mellan su filo crítico y las degradan hasta hacerlas aceptables para el orden establecido.

Actualmente, tanto la burguesía como los oportunistas dentro del movimiento obrero se dan la mano en esta operación de desfiguración del marxismo. Olvidan o tergiversan su esencia revolucionaria, relegando a un segundo plano sus aspectos más combativos y ensalzando únicamente aquellos que resultan inofensivos para la burguesía. No es casualidad que todos los socialchovinistas de hoy—¡sin ironía!—se proclamen "marxistas". Es más, cada vez más científicos burgueses alemanes, que hasta hace poco se especializaban en criticar el marxismo, ahora hablan de un Marx "nacional-alemán" que, según ellos, educó a las organizaciones obreras para llevar a cabo guerras imperialistas.

Ante esta situación, y ante la creciente difusión de tergiversaciones del marxismo, nuestra tarea principal es restaurar la verdadera doctrina de Marx sobre el Estado. Para ello, debemos citar extensamente sus propias obras y las de Engels. Naturalmente, estas citas pueden hacer la exposición más densa y menos accesible, pero es un esfuerzo necesario. Solo a través de la presentación completa de los pasajes esenciales de sus escritos podremos ofrecer al lector una visión precisa de su pensamiento, del desarrollo de sus ideas y de cómo han sido distorsionadas por el "kautskismo" predominante.

Comencemos por la obra más conocida de Engels: El origen de la familia, la propiedad privada y el Estado, cuya sexta edición fue publicada en Stuttgart en 1894. Es conveniente traducir las citas desde los originales en alemán, ya que las versiones rusas, aunque abundantes, suelen ser incompletas o deficientes.

Engels resume su análisis histórico del Estado de la siguiente manera:

"El Estado no es de ningún modo un poder impuesto desde fuera de la sociedad. Tampoco es 'la realidad de la idea moral' ni 'la imagen y la realidad de la razón', como afirma Hegel. Es más bien el producto de un determinado grado de desarrollo social; es la prueba de que la sociedad ha caído en una contradicción insalvable consigo misma y está dividida por antagonismos irreconciliables que no puede resolver. Para evitar que estas clases con intereses económicos en conflicto se destruyan mutuamente en una lucha estéril, surge la necesidad de un poder situado aparentemente por encima de la sociedad, cuya función es amortiguar estos conflictos y mantenerlos dentro de ciertos límites de 'orden'. Este poder—que nace de la sociedad, pero se coloca por encima de ella y se distancia cada vez más—es el Estado" (págs. 177-178 de la sexta edición alemana).

Aquí queda expresada con total claridad la idea fundamental del marxismo sobre el papel histórico del Estado. Según Marx y Engels, el Estado es producto y reflejo del carácter irreconciliable de las contradicciones de clase. No surge en cualquier contexto, sino precisamente donde esas contradicciones no pueden resolverse de forma pacífica. Y, a la inversa, la existencia del Estado es la prueba de que las clases en conflicto no pueden conciliarse.

Es precisamente en este punto central donde comienzan las tergiversaciones del marxismo, que se manifiestan en dos formas principales.

Por un lado, los ideólogos burgueses, y en particular los pequeñoburgueses, que, al verse obligados por la realidad a aceptar que el Estado solo existe en sociedades divididas en clases, "corrigen" a Marx para presentar el Estado como un órgano de conciliación de las clases. Sin embargo, según Marx, el Estado no podría ni siquiera existir si las clases fueran conciliables. Pero en las versiones edulcoradas del marxismo promovidas por profesores y publicistas burgueses—¡quienes, curiosamente, no dejan de invocar a Marx!—el Estado aparece como el mediador que armoniza los intereses de las clases.

Para Marx, el Estado es un instrumento de dominación de una clase sobre otra. Es un mecanismo que legaliza y refuerza la opresión, manteniendo la lucha de clases bajo control dentro de los límites del "orden" impuesto por la clase dominante. Pero para los políticos pequeñoburgueses, el "orden" no significa opresión de una clase sobre otra, sino conciliación de intereses. Para ellos, amortiguar los conflictos de clase significa conciliarlos, cuando en realidad lo que hace el Estado es despojar a las clases oprimidas de los medios y oportunidades para luchar contra sus opresores.

Un ejemplo claro de esta distorsión se vio en la Revolución de 1917, cuando la cuestión del Estado se convirtió en un problema práctico y urgente. En ese momento, los socialrevolucionarios (eseristas) y los mencheviques adoptaron completamente la idea pequeñoburguesa de que el Estado podía conciliar las clases. Innumerables resoluciones y artículos de estos partidos estaban impregnados de esta visión ingenua y filistea de la "conciliación". Para ellos, el Estado no era un órgano de dominación de una clase sobre otra, sino una herramienta de equilibrio entre intereses opuestos. Su incomprensión del Estado demuestra que, en realidad, nunca fueron socialistas—como los bolcheviques hemos afirmado siempre—sino simplemente demócratas pequeñoburgueses con una retórica pseudo-socialista.

Por otro lado, la tergiversación del marxismo por parte de Kautsky es más sutil. "Teóricamente", él no niega que el Estado sea un órgano de dominación de clase ni que las contradicciones de clase sean irreconciliables. Sin embargo, omite o disimula una conclusión clave: si el Estado surge debido a la imposibilidad de conciliar las clases, y si es un aparato que se separa cada vez más de la sociedad, entonces la liberación de la clase oprimida solo puede lograrse mediante una revolución violenta y la destrucción del aparato estatal creado por la clase dominante.

Marx llegó a esta conclusión a través de un análisis histórico preciso, demostrando que no solo era necesaria una revolución, sino también el desmantelamiento del Estado burgués como condición indispensable para la emancipación del proletariado. Como veremos en detalle más adelante, Kautsky ha "olvidado" y tergiversado esta enseñanza fundamental del marxismo.

2. LOS DESTACAMENTOS ESPECIALES DE FUERZAS ARMADAS, LAS CÁRCELES, ETC

"Frente a la antigua organización gentilicia —prosigue Engels—, el Estado se caracteriza, en primer lugar, por la agrupación de sus súbditos según 'divisiones territoriales'. (...) Esta organización de los súbditos del

Estado conforme al territorio es común a todos los Estados. Por eso nos parece natural, pero en anteriores capítulos hemos visto que en Atenas y Roma fueron necesarias obstinadas y largas luchas antes de que pudiera sustituir a la antigua organización gentilicia.

El segundo rasgo característico es la institución de una 'fuerza pública' que ya no es el pueblo armado. Esta fuerza pública especial se hace necesaria porque, desde la división de la sociedad en clases, es imposible una organización armada espontánea de la población (...) Esta fuerza pública existe en todo Estado y no está formada solo por hombres armados, sino también por aditamentos materiales (cárceles e instituciones coercitivas de todo tipo) que la sociedad gentilicia no conocía".

Engels desarrolla la noción de esa "fuerza" a que se da el nombre de Estado, fuerza que brota de la sociedad, pero que se sitúa por encima de ella y que se divorcia cada vez más de ella.

¿En qué consiste, fundamentalmente, esta fuerza? En destacamentos especiales de hombres armados, que tienen a su disposición cárceles y otros elementos.

Tenemos derecho a hablar de destacamentos especiales de hombres armados, pues la fuerza pública, propia de todo Estado, ya no es la población armada, su "organización armada espontánea".

Como todos los grandes pensadores revolucionarios, Engels se esfuerza por dirigir la atención de los obreros conscientes precisamente hacia aquello que el filisteísmo dominante considera como lo menos digno de atención, como lo más habitual, santificado por prejuicios no ya sólidos, sino podríamos decir que petrificados. El ejército permanente y la policía son los instrumentos fundamentales de la fuerza del poder estatal. Pero ¿puede acaso ser de otro modo?

Desde el punto de vista de la inmensa mayoría de los europeos de fines del siglo XIX, a quienes se dirigía Engels y que no habían vivido ni visto de cerca ninguna gran revolución, esto no podía ser de otro modo. Para ellos era completamente incomprensible eso de la "organización armada espontánea de la población". A la pregunta de por qué ha surgido la necesidad de destacamentos especiales de hombres armados (policía y ejército permanente), situados por encima de la sociedad y divorciados de ella, el filisteo de Europa Occidental y el filisteo ruso se inclinaban a contestar con un par de frases tomadas de prestado a Spencer o a Mijailovski, remitiéndose a la creciente complejidad de la vida social y a la diferenciación de funciones, etc.

Estas referencias parecen "científicas" y adormecen magníficamente al filisteo, velando lo principal y fundamental: la división de la sociedad en clases enemigas irreconciliables.

Si no existiese esa división, la "organización armada espontánea de la población" se diferenciaría por su complejidad, por su elevada técnica, etc., de la organización primitiva de la manada de monos que manejan el palo, o de la del hombre primitivo, o de los hombres agrupados en clanes; pero semejante organización sería posible.

Y no lo es porque la sociedad civilizada se halla dividida en clases enemigas y, además, irreconciliablemente enemigas, cuyo armamento "espontáneo" conduciría a la lucha armada entre ellas. Se forma el Estado, se crea una fuerza especial, destacamentos especiales de hombres armados, y cada revolución, al destruir el aparato estatal, nos muestra la descubierta lucha de clases, nos muestra muy a las claras cómo la clase dominante se esfuerza por restaurar los destacamentos especiales de hombres armados a su servicio, cómo la clase oprimida se esfuerza por crear una nueva organización de este tipo que sea capaz de servir no a los explotadores, sino a los explotados.

En el pasaje citado, Engels plantea teóricamente el mismo problema que cada gran revolución plantea ante nosotros prácticamente, de un modo palpable y, además, sobre un plano de acción de masas: el problema de la relación entre los destacamentos "especiales" de hombres armados y la "organización armada espontánea de la población". Hemos de ver cómo ilustra de un modo concreto esta cuestión la experiencia de las revoluciones europeas y rusas.

Pero volvamos a la exposición de Engels.

Engels señala que, a veces, por ejemplo, en algunos lugares de Norteamérica, esta fuerza pública es débil (se trata de excepciones raras dentro de la sociedad capitalista y de aquellos sitios de Norteamérica en que imperaba, en el período preimperialista, el colono libre), pero que, en términos generales, se fortalece:

"...La fuerza pública se fortalece a medida que los antagonismos de clase se exacerban dentro del Estado y a medida que se hacen más grandes y más poblados los Estados colindantes. Y si no, examínese nuestra Europa actual, donde la lucha de clases y la rivalidad en las conquistas han hecho crecer tanto la fuerza pública, que esta amenaza con devorar a la sociedad entera y aun al Estado mismo...".

Esto fue escrito no más tarde que a comienzos de la década del 90 del siglo pasado. El último prólogo de Engels lleva la fecha del 16 de junio de 1891. Por aquel entonces, comenzaba apenas en Francia, y más tenuemente todavía en Norteamérica y en Alemania, el viraje hacia el imperialismo, tanto en el sentido de la dominación completa de los trusts, como en el sentido de la omnipotencia de los grandes bancos, en el sentido de una grandiosa política colonial, etc. Desde entonces, la "rivalidad en las conquistas" ha dado un gigantesco paso adelante, tanto más cuanto que a comienzos de la segunda década del siglo XX el planeta quedó definitivamente repartido entre estos "conquistadores rivales", es decir, entre las grandes potencias rapaces. Desde entonces, los armamentos terrestres y marítimos han crecido en proporciones increíbles, y la guerra de rapiña de 1914 a 1917 por la dominación de Inglaterra o Alemania sobre el mundo, por el reparto del botín, ha llevado la "absorción" de todas las fuerzas de la sociedad por un poder estatal rapaz hasta el borde de una catástrofe completa. Ya en 1891, Engels supo señalar la "rivalidad en las conquistas" como uno de los más importantes rasgos distintivos de la política exterior de las grandes potencias. ¡Y los canallas del socialchovinismo de los años 1914-1917, precisamente cuando esta rivalidad, agudizándose más y más, ha engendrado la guerra imperialista, encubren la defensa de los intereses rapaces de "su" burguesía con frases sobre "la defensa de la patria", sobre "la defensa de la república y de la revolución" y con otras por el estilo!

3. EL ESTADO, INSTRUMENTO DE EXPLOTACIÓN DE LA CLASE OPRIMIDA

Para mantener un poder público especial, situado por encima de la sociedad, son necesarios los impuestos y la deuda pública.

"...Dueños de la fuerza pública y del derecho a recaudar los impuestos —dice Engels—, los funcionarios, como órganos de la sociedad, aparecen ahora situados por encima de esta. El respeto que se tributaba libre y voluntariamente a los órganos de la constitución gentilicia (de clan) ya no les basta, incluso si pudieran ganarlo...". Se dictan leyes especiales sobre la santidad y la inmunidad de los funcionarios. "El más despreciable polizonte tiene más "autoridad" que los representantes del clan; pero incluso el jefe del poder militar de un Estado civilizado podría envidiar a un jefe de clan por "el respeto espontáneo" que le profesaba la sociedad.

Aquí se plantea la cuestión de la situación privilegiada de los funcionarios como órganos de poder del Estado. Lo fundamental es saber: ¿qué los coloca por encima de la sociedad? Ya veremos cómo esta cuestión teórica fue resuelta prácticamente por la Comuna de París en 1871 y cómo la veló reaccionariamente Kautsky en 1912.

"...Como el Estado nació de la necesidad de refrenar los antagonismos de clase, y como, al mismo tiempo, nació en medio del conflicto de esas clases, es, por regla general, el Estado de la clase más poderosa, de la clase económicamente dominante, que, con ayuda de él, se convierte también en la clase políticamente dominante, adquiriendo con ello nuevos medios para la represión y la explotación de la clase oprimida...— No solo el Estado antiguo y el Estado feudal fueron órganos de explotación de los esclavos y de los siervos, también —el moderno Estado representativo es el instrumento de que se sirve el capital para explotar el trabajo asalariado. Sin embargo, por excepción, hay períodos en que las clases en lucha están tan equilibradas, que el poder del Estado, como mediador aparente, adquiere cierta independencia momentánea respecto a una y otra...—. Tal aconteció con la monarquía absoluta de los siglos XVII y XVIII, con el bonapartismo del primero y del segundo Imperio en Francia y con Bismarck en Alemania.

Y tal ha acontecido también —agregamos nosotros— con el gobierno de Kerensky en la Rusia republicana, después del paso a las persecuciones del proletariado revolucionario, en un momento en que los Sóviets, como consecuencia de hallarse dirigidos por demócratas pequeñoburgueses, son ya impotentes, y la burguesía no es todavía bastante fuerte para disolverlos pura y simplemente.

"En la república democrática —prosigue Engels— la riqueza ejerce su poder indirectamente, pero de un modo tanto más seguro", y lo ejerce, en primer lugar, mediante "la corrupción directa de los funcionarios" (Norteamérica) y, en segundo lugar, mediante la —alianza entre el gobierno y la Bolsa— (Francia y Norteamérica).

En la actualidad, el imperialismo y la denominación de los bancos han "desarrollado", hasta convertirlos en un arte extraordinario, estos dos métodos de defender y llevar a la práctica la omnipotencia de la riqueza en las repúblicas democráticas, sean cuales fueren. Si, por ejemplo, en los primeros meses de la República Democrática de Rusia, durante la que podríamos llamar luna de miel de los "socialistas" —eseritas y mencheviques—, con la burguesía, en el gobierno de coalición, el señor

Palchinski saboteó todas las medidas de restricción contra los capitalistas y sus latrocinios, contra sus actos de saqueo del fisco mediante los suministros de guerra, y si luego, una vez fuera del ministerio, el señor Palchiski (sustituido, naturalmente, por otro Palchinski exactamente igual), fue "recompensado" por los capitalistas con un puestecito de 120,000 rublos de sueldo al año. ¿qué ha significa esto? ¿Es un soborno directo o indirecto. ¿Es una alianza del gobierno con los consorcios o son solamente "lazos de amistad"? ¿Qué papel desempeñan los Chernov y los Tsereteli, los Avxéntiev y los Skóbelev? ¿El de los aliados "directos" o solamente indirectos de los millonarios malversadores de los fondos públicos?

La omnipotencia de la "riqueza" también es más segura en las repúblicas democráticas porque no depende de unos u otros defectos del mecanismo político ni de la mala envoltura política del capitalismo. La república democrática es la mejor envoltura política de que puede revestirse el capitalismo; y, por lo tanto, el capital, al dominar (a través de los Palchinski, los Chernov, los Tsereteli y Cía.) esta envoltura, que es la mejor de todas, cimienta su poder de un modo tan seguro, tan firme, que no lo conmueve ningún cambio de personas, ni de instituciones, ni de partido dentro de la república democrática burguesa.

Hay que advertir, además, que Engels, con la mayor precisión, llama también al sufragio universal instrumento de dominación de la burguesía. El sufragio universal, dice Engels, basándose, evidentemente, en la larga experiencia de la socialdemocracia alemana, es "el índice de la madurez de la clase obrera. No puede llegar ni llegará nunca a más en el Estado actual".

Los demócratas pequeñoburgueses, por el estilo de nuestros eseristas y mencheviques, y sus hermanos carnales, todos los socialchovinistas y oportunistas de Europa Occidental, esperan, en efecto, "más" del sufragio universal. Comparten ellos mismos e inculcan al pueblo la falsa idea de que el sufragio universal es, "en el Estado actual", un medio capaz de revelar realmente la voluntad de la mayoría de los trabajadores y de garantizar su puesta en práctica.

Aquí no podemos hacer más que señalar esta falsa idea, poner de manifiesto que esta afirmación de Engels, completamente clara, precisa y concreta, se adultera a cada paso en la propaganda y en la agitación de los partidos socialistas "oficiales" (es decir, oportunistas). Una explicación minuciosa de toda la falsedad de esta idea, rechazada aquí por Engels, la encontraremos más adelante en nuestra exposición de los puntos de vista de Marx y Engels sobre el Estado "actual".

En la más popular de sus obras, Engels hace un resumen general de sus puntos de vista en los siguientes términos:

"Por tanto, el Estado no ha existido eternamente. Ha habido sociedades que se las arreglaron sin él, que no tuvieron la menor noción del Estado ni de su poder. Al llegar a cierta fase del desarrollo económico, que estaba ligada necesariamente a la división de la sociedad en clases, esta división hizo del Estado una necesidad. Ahora nos aproximamos con rapidez a una fase de desarrollo de la producción en que la existencia de estas clases no solo deja de ser una necesidad, sino que se convierte en un obstáculo directo para la producción. Las clases desaparecerán de un modo tan inevitable como surgieron en su tiempo. Con la desaparición de las clases, desaparecerá inevitablemente el Estado. La sociedad, reorganizando de un modo nuevo la producción sobre la base de una asociación libre de productores iguales, enviará toda la máquina del Estado al lugar que entonces le ha de corresponder: al museo de antigüedades, junto a la rueca y el hacha de bronce".

No se encuentra con frecuencia esta cita en las publicaciones de propaganda y agitación de la socialdemocracia contemporánea. Pero incluso cuando nos encontramos con ella es, casi siempre, como si se hicieran reverencias ante un icono, o sea, para rendir un homenaje oficial a Engels, sin el menor intento de analizar la amplitud y profundidad de la revolución que supone este "enviar toda la máquina del Estado al museo de antigüedades". En la mayoría de los casos, no se ve ni siquiera la comprensión de lo que Engels llama la máquina del Estado.

4. LA EXTINCIÓN DEL ESTADO Y LA REVOLUCIÓN VIOLENTA

Las palabras de Engels sobre la "extinción" del Estado gozan de tanta celebridad, se citan con tanta frecuencia y muestran con tanto relieve dónde está el quid de la adulteración corriente del marxismo por la cual este es adaptado al oportunismo, que se hace necesario detenerse a examinarlas detalladamente. Citaremos todo el pasaje donde figuran estas palabras:

"El proletariado toma el poder estatal y comienza por convertir los medios de producción en propiedad del Estado. Pero con este acto se destruye a sí mismo como proletariado y destruye toda diferencia y todo antagonismo de clase y, con ello mismo, el Estado como tal. La sociedad, que se ha movido hasta ahora entre antagonismos de clase, ha tenido necesidad del Estado, o sea, de una organización de la clase explotadora para mantener las condiciones exteriores de producción y, por tanto, particularmente, para mantener por la fuerza a la clase explotada en las condiciones de opresión (la esclavitud, la servidumbre, el trabajo asalariado), determinadas por el modo de producción existente. El Estado era el representante oficial de toda la sociedad, su síntesis en una corporación visible; pero lo era tan solo como Estado de la clase que en su época representaba a toda la sociedad: en la antigüedad era el Estado de los ciudadanos esclavistas; en la Edad Media, el de la nobleza feudal; en nuestros tiempos es el de la burguesía.

Cuando el Estado se convierta finalmente en representante efectivo de toda la sociedad, será por sí mismo superfluo. Cuando ya no exista ninguna clase social a la que haya que mantener en la opresión; cuando desaparezcan, junto con la dominación de clase, junto con la lucha por la existencia individual, engendrada por la actual anarquía de la producción, los choques y los excesos resultantes de esta lucha, no habrá ya nada que reprimir ni hará falta, por tanto, esa fuerza especial de represión, el Estado. El primer acto en que el Estado se manifiesta efectivamente como representante de toda la sociedad —la toma de posesión de los medios de producción en nombre de la sociedad— es a la par su último acto independiente como Estado.

La intervención del poder estatal en las relaciones sociales se hará superflua en un campo tras otro y se adormecerá por sí misma. El gobierno sobre las personas será sustituido por la administración de las cosas y por la dirección de los procesos de producción. El Estado no será "abolido": se extinguirá. Partiendo de esto es como hay que juzgar el valor de esa frase que habla del "Estado popular libre", frase que durante cierto tiempo tuvo derecho a la existencia como consigna de agitación, pero que, en resumidas cuentas, carece en absoluto de fundamento científico. Partiendo de esto es también como debe ser considerada la exigencia de los llamados anarquistas de que el Estado sea abolido de la noche a la mañana" (Anti-Dühring o la subversión de la ciencia por el señor Eugenio Dühring, págs. 301-303 de la tercera edición alemana).

Sin temor a equivocarnos, podemos decir que de estos pensamientos sobremanera ricos, expuestos aquí por Engels, lo único que ha pasado a ser verdadero patrimonio del pensamiento socialista, en los partidos socialistas actuales, es la tesis de que el Estado, según Marx, "se extingue", a diferencia de la doctrina anarquista de la "abolición" del

Estado. Truncar así el marxismo equivale a reducirlo al oportunismo, pues con esta "interpretación" no queda en pie más que una noción confusa de un cambio lento, paulatino, gradual, sin saltos ni tormentas, sin revoluciones. Hablar de la "extinción" del Estado, en el sentido corriente, generalizado, de masas, si cabe decirlo así, equivale indudablemente a esfumar, si no a negar, la revolución.

Pero semejante "interpretación" es la más tosca tergiversación del marxismo, tergiversación que solo favorece a la burguesía que descansa teóricamente en la omisión de circunstancias y consideraciones importantísimas que se indican, por ejemplo, en el "resumen" contenido en el pasaje de Engels íntegramente citado por nosotros.

En primer lugar, Engels dice en el comienzo mismo de este pasaje que, al tomar el poder estatal, el proletariado "destruye con ello mismo, el Estado como tal". No es usual pararse a pensar lo que significa esto. Lo corriente es desentenderse de ello en absoluto o considerarlo algo así como una "debilidad hegeliana" de Engels. En realidad, estas palabras encierran concisamente la experiencia de una de las más grandes revoluciones proletarias, la experiencia de la Comuna de París de 1871, de la cual hablaremos detalladamente en su lugar. En realidad, Engels habla aquí de la "destrucción" del Estado de la burguesía por la revolución proletaria, mientras que las palabras relativas a la extinción del Estado se refieren a los restos del Estado proletario después de la revolución socialista. El Estado burgués no se "extingue", según Engels, sino que "es destruido" por el proletariado en la revolución. El que se extingue, después de esta revolución, es el Estado o semiestado proletario.

En segundo lugar, el Estado es una "fuerza especial de represión". Esta magnífica y profundísima definición nos la da Engels aquí con la más completa claridad. Y de ella se deduce que la "fuerza especial de represión" del proletariado por la burguesía, de millones de trabajadores por unos puñados de ricachos, debe sustituirse por una "fuerza especial de represión" de la burguesía por el proletariado (dictadura del proletariado). En esto consiste precisamente la "destrucción del Estado como tal". En esto consiste precisamente el "acto" de la toma de posesión de los medios de producción en nombre de la sociedad. Y es de suyo evidente que semejante sustitución de una "fuerza especial" (la burguesa) por otra (la proletaria) ya no puede operarse, en modo alguno, bajo la forma de "extinción".

En tercer lugar, Engels, al hablar de la "extinción" y —con palabra todavía más plástica y gráfica— del "adormecimiento" del Estado, se refiere con absoluta claridad y precisión a la época posterior a la "toma de posesión de los medios de producción por el Estado en nombre de toda la sociedad", es decir, posterior a la revolución socialista. Todos sabemos que la forma política del "Estado", en esta época, es la democracia más completa. Pero a ninguno de los oportunistas que tergiversan desvergonzadamente el marxismo se le viene a la mente la idea de que, por consiguiente, Engels hable aquí del "adormecimiento" y de la "extinción" de la democracia. Esto parece, a primera vista, muy extraño. Pero solo es "incomprensible" para quien no haya comprendido que la democracia es también un Estado y que, en consecuencia, la democracia también desaparecerá cuando desaparezca el Estado. El Estado burgués solo puede ser "destruido" por la revolución. El Estado en general, es decir, la más completa democracia, solo puede "extinguirse".

En cuarto lugar, al formular su notable tesis: "El Estado se extingue", Engels aclara a renglón seguido, de un modo concreto, que esta tesis se dirige tanto contra los oportunistas como contra los anarquistas. Y Engels coloca en primer plano aquella conclusión de su tesis sobre la "extinción del Estado" que va dirigida contra los oportunistas.

Podría apostarse que de diez mil hombres que hayan leído u oído hablar acerca de la "extinción" del Estado, nueve mil novecientos noventa no saben u olvidan en absoluto que Engels no dirigió solamente contra los anarquistas sus conclusiones derivadas de esta tesis. Y de las diez personas restantes, lo más probable es que nueve no sepan lo que es el "Estado popular libre" y por qué atacar esta consigna significa atacar a los oportunistas. ¡Así se escribe la historia! Así se adapta de un modo imperceptible la gran doctrina revolucionaria al filisteísmo reinante. La conclusión contra los anarquistas se ha repetido miles de veces, se ha vulgarizado, se ha inculcado en las cabezas del modo más simplificado, ha adquirido la solidez de un prejuicio. ¡Pero la conclusión contra los oportunistas la han esfumado y "olvidado"!

El "Estado popular libre" era una reivindicación programática y una consigna en boga de los socialdemócratas alemanes en la década del 70. En esta consigna no hay el menor contenido político, fuera de una filistea y enfática descripción del concepto de democracia. Engels estaba dispuesto a "justificar por cierto tiempo" esta consigna desde el punto de vista de la agitación, por cuanto con ella se insinuaba legalmente la república democrática.

Pero esta consigna era oportunista, porque expresaba no solo el embellecimiento de la democracia burguesa, sino también la incomprensión de la crítica socialista de todo Estado en general. Nosotros somos partidarios de la república democrática, como la mejor forma de Estado para el proletariado bajo el capitalismo, pero no tenemos ningún derecho a olvidar que la esclavitud asalariada es el destino del pueblo, incluso bajo la república burguesa más democrática. Más aún. Todo Estado es una "fuerza especial para la represión" de la clase oprimida. Por eso, todo Estado ni es libre ni es popular. Marx y Engels explicaron esto reiteradamente a sus camaradas de partido en la década del 70.

En quinto lugar, en esta misma obra de Engels, de la que todos recuerdan la idea de la extinción del Estado, se contiene un pasaje sobre la importancia de la revolución violenta. El análisis histórico de su papel lo convierte Engels en un verdadero panegírico de la revolución violenta. Esto "nadie lo recuerda". Sobre la importancia de esta idea no se suele hablar ni aun pensar en los partidos socialistas contemporáneos: estas ideas no desempeñan ningún papel en la propaganda ni en la agitación cotidianas entre las masas. Y, sin embargo, se hallan indisolublemente unidas a la "extinción" del Estado y forman con ella un todo armónico.

He aquí el pasaje de Engels:

"...De que la violencia desempeña en la historia otro papel (además del de agente del mal), "un papel revolucionario; de que, según la expresión de Marx, es la partera de toda vieja sociedad que lleva en sus entrañas otra nueva; de que la violencia es el instrumento con la ayuda del cual el movimiento social se abre camino y rompe las formas políticas muertas y fosilizadas, de todo eso no dice una palabra el señor Dühring. Solo entre suspiros y gemidos admite la posibilidad de que para derrumbar el sistema de explotación sea necesaria acaso la violencia —cosa lamentable, ¡adviertan ustedes!—, pues todo empleo de la misma, según él, desmoraliza a quien hace uso de ella. ¡Y esto se dice, a pesar del gran avance moral e intelectual, resultante de toda revolución victoriosa! Y esto se dice en Alemania, donde la colisión violenta que puede ser impuesta al pueblo tendría, cuando menos, la ventaja de extirpar el espíritu de servilismo que ha penetrado en la conciencia nacional como consecuencia de la humillación de la Guerra de los Treinta Años. ¿Y estos razonamientos turbios, anodinos, impotentes, propios de un cura, osan ofrecerse al partido más revolucionario de la historia?" (pág. 193, tercera edición alemana, final del IV capítulo, II parte).

¿Cómo es posible conciliar en una sola doctrina este panegírico de la revolución violenta, presentado con insistencia por Engels a los socialdemócratas alemanes desde 1878 hasta 1894, es decir, hasta los últimos días de su vida, con la teoría de la "extinción" del Estado?

Generalmente se concilian ambas cosas con ayuda del eclecticismo, desgajando a capricho (o para complacer a los investidos de poder), sin atenerse a los principios o de un modo sofístico, ora uno ora otro razonamiento; y se hace pasar a primer plano, en el noventa y nueve por ciento de los casos, si no en más, precisamente la tesis de la "extinción". Se suplanta la dialéctica por el eclecticismo: es la actitud más usual y más generalizada ante el marxismo en la literatura socialdemócrata oficial de nuestros días. Estas suplantaciones no tienen, ciertamente, nada de nuevo; han podido observarse incluso en la historia de la filosofía clásica griega. Con la suplantación del marxismo por el oportunismo, el eclecticismo, presentado como dialéctica, engaña más fácilmente a las masas, les da una aparente satisfacción, parece tener en cuenta todos los aspectos del proceso, todas las tendencias del desarrollo, todas las influencias contradictorias, etc., cuando en realidad no da ninguna interpretación completa y revolucionaria del proceso del desarrollo social.

Ya hemos dicho más arriba, y demostraremos con mayor detalle en nuestra ulterior exposición, que la doctrina de Marx y Engels sobre el carácter inevitable de la revolución violenta se refiere al Estado burgués. Este no puede sustituirse por el Estado proletario (por la dictadura del proletariado) mediante la "extinción", sino solo, como regla general, mediante la revolución violenta. El panegírico que dedica Engels a esta y que coincide plenamente con reiteradas manifestaciones de Marx (recordemos el final de Miseria de la Filosofía y de El Manifiesto Comunista con la declaración orgullosa y franca sobre el carácter inevitable de la revolución violenta; recordemos la Crítica del Programa de Gotha de 1875, cuando ya habían pasado casi treinta años, en la que Marx fustiga implacablemente el oportunismo de este programa), dicho panegírico no tiene nada de "apasionamiento", ni de declamación, ni de salida polémica.

La necesidad de educar sistemáticamente a las masas en esta, precisamente en esta idea de la revolución violenta, constituye la base de toda la doctrina de Marx y Engels. La traición cometida contra su doctrina por las corrientes socialchovinista y kautskiana imperantes hoy se manifiesta con singular relieve en el olvido por unos y otros de esta propaganda, de esta agitación.

La sustitución del Estado burgués por el Estado proletario es imposible sin una revolución violenta. La supresión del Estado proletario, es decir, la supresión de todo Estado, solo es posible por medio de un proceso de "extinción".

Marx y Engels desarrollaron estas ideas de un modo minucioso y concreto, estudiando cada situación revolucionaria por separado, analizando las enseñanzas sacadas de la experiencia de cada revolución. Pasamos a examinar esta parte de su doctrina, que es, incuestionablemente, la más importante.

CAPÍTULO II: EL ESTADO Y LA REVOLUCIÓN. LA EXPERIENCIA DE 1848 A 1851

1 EN VÍSPERAS DE LA REVOLUCIÓN

Las primeras obras del marxismo maduro, Miseria de la Filosofía y El Manifiesto Comunista, datan precisamente de la víspera de la revolución de 1848. Esta circunstancia hace que dichas obras contengan, hasta cierto punto, además de una exposición de los fundamentos generales del marxismo, el reflejo de la situación revolucionaria concreta de aquella época; por eso será, quizás, más conveniente examinar lo que los autores de tales libros dicen acerca del Estado, antes de examinar las conclusiones sacadas por ellos de la experiencia de los años de 1848 a 1851.

"...En el transcurso de su desarrollo —escribe Marx en Miseria de la Filosofía—, la clase obrera sustituirá la antigua sociedad civil por una asociación que excluya las clases y su antagonismo; y no existirá ya un poder político propiamente dicho, pues el poder político es precisamente la expresión oficial del antagonismo de clase dentro de la sociedad civil" (pág. 182 de la edición alemana de 1885).

Es instructivo confrontar con esta exposición general de la idea de la desaparición del Estado después de la supresión de las clases la exposición que contiene El Manifiesto Comunista, escrito por Marx y Engels algunos meses después, a saber, en noviembre de 1847:

"...Al esbozar las fases más generales del desarrollo del proletariado, hemos seguido el curso de la guerra civil más o menos oculta que se desarrolla en el seno de la sociedad existente hasta el momento en que se transforma en una revolución abierta, y el proletariado, derrocando por la violencia a la burguesía, implanta su dominación...

...Como ya hemos visto más arriba, el primer paso de la revolución obrera es la transformación" (literalmente: elevación) "del proletariado en clase dominante, la conquista de la democracia.

El proletariado se valdrá de su dominación política para ir arrancando gradualmente a la burguesía todo el capital, para centralizar todos los instrumentos de producción en manos del Estado, es decir, del proletariado organizado como clase dominante, y para aumentar con la mayor rapidez posible la suma de las fuerzas productivas", (págs. 31 y 37 de la 7ª edición alemana de 1906).

Aquí hallamos una de las ideas más notables e importantes del marxismo en lo concerniente al Estado: la idea de la "dictadura del proletariado" (como comenzaron a denominarla Marx y Engels después de la Comuna de París) y, asimismo, una definición de Estado, interesante en grado sumo, que se cuenta también entre las "palabras olvidadas" del marxismo: "El Estado, es decir, el proletariado organizado como clase dominante".

Esta definición del Estado no solo no se ha explicado nunca en la literatura imperante de propaganda y agitación de los partidos socialdemócratas oficiales, sino que, además, se la ha dado expresamente al olvido, pues es de todo punto inconciliable con el reformismo y se da de bofetadas con los prejuicios oportunistas corrientes y las ilusiones filisteas respecto al "desarrollo pacífico de la democracia".

El proletariado necesita el Estado, repiten todos los oportunistas, socialchovinistas y kautskianos asegurando que esa es la doctrina de Marx y "olvidándose" de añadir que, en primer lugar, según Marx, el proletariado solo necesita un Estado que se extinga, es decir, organizado de tal modo que comience a extinguirse inmediatamente y que no pueda por menos de extinguirse; y, en segundo, que los trabajadores necesitan un "Estado", "es decir, el proletariado organizado como clase dominante".

El Estado es una organización especial de la fuerza, una organización de la violencia para reprimir a una clase cualquiera.

¿Qué clase es la que el proletariado tiene que reprimir? Solo es, naturalmente, la clase explotadora, es decir, la burguesía. Los trabajadores solo necesitan el Estado para aplastar la resistencia de los explotadores, y este aplastamiento solo puede dirigirlo, solo puede llevarlo a la práctica el proletariado, como la única clase consecuentemente revolucionaria, como la única clase capaz de unir a todos los trabajadores y explotados en la lucha contra la burguesía, por el completo desplazamiento de esta.

Las clases explotadoras necesitan la dominación política para mantener la explotación, es decir, en interés egoísta de una minoría insignificante contra la inmensa mayoría del pueblo. Las clases explotadas necesitan la dominación política para suprimir completamente toda explotación, es decir, en interés de la inmensa mayoría del pueblo contra una minoría insignificante compuesta por los esclavistas modernos, es decir, por los terratenientes y capitalistas.

Los demócratas pequeñoburgueses, estos pseudosocialistas que han sustituido la lucha de clases por sueños sobre la conciliación de las clases, también se han imaginado la transformación socialista de un modo soñador, no como el derrocamiento de la dominación de la clase explotadora, sino como la sumisión pacífica de la minoría a la mayoría, que habrá adquirido conciencia de su misión. Esta utopía pequeñoburguesa, que va inseparablemente unida al reconocimiento de un Estado situado por encima de las clases, ha conducido en la práctica a traicionar los intereses de las clases trabajadoras, como lo ha demostrado, por ejemplo, la historia de las revoluciones francesas de 1848 y 1871 y como lo ha demostrado la experiencia de la participación "socialista" en ministerios burgueses en Inglaterra, Francia, Italia y otros países a fines del siglo XIX y comienzos del XX.

Marx luchó durante toda su vida contra este socialismo pequeñoburgués, hoy resucitado en Rusia por los partidos eserista y menchevique. Marx desarrolló consecuentemente la teoría de la lucha de clases, llegando hasta la teoría del poder político, del Estado. El derrocamiento de la dominación de la burguesía solo puede llevarlo a cabo el proletariado, como clase especial cuyas condiciones económicas de existencia le preparan para ese derrocamiento y le dan posibilidades y fuerzas para efectuarlo. Mientras la burguesía desune y dispersa a los campesinos y a todas las capas pequeñoburguesas, cohesiona, une y organiza al proletariado. Solo el proletariado —en virtud de su papel económico en la gran producción— es capaz de ser el jefe de todas las masas trabajadoras y explotadas, a quienes con frecuencia la burguesía explota, esclaviza y oprime no menos, sino más que a los proletarios, pero que no son capaces de luchar por su cuenta para alcanzar su propia liberación.

La teoría de la lucha de clases, aplicada por Marx a la cuestión del Estado y de la revolución socialista, conduce necesariamente al reconocimiento de la dominación política del proletariado, de su dictadura, es decir, de un poder no compartido con nadie y apoyado directamente en la fuerza armada de las masas. El derrocamiento de la burguesía solo puede realizarse mediante la transformación del proletariado en clase dominante, capaz de aplastar la resistencia inevitable y desesperada de la burguesía y de organizar para el nuevo régimen económico a todas las masas trabajadoras y explotadas.

El proletariado necesita el poder estatal, organización centralizada de la fuerza, organización de la violencia, tanto para aplastar la resistencia de los explotadores como para dirigir a la enorme masa de la población, a los campesinos, a la pequeña burguesía, a los semiproletarios, en la obra de "poner en marcha" la economía socialista.

Educando al partido obrero, el marxismo educa a la vanguardia del proletariado, vanguardia capaz de tomar el poder y de conducir a todo el pueblo al socialismo, de dirigir y organizar el nuevo régimen, de ser el maestro, el dirigente y el jefe de todos los trabajadores y explotados en la obra de organizar su propia vida social sin la burguesía y contra la burguesía. Por el contrario, el oportunismo imperante hoy educa en el partido obrero a los representantes de los obreros mejor pagados, que se apartan de las masas y se "arreglan" pasablemente bajo el capitalismo, vendiendo por un plato de lentejas su derecho de primogenitura, es decir, renunciando al papel de jefes revolucionarios del pueblo contra la burguesía.

"El Estado, es decir, el proletariado organizado como clase dominante": esta teoría de Marx se halla inseparablemente vinculada a toda su doctrina acerca de la misión revolucionaria del proletariado en la historia. El coronamiento de esa misión es la dictadura proletaria, la dominación política del proletariado.

Pero si el proletariado necesita el Estado como organización especial de la violencia contra la burguesía, de aquí se desprende por sí misma la conclusión de si es concebible que pueda crearse una organización semejante sin destruir previamente, sin aniquilar la máquina estatal creada para sí por la burguesía. A esta conclusión lleva directamente El Manifiesto Comunista, y Marx habla de ella al hacer el balance de la experiencia de la revolución de 1848 a 1851.

2. EL BALANCE DE LA REVOLUCIÓN

En el siguiente pasaje de su obra El 18 Brumario de Luis Bonaparte, Marx hace el balance de la revolución de 1848 a 1851, respecto a la cuestión del Estado, que es la que aquí nos interesa:

"...Pero la revolución es radical. Está pasando todavía por el purgatorio. Cumple su tarea con método. Hasta el 2 de diciembre de 1851" (día del golpe de Estado de Luis Bonaparte) "había terminado la mitad de su labor preparatoria; ahora, termina la otra mitad. Lleva primero a la perfección el poder parlamentario, para poder derrocarlo. Ahora, conseguido ya esto, lleva a la perfección el poder ejecutivo, lo reduce a su más pura expresión, lo aísla, se enfrenta con él, como único blanco contra el que debe concentrar todas sus fuerzas de destrucción" (subrayado por nosotros). "Y cuando la revolución haya llevado a cabo esta segunda parte de su labor preliminar, Europa se levantará y gritará jubilosa: ¡has hozado bien, viejo topo!

Este poder ejecutivo, con su inmensa organización burocrática y militar, con su compleja y artificiosa máquina de Estado, un ejército de funcionarios que suma medio millón de hombres, junto a un ejército de otro medio millón de hombres, este espantoso organismo parasitario que se ciñe como una red al cuerpo de la sociedad francesa y le tapona todos los poros, surgió en la época de la monarquía absoluta, de la decadencia del régimen feudal, que dicho organismo contribuyó a acelerar".

La primera revolución francesa desarrolló la centralización, —pero al mismo tiempo amplió el volumen, las atribuciones y el número de servidores del poder del gobierno. Napoleón perfeccionó esta máquina del Estado—.

En este notable pasaje, el marxismo avanza un trecho enorme en comparación con El Manifiesto Comunista. Allí, la cuestión del Estado se planteaba todavía de un modo extremadamente abstracto, operando con las nociones y las expresiones más generales. Aquí se plantea ya de un modo concreto, y la conclusión a que se llega es extraordinariamente precisa, definida, prácticamente tangible: todas las revoluciones anteriores perfeccionaron la máquina del Estado, y lo que hace falta es romperla, destruirla.

Esta conclusión es lo principal, lo fundamental, en la teoría del marxismo acerca del Estado. Y precisamente esto, lo fundamental, es lo que no solo ha sido olvidado completamente por los partidos socialdemócratas oficiales imperantes, sino evidentemente tergiversado por C. Kautsky, el teórico más relevante de la II Internacional.

En El Manifiesto Comunista se resumen los resultados generales de la historia, que nos obligan a ver en el Estado un órgano de dominación de clase y nos llevan a la inevitable conclusión de que el proletariado no puede derrocar a la burguesía si no empieza por conquistar el poder político, si no logra la dominación política, si no transforma el Estado en "el proletariado organizado como clase dominante" y de que este Estado proletario comienza a extinguirse inmediatamente después de su triunfo, pues en una sociedad sin contradicciones de clase el Estado es innecesario e imposible. Pero aquí no se plantea la cuestión de cómo deberá realizarse —desde el punto de vista del desarrollo histórico— esta sustitución del Estado burgués por el Estado proletario.

Esta cuestión es precisamente la que Marx plantea y resuelve en 1852. Fiel a su filosofía del materialismo dialéctico, toma como base la experiencia histórica de los grandes años de la revolución: de 1848 a 1851. Aquí, como siempre, la doctrina de Marx es un resumen de la experiencia iluminado por una profunda concepción filosófica del mundo y por un rico conocimiento de la historia.

La cuestión del Estado se plantea de un modo concreto: ¿Cómo ha surgido históricamente el Estado burgués, la máquina estatal que necesita para su dominación la burguesía? ¿Cuáles han sido sus cambios, cuál su evolución en el transcurso de las revoluciones burguesas y ante las acciones independientes de las clases oprimidas? ¿Cuáles son las tareas del proletariado en lo tocante a dicha máquina estatal?

El poder estatal centralizado, característico de la sociedad burguesa, surgió en la época de la caída del absolutismo. Dos son las instituciones más típicas de esta máquina estatal: la burocracia y el ejército permanente. En las obras de Marx y Engels se habla reiteradas veces de los miles de hilos que vinculan a estas instituciones precisamente con la burguesía. La experiencia de todo obrero revela estos vínculos de un modo extraordinariamente palmario e impresionante. La clase obrera aprende en su propia carne a comprender estos vínculos; por eso capta tan fácilmente y asimila tan bien la ciencia del carácter inevitable de estos vínculos, ciencia que los demócratas pequeñoburgueses niegan por ignorancia y por frivolidad, o reconocen, de un modo todavía más frívolo, "en términos generales", olvidándose de sacar las conclusiones prácticas correspondientes.

La burocracia y el ejército permanente son un "parásito" adherido al cuerpo de la sociedad burguesa, un parásito engendrado por las contradicciones internas que dividen a esta sociedad, pero, precisamente, un parásito que "tapona" los poros vitales. El oportunismo kautskiano imperante hoy en la socialdemocracia oficial considera patrimonio especial y exclusivo del anarquismo la idea del Estado como un organismo parasitario. Naturalmente, esta tergiversación del marxismo es sobremanera ventajosa para los filisteos que han llevado el socialismo a la ignominia inaudita de justificar y embellecer la guerra imperialista mediante la aplicación a esta del concepto de "la defensa de la patria", pero es, a pesar de todo, una tergiversación indiscutible.

A través de todas las revoluciones burguesas vividas en gran número por Europa desde los tiempos de la caída del feudalismo, este aparato burocrático y militar va desarrollándose, perfeccionándose y afianzándose. En particular, precisamente la pequeña burguesía es atraída al lado de la gran burguesía y sometida a ella en medida considerable por medio de este aparato, que proporciona a las capas altas de los campesinos, de los pequeños artesanos, de los comerciantes, etc., puestos relativamente cómodos, tranquilos y honorables, los cuales colocan a sus poseedores por encima del pueblo.

Mirad lo ocurrido en Rusia durante el medio año transcurrido desde el 27 de febrero de 1917: los cargos burocráticos, que antes se adjudicaban preferentemente a los ciennegristas, se han convertido en botín de demócratas constitucionalistas, mencheviques y eseristas. En el fondo, no se pensaba en reformas serias, esforzándose por aplazarlas "hasta la Asamblea Constituyente", y aplazando poco a poco la Asamblea Constituyente ¡hasta el final de la guerra! Pero para repartir el botín, para ocupar los puestos de ministros, subsecretarios, gobernadores generales, etc., etc., no se dio largas ni se esperó a ninguna Asamblea Constituyente. El juego de las combinaciones para formar gobierno no era, en el fondo, más que la expresión del reparto y redistribución del "botín", que se hacía arriba y abajo, por todo el país, en toda la administración central y local. El balance, un balance objetivo, del medio año que va desde el 27 de febrero al 27 de agosto de 1917 es indiscutible: las reformas se aplazaron, se efectuó el reparto de los puestos burocráticos, y los "errores" del reparto se corrigieron mediante algunos reajustes.

Pero cuanto más se procede a estos "reajustes" del aparato burocrático entre los distintos partidos burgueses y pequeñoburgueses (entre los demócratas constitucionalistas, eseristas y mencheviques, si nos atenemos al ejemplo ruso), tanto más evidente es para las clases oprimidas y para el proletariado que las encabeza su hostilidad irreconciliable contra toda la sociedad burguesa. De aquí la necesidad para todos los partidos burgueses, incluyendo a los más democráticos y "revolucionario-democráticos", de reforzar la represión contra el proletariado revolucionario, de fortalecer el aparato de represión, es decir, la misma máquina del Estado.

Esta marcha de los acontecimientos obliga a la revolución a "concentrar todas las fuerzas de destrucción" contra el poder estatal, la obliga a proponerse como objetivo, no el perfeccionar la máquina del Estado, sino el destruirla, el aniquilarla.

No fue el razonamiento lógico, sino el desarrollo real de los acontecimientos, la experiencia viva de los años de 1848 a 1851 lo que condujo a esta manera de plantear la cuestión. Hasta qué punto se atiene Marx rigurosamente a los hechos de la experiencia histórica lo muestra el hecho de que en 1852 Marx no plantea aún el problema concreto de con qué se sustituirá la máquina del Estado que ha de ser destruida. La experiencia no había suministrado todavía materiales para esta cuestión, que la historia puso al orden del día más tarde, en 1871.

Obrando con la precisión del investigador naturalista, en 1852 solo podía registrarse una cosa: que la revolución proletaria había llegado a un punto en que debía abordar la tarea de "concentrar todas las fuerzas de destrucción" contra el poder estatal, la tarea de "romper" la máquina del Estado.

Aquí puede surgir esta pregunta: ¿Es justo generalizar la experiencia, las observaciones y las conclusiones de Marx, trasplantándolas más allá de los límites de la historia de Francia en los tres años que van de 1848 a 1851?

Para examinar esta pregunta, comenzaremos recordando una observación de Engels y pasaremos luego a los hechos.

"...Francia —escribía Engels en el prefacio a la tercera edición de El 18 Brumario— es el país en el que las luchas históricas de clases se han llevado siempre a su término decisivo más que en ningún otro sitio y donde, por tanto, las formas políticas sucesivas dentro de las que se han movido estas luchas de clases y en las que han encontrado su expresión los resultados de las mismas adquieren también los contornos más acusados. Centro del feudalismo en la Edad Media y país modelo de la monarquía unitaria estamental desde el Renacimiento, Francia pulverizó al feudalismo en la gran revolución e instauró la dominación pura de la burguesía bajo una forma clásica como ningún otro país de Europa. También la lucha del proletariado revolucionario contra la burguesía dominante reviste aquí una forma violenta, desconocida en otras partes" (pág. 4, ed. de 1907).

La última observación es anticuada, ya que a partir de 1871 se ha operado una interrupción en la lucha revolucionaria del proletariado francés, si bien esta interrupción, por mucho que dure, no excluye en modo alguno la posibilidad de que, en la próxima revolución proletaria, Francia se revele como el país clásico de la lucha de clases hasta su final decisivo.

Pero echemos una ojeada general a la historia de los países adelantados a fines del siglo XIX y comienzos del XX. Veremos que, de un modo más lento, más variado y en un campo de acción mucho más extenso, se desarrolla el mismo proceso: de una parte, la formación del "poder parlamentario", lo mismo en los países republicanos (Francia, Norteamérica, Suiza) que en los monárquicos (Inglaterra, Alemania hasta cierto punto, Italia, los países escandinavos, etc.); de otra parte, la lucha por el poder entre los distintos partidos burgueses y pequeñoburgueses, que se reparten y se redistribuyen el "botín" de los puestos burocráticos, dejando intactas las bases del régimen burgués; y, finalmente, el perfeccionamiento y vigorización del "poder ejecutivo", de su aparato burocrático y militar.

No cabe la menor duda de que estos son los rasgos generales que caracterizan toda la evolución moderna de los Estados capitalistas en general. En el transcurso de tres años, de 1848 a 1851, Francia reveló, en una forma rápida, tajante y concentrada, los procesos de desarrollo propios de todo el mundo capitalista.

Y, en particular, el imperialismo, la época del capital bancario, la época de los gigantescos monopolios capitalistas, la época de la transformación del capitalismo monopolista en capitalismo monopolista de Estado, revela un extraordinario fortalecimiento de la "máquina estatal", un desarrollo inaudito de su aparato burocrático y militar, en relación con el aumento de la represión contra el proletariado, así en los países monárquicos como en los países republicanos más libres.

Es indudable que, en la actualidad, la historia del mundo conduce, en proporciones incomparablemente más amplias que en 1852, a la "concentración de todas las fuerzas" de la revolución proletaria para "destruir" la máquina del Estado.

¿Con qué ha de sustituir el proletariado esta máquina? La Comuna de París nos suministra los materiales más instructivos a este respecto.

3. CÓMO PLANTEABA MARX LA CUESTIÓN EN 1852

En 1907 publicó Mehring en Neue Zeit (XXV, 2, pág. 184) extractos de una carta de Marx a Weydemeyer, fechada el 5 de marzo de 1852. Esta carta contiene, entre otros, el siguiente notable pasaje:

"Por lo que a mí se refiere, no me cabe el mérito de haber descubierto la existencia de las clases en la sociedad moderna ni la lucha entre ellas. Mucho antes que yo, algunos historiadores burgueses habían expuesto ya el desarrollo histórico de esta lucha de clases, y algunos economistas burgueses, la anatomía económica de estas. Lo que yo he aportado de nuevo ha sido demostrar: 1) que la existencia de las clases solo va unida a determinadas fases históricas de desarrollo de la producción (historische Entwicklungsphasen der Produktion); 2) que la lucha de clases conduce, necesariamente, a la dictadura del proletariado; 3) que esta misma dictadura no es de por sí más que el tránsito hacia la abolición de todas las clases y hacia una sociedad sin clases...".

En estas palabras, Marx consiguió expresar de un modo asombrosamente claro dos cosas: primero, la diferencia fundamental y cardinal entre su doctrina y las doctrinas de los pensadores avanzados y más profundos de la burguesía, y segundo, la esencia de su teoría del Estado.

Lo fundamental en la doctrina de Marx es la lucha de clases. Así se dice y se escribe muy frecuentemente. Pero no es exacto. De esta inexactitud se deriva con gran frecuencia la tergiversación oportunista del marxismo, su falseamiento en un sentido aceptable para la burguesía. Porque la teoría de la lucha de clases no fue creada por Marx, sino por la burguesía, antes de Marx, y es, en términos generales, aceptable para la burguesía.

Quien reconoce solamente la lucha de clases no es aún marxista, puede mantenerse todavía dentro del marco del pensamiento burgués y de la política burguesa. Circunscribir el marxismo a la teoría de la lucha de clases es limitar el marxismo, tergiversarlo, reducirlo a algo que la burguesía puede aceptar.

Marxista solo es el que hace extensivo el reconocimiento de la lucha de clases al reconocimiento de la dictadura del proletariado. En ello estriba la más profunda diferencia entre un marxista y un pequeño (o un gran) burgués adocenado. En esta piedra de toque es en la que hay que contrastar la comprensión y el reconocimiento real del marxismo.

Y nada tiene de extraño que cuando la historia de Europa ha colocado prácticamente a la clase obrera ante tal cuestión, no solo todos los oportunistas y reformistas, sino también todos los "kautskianos" (gentes que vacilan entre el reformismo y el marxismo) hayan resultado ser miserables filisteos y demócratas pequeñoburgueses, que niegan la dictadura del proletariado.

El folleto de Kautsky La dictadura del proletariado, publicado en agosto de 1918, es decir, mucho después de aparecer la primera edición del presente libro, es un modelo de tergiversación filistea del marxismo y de ignominiosa abjuración virtual del mismo, aunque se le acate hipócritamente de palabra (véase mi folleto La revolución proletaria y el renegado Kautsky, Petrogrado y Moscú, 1918).

El oportunismo de nuestros días, personificado por su principal representante, el ex marxista C. Kautsky, cae de lleno dentro de la característica de la posición burguesa que traza Marx y que hemos citado, pues este oportunismo circunscribe el terreno del reconocimiento de la lucha de clases al terreno de las relaciones burguesas. (¡Y dentro de este terreno, dentro de este marco, ningún liberal culto se negaría a reconocer, "en principio", la lucha de clases!). El oportunismo no extiende el reconocimiento de la lucha de clases precisamente a lo más fundamental, al período de transición del capitalismo al comunismo, al período de derrocamiento de la burguesía y de completa destrucción de esta. En realidad, este período es inevitablemente un período de lucha de clases de un encarnizamiento sin precedentes, en que esta reviste formas agudas nunca vistas y, por consiguiente, el Estado de este período debe ser inevitablemente un Estado democrático de manera nueva (para los proletarios y los desposeídos en general) y dictatorial de manera nueva (contra la burguesía).

Además, la esencia de la teoría de Marx sobre el Estado solo la asimila quien haya comprendido que la dictadura de una clase es necesaria, no solo para toda sociedad de clases en general, no solo para el proletariado después de derrocar a la burguesía, sino también para todo el período histórico que separa al capitalismo de la "sociedad sin clases", del comunismo. Las formas de los Estados burgueses son extraordinariamente diversas, pero su esencia es la misma: todos esos Estados son, bajo una forma o bajo otra, pero en última instancia, necesariamente, una dictadura de la burguesía. La transición del capitalismo al comunismo no puede naturalmente por menos de proporcionar una enorme abundancia y diversidad de formas políticas, pero la esencia de todas ellas sería necesariamente una: la dictadura del proletariado.

CAPÍTULO III: EL ESTADO Y LA REVOLUCIÓN. LA EXPERIENCIA DE LA COMUNA DE PARÍS DE 1871. EL ANÁLISIS DE MARX

1. ¿EN QUÉ CONSISTE EL HEROÍSMO DE LA TENTATIVA DE LOS COMUNEROS?

Es sabido que algunos meses antes de la Comuna, en el otoño de 1870, Marx previno a los obreros de París, aduciendo que la tentativa de derribar el gobierno sería un disparate dictado por la desesperación. Pero cuando, en marzo de 1871, se impuso a los obreros el combate decisivo y ellos lo aceptaron, cuando la insurrección fue un hecho, Marx saludó la revolución proletaria con el más grande entusiasmo, a pesar de todos los malos augurios. Marx no se aferró a la condena pedantesca de un movimiento "extemporáneo", como el tristemente célebre Plejánov, renegado ruso del marxismo, que en noviembre de 1905 escribió alentando a la lucha a los obreros y campesinos y después de diciembre de 1905 se puso a gritar como un liberal cualquiera: "¡No se debía haber empuñado las armas!".

Marx, sin embargo, no se contentó con entusiasmarse ante el heroísmo de los comuneros que, según sus palabras, "asaltaban el cielo". Marx veía en aquel movimiento revolucionario de masas, aunque no llegó a alcanzar sus objetivos, una experiencia histórica de grandiosa importancia, un cierto paso adelante de la revolución proletaria mundial, un paso práctico más importante que cientos de programas y de raciocinios. Analizar esta experiencia, sacar de ella las enseñanzas tácticas, revisar a la luz de ella su teoría: he aquí cómo concebía Marx su misión.

La única "corrección" que Marx consideró necesario introducir en El Manifiesto Comunista se la sugirió la experiencia revolucionaria de los comuneros de París.

El último prefacio a la nueva edición alemana de El Manifiesto Comunista, suscrito por sus dos autores, lleva fecha 24 de junio de 1872. En este prefacio, los autores, Carlos Marx y Federico Engels, dicen que el programa de El Manifiesto Comunista ha quedado "ahora anticuado en ciertos puntos".

"La Comuna ha demostrado, sobre todo —continúan—, que la clase obrera no puede simplemente tomar posesión de la máquina estatal existente y ponerla en marcha para sus propios fines…".

Las palabras puestas entre comillas en el interior de esta cita fueron tomadas por sus autores de la obra de Marx La guerra civil en Francia.

Así pues, Marx y Engels atribuían una importancia tan gigantesca a esta enseñanza fundamental y principal de la Comuna de París, que la introdujeron como corrección esencial en El Manifiesto Comunista.

Es sobremanera característico que precisamente esta corrección esencial haya sido tergiversada por los oportunistas y que su sentido sea, probablemente, desconocido para las nueve décimas partes, si no para el noventa y nueve por ciento de los lectores de El Manifiesto Comunista. De esta tergiversación trataremos en detalle más abajo, en un capítulo consagrado especialmente a las tergiversaciones. De momento bastará señalar que la manera corriente, vulgar, de "entender" las notables palabras de Marx citadas por nosotros consiste en suponer que Marx subraya aquí la idea del desarrollo lento, por oposición a la toma del poder y otras cosas por el estilo.

En realidad, es precisamente lo contrario. La idea de Marx consiste en que la clase obrera debe destruir, romper, la "máquina estatal existente" y no limitarse simplemente a apoderarse de ella.

El 12 de abril de 1871, es decir, en plena época de la Comuna, Marx escribió a Kugelmann:

"…Si te fijas en el último capítulo de mi 18 Brumario, verás que expongo como próxima tentativa de la revolución francesa, no hacer pasar de unas manos a otras la máquina burocrático-militar, como venía sucediendo hasta ahora, sino demolerla" (subrayado por Marx; en el original: zerbrechen), "y esta es justamente la condición previa de toda verdadera revolución popular en el continente. En esto, precisamente, consiste la tentativa de nuestros heroicos camaradas de París" (Neue Zeit, XX, 1, año 1901-1902).

(Las Cartas de Marx a Kugelmann han sido publicadas en ruso no menos que en dos ediciones, una de ellas redactada por mí y con un prólogo mío).

En estas palabras: "romper la máquina burocrático-militar de Estado", se encierra, concisamente expresada, la enseñanza fundamental del marxismo en cuanto a las tareas del proletariado respecto al Estado durante la revolución. ¡Y esta enseñanza es la que no solo ha sido olvidada en absoluto, sino tergiversada directamente por la "interpretación" imperante, kautskiana, del marxismo!

En cuanto a la referencia de Marx a El 18 Brumario, más arriba hemos citado en su integridad el pasaje correspondiente.

Interesa señalar especialmente dos lugares en el mencionado razonamiento de Marx. En primer término, Marx limita su conclusión al continente. Esto era lógico en 1871, cuando Inglaterra era todavía un modelo de país netamente capitalista, pero sin casta militar y, en una medida considerable, sin burocracia. Por eso, Marx excluía a Inglaterra, donde la revolución, e incluso una revolución popular, se consideraba y era entonces posible sin la condición previa de destruir la "máquina estatal existente".

Hoy, en 1917, en la época de la primera gran guerra imperialista, esta limitación hecha por Marx no tiene razón de ser. Inglaterra y Norteamérica, los más grandes y los últimos representantes —en el mundo entero— de la "libertad" anglosajona en el sentido de ausencia de militarismo y de burocratismo, han ido rodando hasta caer al inmundo y sangriento pantano, común a toda Europa, de las instituciones burocrático-militares, que todo lo someten y lo aplastan. Hoy, también en Inglaterra y en Norteamérica es "condición previa de toda verdadera revolución popular" el romper, el destruir la "máquina estatal existente" (que allí ha alcanzado, en los años de 1914 a 1917, la perfección "europea", la perfección común al imperialismo).

En segundo lugar, merece especial atención la profundísima observación de Marx de que la demolición de la máquina burocrático-militar del Estado es "condición previa de toda verdadera revolución popular". Este concepto de revolución "popular" parece extraño en boca de Marx, y los adeptos de Plejánov y los mencheviques rusos, esos discípulos de Struve que quieren hacerse pasar por marxistas, podrían tal vez calificar de "lapsus" esta expresión de Marx. Esa gente ha hecho una tergiversación tan liberal e indigente del marxismo, que para ellos no existe nada sino la antítesis entre revolución burguesa y revolución proletaria, y hasta esta antítesis la conciben de un modo escolástico a más no poder...

Si tomamos como ejemplos las revoluciones del siglo XX, tendremos que reconocer como burguesas, naturalmente, las revoluciones portuguesa y turca. Pero ni la una ni la otra son revoluciones "populares", pues ni en la una ni en la otra actúa perceptiblemente, de un modo activo, por propia iniciativa, con sus propias reivindicaciones económicas y políticas, la masa del pueblo, la inmensa mayoría de este. En cambio, la revolución burguesa rusa de 1905 a 1907, aunque no registrase éxitos tan "brillantes" como los que alcanzaron en ciertos momentos las revoluciones portuguesa y turca, fue, sin duda, una revolución "verdaderamente popular", pues la masa del pueblo, la mayoría de este, las "más bajas capas" sociales, aplastadas por el yugo y la explotación, se levantaron por propia iniciativa, estamparon en todo el curso de la revolución el sello de sus reivindicaciones, de sus intentos de construir a su modo una nueva sociedad en lugar de la sociedad vieja que querían destruir.

En la Europa de 1871, el proletariado no formaba en ningún país del continente la mayoría del pueblo. La revolución no podía ser "popular", es decir, arrastrar verdaderamente a la mayoría al movimiento, si no englobaba tanto al proletariado como a los campesinos. Ambas clases formaban entonces el "pueblo". Une a estas clases el hecho de que la "máquina burocrático-militar del Estado" las oprime, las esclaviza, las explota. Destruir, demoler esta máquina, eso es lo que aconsejan los verdaderos intereses del "pueblo", de su mayoría, de los obreros y de la mayoría de los campesinos, y tal es la "condición previa" para una alianza libre de los campesinos pobres con los proletarios, y sin esa alianza, la democracia es precaria y la transformación socialista, imposible.

2. ¿CON QUÉ SUSTITUIR LA MÁQUINA DEL ESTADO, UNA VEZ DESTRUIDA?

En 1847, en El Manifiesto Comunista, Marx daba a esta pregunta una respuesta todavía completamente abstracta, o, para ser más exactos, una respuesta que señalaba las tareas, pero no los medios para cumplirlas. Sustituir la máquina del Estado, una vez destruida, por la "organización del proletariado como clase dominante", "por la conquista de la democracia": tal era la respuesta de El Manifiesto Comunista.

Sin perderse en utopías, Marx esperaba de la experiencia del movimiento de masas la respuesta a la pregunta de qué formas concretas habría de revestir la organización del proletariado como clase dominante y de qué modo esta organización habría de coordinarse con la "conquista de la democracia" más completa y más consecuente.

En La guerra civil en Francia, Marx somete al análisis más atento la experiencia de la Comuna, por breve que haya sido dicha experiencia. Citemos los pasajes más importantes de esta obra:

En el siglo XIX se desarrolló, procedente de la Edad Media, "el poder estatal centralizado con sus órganos omnipresentes: el ejército permanente, la policía, la burocracia, el clero y la magistratura". Con el desarrollo del antagonismo de clase entre el capital y el trabajo, "el poder del Estado fue adquiriendo cada vez más el carácter de poder público para la opresión del trabajo, el carácter de una máquina de dominación de clase. Después de cada revolución, que marca un paso adelante en la lucha de clases, se acusa con rasgos cada vez más destacados el carácter puramente opresor del poder del Estado". Después de la revolución de 1848-1849, el poder del Estado se convierte en un "arma nacional de guerra del capital contra el trabajo". El Segundo Imperio lo consolida.

"La antítesis directa del Imperio era la Comuna". "Era la forma definida de aquella república que no había de abolir tan solo la forma monárquica de la dominación de clase, sino la dominación de clase misma...".

¿En qué consistió, concretamente, esta forma "definida" de la república proletaria, socialista? ¿Cuál era el Estado que ella comenzó a crear?

"...El primer decreto de la Comuna fue (...) la supresión del ejército permanente para sustituirlo por el pueblo armado...".

Esta reivindicación figura hoy en los programas de todos los partidos que desean llamarse socialistas. ¡Pero lo que valen sus programas nos lo dice mejor que nada la conducta de nuestros eseristas y mencheviques, que precisamente después de la revolución del 27 de febrero han renunciado de hecho a poner en práctica esta reivindicación!

"...La Comuna estaba formada por los consejeros municipales elegidos por sufragio universal en los diversos distritos de la ciudad. Eran responsables y revocables en todo momento. La mayoría de sus miembros eran, naturalmente, obreros o representantes reconocidos de la clase obrera...

...En vez de continuar siendo un instrumento del gobierno central, la policía fue despojada inmediatamente de sus atributos políticos y convertida en instrumento de la Comuna, responsable ante ella y revocable en todo momento... Y lo mismo se hizo con los funcionarios de las demás ramas de la administración... Desde los miembros de la Comuna para abajo, todos los que desempeñaban cargos públicos debían desempeñarlos con salarios de obreros. Los intereses creados y los gastos de representación de los altos dignatarios del Estado desaparecieron con los altos dignatarios mismos... Una vez suprimidos el ejército permanente y la policía, que eran los elementos de la fuerza física del antiguo gobierno, la Comuna estaba impaciente por destruir la fuerza espiritual de represión, el poder de los curas... Los funcionarios judiciales debían perder aquella fingida independencia... En el futuro habían de ser funcionarios electivos, responsables y revocables...".

Por tanto, al destruir la máquina estatal, la Comuna la sustituye aparentemente "sólo" por una democracia más completa: supresión del ejército permanente y completa elegibilidad y revocabilidad de todos los funcionarios. Pero, en realidad, este "sólo" representa un cambio gigantesco de unas instituciones por otras de tipo distinto en esencia. Nos hallamos precisamente ante un caso de "transformación de la cantidad en calidad": la democracia, llevada a la práctica del modo más completo y consecuente que puede concebirse, se convierte de democracia burguesa en democracia proletaria, de un Estado (fuerza especial de represión de una determinada clase) en algo que ya no es un Estado propiamente dicho.

Todavía es necesario reprimir a la burguesía y vencer su resistencia. Esto era especialmente necesario para la Comuna, y una de las causas de su derrota radica en no haberlo hecho con suficiente decisión. Pero aquí el órgano represor es ya la mayoría de la población y no una minoría, como había sido siempre, lo mismo bajo la esclavitud y la servidumbre que bajo la esclavitud asalariada. ¡Y, desde el momento en que es la mayoría del pueblo la que reprime por sí misma a sus opresores, no es ya necesaria una "fuerza especial" de represión! En este sentido, el Estado comienza a extinguirse. En vez de instituciones especiales de una minoría privilegiada (la burocracia privilegiada, los jefes del ejército permanente), esta función puede ser realizada directamente por la mayoría, y cuanto más intervenga todo el pueblo en la ejecución de las funciones propias del poder estatal, tanto menor es la necesidad de dicho poder.

A este respecto, es singularmente notable una de las medidas decretadas por la Comuna, que Marx subraya: la abolición de todos los gastos de representación, de todos los privilegios pecuniarios de los funcionarios, la reducción de los sueldos de todos los funcionarios del Estado hasta el nivel del "salario de un obrero". Aquí es donde se expresa de un modo más evidente el viraje de la democracia burguesa hacia la democracia proletaria, de la democracia de los opresores hacia la democracia de las clases oprimidas, del Estado como "fuerza especial" de represión de una determinada clase hacia la represión de los opresores por la fuerza conjunta de la mayoría del pueblo, de los obreros y los campesinos. ¡Y es precisamente en este punto tan evidente —tal vez el más importante, en lo que se refiere a la cuestión del Estado— en el que las enseñanzas de Marx han sido más relegadas al olvido! En los comentarios de popularización —cuya cantidad es innumerable— no se habla de esto. "Es uso" guardar silencio acerca de esto, como si se tratase de una "ingenuidad" pasada de moda, algo así como cuando los cristianos, después de convertirse el cristianismo en religión del Estado, se "olvidaron" de las "ingenuidades" del cristianismo primitivo y de su espíritu democrático-revolucionario.

La reducción de los sueldos de los altos funcionarios del Estado parece "simplemente" la reivindicación de una democracia ingenua, primitiva. Uno de los "fundadores" del oportunismo moderno, el exsocialdemócrata E. Bernstein, se ha dedicado más de una vez a repetir esas triviales burlas burguesas sobre la democracia "primitiva". Como todos los oportunistas, como los actuales kautskianos, no comprendía en absoluto, en primer lugar, que el paso del capitalismo al socialismo es imposible sin un cierto "retorno" a la democracia "primitiva" (pues ¿cómo, si no, pasar a la ejecución de las funciones del Estado por la mayoría de la población, por toda ella?) y, en segundo lugar, que esta "democracia primitiva", basada en el capitalismo y en la cultura capitalista, no es la democracia primitiva de los tiempos prehistóricos o de la época precapitalista. La cultura capitalista ha creado la gran producción, fábricas, ferrocarriles, el correo, el teléfono, etc., y sobre esta base, la enorme mayoría de las funciones del antiguo "poder estatal" se han simplificado tanto y pueden reducirse a operaciones tan sencillas de registro, contabilidad y control, que son totalmente asequibles a todos los que saben leer y escribir, que pueden ejecutarse por el "salario corriente de un obrero", que se las puede (y se las debe) despojar de toda sombra de algo privilegiado y "jerárquico".

La completa elegibilidad y la revocabilidad en cualquier momento de todos los funcionarios, la reducción de su sueldo hasta los límites del "salario corriente de un obrero", estas medidas democráticas, sencillas y "comprensibles por sí mismas", al mismo tiempo que unifican en absoluto los intereses de los obreros y de la mayoría de los campesinos, sirven de puente que conduce del capitalismo al socialismo. Estas medidas atañen a la reorganización estatal, puramente política de la sociedad, pero es evidente que sólo adquieren su pleno sentido e importancia en conexión con la "expropiación de los expropiadores" ya en realización o en preparación, es decir, con la transformación de la propiedad privada capitalista sobre los medios de producción en propiedad social.

"La Comuna —escribió Marx— convirtió en una realidad ese tópico de todas las revoluciones burguesas que es un gobierno barato, al destruir las dos grandes fuentes de gastos: el ejército permanente y la burocracia del Estado".

3. LA ABOLICIÓN DEL PARLAMENTARISMO

"La Comuna —escribió Marx— no había de ser una corporación parlamentaria, sino una corporación de trabajo, ejecutiva y legislativa al mismo tiempo...

...En vez de decidir una vez cada tres o seis años qué miembros de la clase dominante han de representar y aplastar (verund zertreten) al pueblo en el Parlamento, el sufragio universal había de servir al pueblo, organizado en comunas, para encontrar obreros, inspectores y contables con destino a su empresa, de igual modo que el sufragio individual sirve a cualquier patrono para el mismo fin".

Esta notable crítica del parlamentarismo, hecha en 1871, también figura hoy, gracias al predominio del socialchovinismo y del oportunismo, entre las "palabras olvidadas" del marxismo. Los ministros y parlamentarios profesionales, los traidores al proletariado y los mercachifles socialistas de nuestros días han dejado por entero a los anarquistas la crítica del parlamentarismo, y sobre esta base asombrosamente juiciosa han declarado que toda crítica del parlamentarismo es ¡¡"anarquismo"!! No tiene nada de extraño que el proletariado de los países parlamentarios "adelantados", lleno de asco al ver a "socialistas" como los Scheidemann, los David, los Legien, los Sembat, los Renaudel, los Henderson, los Vandervelde, los Stauning, los Branting, los Bissolati y Cía., haya puesto cada vez más sus simpatías en el anarcosindicalismo, a pesar de que éste es hermano carnal del oportunismo.

Mas para Marx la dialéctica revolucionaria no fue nunca esa vacua frase de moda, esa bagatela en que la han convertido Plejánov, Kautsky y otros. Marx sabía romper implacablemente con el anarquismo por su incapacidad para aprovechar hasta el "establo" del parlamentarismo burgués —sobre todo cuando se sabe que no se está ante situaciones revolucionarias—, pero, al mismo tiempo, sabía también hacer una crítica auténticamente revolucionaria, proletaria, del parlamentarismo.

Decidir una vez cada cierto número de años qué miembros de la clase dominante han de oprimir y aplastar al pueblo en el Parlamento: he aquí la verdadera esencia del parlamentarismo burgués, no sólo en las monarquías constitucionales parlamentarias, sino en las repúblicas más democráticas.

Pero si planteamos la cuestión del Estado, si enfocamos el parlamentarismo —como una institución del Estado— desde el punto de vista de las tareas del proletariado en este terreno, ¿dónde está, entonces, la salida del parlamentarismo? ¿Cómo es posible prescindir de él? Hay que decirlo una y otra vez: las enseñanzas de Marx, basadas en la experiencia de la Comuna, están tan olvidadas, que para el "socialdemócrata moderno" (léase: para el actual traidor al socialismo) es sencillamente incomprensible otra crítica del parlamentarismo que no sea la anarquista o la reaccionaria.

La salida del parlamentarismo no está, naturalmente, en abolir las instituciones representativas y la elegibilidad, sino en transformar las instituciones representativas de lugares de charlatanería en corporaciones "de trabajo". "La Comuna no había de ser una corporación parlamentaria, sino una corporación de trabajo, ejecutiva y legislativa al mismo tiempo".

"No una corporación parlamentaria, sino una corporación de trabajo": ¡este tiro va derecho al corazón de los parlamentarios modernos y de los "perrillos falderos" parlamentarios de la socialdemocracia! Fijaos en cualquier país parlamentario, de Norteamérica a Suiza, de Francia a Inglaterra, Noruega, etc.: la verdadera labor "estatal" se hace entre bastidores y la ejecutan los ministerios, las oficinas, los Estados Mayores. En los parlamentos no se hace más que charlar, con la finalidad especial de embaucar al "vulgo". Y tan cierto es esto, que hasta en la República Rusa, república democrático-burguesa, antes de haber conseguido crear un verdadero Parlamento, se han puesto de relieve en seguida todas estas lacras del parlamentarismo. Héroes del filisteísmo podrido como los Skóbelev y los Tsereteli, los Chernov y los Avxéntiev se las han arreglado para envilecer hasta los sóviets, según el patrón del más sórdido parlamentarismo burgués, convirtiéndolos en lugares de charlatanería huera. En los sóviets, los señores ministros "socialistas" engañan a los ingenuos aldeanos con frases y con resoluciones. En el gobierno se desarrolla un rigodón continuo, de una parte, para "cebar" alternativamente, con puestecitos bien retribuidos y honrosos, al mayor número posible de eseristas y mencheviques y, de otra, para "distraer la atención" del pueblo. ¡Mientras tanto, en las oficinas y en los Estados Mayores "se lleva a cabo" la labor "estatal"!

Dielo Naroda (La causa del pueblo, diario de los esteristas), órgano del partido gobernante de los "socialistas revolucionarios", reconocía no hace mucho en un editorial —con esa sinceridad inimitable de la gente de la "buena sociedad" en la que "todos" ejercen la prostitución política— que hasta en los ministerios regentados por "socialistas" (¡perdonad la expresión!), que hasta en estos ministerios ¡todo el aparato burocrático sigue siendo, de hecho, viejo, funcionando a la antigua y saboteando con absoluta "libertad" las iniciativas revolucionarias! Y aunque no tuviésemos esta confesión, ¿acaso no lo demuestra la historia real de la participación de los esteristas y los mencheviques en el gobierno? Lo único que hay de característico en esto es que los señores Chernov, Rusánov, Zenzínov y demás redactores del Dielo Naroda, en asociación ministerial con los demócratas constitucionalistas, han perdido el pudor hasta tal punto que no se avergüenzan de decir públicamente, sin rubor, como si se tratase de una pequeñez, ¡¡que en "sus" ministerios todo está igual que antes!! Para engañar a los campesinos ingenuos, frases revolucionario-democráticas, y para complacer a los capitalistas, el papeleo burocrático oficinesco: he ahí la esencia de la "honorable" coalición.

La Comuna sustituye el parlamentarismo venal y podrido de la sociedad burguesa por instituciones en las que la libertad de opinión y de discusión no degenera en engaño, pues aquí los parlamentarios tienen que trabajar ellos mismos, tienen que ejecutar ellos mismos sus leyes, tienen que comprobar ellos mismos los resultados, tienen que responder directamente ante sus electores. Las instituciones representativas continúan, pero desaparece el parlamentarismo como sistema especial, como división del trabajo legislativo y ejecutivo, como situación privilegiada para los diputados. Sin instituciones representativas no puede concebirse la democracia, ni aun la democracia proletaria; sin parlamentarismo, sí puede y debe concebirse, si la crítica de la sociedad burguesa no es para nosotros una frase vacua, si la aspiración a derrocar el dominio de la burguesía es en nosotros una aspiración seria y sincera, y no una frase "electoral" para cazar los votos de los obreros, como lo es en los labios de los mencheviques y los esteristas, como lo es en los labios de los Scheidemann y los Legien, los Sembat y los Vandervelde.

Es sobremanera instructivo que, al hablar de las funciones de aquella burocracia que necesita la Comuna y la democracia proletaria, Marx tome como punto de comparación a los empleados de "cualquier otro patrono", es decir, una empresa capitalista corriente, con "obreros, inspectores y contables".

En Marx no hay ni rastro de utopismo, pues no inventa ni saca de su fantasía una "nueva" sociedad. No, Marx estudia, como un proceso histórico-natural, cómo nace la nueva sociedad de la vieja, estudia las formas de transición de la segunda a la primera. Toma la experiencia real del movimiento proletario de masas y se esfuerza por sacar las enseñanzas prácticas de ella. "Aprende" de la Comuna como no temieron aprender todos los grandes pensadores revolucionarios de la experiencia de los grandes movimientos de la clase oprimida ni les dirigieron nunca "sermones" pedantescos (por el estilo del "no se debía haber empuñado las armas" de Plejánov, o del "una clase debe saber moderarse" de Tsereteli).

No cabe hablar de la abolición de la burocracia de golpe, en todas partes y hasta sus últimas raíces. Esto es una utopía. Pero destruir de golpe la vieja máquina burocrática y comenzar acto seguido a construir otra nueva, que permita ir reduciendo gradualmente a la nada toda burocracia, no es una utopía; es la experiencia de la Comuna, es la tarea directa, inmediata, del proletariado revolucionario.

El capitalismo simplifica las funciones de la administración "del Estado", permite desterrar la "administración jerárquica" y reducirlo todo a una organización de los proletarios (como clase dominante) que toma a su servicio, en nombre de toda la sociedad, a "obreros, inspectores y contables".

No somos utopistas. No "soñamos" en cómo podrá prescindirse de golpe de todo gobierno, de toda subordinación; estos sueños anarquistas, basados en la incomprensión de las tareas de la dictadura del proletariado, son fundamentalmente ajenos al marxismo y, de hecho, sólo sirven para aplazar la revolución socialista hasta el momento en que los hombres sean distintos. No, nosotros queremos la revolución socialista con hombres como los de hoy, con hombres que no puedan arreglárselas sin subordinación, sin control, sin "inspectores y contables".

Pero a quien hay que someterse es a la vanguardia armada de todos los explotados y trabajadores: al proletariado. La "administración jerárquica" específica de los funcionarios del Estado puede y debe comenzar a sustituirse inmediatamente, de la noche a la mañana, por las simples funciones de "inspectores y contables", funciones que ya hoy son plenamente accesibles al nivel de desarrollo de los habitantes de las ciudades y que pueden ser perfectamente desempeñadas por el "salario de un obrero".

Organicemos la gran producción nosotros mismos, los obreros, partiendo de lo que ha sido creado ya por el capitalismo, basándonos en nuestra propia experiencia de trabajo, estableciendo una disciplina rigurosísima, férrea, mantenida por el poder estatal de los obreros armados; reduzcamos a los funcionarios públicos al papel de simples ejecutores de nuestras directivas, al papel de "inspectores y contables responsables, revocables y modestamente retribuidos (en unión, naturalmente, de los técnicos de todos los géneros, tipos y grados): ésa es nuestra tarea proletaria, por ahí se puede y se debe empezar cuando se lleve a cabo la revolución proletaria. Este comienzo, sobre la base de la gran producción, conduce por sí mismo a la "extinción" gradual de toda burocracia, a la creación gradual de un orden —orden sin comillas, orden que no se parecerá en nada a la esclavitud asalariada—, de un orden en que las funciones de inspección y de contabilidad, cada vez más simplificadas, se ejecutarán por todos siguiendo un turno, se convertirán luego en costumbre y, por último, desaparecerán como funciones especiales de una capa especial de la población.

Un ingenioso socialdemócrata alemán de la década del 70 del siglo pasado dijo que el correo era un modelo de economía socialista. Esto es muy exacto. Hoy, el correo es una empresa organizada al estilo de un monopolio capitalista de Estado. El imperialismo va transformando poco a poco todos los trusts en organizaciones de este tipo. En ellos vemos esa misma burocracia burguesa entronizada sobre los "simples" trabajadores, agobiados por el trabajo y hambrientos. Pero el mecanismo de la administración social está ya preparado aquí. No hay más que derrocar a los capitalistas, destruir, con la mano férrea de los obreros armados, la resistencia de estos explotadores, romper la máquina burocrática del Estado moderno, y tendremos ante nosotros un mecanismo de alta perfección técnica, libre del "parásito" y perfectamente susceptible de ser puesto en marcha por los mismos obreros unidos, contratando a técnicos, inspectores y contables y retribuyendo el trabajo de todos éstos, como el de todos los funcionarios "del Estado" en general, con el salario de un obrero. He aquí una tarea concreta, una tarea práctica, inmediatamente realizable con respecto a todos los trusts, que libera a los trabajadores de la explotación y que tiene en cuenta la experiencia iniciada ya prácticamente (sobre todo en el terreno de la organización del Estado) por la Comuna.

Organizar toda la economía nacional como lo está el correo, para que los técnicos, los inspectores, los contables y todos los funcionarios en general perciban sueldos que no sean superiores al "salario de un obrero", bajo el control y la dirección del proletariado armado: ése es nuestro objetivo inmediato. Ese es el Estado que necesitamos y la base económica sobre la que debe descansar. Eso es lo que darán la abolición del parlamentarismo y la conservación de las instituciones representativas; eso es lo que librará a las clases trabajadoras de la prostitución de estas instituciones por la burguesía.

4. ORGANIZACIÓN DE LA UNIDAD DE LA NACIÓN

"...En el breve esbozo de organización nacional que la Comuna no tuvo tiempo de desarrollar, se dice claramente que la Comuna habría de ser... la forma política que reviste hasta la aldea más pequeña"... Las comunas elegirían también la "delegación nacional" de París.

"...Las pocas, pero importantes funciones que aún quedarían para un gobierno central no se suprimirían —como se ha dicho, falseando de intento la verdad—, sino que serían desempeñadas por agentes comunales y, por tanto, estrictamente responsables...

...No se trataba de destruir la unidad de la nación, sino por el contrario, de organizarla mediante un régimen comunal, convirtiéndola en una realidad al destruir el poder del Estado, que pretendía ser la encarnación de aquella unidad, independiente y situado por encima de la nación misma, en cuyo cuerpo no era más que una excrecencia parasitaria... Mientras que los órganos puramente represivos del viejo poder estatal habían de ser amputados, sus funciones legítimas habían de ser arrancadas a una autoridad que usurpaba una posición preeminente sobre la sociedad misma, para restituirlas a los servidores responsables de esta sociedad".

Hasta qué punto los oportunistas de la socialdemocracia actual no han comprendido —tal vez fuera más exacto decir que no han querido comprender— estos razonamientos de Marx, lo revela mejor que nada el libro erostráticamente célebre del renegado Bernstein Las premisas del socialismo y las tareas de la socialdemocracia. Refiriéndose a las citadas palabras de Marx, Bernstein escribía que en ellas se desarrolla un programa "que, por su contenido político, presenta, en todos los rasgos esenciales, grandísima semejanza con el federalismo de Proudhon... Pese a todas las demás diferencias que separan a Marx y al 'pequeñoburgués' Proudhon (Bernstein pone 'pequeñoburgués' entre comillas, queriendo darle una intención irónica), en estos puntos el curso de sus pensamientos es lo más afín que cabe". Naturalmente, prosigue Bernstein, la importancia de las municipalidades va en aumento, pero "a mí me parece dudoso que la primera tarea de la democracia sea esta abolición (Auflösung —literalmente: disolución—) de los Estados modernos y la transformación completa (Umwandlung: cambio radical) de su organización, tal como Marx y Proudhon la conciben (formación de la Asamblea Nacional con delegados de las asambleas provinciales o regionales, integradas a su vez por delegados de las comunas), desapareciendo completamente todas las formas anteriores de las representaciones nacionales" (Bernstein, Las premisas..., págs. 134 y 136, edición alemana de 1899).

Esto es sencillamente monstruoso: ¡confundir las concepciones de Marx sobre la "destrucción del poder estatal, del parásito", con el federalismo de Proudhon! Pero esto no es casual, pues al oportunista no se le pasa siquiera por la mente que aquí Marx no habla en manera alguna del federalismo por oposición al centralismo, sino de la destrucción de la vieja máquina burguesa del Estado, existente en todos los países burgueses.

Al oportunista sólo se le viene a la mente lo que ve en torno suyo, en medio del filisteísmo mezquino y del estancamiento "reformista", a saber: ¡sólo las "municipalidades"! El oportunista ha perdido la costumbre de pensar siquiera en la revolución del proletariado.

Esto es ridículo. Pero lo curioso es que nadie haya discutido con Bernstein acerca de este punto. Bernstein fue refutado por muchos, especialmente por Plejánov en la literatura rusa y por Kautsky en la europea, pero ni el uno ni el otro han hablado de esta tergiversación de Marx por Bernstein.

El oportunista se ha desacostumbrado hasta tal punto de pensar en revolucionario y de reflexionar acerca de la revolución, que atribuye a Marx el "federalismo", confundiéndole con Proudhon, el fundador del anarquismo. Y Kautsky y Plejánov, que pretenden pasar por marxistas ortodoxos y defender la doctrina del marxismo revolucionario, ¡guardan silencio acerca de esto!

Aquí encontramos una de las raíces de ese extraordinario bastardeamiento de las ideas acerca de la diferencia entre marxismo y anarquismo, bastardeamiento característico tanto de los kautskianos como de los oportunistas y del que habremos de hablar todavía.

En los citados pasajes de Marx sobre la experiencia de la Comuna, no hay ni rastro de federalismo. Marx coincide con Proudhon precisamente en algo que no ve el oportunista Bernstein. Marx discrepa de Proudhon precisamente en aquello en que Bernstein ve una afinidad.

Marx coincide con Proudhon en que ambos abogan por la "destrucción" de la máquina moderna del Estado. Esta coincidencia del marxismo con el anarquismo (tanto con el de Proudhon como con el de Bakunin) no quieren verla ni los oportunistas ni los kautskianos, pues los unos y los otros han desertado del marxismo en este punto.

A Bernstein no le cabe, sencillamente, en la cabeza que sea posible el centralismo voluntario, la unión voluntaria de las comunas en la nación, la fusión voluntaria de las comunas proletarias para aplastar la dominación burguesa y la máquina estatal burguesa. Para Bernstein, como para todo filisteo, el centralismo es algo que sólo puede venir de arriba, que sólo puede ser impuesto y mantenido por la burocracia y el militarismo.

Marx subraya intencionadamente, como previendo la posibilidad de que sus ideas fuesen tergiversadas, que el acusar a la Comuna de querer destruir la unidad de la nación, de querer suprimir el poder central, es una falsedad consciente. Marx usa intencionadamente la expresión "organizar la unidad de la nación" para contraponer el centralismo consciente, democrático, proletario, al centralismo burgués, militar, burocrático.

Pero... no hay peor sordo que el que no quiere oír. Y los oportunistas de la socialdemocracia actual no quieren, en efecto, oír hablar de la destrucción del poder estatal, de la eliminación del parásito.

5. LA DESTRUCCIÓN DEL ESTADO PARÁSITO

Hemos citado ya, y vamos a completarlas aquí, las palabras de Marx relativas a este punto.

"...Es habitual que a las nuevas creaciones históricas —escribió Marx— se las tome por una reproducción de las formas viejas, y aun caducas, de vida social con las cuales las nuevas instituciones presentan cierta semejanza. También esta nueva Comuna, que destruye (bricht: rompe) el poder estatal moderno, ha sido considerada como una resurrección de la comuna medieval..., como una federación de pequeños Estados (Montesquieu, los girondinos)..., como una forma exagerada de la vieja lucha contra el excesivo centralismo...

"...El régimen comunal habría devuelto al organismo social todas las fuerzas, que hasta entonces venía absorbiendo el 'Estado', excrecencia parasitaria que se nutre a expensas de la sociedad y entorpece su libre movimiento. Con este solo hecho habría iniciado la regeneración de Francia...

...El régimen comunal colocaría a los productores del campo bajo la dirección espiritual de las capitales de sus provincias, ofreciéndoles aquí, en los obreros de la ciudad, los representantes naturales de sus intereses. La sola existencia de la Comuna implicaba, como algo evidente, un régimen de autonomía local, pero ya no como contrapeso a un poder estatal que ahora sería superfluo".

"Destrucción del poder estatal", que era una "excrecencia parasitaria"; "amputación", "destrucción" de él; "un poder estatal que ahora sería superfluo": así se expresa Marx al hablar del Estado, valorando y analizando la experiencia de la Comuna.

Todo esto fue escrito hace casi medio siglo, y ahora hay que proceder a verdaderas excavaciones para llevar a la conciencia de las grandes masas un marxismo no falseado. Las conclusiones que permitió hacer la observación de la última gran revolución vivida por Marx fueron dadas al olvido precisamente al llegar el momento de las siguientes grandes revoluciones del proletariado.

"...La variedad de interpretaciones a que ha sido sometida la Comuna y la variedad de intereses que la han interpretado a su favor, demuestran que era una forma política perfectamente flexible, a diferencia de las formas anteriores de gobierno, que habían sido todas fundamentalmente represivas. He aquí su verdadero secreto: la Comuna era, esencialmente, un gobierno de la clase obrera, fruto de la lucha de la clase productora contra la clase apropiadora, la forma política al fin descubierta para llevar a cabo dentro de ella la emancipación económica del trabajo...

Sin esta última condición, el régimen comunal habría sido una imposibilidad y una impostura...".

Los utopistas se dedicaron a "descubrir" las formas políticas bajo las cuales debía producirse la transformación socialista de la sociedad. Los anarquistas se han desentendido del problema de las formas políticas en general. Los oportunistas de la socialdemocracia actual han tomado las formas políticas burguesas del Estado democrático parlamentario como un límite insuperable y se han roto la frente de tanto prosternarse ante este "modelo", considerando como anarquismo toda aspiración a romper estas formas.

Marx dedujo de toda la historia del socialismo y de las luchas políticas que el Estado deberá desaparecer y que la forma transitoria para su desaparición (la forma de transición del Estado al no Estado) será "el proletariado organizado como clase dominante". Pero Marx no se proponía descubrir las formas políticas de este futuro. Se limitó a hacer una observación precisa de la historia de Francia, a su análisis y a la conclusión a que llevó el año 1851: se avecina la destrucción de la máquina estatal burguesa.

Y cuando estalló el movimiento revolucionario de masas del proletariado, Marx, a pesar del revés sufrido por este movimiento, a pesar de su fugacidad y de su patente debilidad, se puso a estudiar qué formas había revelado.

La Comuna es la forma "descubierta, al fin", por la revolución proletaria, bajo la cual puede lograrse la emancipación económica del trabajo.

La Comuna es el primer intento de la revolución proletaria de destruir la máquina estatal burguesa, y la forma política, "descubierta, al fin", que puede y debe sustituir a lo destruido.

Más adelante, en el curso de nuestra exposición, veremos que las revoluciones rusas de 1905 y 1917 prosiguen, en otras circunstancias, bajo condiciones diferentes, la obra de la Comuna y confirman el genial análisis histórico de Marx.

CAPÍTULO IV: CONTINUACIÓN. ACLARACIONES COMPLEMENTARIAS DE ENGELS

Marx dejó sentadas las tesis fundamentales respecto a la significación de la experiencia de la Comuna. Engels volvió repetidas veces sobre este tema, aclarando el análisis y las conclusiones de Marx e iluminando a veces otros aspectos de la cuestión con tal fuerza y relieve, que es necesario detenerse especialmente en estas aclaraciones.

1. 'EL PROBLEMA DE LA VIVIENDA'

En su obra sobre el problema de la vivienda (1872)20, Engels tiene ya en cuenta la experiencia de la Comuna, deteniéndose varias veces en las tareas de la revolución respecto al Estado. Es interesante ver cómo, sobre un tema concreto, se ponen de relieve, de una parte, los rasgos de coincidencia entre el Estado proletario y el Estado actual —rasgos que nos dan la base para hablar de Estado en ambos casos— y, de otra parte, los rasgos diferenciales o la transición hacia la destrucción del Estado.

"¿Cómo, pues, resolver el problema de la vivienda? En la sociedad actual se resuelve exactamente lo mismo que otro problema social cualquiera: por la nivelación económica gradual de la oferta y la demanda, solución que reproduce constantemente el problema y que, por tanto, no es tal solución. La forma en que una revolución social resolvería esta cuestión no depende solamente de las circunstancias de tiempo y lugar, sino que, además, se relaciona con cuestiones de mucho mayor alcance, entre las cuales figura, como una de las más esenciales, la supresión del contraste entre la ciudad y el campo. Como nosotros no nos dedicamos a construir ningún sistema utópico para la organización de la sociedad del futuro, sería más que ocioso detenerse en esto. Lo cierto, sin embargo, es que ya hoy existen en las grandes ciudades edificios suficientes para remediar en seguida, si se les diese un empleo racional, toda verdadera penuria de vivienda. Esto sólo puede lograrse, naturalmente, expropiando a los actuales poseedores y alojando en sus casas a los obreros que carecen de vivienda o que viven hacinados. Y tan pronto como el proletariado conquiste el poder político, esta medida, impuesta por los intereses del bien público, será de tan fácil ejecución como lo son hoy las otras expropiaciones y las requisas de viviendas que lleva a cabo el Estado actual" (pág. 22 de la edición alemana de 1887).

La cuestión esbozada en este pasaje, la cuestión de las bases económicas de la extinción del Estado, será examinada en el capítulo siguiente. Engels se expresa con extremada prudencia, diciendo que "es poco probable" que el Estado proletario conceda gratis las viviendas, "al menos durante el período de transición". El arrendamiento de las viviendas, propiedad de todo el pueblo, a distintas familias supone el cobro del alquiler, un cierto control y una determinada regulación del reparto de las viviendas. Todo ello exige una cierta forma de Estado, pero no requiere en modo alguno un aparato militar y burocrático especial con funcionarios que disfruten de una situación privilegiada. Y la transición a un estado de cosas en que sea posible asignar las viviendas gratuitamente se halla vinculada a la "extinción" completa del Estado.

Hablando de cómo los blanquistas, después de la Comuna e impulsados por la experiencia de ésta, adoptaron la posición de principio del marxismo, Engels formula de pasada esta posición en los siguientes términos:

"...Necesidad de la acción política del proletariado y de su dictadura, como paso hacia la supresión de las clases y, con ellas, del Estado..." (pág. 55).

Algunos aficionados a la crítica literal o ciertos "exterminadores" burgueses del marxismo encontrarán quizá una contradicción entre este reconocimiento de la "supresión del Estado" y la negación de semejante fórmula, por anarquista, en el pasaje del Anti-Dühring citado más arriba. No tendría nada de extraño que los oportunistas clasificasen también a Engels entre los "anarquistas", ya que hoy se va generalizando cada vez más entre los socialchovinistas la tendencia a acusar de anarquismo a los internacionalistas.

El marxismo ha enseñado siempre que, a la par con la supresión de las clases, se producirá la supresión del Estado. El tan conocido pasaje del Anti-Dühring acerca de la "extinción del Estado" no acusa a los anarquistas simplemente de abogar por la supresión del Estado, sino de predicar la posibilidad de suprimir el Estado "de la noche a la mañana".

Como la doctrina "socialdemócrata" imperante hoy ha tergiversado completamente la actitud del marxismo ante el anarquismo en lo tocante a la destrucción del Estado, será muy útil recordar aquí una polémica de Marx y Engels con los anarquistas.

2. POLÉMICA CON LOS ANARQUISTAS

Esta polémica tuvo lugar en 1873. Marx y Engels escribieron para un almanaque socialista italiano unos artículos contra los proudhonianos, "autonomistas" o "antiautoritarios", artículos que sólo en 1913 fueron publicados en alemán, en la revista Neue Zeit.

"...Si la lucha política de la clase obrera —escribió Marx, ridiculizando a los anarquistas y su negación de la política— asume formas revolucionarias, si los obreros sustituyen la dictadura de la burguesía con su dictadura revolucionaria, cometen un terrible delito de leso principio, porque para satisfacer sus míseras necesidades materiales de cada día, para vencer la resistencia de la burguesía, dan al Estado una forma revolucionaria y transitoria en vez de deponer las armas y abolirlo..." (Neue Zeit, 1913-1914, año 32, t. 1, pág. 40).

He aquí contra qué "abolición" del Estado se manifestaba exclusivamente Marx al refutar a los anarquistas. No es, ni mucho menos, contra el hecho de que el Estado desaparezca con la desaparición de las clases o sea suprimido al suprimirse éstas, sino contra el hecho de que los obreros renuncien al empleo de las armas, a la violencia organizada, es decir, al Estado, que ha de servir para "vencer la resistencia de la burguesía".

Marx subraya intencionadamente —para que no se tergiverse el verdadero sentido de su lucha contra el anarquismo— la "forma revolucionaria y transitoria" del Estado que el proletariado necesita. El proletariado sólo necesita el Estado temporalmente. No discrepamos en modo alguno de los anarquistas en cuanto a la abolición del Estado como meta. Lo que afirmamos es que, para alcanzar esta meta, es necesario el empleo temporal de los instrumentos, de los medios, de los métodos del poder estatal contra los explotadores, igual que para destruir las clases es necesaria la dictadura temporal de la clase oprimida. Marx elige contra los anarquistas el planteamiento más tajante y más claro del problema: al derrocar el yugo de los capitalistas, ¿deberán los obreros "deponer las armas" o emplearlas contra los capitalistas para vencer su resistencia? Y el empleo sistemático de las armas por una clase contra otra clase, ¿qué es sino una "forma transitoria" de Estado?

Que cada socialdemócrata se pregunte si es así como él ha planteado la cuestión del Estado en su polémica con los anarquistas, si es así como ha planteado esta cuestión la inmensa mayoría de los partidos socialistas oficiales de la II Internacional.

Engels expone estas ideas de un modo todavía más detallado y más popular, ridiculizando, ante todo, el embrollo ideológico de los proudhonianos, quienes se llamaban "antiautoritarios", es decir, negaban toda autoridad, toda subordinación, todo poder. Tomad una fábrica, un ferrocarril, un barco en alta mar, dice Engels: ¿acaso no es evidente que sin una cierta subordinación y, por consiguiente, sin una cierta autoridad o poder será imposible el funcionamiento de ninguna de estas complejas empresas técnicas, basadas en el empleo de máquinas y en la colaboración armónica de muchas personas?

"...Cuando he puesto parecidos argumentos a los más furiosos antiautoritarios —escribe Engels—, no han sabido responderme más que esto: '¡Ah! eso es verdad, pero aquí no se trata de que nosotros demos al delegado una autoridad, sino ¡de un encargo!'. Estos señores creen cambiar la cosa con cambiarle el nombre...".

Después de demostrar, de tal modo, que autoridad y autonomía son conceptos relativos, que su radio de aplicación cambia con las distintas fases del desarrollo social y que es absurdo aceptar estos conceptos como algo absoluto, y añadiendo que el campo de la aplicación de las máquinas y de la gran industria se ensancha cada vez más, Engels pasa de las consideraciones generales sobre la autoridad al problema del Estado.

"...Si los autonomistas —prosigue— se limitasen a decir que la organización social del porvenir restringirá la autoridad hasta el límite estricto en que la hagan inevitable las condiciones de la producción, podríamos entendernos; pero lejos de esto, permanecen ciegos para todos los hechos que hacen necesaria la cosa y arremeten con furor contra la palabra.

¿Por qué los antiautoritarios no se limitan a clamar contra la autoridad política, contra el Estado? Todos los socialistas están de acuerdo en que el Estado, y con él la autoridad política, desaparecerán como consecuencia de la próxima revolución social, es decir, que las funciones públicas perderán su carácter político, trocándose en simples funciones administrativas, llamadas a velar por los intereses sociales. Pero los antiautoritarios exigen que el Estado político sea abolido de un plumazo, aun antes de haber sido destruidas las relaciones sociales que lo hicieron nacer. Exigen que el primer acto de la revolución social sea la abolición de la autoridad.

¿No han visto nunca una revolución estos señores? Una revolución es, indudablemente, la cosa más autoritaria que existe; es el acto mediante el cual una parte de la población impone su voluntad a la otra parte por medio de fusiles, bayonetas y cañones, medios autoritarios si los hay; y el partido victorioso, si no quiere haber luchado en vano, tiene que mantener este dominio por el terror que sus armas inspiran a los reaccionarios...".

También en este pasaje de Engels, la parte más notable es su razonamiento contra los anarquistas. Los socialdemócratas que pretenden ser discípulos de Engels han discutido millones de veces con los anarquistas desde 1873, pero han discutido precisamente no como pueden y deben discutir los marxistas. El concepto anarquista de la abolición del Estado es confuso y no revolucionario: así es cómo plantea la cuestión Engels. Los anarquistas no quieren ver precisamente la revolución en su nacimiento y en su desarrollo, en sus tareas específicas con relación a la violencia, a la autoridad, al poder y al Estado.

La crítica corriente del anarquismo en los socialdemócratas de nuestros días ha degenerado en la más pura vulgaridad pequeño-burguesa: "¡Nosotros reconocemos el Estado; los anarquistas, no!". Es evidente que semejante vulgaridad no puede por menos de repugnar a los obreros, por poco reflexivos y revolucionarios que sean. Engels dice otra cosa: subraya que todos los socialistas reconocen la desaparición del Estado como consecuencia de la revolución socialista. Luego plantea de manera concreta el problema de la revolución, precisamente el problema que los socialdemócratas suelen soslayar por razones de oportunismo, cediendo, por decirlo así, la exclusiva de su "estudio" a los anarquistas. Y al plantear este problema, Engels agarra al toro por los cuernos: ¿No hubiera debido la Comuna emplear más el poder revolucionario del Estado, es decir, del proletariado armado, organizado como clase dominante?

Por lo general, la socialdemocracia oficial imperante eludía la cuestión de las tareas concretas del proletariado en la revolución, bien con simples burlas de filisteo, bien, en el mejor de los casos, con la frase sofística y evasiva de "¡Ya veremos!". Y los anarquistas tenían derecho a decir que esta socialdemocracia traicionaba su misión de educar revolucionariamente a los obreros. Engels se vale de la experiencia de la última revolución proletaria precisamente para estudiar del modo más concreto cuál debe ser la actitud del proletariado y cómo debe actuar tanto con relación a los bancos como en lo que respecta al Estado.

3. UNA CARTA A BEBEL

Uno de los razonamientos más notables, si no el más notable, de las obras de Marx y Engels respecto al Estado se contiene en el siguiente pasaje de una carta de Engels a Bebel del 18-28 de marzo de 1875. Carta que —dicho sea entre paréntesis— fue publicada por vez primera, que nosotros sepamos, por Bebel en el segundo tomo de sus memorias (De mi vida), que vio la luz en 1911, es decir, 36 años después de escrita y enviada aquella carta.

Engels escribió a Bebel criticando aquel mismo proyecto de programa de Gotha, que Marx criticó en su célebre carta a Bracke. Y, por lo que se refiere especialmente a la cuestión del Estado, le decía lo siguiente:

"...El Estado popular libre se ha convertido en el Estado libre. Según el sentido gramatical de estas palabras, se entiende por Estado libre un Estado que es libre respecto a sus ciudadanos, es decir, un Estado con un gobierno despótico. Habría que abandonar toda esa charlatanería acerca del Estado, sobre todo después de la Comuna, que no era ya un Estado en el verdadero sentido de la palabra. Los anarquistas nos han echado en cara más de la cuenta lo del 'Estado popular', a pesar de que ya la obra de Marx contra Proudhon y luego El Manifiesto Comunista dicen expresamente que, con la implantación del régimen socialista, el Estado se disolverá por sí mismo (sich auflöst) y desaparecerá. Siendo el Estado una institución meramente transitoria que se utiliza en la lucha, en la revolución, para someter por la violencia a los adversarios, es un absurdo hablar de un Estado libre del pueblo: mientras el proletariado necesite todavía el Estado, no lo necesitará en interés de la libertad, sino para someter a sus adversarios, y tan pronto como pueda hablarse de libertad, el Estado como tal dejará de existir. Por eso, nosotros propondríamos emplear siempre, en vez de la palabra Estado, la palabra 'comunidad' (Gemeinwesen), una buena y antigua palabra alemana que equivale a la palabra francesa commune" (págs. 321-322 del texto alemán).

Hay que tener en cuenta que esta carta se refiere al programa del partido, criticado por Marx en una carta escrita solamente varias semanas después de aquella (carta de Marx del 5 de mayo de 1875), y que Engels vivía por aquel entonces en Londres, con Marx. Por eso, al decir en las últimas líneas de la carta "nosotros", Engels, indudablemente, en su nombre y en el de Marx, propone al jefe del Partido Obrero Alemán borrar del programa la palabra "Estado" y sustituirla por la palabra "comunidad".

¡Qué bramidos sobre "anarquismo" lanzarían los cabecillas del "marxismo" de hoy, un "marxismo" falsificado para uso de oportunistas, si se les propusiese semejante enmienda en su programa!

Que bramen cuanto quieran. La burguesía les elogiará por ello. Pero nosotros continuaremos nuestra obra. Cuando revisemos el programa de nuestro partido, deberemos tomar en consideración, sin falta, el consejo de Engels y Marx para acercarnos más a la verdad, para restaurar el marxismo, purificándolo de tergiversaciones, para orientar más certeramente la lucha de la clase obrera por su liberación. Entre los bolcheviques no habrá, de seguro, quien se oponga al consejo de Engels y Marx. La dificultad estribará tan sólo, si acaso, en el término. Para expresar el concepto de "comunidad" hay en alemán dos palabras, de las cuales Engels eligió la que no indica una comunidad por separado, sino el conjunto de ellas, el sistema de comunas. En ruso no existe un vocablo semejante, y tal vez tendremos que emplear el francés commune, aunque esto tenga también sus inconvenientes.

"La Comuna no era ya un Estado en el verdadero sentido de la palabra": he aquí la afirmación más importante de Engels desde el punto de vista teórico.

Después de lo expuesto más arriba, esta afirmación resulta absolutamente lógica. La Comuna iba dejando de ser un Estado, toda vez que su papel no consistía en reprimir a la mayoría de la población, sino a la minoría (a los explotadores); había roto la máquina del Estado burgués; en vez de una fuerza especial para la represión, entró en escena la población misma. Todo esto significa apartarse del Estado en su sentido estricto. Y si la Comuna se hubiera consolidado, habrían ido "extinguiéndose" en ella por sí mismas las huellas del Estado, no habría sido necesario "suprimir" sus instituciones: éstas habrían dejado de funcionar a medida que no tuviesen nada que hacer.

"Los anarquistas nos han echado en cara más de la cuenta lo del 'Estado popular'".

Al hablar así, Engels se refiere, principalmente, a Bakunin y a sus ataques contra los socialdemócratas alemanes. Engels reconoce que estos ataques son justos en tanto en cuanto el "Estado popular" es un absurdo y un concepto tan divergente del socialismo como el "Estado popular libre". Engels se esfuerza por corregir la lucha de los socialdemócratas alemanes contra los anarquistas, por hacer de esta lucha una justa lucha de principios, por depurarla de los prejuicios oportunistas relativos al "Estado". Pero, ¡ay!, la carta de Engels se pasó 36 años en el fondo de un cajón. Y más abajo veremos que, aun después de publicada, Kautsky sigue repitiendo tenazmente, en esencia, los mismos errores contra los que precavía Engels.

Bebel contestó a Engels el 21 de septiembre de 1875 con una carta en la que decía, entre otras cosas, estar "completamente de acuerdo" con sus juicios acerca del proyecto de programa y que había reprochado a Liebknecht su transigencia (pág. 334 de la edición alemana de las memorias de Bebel, tomo II). Pero si abrimos el folleto de Bebel titulado Nuestros objetivos, encontramos en él consideraciones absolutamente falsas acerca del Estado:

"El Estado debe convertirse de un Estado basado en la dominación de clase en un Estado popular" (Unsere Ziele, ed. alemana de 1886, pág. 14).

¡Así aparece impreso en la novena (¡novena!) edición del folleto de Bebel! No es de extrañar que tan pertinaz repetición de los juicios oportunistas sobre el Estado haya sido asimilada por la socialdemocracia alemana, sobre todo cuando las explicaciones revolucionarias de Engels se mantenían ocultas y todas las circunstancias de la vida la habían "desacostumbrado" de la revolución por mucho tiempo.

4. CRÍTICA DEL PROYECTO DE PROGRAMA DE ERFURT

La crítica del proyecto de programa de Erfurt, enviada por Engels a Kautsky el 29 de junio de 1891 y publicada sólo al cabo de diez años en Neue Zeit, no puede pasarse por alto en un análisis de la teoría del marxismo sobre el Estado, pues este trabajo se consagra de modo principal a criticar precisamente las concepciones oportunistas de la socialdemocracia en cuanto a la organización del Estado.

Señalaremos de paso que Engels hace también, en punto a los problemas económicos, una indicación importantísima, que demuestra cuán atenta y reflexivamente seguía los cambios que se iban produciendo precisamente en el capitalismo moderno y cómo ello le permitía prever hasta cierto punto las tareas de nuestra época, la época imperialista. He aquí la indicación a que nos referimos: a propósito de las palabras "falta de planificación" (Planlosigkeit), empleadas en el proyecto de programa para caracterizar al capitalismo, Engels escribe:

"...Si pasamos de las sociedades anónimas a los trusts, que dominan y monopolizan ramas industriales enteras, vemos que aquí termina no sólo la producción privada, sino también la falta de planificación" (Neue Zeit, año 20, t. 1, 1901-1902, pág. 8).

Aquí se encierra lo más fundamental de la apreciación teórica del capitalismo moderno, es decir, del imperialismo, a saber: que el capitalismo se convierte en un capitalismo monopolista. Conviene subrayar esto, pues el error más generalizado está en la afirmación reformista-burguesa de que el capitalismo monopolista o monopolista de Estado no es ya capitalismo, que puede llamarse ya "socialismo de Estado", y otras cosas por el estilo. Naturalmente, los trusts no entrañan, no han entrañado hasta hoy ni pueden entrañar una planificación completa. Pero por cuanto son ellos los que trazan los planes, por cuanto son los magnates del capital quienes calculan de antemano el volumen de la producción en escala nacional o incluso internacional, por cuanto son ellos quienes regulan la producción con arreglo a planes, permanecemos, a pesar de todo, dentro del capitalismo: aunque en una nueva fase de éste, permanecemos, indudablemente, dentro del capitalismo. La "proximidad" de tal capitalismo al socialismo debe constituir, para los verdaderos representantes del proletariado, un argumento a favor de la cercanía, de la facilidad, de la viabilidad y de la urgencia de la revolución socialista, pero no, en modo alguno, un argumento para mantener una actitud de tolerancia ante los que niegan esta revolución y ante los que hermosean el capitalismo, como hacen todos los reformistas.

Pero volvamos al problema del Estado. De tres clases son las indicaciones especialmente valiosas que hace aquí Engels: en primer lugar, las que se refieren a la cuestión de la república; en segundo, las que afectan a las relaciones entre la cuestión nacional y la estructura del Estado; y en tercero, las que conciernen a la autonomía administrativa local.

Por lo que se refiere a la república, Engels hizo de esto el centro de gravedad de su crítica del proyecto de programa de Erfurt. Si recordamos la significación adquirida por el programa de Erfurt en toda la socialdemocracia internacional y que este programa se convirtió en modelo para toda la II Internacional, podremos decir sin exageración que Engels critica aquí el oportunismo de toda la II Internacional.

"Las reivindicaciones políticas del proyecto —escribe Engels— adolecen de un gran defecto. No hay en él (subrayado por Engels) lo que en realidad se debía haber dicho".

Y más adelante se aclara que la Constitución alemana es, en rigor, un calco de la Constitución de 1850, reaccionaria en extremo; que el Reichstag no es, según la expresión de Wilhelm Liebknecht, más que la "hoja de parra del absolutismo" y que constituye "un absurdo evidente" pretender llevar a cabo la "transformación de todos los instrumentos de trabajo en propiedad común", basándose en una Constitución que legaliza los pequeños Estados y la federación de los pequeños Estados alemanes.

"Tocar esto es peligroso", añade Engels, que sabe muy bien que en Alemania no puede incluirse legalmente en el programa la reivindicación de la república. No obstante, Engels no se contenta sencillamente con esta evidente consideración que satisface a "todos". Engels prosigue:

"Y, sin embargo, no hay más remedio que abordar el asunto de un modo o de otro. Hasta qué punto es esto necesario, lo demuestra el oportunismo, que está difundiéndose (einreisende) precisamente ahora en una gran parte de la prensa socialdemócrata. Por miedo a que se renueve la ley contra los socialistas, o por el recuerdo de diversas manifestaciones prematuras hechas bajo el imperio de aquella ley, se quiere que el partido reconozca ahora que el orden legal vigente en Alemania basta para realizar todas las reivindicaciones de aquél por vía pacífica...".

Engels destaca en primer plano el hecho fundamental de que los socialdemócratas alemanes obraban por miedo a que se renovase la ley de excepción, y califica esto, sin rodeos, de oportunismo, declarando como completamente absurdos los sueños acerca de una vía "pacífica", precisamente por no existir en Alemania la república ni libertades. Engels es lo bastante cauto para no atarse las manos. Reconoce que en países con república o con una libertad muy grande "cabe imaginarse" (¡solamente "imaginarse"!) un desarrollo pacífico hacia el socialismo, pero en Alemania, repite:

"...En Alemania, donde el gobierno es casi omnipotente y el Reichstag y todas las demás instituciones representativas carecen de poder efectivo, proclamar algo semejante y, además, sin necesidad alguna, significa quitarle al absolutismo la hoja de parra y ponerse uno mismo a cubrir la desnudez...".

Y, en efecto, los jefes oficiales del Partido Socialdemócrata Alemán, partido que "archivó" estas indicaciones, resultaron ser, en su inmensa mayoría, encubridores del absolutismo.

"...Si hay algo indudable es que nuestro partido y la clase obrera sólo pueden llegar al poder bajo la forma política de la república democrática. Esta es, incluso, la forma específica para la dictadura del proletariado, como lo ha puesto ya de relieve la gran revolución francesa...".

Engels repite aquí, con particular relieve, la idea fundamental que va como hilo de engarce a través de todas las obras de Marx: la de que la república democrática constituye el acceso más próximo a la dictadura del proletariado.

pues esta república, que no suprime, ni mucho menos, la dominación del capital ni, por con-siguiente, la opresión de las masas ni la lucha de clases, lleva inevitablemente a un ensanchamiento, a un despliegue, a una patentización y a una agudización tales de esta lucha, que, una vez que surge la posibilidad de satisfacer los intereses vitales de las masas oprimidas, esta posibilidad se realiza, ineludible y exclusivamente en la dictadura del proletariado, en la dirección de estas masas por el proletariado. Para toda la II Internacional, éstas son también "palabras olvidadas" del marxismo, y este olvido se re- veló con extraordinaria nitidez en la historia del partido de los mencheviques durante el primer semestre de la revolución rusa de 1917.

Respecto al problema de la república federativa, relacionada con la composición nacional de la población, escribía Engels:

"¿Qué es lo que debe ocupar el puesto de la actual Alemania?" (Con su Constitución monárquico-reaccionaria y su sistema igualmente reaccionario de división en pequeños Estados, que eterniza las particularidades del "prusianismo", en vez de disolverlas en una Alemania que forme un todo.)

"A mi juicio, el proletariado sólo puede emplear la forma de la república única e indivisible. La república federativa es todavía hoy, en líneas generales, una necesidad en el gigantesco territorio de los Estados Unidos, si bien en las regiones del Este se va transformando ya en un impedimento. Representaría un progreso en Inglaterra, donde cuatro naciones pueblan las dos islas y donde, a pesar de no haber más que un parlamento, coexisten tres sistemas de legislación. En la pequeña Suiza se ha convertido ya desde hace tiempo en un obstáculo, y si allí puede tolerarse todavía la república federativa, es debido tan sólo a que Suiza se contenta con ser un miembro puramente pasivo en el sistema de los Estados europeos. Para Alemania, un régimen federalista al modo del de Suiza significaría un enorme retroceso. Hay dos puntos que distinguen a un Estado federal de un Estado unitario, a saber: que cada Estado integrante de la federación tiene su propia legislación civil y criminal y su propia organización judicial, y que, además de la Cámara popular, existe una Cámara federal en la que vota como tal cada cantón, sea grande o pequeño".

En Alemania, el Estado federal es el tránsito hacia un Estado completamente unitario, y la "revolución desde arriba" de 1866 y 1870 no debe ser revocada, sino completada mediante un "movimiento desde abajo".

Engels no sólo no revela indiferencia ante la cuestión de las formas de Estado; al contrario, se esfuerza por analizar con escrupulosidad extraordinaria precisamente las formas de transición para determinar, en cada caso, con arreglo a las particularidades históricas concretas, qué clase de tránsito —de qué y hacia qué— presupone la forma dada.

Engels, como Marx, defiende, desde el punto de vista del proletariado y de la revolución proletaria, el centralismo democrático, la república única e indivisible. Considera la república federativa, bien como excepción y como obstáculo para el desarrollo, o bien como transición de la monarquía a la república centralizada, como "un paso adelante" en determinadas circunstancias especiales. Y entre esas circunstancias especiales se destaca la cuestión nacional.

En Engels, como en Marx, a pesar de su crítica implacable del reaccionarismo de los pequeños Estados y del encubrimiento de este reaccionarismo con la cuestión nacional en determinados casos concretos, no encontramos ni rastro de tendencia a eludir la cuestión nacional, tendencia de que suelen pecar a menudo los marxistas holandeses y polacos al partir de una lucha muy legítima contra el estrecho nacionalismo filisteo de "sus" pequeños Estados.

Hasta en Inglaterra, donde las condiciones geográficas, la comunidad de idioma y la historia de muchos siglos parece que debían haber "liquidado" la cuestión nacional en las distintas pequeñas divisiones territoriales del país, incluso aquí tiene en cuenta Engels el hecho evidente de que la cuestión nacional no ha sido superada aún, razón por la cual reconoce que la república federativa representa "un paso adelante". Se sobreentiende que en esto no hay ni sombra de renuncia a la crítica de los defectos de la república federativa, ni a la propaganda, ni a la lucha más decidida en pro de una república unitaria, de una república democrática centralizada.

Pero Engels no concibe en modo alguno el centralismo democrático en el sentido burocrático con que emplean este concepto los ideólogos burgueses y pequeñoburgueses, incluyendo entre estos a los anarquistas. Para Engels, el centralismo no excluye, ni mucho menos, esa amplia autonomía local que, teniendo en cuenta que las "comunas" y las regiones defienden voluntariamente la unidad del Estado, elimina en absoluto todo burocratismo y todo "mando" desde arriba.

"...Así, pues, república unitaria —escribe Engels, desarrollando las ideas programáticas del marxismo sobre el Estado—, pero no en el sentido de la República Francesa actual, que no es más que el imperio sin emperador, fundado en 1798. De 1792 a 1798, todo departamento francés, toda comuna (Gemeinde) poseía completa autonomía, según el modelo norteamericano, y eso es lo que debemos tener también nosotros. Norteamérica y la primera República Francesa nos demostraron, y el Canadá, Australia y otras colonias inglesas nos demuestran hoy todavía, cómo hay que organizar la autonomía y cómo se puede prescindir de la burocracia.

Y esta autonomía provincial y municipal es mucho más libre que, por ejemplo, el federalismo suizo, donde el cantón goza, ciertamente, de gran independencia respecto a la federación" (es decir, respecto al Estado federativo en conjunto), "pero también respecto al distrito (Bezirk) y al municipio. Los gobiernos cantonales nombran jefes de policía de distrito (Bezirksstatthalter) y prefectos, cosa absolutamente desconocida en los países de habla inglesa y a la que nosotros debemos eliminar en el futuro con la misma energía que a los Landrat y Regierungsrat prusianos" (los comisarios, los jefes de policía, los gobernadores y, en general, todos los funcionarios nombrados desde arriba).

En consonancia con esto, Engels propone que el punto del programa sobre la autonomía se formule del modo siguiente: "Completa autonomía para la provincia" (provincia o región), "distrito y municipio con funcionarios elegidos por sufragio universal. Supresión de todas las autoridades locales provinciales nombradas por el Estado".

En Pravda 25, suspendida por el gobierno de Kerensky y de otros ministros "socialistas" (N.º 68, del 28 de mayo de 1917), hube de señalar ya cómo, en este punto —bien entendido que no es, ni mucho menos, solamente en este—, nuestros representantes seudosocialistas de una seudodemocracia seudorrevolucionaria se han desviado escandalosamente de la democracia. Es natural

Pravda (La Verdad): diario bolchevique legal. Su primer número vio la luz en San Petersburgo el 22 de abril (5 de mayo) de 1912. El periódico se editaba gracias a los medios recolectados por los propios obreros y alcanzaba una tirada de 40.000 ejemplares, llegando en algunos números a 60.000. Lenin caracterizó la organización del diario obrero como la gran obra histórica realizada por los obreros petersburgueses. Pravda vinculaba cada día al partido con las vastas masas populares. En torno al periódico se formó un numeroso ejército de corresponsales obreros. Lenin dirigía las labores de Pravda, escribía al periódico casi a diario, daba indicaciones a su redacción y procuraba que este fuese combativo y revolucionario.

Pravda fue objeto de constantes persecuciones policiacas. El 8 (21) de julio de 1914 el diario fue clausurado. Su publicación se reanudó después de la revolución democrático-burguesa de febrero de 1917. El periódico, perseguido por el Gobierno Provisional, cambió varias veces de nombre. Desde el 27 de octubre (9 de noviembre) de 1917 empezó a publicarse bajo su antiguo título de Pravda.

Es sobremanera importante señalar que Engels, argumentando con hechos y basándose en los ejemplos más precisos, refuta el prejuicio, extraordinariamente extendido sobre todo entre los demócratas pequeñoburgueses, de que la república federativa implica, sin género de duda, mayor libertad que la república centralista. Esto es falso. Los hechos citados por Engels con referencia a la república centralista francesa de 1792 a 1798 y a la república federativa suiza desmienten semejante prejuicio. La república centralista realmente democrática dio mayor libertad que la república federativa. O dicho en otros términos: la mayor libertad local, provincial, etc., que se conoce en la historia, la ha dado la república centralista y no la república federativa.

Nuestra propaganda y agitación de partido no ha consagrado ni consagra suficiente atención a este hecho, ni en general a toda la cuestión de la república federativa y centralista y a la de la autonomía administrativa local.

5. PREFACIO DE 1891 A LA GUERRA CIVIL EN FRANCIA, DE MARX

En el prefacio a la tercera edición de La guerra civil en Francia —este prefacio lleva fecha 18 de marzo de 1891 y fue publicado por vez primera en la revista Neue Zeit—, Engels formula, de pasada, algunas interesantes observaciones acerca de problemas relativos a la actitud hacia el Estado y, a la vez, traza con notable relieve un resumen de las enseñanzas de la Comuna. Este resumen, enriquecido por toda la experiencia del período de veinte años que separaba a su autor de la Comuna y dirigido especialmente contra la "fe supersticiosa en el Estado", tan difundida en Alemania, puede ser llamado con justicia la última palabra del marxismo respecto a la cuestión que estamos examinando.

En Francia —señala Engels—, los obreros, después de cada revolución, estaban armados;

"Por eso, el desarme de los obreros era el primer mandamiento de los burgueses que se hallaban al frente del Estado. De aquí que, después de cada revolución ganada por los obreros, se llevara a cabo una nueva lucha que acaba con la derrota de estos...".

El balance de la experiencia de las revoluciones burguesas es tan corto como expresivo. El quid de la cuestión —entre otras cosas en lo que afecta al problema del Estado (¿tiene armas la clase oprimida?)— aparece enfocado aquí de un modo admirable. Este quid de la cuestión es precisamente el que eluden con mayor frecuencia lo mismo los profesores influidos por la ideología burguesa que los demócratas pequeñoburgueses. En la revolución rusa de 1917 correspondió al "menchevique" y "también marxista" Tsereteli el honor (un honor a lo Cavaignac) de descubrir este secreto de las revoluciones burguesas. En su discurso "histórico" del 11 de junio, a Tsereteli se le escapó el secreto de la decisión de la burguesía de desarmar a los obreros de Petrogrado, presentando, naturalmente, esta decisión ¡como suya y como necesidad "del Estado" en general!

El histórico discurso de Tsereteli del 11 de junio será, naturalmente, para todo historiador de la revolución de 1917, una de las pruebas más palpables de cómo el bloque de eseristas y mencheviques, acaudillado por el señor Tsereteli, se pasó al lado de la burguesía contra el proletariado revolucionario.

Otra de las observaciones incidentales de Engels, relacionada también con la cuestión del Estado, se refiere a la religión. Es sabido que la socialdemocracia alemana, a medida que iba pudriéndose y haciéndose más y más oportunista, se deslizaba más y más hacia una torcida interpretación filistea de la célebre fórmula:

"Declarar la religión asunto de incumbencia privada".

En efecto, esta fórmula se interpretaba como si la religión fuese un asunto de incumbencia privada ¡también para el Partido del proletariado revolucionario! Contra esta traición completa al programa revolucionario del proletariado se levantó Engels, que en 1891 sólo podía observar los gérmenes más tenues de oportunismo en su partido, y que, por tanto, se expresaba con la mayor cautela:

"Como los miembros de la Comuna eran todos, casi sin excepción, obreros o representantes reconocidos de los obreros, sus acuerdos se distinguían por un carácter marcadamente proletario. Una parte de sus decretos eran reformas que la burguesía republicana no se había atrevido a implantar por vil cobardía y que echaban los cimientos indispensables para la libre acción de la clase obrera, como, por ejemplo, la implantación del principio de que, con respecto al Estado, la religión es un asunto de incumbencia puramente privada; otros iban encaminados a salvaguardar directamente los intereses de la clase obrera y en parte abrían profundas brechas en el viejo orden social...".

Engels subraya a propósito las palabras "con respecto al Estado", asestando con ello un golpe certero al oportunismo alemán, que declaraba la religión asunto de incumbencia privada con respecto al partido y con ello rebaja el partido del proletariado revolucionario al nivel del más vulgar filisteísmo "librepensador", dispuesto a admitir el aconfesionalismo, pero que renuncia a la tarea de partido de luchar contra el opio religioso, que embrutece al pueblo.

El futuro historiador de la socialdemocracia alemana, al investigar las raíces de su vergonzosa bancarrota en 1914, encontrará no pocos materiales interesantes sobre esta cuestión, comenzando por las evasivas declaraciones que se contienen en los artículos del jefe ideológico del partido, Kautsky, en las que se abren de par en par las puertas al oportunismo, y acabando por la actitud del partido ante el Los-von-Kirche-Bewegung (movimiento en pro de la separación de la Iglesia) en 1913.

Pero volvamos a cómo Engels, veinte años después de la Comuna, resumió sus enseñanzas para el proletariado militante.

He aquí las enseñanzas que Engels destaca en primer plano:

"...Precisamente el poder opresor del antiguo gobierno centralizado —el ejército, la policía política y la burocracia—, creado por Napoleón en 1798 y heredado desde entonces como instrumento grato por todos los nuevos gobiernos, los cuales lo emplearon contra sus enemigos, precisamente dicho poder debía ser derrumbado en toda Francia, como había sido derrumbado ya en París.

La Comuna tuvo que reconocer desde el primer momento que la clase obrera, al llegar al poder, no puede seguir gobernando con la vieja máquina del Estado; que, para no perder de nuevo su dominación recién conquistada, la clase obrera tiene, de una parte, que barrer toda la vieja máquina opresora utilizada hasta entonces contra ella, y, de otra parte, precaverse contra sus propios diputados y funcionarios, declarándolos a todos, sin excepción, revocables en cualquier momento...".

Engels subraya una y otra vez que no sólo bajo la monarquía, sino también bajo la república democrática, el Estado sigue siendo Estado, es decir, conserva su rasgo característico fundamental: convertir a sus funcionarios, "servidores de la sociedad", órganos de ella, en señores situados por encima de ella.

"...Contra esta transformación del Estado y de los órganos del Estado de servidores de la sociedad en señores de ella, transformación inevitable en todos los Estados anteriores, empleó la Comuna dos remedios infalibles. En primer lugar, cubrió todos los cargos administrativos, judiciales y de enseñanza por elección, mediante sufragio universal, concediendo a los electores el derecho a revocar en todo momento a sus elegidos. En segundo lugar, todos los funcionarios, altos y bajos, estaban retribuidos como los demás trabajadores. El sueldo máximo abonado por la Comuna era de 6.000 francos. Con este sistema se ponía una barrera eficaz al arribismo y a la caza de cargos, y esto sin contar con los mandatos imperativos que, por añadidura, introdujo la Comuna para los diputados a los cuerpos representativos...".

Engels llega aquí al interesante límite donde la democracia consecuente se transforma, de una parte, en socialismo y, de otra, reclama el socialismo, pues para destruir el Estado es necesario convertir las funciones de la administración pública en operaciones de control y registro tan sencillas, que sean accesibles a la inmensa mayoría de la población, primero, y a toda ella, después. Y la supresión completa del arribismo exige que los cargos "honoríficos" del Estado, aun los que no producen ingresos, no puedan servir de trampolín para pasar a puestos altamente retribuidos en los bancos y en las sociedades anónimas, como ocurre constantemente en los países capitalistas más libres.

Pero Engels no incurre en el error que cometen, por ejemplo, algunos marxistas en lo tocante al derecho de las naciones a la autodeterminación, creyendo que bajo el capitalismo este derecho es imposible y bajo el socialismo, superfluo. Semejante argumentación, que quiere pasar por ingeniosa, pero falsa en realidad, podría repetirse a propósito de cualquier institución democrática y a propósito también de los sueldos modestos de los funcionarios, pues una democracia llevada hasta sus últimas consecuencias es imposible bajo el capitalismo, y bajo el socialismo toda democracia se extingue.

Esto es un sofisma parecido al viejo chiste de si una persona queda calva cuando se le cae un pelo.

El desarrollo de la democracia hasta sus últimas consecuencias, la indagación de las formas de este desarrollo, su comprobación en la práctica, etc.: todo esto constituye una de las tareas de la lucha por la revolución social. Por separado, ninguna democracia da como resultante el socialismo, pero, en la práctica, la democracia no se toma nunca "por separado", sino que se "toma en bloque", influyendo también sobre la economía, acelerando su transformación y cayendo ella misma bajo la influencia del desarrollo económico, etc. Tal es la dialéctica de la historia viva.

Engels prosigue:

"...En el capítulo tercero de La guerra civil en Francia se describe con todo detalle la labor encaminada a provocar la explosión (Sprengung) del viejo poder estatal y a sustituirlo por otro nuevo y realmente democrático. Sin embargo, era necesario detenerse a examinar aquí brevemente algunos de los rasgos de esta sustitución por ser precisamente en Alemania donde la fe supersticiosa en el Estado se ha trasplantado del campo filosófico a la conciencia general de la burguesía e incluso a la de muchos obreros. Según la concepción filosófica, el Estado es la 'realización de la idea', o sea, traducido al lenguaje filosófico, el reino de Dios sobre la Tierra, el campo en que se hacen o deben hacerse realidad la eterna verdad y la eterna justicia. De aquí nace una veneración supersticiosa del Estado y de todo lo que con él se relaciona, veneración supersticiosa que va arraigando en las conciencias con tanta mayor facilidad cuanto que la gente se acostumbra ya desde la infancia a pensar que los asuntos e intereses comunes a toda la sociedad no pueden gestionarse ni salvaguardarse de otro modo que como se ha venido haciendo hasta aquí, es decir, por medio del Estado y de sus funcionarios bien retribuidos. Y se cree haber dado un paso enormemente audaz con librarse de la fe en la monarquía hereditaria y entusiasmarse con la república democrática. En realidad, el Estado no es más que una máquina para la opresión de una clase por otra, lo mismo en la república democrática que bajo la monarquía; y, en el mejor de los casos, un mal que se transmite hereditariamente al proletariado triunfante en su lucha por la dominación de clase. El proletariado victorioso, lo mismo que hizo la Comuna, no podrá por menos de amputar inmediatamente los lados peores de este mal, entretanto que una generación futura, educada en condiciones sociales nuevas y libres, pueda deshacerse de todo ese trasto viejo del Estado".

Engels prevenía a los alemanes para que, en caso de sustitución de la monarquía por la república, no olvidasen los fundamentos del socialismo sobre la cuestión del Estado en general. Hoy, sus advertencias parecen una lección directa a los señores Tsereteli y Chernov, que en su práctica "coalicionista" ¡revelan una fe supersticiosa en el Estado y una veneración supersticiosa por él!

Dos observaciones más

Si Engels dice que bajo la república democrática el Estado sigue siendo, "lo mismo" que bajo la monarquía, "una máquina para la opresión de una clase por otra", esto no significa, en modo alguno, que la forma de opresión sea indiferente para el proletariado, como "enseñan" algunos anarquistas.

La cuestión de por qué solamente una nueva generación estará en condiciones de deshacerse en absoluto de todo el trasto viejo del Estado guarda relación con la superación de la democracia, que pasamos a examinar.

6. ENGELS Y LA SUPERACIÓN DE LA DEMOCRACIA

Engels tuvo que hablar de esto refiriéndose a la inexactitud científica de la denominación de "socialdemócrata".

En el prefacio a la edición de sus artículos de la década del 70 sobre diversos temas, predominantemente de carácter "internacional"

(Internacionales aus dem Volksstaat), prefacio fechado el 3 de enero de 1894, es decir, escrito año y medio antes de morir Engels, éste hacía constar que en todos los artículos se empleaba la palabra "comunista" y no "socialdemócrata", pues por aquel entonces, socialdemócratas se llamaban los proudhonianos en Francia y los lassalleanos en Alemania.

"...Para Marx y para mí —prosigue Engels— era, por tanto, sencillamente imposible emplear una expresión tan elástica para denominar nuestro punto de vista especial. En la actualidad, la cosa se presenta de otro modo, y esta palabra ('socialdemócrata') puede, tal vez, pasar (mag passieren), aunque sigue siendo inadecuada (unpassend) para un partido cuyo programa económico no es un simple programa socialista en general, sino un programa directamente comunista, y cuya meta política final es la superación total del Estado y, por consiguiente, también de la democracia. Pero los nombres de los verdaderos (subrayado por Engels) partidos políticos nunca son adecuados por entero; el partido se desarrolla y el nombre queda".

El dialéctico Engels, en el ocaso de su existencia, sigue siendo fiel a la dialéctica. Marx y yo —nos dice— teníamos un hermoso nombre, un nombre científicamente exacto, para el partido, pero no teníamos un verdadero partido, es decir, un partido proletario de masas. Hoy (a fines del siglo XIX) existe un verdadero partido, pero su nombre es científicamente inexacto. No importa, "puede pasar": ¡lo importante es que el partido se desarrolle, que no desconozca la inexactitud científica de su nombre y que ésta no le impida desarrollarse en la dirección certera!

Tal vez haya algún bromista que quiera consolarnos también a nosotros, los bolcheviques, a la manera de Engels: tenemos un verdadero partido, que se desarrolla de manera excelente; por tanto, también "puede pasar" una palabra tan sin sentido y tan fea como la palabra "bolchevique", que no expresa absolutamente nada, fuera de la circunstancia puramente accidental de que en el Congreso de Bruselas-Londres de 1903 tuvimos nosotros la mayoría.

Tal vez hoy, cuando las persecuciones llevadas a cabo en julio y agosto contra nuestro partido por los republicanos y por la filistea democracia "revolucionaria" han hecho la palabra "bolchevique" tan popular y honrosa, y cuando, además, esas persecuciones han marcado un progreso tan enorme, un progreso histórico de nuestro partido en su desarrollo real, tal vez hoy, yo también dudaría en cuanto a mi propuesta de abril de cambiar el nombre de nuestro partido. Quizás propondría a mis camaradas una "transacción": llamarnos Partido Comunista y dejar entre paréntesis la palabra bolchevique...

Pero la cuestión del nombre del partido es incomparablemente menos importante que la de la posición del proletariado revolucionario con respecto al Estado.

En las consideraciones corrientes acerca del Estado, se comenta constantemente el error contra el que previene aquí Engels y que hemos señalado de paso en nuestra anterior exposición, a saber; se olvida constantemente que la destrucción del Estado es también la destrucción de la democracia, que la extinción del Estado implica la extinción de la democracia.

A primera vista, esta afirmación parece extraña e incomprensible sobremanera; tal vez alguien llegue incluso a temer que estamos esperando el advenimiento de una organización social en que no se acate el principio de la subordinación de la minoría a la mayoría, ya que la democracia es, precisamente, el reconocimiento de este principio.

No. La democracia no es idéntica a la subordinación de la minoría a la mayoría. Democracia es el Estado que reconoce la subordinación de la minoría a la mayoría, es decir, una organización llamada a ejercer la violencia sistemática de una clase contra otra, de una parte de la población contra otra.

Nosotros nos proponemos como meta final la destrucción del Estado, es decir, de toda violencia organizada y sistemática, de toda violencia sobre los hombres en general. No esperamos el advenimiento de un orden social en el que no se acate el principio de la subordinación de la minoría a la mayoría. Pero, aspirando al socialismo, estamos persuadidos de que éste se convertirá gradualmente en comunismo, y en relación con esto desaparecerá toda necesidad de violencia sobre los hombres en general, toda necesidad de subordinación de unos hombres a otros, de una parte de la población a otra, pues los hombres se habituarán a observar las reglas elementales de la convivencia social sin violencia y sin subordinación.

Para subrayar este elemento del hábito es para lo que Engels habla de una nueva generación que, "educada en condiciones sociales nuevas y libres, pueda deshacerse de todo ese trasto viejo del Estado", de todo Estado, inclusive el Estado democrático-republicano.

A fin de explicar esto, es necesario analizar la cuestión de las bases económicas de la extinción del Estado.

CAPÍTULO V: LAS BASES ECONÓMICAS DE LA EXTINCIÓN DEL ESTADO

La explicación más detallada de esta cuestión nos la da Marx en su Crítica del Programa de Gotha (carta a Bracke, del 5 de mayo de 1875, que no fue publicada hasta 1891 en la revista Neue Zeit, IX, 1, y que apareció en ruso en un folleto). La parte polémica de esta notable obra, consistente en la crítica del lassalleanismo, ha dejado en la sombra, por decirlo así, su parte positiva, a saber: el análisis de la conexión existente entre el desarrollo del comunismo y la extinción del Estado.

1. PLANTEAMIENTO DE LA CUESTIÓN POR MARX

Si se compara superficialmente la carta de Marx a Bracke del 5 de mayo de 1875 con la de Engels a Bebel del 28 de marzo de 1875, examinada más arriba, podrá parecer que Marx es mucho más "partidario del Estado" que Engels, y que entre las concepciones de ambos escritores acerca del Estado media una diferencia muy considerable.

Engels aconseja a Bebel lanzar por la borda toda la charlatanería sobre el Estado y borrar completamente del programa la palabra Estado, sustituyéndola por la de "comunidad". Engels llega incluso a declarar que la Comuna no era ya un Estado en el verdadero sentido de la palabra. En cambio, Marx habla incluso del "Estado futuro de la sociedad comunista", es decir, reconoce, al parecer, la necesidad del Estado hasta bajo el comunismo.

Pero semejante criterio sería profundamente erróneo. Examinándolo con mayor atención, vemos que las concepciones de Marx y de Engels sobre el Estado y su extinción coinciden en absoluto y que la citada expresión de Marx se refiere precisamente al Estado en extinción.

Es evidente que no puede hablarse siquiera de determinar el momento de la "extinción" futura, tanto más que se trata, a ciencia cierta, de un proceso largo. La aparente diferencia entre Marx y Engels se explica por la diferencia de los temas que abordaban y de los objetivos que perseguían. Engels se planteó la tarea de mostrar a Bebel de un modo palmario y tajante, a grandes rasgos, todo el absurdo de los prejuicios en boga (compartidos en grado considerable por Lassalle) acerca del Estado. Marx sólo toca de paso esta cuestión, interesándose por otro tema: el desarrollo de la sociedad comunista.

Toda la teoría de Marx es la aplicación de la teoría del desarrollo —en su forma más consecuente, más completa, más meditada y más rica de contenido— al capitalismo moderno. Era natural que a Marx se le planteara, por tanto, la cuestión de aplicar esta teoría también a la inminente bancarrota del capitalismo y al desarrollo futuro del comunismo.

Ahora bien, ¿a base de qué datos se puede plantear la cuestión del desarrollo futuro del comunismo?

A base de que el comunismo procede del capitalismo, se desarrolla históricamente del capitalismo, es el resultado de la acción de una fuerza social engendrada por el capitalismo. En Marx no encontramos el más leve intento de fabricar utopías, de hacer conjeturas vanas respecto a cosas que no es posible conocer. Marx plantea la cuestión del comunismo como el naturalista plantearía, por ejemplo, la del desarrollo de una nueva especie biológica, sabiendo que ha surgido de tal y tal modo y se modifica en tal y tal dirección determinada.

Marx descarta, ante todo, la confusión que siembra el Programa de Gotha en el problema de la correlación entre el Estado y la sociedad.

"...La sociedad actual —escribe Marx— es la sociedad capitalista, que existe en todos los países civilizados más o menos libre de aditamentos medievales, más o menos modificada por las particularidades del desarrollo histórico de cada país, más o menos desarrollada. Por el contrario, el 'Estado actual' cambia con las fronteras de cada país. En el imperio prusiano-alemán es otro que en Suiza; en Inglaterra, otro que en los Estados Unidos. El 'Estado actual' es, por tanto, una ficción.

Sin embargo, los distintos Estados de los distintos países civilizados, pese a la abigarrada diversidad de sus formas, tienen de común el que todos ellos se asientan sobre las bases de la moderna sociedad burguesa, aunque ésta se halle en unos sitios más desarrollada que en otros en el sentido capitalista. Tienen también, por tanto, ciertos caracteres esenciales comunes. En este sentido, puede hablarse del 'Estado actual', por oposición al futuro, en el que su actual raíz, la sociedad burguesa, se habrá extinguido.

Cabe entonces preguntarse: ¿qué transformación sufrirá el Estado en la sociedad comunista? O, en otros términos, ¿qué funciones sociales análogas a las actuales funciones del Estado subsistirán entonces? Esta pregunta sólo puede contestarse científicamente, y por más que acoplemos de mil maneras la palabra 'pueblo' y la palabra 'Estado', no nos acercaremos ni un pelo a la solución del problema...".

Poniendo en ridículo, como vemos, toda la charlatanería sobre el "Estado del pueblo", Marx ofrece un planteamiento del problema y nos advierte, en cierto modo, que para resolverlo de una manera científica sólo se puede operar con datos científicos sólidamente establecidos.

Lo primero que ha sido establecido con absoluta precisión por toda la teoría del desarrollo y por toda la ciencia en general —y lo que olvidaron los utopistas y olvidan los oportunistas de hoy que temen a la revolución socialista— es la circunstancia de que, históricamente, tiene que haber, sin duda alguna, una fase especial o una etapa especial de transición del capitalismo al comunismo.

2. LA TRANSICIÓN DEL CAPITALISMO AL COMUNISMO

"...Entre la sociedad capitalista y la sociedad comunista —prosigue Marx— media el período de la transformación revolucionaria de la primera en la segunda. A este período corresponde también un período político de transición, cuyo Estado no puede ser otro que la dictadura revolucionaria del proletariado...".

Esta conclusión de Marx se basa en el análisis del papel que el proletariado desempeña en la sociedad capitalista actual, en los datos sobre el desarrollo de esta sociedad y en el carácter irreconciliable de los intereses antagónicos del proletariado y de la burguesía. Antes, la cuestión se planteaba así: para conseguir su liberación, el proletariado debe derrocar a la burguesía, conquistar el poder político e instaurar su dictadura revolucionaria.

Ahora se plantea de un modo algo distinto: la transición de la sociedad capitalista —que se desenvuelve hacia el comunismo— a la sociedad comunista es imposible sin un "período político de transición", y el Estado de este período no puede ser otro que la dictadura revolucionaria del proletariado.

Ahora bien, ¿cuál es la actitud de esta dictadura hacia la democracia?

Hemos visto que El Manifiesto Comunista coloca sencillamente juntos dos conceptos: "la transformación del proletariado en clase dominante" y "la conquista de la democracia". Sobre la base de cuanto queda expuesto, puede determinarse con más exactitud cómo se transforma la democracia durante la transición del capitalismo al comunismo.

La sociedad capitalista, considerada en sus condiciones de desarrollo más favorables, nos ofrece una democracia más o menos completa en la república democrática. Pero esta democracia se halla siempre comprimida dentro del estrecho marco de la explotación capitalista y, por esta razón, es siempre, en esencia, una democracia para la minoría, sólo para las clases poseedoras, sólo para los ricos. La libertad de la sociedad capitalista sigue siendo siempre, poco más o menos, lo que era la libertad en las antiguas repúblicas de Grecia: libertad para los esclavistas. En virtud de las condiciones de la explotación capitalista, los esclavos asalariados modernos viven tan agobiados por la penuria y la miseria, que "no están para democracias", "no están para política", y en el curso corriente y pacífico de los acontecimientos, la mayoría de la población queda al margen de toda participación en la vida político-social.

Alemania es, tal vez, el país que confirma con mayor evidencia la exactitud de esta afirmación, precisamente porque la legalidad constitucional se mantuvo allí durante un período asombrosamente largo y estable, casi medio siglo (1871-1914), en el transcurso del cual la socialdemocracia supo hacer muchísimo más que en los otros países para "utilizar la legalidad" y organizar en partido político a una parte de obreros más considerable que en ningún otro lugar del mundo.

Pues bien, ¿a cuánto asciende esta parte de los esclavos asalariados políticamente conscientes y activos, con ser la más elevada de cuantas se han observado en la sociedad capitalista? ¡De 15 millones de obreros asalariados, el Partido Socialdemócrata cuenta con un millón de miembros! ¡De 15 millones, están organizados sindicalmente tres millones!

Democracia para una minoría insignificante, democracia para los ricos: ésa es la democracia de la sociedad capitalista. Si observamos más de cerca el mecanismo de la democracia capitalista, veremos siempre y en todas partes restricciones y restricciones de la democracia: en los detalles "pequeños", supuestamente pequeños, del derecho al sufragio (censo de asentamiento, exclusión de la mujer, etc.), en la técnica de las instituciones representativas, en los obstáculos efectivos que se oponen al derecho de reunión (¡los edificios públicos no son para los "miserables"!), en la organización puramente capitalista de la prensa diaria, etc., etc. Estas restricciones, excepciones, exclusiones y trabas impuestas a los pobres parecen insignificantes, pero en conjunto, excluyen, eliminan a los pobres de la política, de la participación activa en la democracia.

Marx percibió magníficamente esta esencia de la democracia capitalista al decir en su análisis de la experiencia de la Comuna: a los oprimidos se les autoriza para decidir una vez cada varios años qué mandatarios de la clase opresora han de representarlos y aplastarlos en el Parlamento.

Pero, partiendo de esta democracia capitalista —inevitablemente estrecha, que repudia por debajo de cuerda a los pobres y que es, por tanto, una democracia profundamente hipócrita y falaz—, el desarrollo progresivo no discurre de un modo sencillo, directo y tranquilo "hacia una democracia cada vez mayor", como quieren hacernos creer los profesores liberales y los oportunistas pequeñoburgueses. No. El desarrollo progresivo, es decir, el desarrollo hacia el comunismo, pasa por la dictadura del proletariado, y sólo puede ser así, ya que no hay otra fuerza ni otro camino para romper la resistencia de los explotadores capitalistas.

Pero la dictadura del proletariado, es decir, la organización de la vanguardia de los oprimidos en clase dominante para aplastar a los opresores, no puede conducir únicamente a la simple ampliación de la democracia. A la par con la enorme ampliación de la democracia, que se convierte por vez primera en democracia para los pobres, en democracia para el pueblo, y no en democracia para los ricos, la dictadura del proletariado implica una serie de restricciones impuestas a la libertad de los opresores, de los explotadores, de los capitalistas. Debemos reprimir a estos para liberar a la humanidad de la esclavitud asalariada; hay que vencer por la fuerza su resistencia, y es evidente que allí donde hay represión hay violencia, no hay libertad ni democracia.

Engels lo expresaba magníficamente en la carta a Bebel, al decir, como recordará el lector, que "mientras el proletariado necesite todavía el Estado, no lo necesitará en interés de la libertad, sino para someter a sus adversarios, y tan pronto como pueda hablarse de libertad, el Estado como tal dejará de existir".

Democracia para la mayoría gigantesca del pueblo y represión por la fuerza, o sea, exclusión de la democracia para los explotadores, para los opresores del pueblo: he ahí la modificación que sufrirá la democracia en la transición del capitalismo al comunismo.

Sólo en la sociedad comunista, cuando se haya roto ya definitivamente la resistencia de los capitalistas, cuando hayan desaparecido los capitalistas, cuando no haya clases (es decir, cuando no existan diferencias entre los miembros de la sociedad por su relación hacia los medios sociales de producción), sólo entonces "desaparecerá el Estado y podrá hablarse de libertad". Sólo entonces será posible y se hará realidad una democracia verdaderamente completa, una democracia que no implique, en efecto, ninguna restricción. Y sólo entonces comenzará a extinguirse la democracia por la sencilla razón de que los hombres, liberados de la esclavitud capitalista, de los innumerables horrores, bestialidades, absurdos y vilezas de la explotación capitalista, se habituarán poco a poco a observar las reglas elementales de convivencia, conocidas a lo largo de los siglos y repetidas desde hace miles de años en todos los preceptos; a observarlas sin violencia, sin coacción, sin subordinación, sin ese aparato especial de coacción que se llama Estado.

La expresión "el Estado se extingue" está muy bien elegida, pues señala el carácter gradual del proceso y su espontaneidad. Sólo la fuerza de la costumbre puede ejercer y ejercerá, indudablemente, esa influencia, pues en torno nuestro vemos millones de veces con qué facilidad se habitúa la gente a observar las reglas de convivencia que necesita, si no hay explotación, si no hay nada que la indigne, provoque protestas y sublevaciones y haga imprescindible la represión.

Por tanto, en la sociedad capitalista tenemos una democracia amputada, mezquina, falsa, una democracia solamente para los ricos, para la minoría. La dictadura del proletariado, el período de transición al comunismo, aportará por vez primera la democracia para el pueblo, para la mayoría, a la par con la necesaria represión de la minoría, de los explotadores. Sólo el comunismo puede proporcionar una democracia verdaderamente completa, y cuanto más completa sea, antes dejará de ser necesaria y se extinguirá por sí misma.

Dicho en otros términos: bajo el capitalismo tenemos un Estado en el sentido estricto de la palabra, una máquina especial para la represión de una clase por otra y, además, de la mayoría por la minoría. Es evidente que, para que pueda prosperar una empresa como la represión sistemática de la mayoría de los explotados por una minoría de explotadores, hace falta una crueldad extraordinaria, una represión bestial, hacen falta mares de sangre, a través de los cuales marcha la humanidad en estado de esclavitud, de servidumbre, de trabajo asalariado.

Más adelante, durante la transición del capitalismo al comunismo, la represión es todavía necesaria, pero es ya la represión de una minoría de explotadores por la mayoría de los explotados. Es necesario todavía un aparato especial, una máquina especial para la represión: el "Estado". Pero es ya un Estado de transición, no es ya un Estado en el sentido estricto de la palabra, pues la represión de una minoría de explotadores por la mayoría de los esclavos asalariados de ayer es algo tan relativamente fácil, sencillo y natural, que será muchísimo menos sangrienta que la represión de las sublevaciones de los esclavos, de los siervos y de los obreros asalariados y costará mucho menos a la humanidad. Y ello es compatible con la extensión de la democracia a una mayoría tan aplastante de la población, que la necesidad de una máquina especial para la represión comienza a desaparecer. Como es natural, los explotadores no pueden reprimir al pueblo sin una máquina complicadísima que les permita cumplir este cometido, pero el pueblo puede reprimir a los explotadores con una "máquina" muy sencilla, casi sin "máquina", sin aparato especial, con la simple organización de las masas armadas (como los sóviets de diputados obreros y soldados, digamos, adelantándonos un poco).

Por último, sólo el comunismo suprime en absoluto la necesidad del Estado, pues no hay nadie a quien reprimir, "nadie" en el sentido de clase, en el sentido de una lucha sistemática contra determinada parte de la población. No somos utopistas y no negamos lo más mínimo que es posible e inevitable que algunos individuos cometan excesos, como tampoco negamos la necesidad de reprimir tales excesos. Pero, en primer lugar, para ello no hace falta una máquina especial, un aparato especial de represión; esto lo hará el propio pueblo armado, con la misma sencillez y facilidad con que un grupo cualquiera de personas civilizadas, incluso en la sociedad actual, separa a los que se están peleando o impide que se maltrate a una mujer. Y, en segundo lugar, sabemos que la causa social más profunda de los excesos, consistentes en la infracción de las reglas de convivencia, es la explotación de las masas, su penuria y su miseria. Al suprimirse esta causa fundamental, los excesos comenzarán inevitablemente a "extinguirse". No sabemos con qué rapidez y gradación, pero sabemos que se extinguirán. Y con ello se extinguirá también el Estado.

Sin dejarse llevar de utopías, Marx determinó en detalle lo que es posible determinar ahora respecto a este porvenir, a saber: la diferencia entre las fases (grados o etapas) inferior y superior de la sociedad comunista.

3. PRIMERA FASE DE LA SOCIEDAD COMUNISTA

En la Crítica del Programa de Gotha, Marx refuta minuciosamente la idea lassalleana de que, bajo el socialismo, el obrero recibirá el "producto íntegro (o 'completo') del trabajo". Marx demuestra que, de todo el trabajo social de toda la sociedad, habrá que descontar un fondo de reserva, otro fondo para ampliar la producción, para reponer las máquinas "gastadas", etc., y, además de los artículos de consumo, un fondo para los gastos de administración, escuelas, hospitales, asilos de ancianos, etc.

En vez de la frase nebulosa, confusa y general de Lassalle ("dar al obrero el producto íntegro del trabajo"), Marx ofrece un análisis sereno de cómo se verá obligada a administrar la sociedad socialista. Marx aborda el análisis concreto de las condiciones de vida de esta sociedad, en la que no existirá el capitalismo, y dice:

"De lo que aquí se trata" (en el examen del programa de partido obrero) "no es de una sociedad comunista que se ha desarrollado sobre su propia base, sino de una que acaba de salir precisamente de la sociedad capitalista y que, por tanto, presenta todavía en todos sus aspectos, en el económico, en el moral y en el intelectual, el sello de la vieja sociedad de cuya entraña procede".

Esta sociedad comunista, que acaba de salir de la entraña del capitalismo y que lleva en todos sus aspectos el sello de la sociedad antigua, es la que Marx llama "primera" fase o fase inferior de la sociedad comunista.

Los medios de producción han dejado de ser ya propiedad privada de los individuos para pertenecer a toda la sociedad. Cada miembro de ésta, al ejecutar una cierta parte del trabajo socialmente necesario, obtiene de la sociedad un certificado acreditativo de haber realizado tal o cual cantidad de trabajo. Por este certificado recibe de los almacenes sociales de artículos de consumo la cantidad correspondiente de productos. Deducida la cantidad de trabajo que pasa al fondo social, cada obrero recibe, pues, de la sociedad tanto como le entrega.

Reina, al parecer, la "igualdad".

Pero cuando Lassalle, refiriéndose a este orden social (al que se suele dar el nombre de socialismo y que Marx denomina primera fase del comunismo), dice que esto es una "distribución justa", que es "el derecho igual de cada uno al producto igual del trabajo", Lassalle se equivoca, y Marx pone al descubierto su error.

Aquí —dice Marx— nos hallamos, efectivamente, ante un "derecho igual", pero es todavía un "derecho burgués" que, como todo derecho, presupone la desigualdad. Todo derecho significa la aplicación de un rasero igual a hombres distintos, que en realidad no son idénticos, no son iguales entre sí; por tanto, el "derecho igual" constituye una infracción de la igualdad y una injusticia. En realidad, cada cual obtiene, si ejecuta una parte de trabajo social igual que otro, la misma parte del producto social (después de hechas las deducciones indicadas).

Sin embargo, los hombres no son iguales: unos son más fuertes y otros más débiles; unos están casados y otros solteros; unos tienen más hijos que otros, etc.

"...Con igual trabajo —concluye Marx— y, por consiguiente, con igual participación en el fondo social de consumo, unos obtienen de hecho más que otros, unos son más ricos que otros, etc. Para evitar todos estos inconvenientes, el derecho no tendría que ser igual, sino desigual...".

Por consiguiente, la primera fase del comunismo no puede proporcionar todavía justicia ni igualdad: subsisten las diferencias de riqueza, diferencias injustas; pero quedará descartada ya la explotación del hombre por el hombre, puesto que no será posible apoderarse, a título de propiedad privada, de los medios de producción, de las fábricas, las máquinas, la tierra, etc. Pulverizando la frase confusa y pequeñoburguesa de Lassalle sobre la "igualdad" y la "justicia" en general, Marx señala el curso de desarrollo de la sociedad comunista, que se verá obligada a destruir primeramente tan sólo aquella "injusticia" que consiste en la usurpación de los medios de producción por individuos aislados, pero que no estará en condiciones de destruir de golpe también la otra injusticia, consistente en la distribución de los artículos de consumo "según el trabajo" (y no según las necesidades).

Los economistas vulgares, incluidos los profesores burgueses, y entre ellos "nuestro" Tugán, reprochan constantemente a los socialistas que olvidan la desigualdad de los hombres y "sueñan" con destruir esta desigualdad. Semejante reproche sólo demuestra, como vemos, la extrema ignorancia de los señores ideólogos burgueses.

Marx tiene en cuenta del modo más preciso no sólo la inevitable desigualdad de los hombres, sino también que el solo hecho de que los medios de producción pasen a ser propiedad común de toda la sociedad (el "socialismo", en el sentido corriente de la palabra) no suprime los defectos de la distribución y la desigualdad del "derecho burgués", el cual sigue imperando, por cuanto los productos son distribuidos "según el trabajo".

"...Pero estos defectos —prosigue Marx— son inevitables en la primera fase de la sociedad comunista, tal y como brota de la sociedad capitalista después de un largo y doloroso alumbramiento. El derecho no puede ser nunca superior a la estructura económica ni al desarrollo cultural de la sociedad por ella condicionado...".

Así, pues, en la primera fase de la sociedad comunista (a lo que suele darse el nombre de socialismo), el "derecho burgués" no se suprime por completo, sino sólo en parte, sólo en la medida de la transformación económica ya alcanzada, es decir, sólo en lo que se refiere a los medios de producción. El "derecho burgués" reconoce la propiedad privada de los individuos sobre los medios de producción. El socialismo los convierte en propiedad común. En este sentido —y sólo en este sentido— desaparece el "derecho burgués".

Sin embargo, este derecho persiste en otro de sus aspectos: como regulador de la distribución de los productos y de la distribución del trabajo entre los miembros de la sociedad. "Quien no trabaja, no come": este principio socialista es ya una realidad; "a igual cantidad de trabajo, igual cantidad de productos": también es ya una realidad este principio socialista. Pero esto no es todavía el comunismo, no suprime aún el "derecho burgués", que da una cantidad igual de productos a hombres que no son iguales y por una cantidad desigual (desigual de hecho) de trabajo.

Esto es un "defecto", dice Marx, pero un defecto inevitable en la primera fase del comunismo, pues, sin caer en la utopía, no se puede pensar que, al derrocar el capitalismo, los hombres aprenderán a trabajar inmediatamente para la sociedad sin sujetarse a ninguna norma de derecho; además, la abolición del capitalismo no sienta de repente las premisas económicas para este cambio.

Otras normas, fuera de las del "derecho burgués", no existen, y, por tanto, persiste todavía la necesidad del Estado, que, velando por la propiedad común sobre los medios de producción, vele por la igualdad del trabajo y por la igualdad en la distribución de los productos.

El Estado se extingue por cuanto ya no hay capitalistas, ya no hay clases y, por lo mismo, no cabe reprimir a ninguna clase.

Pero el Estado no se ha extinguido todavía del todo, pues persiste aún la protección del "derecho burgués", que sanciona la desigualdad efectiva. Para que el Estado se extinga por completo, hace falta el comunismo completo.

4. LA FASE SUPERIOR DE LA SOCIEDAD COMUNISTA

Marx prosigue:

"...En la fase superior de la sociedad comunista, cuando haya desaparecido la subordinación esclavizadora de los individuos a la división del trabajo y, con ella, el contraste entre el trabajo intelectual y el trabajo manual; cuando el trabajo no sea solamente un medio de vida, sino la primera necesidad vital; cuando, con el desarrollo de los individuos en todos sus aspectos, crezcan también las fuerzas productivas y fluyan con todo su caudal los manantiales de la riqueza colectiva, sólo entonces podrá rebasarse totalmente el estrecho horizonte del derecho burgués, y la sociedad podrá escribir en su bandera: 'De cada cual, según su capacidad; a cada cual, según sus necesidades'".

Sólo ahora podemos apreciar toda la razón de las observaciones de Engels, cuando se burlaba implacablemente de la absurda asociación de las palabras "libertad" y "Estado". Mientras existe el Estado no existe libertad. Cuando haya libertad no habrá Estado.

La base económica de la extinción completa del Estado representa un desarrollo tan elevado del comunismo, que en él desaparece el contraste entre el trabajo intelectual y el manual, dejando de existir, por consiguiente, una de las fuentes más importantes de la desigualdad social moderna, una fuente de desigualdad que en modo alguno puede ser suprimida de repente por el solo hecho de que los medios de producción pasen a ser propiedad social, por la sola expropiación de los capitalistas.

Esta expropiación dará la posibilidad de desarrollar las fuerzas productivas en proporciones gigantescas. Y, viendo cómo el capitalismo entorpece ya hoy increíblemente este desarrollo y cuánto podríamos avanzar a base de la técnica moderna ya lograda, tenemos derecho a decir, con la más absoluta convicción, que la expropiación de los capitalistas originará inevitablemente un desarrollo gigantesco de las fuerzas productivas de la sociedad humana. Lo que no sabemos ni podemos saber es la rapidez con que avanzará este desarrollo, la rapidez con que llegará a romper con la división del trabajo, a suprimir el contraste entre el trabajo intelectual y el manual, a convertir el trabajo "en la primera necesidad vital".

Por eso tenemos derecho a hablar tan sólo de la extinción inevitable del Estado, subrayando el carácter prolongado de este proceso, su supeditación a la rapidez con que se desarrolle la fase superior del comunismo y dejando completamente en pie la cuestión de los plazos o de las formas concretas de la extinción, pues no tenemos datos para poder resolver estas cuestiones.

El Estado podrá extinguirse por completo cuando la sociedad ponga en práctica la regla: "De cada cual, según su capacidad; a cada cual, según sus necesidades"; es decir, cuando los hombres estén ya tan habituados a observar las normas fundamentales de la convivencia y cuando su trabajo sea tan productivo, que trabajen voluntariamente según su capacidad. El "estrecho horizonte del derecho burgués", que obliga a calcular con el rigor de un Shylock para no trabajar ni media hora más que otro y para no percibir menos salario que otro, este estrecho horizonte quedará entonces rebasado. La distribución de los productos no requerirá entonces que la sociedad regule la cantidad de ellos que reciba cada uno; todo hombre podrá tomar libremente lo que cumpla a "sus necesidades".

Desde el punto de vista burgués, es fácil presentar como una "pura utopía" semejante régimen social y burlarse diciendo que los socialistas prometen a todos el derecho a obtener de la sociedad, sin el menor control del trabajo rendido por cada ciudadano, la cantidad que deseen de trufas, de automóviles, de pianos, etc. Con estas burlas siguen contentándose hasta hoy la mayoría de los "sabios" burgueses, que demuestran con ello su ignorancia y su defensa interesada del capitalismo.

Su ignorancia, pues a ningún socialista se le ha pasado por la mente "prometer" la llegada de la fase superior de desarrollo del comunismo, y la previsión de los grandes socialistas de que esta fase ha de advenir presupone una productividad del trabajo que no es la actual y hombres que no son los actuales filisteos, capaces —como los seminaristas de Pomialovski— de dilapidar "a tontas y a locas" la riqueza social y de pedir lo imposible.

Mientras llega la fase "superior" del comunismo, los socialistas exigen el más riguroso control por parte de la sociedad y por parte del Estado sobre la medida de trabajo y la medida de consumo; pero este control ha de comenzar con la expropiación de los capitalistas, con el control de los obreros sobre los capitalistas, y no debe llevarse a cabo por un Estado de burócratas, sino por el Estado de los obreros armados.

La defensa interesada del capitalismo por los ideólogos burgueses (y por sus acólitos del tipo de señores como los Tsereteli, los Chernov y Cía.) consiste, precisamente, en suplantar con discusiones y charlas sobre un remoto porvenir la cuestión más candente y más actual de la política de hoy: la expropiación de los capitalistas, la transformación de todos los ciudadanos en trabajadores y empleados de un gran "consorcio" único, a saber, de todo el Estado, y la subordinación completa de todo el trabajo de todo este consorcio a un Estado realmente democrático, al Estado de los soviets de diputados obreros y soldados.

En el fondo, cuando los sabios profesores, y tras ellos los filisteos, y tras ellos señores como los Tsereteli y los Chernov, hablan de utopías descabelladas, de las promesas demagógicas de los bolcheviques, de la imposibilidad de "implantar" el socialismo, se refieren precisamente a la etapa o fase superior del comunismo que nadie ha prometido "implantar" y ni siquiera ha pensado en ello, pues, en general, es imposible "implantarla".

Y aquí llegamos a la cuestión de la diferencia científica existente entre el socialismo y el comunismo, cuestión a la que Engels aludió en el pasaje citado más arriba sobre la inexactitud de la denominación de "socialdemócratas". Es posible que, políticamente, la diferencia entre la primera fase, o fase inferior, y la fase superior del comunismo llegue, con el tiempo, a ser enorme; pero hoy, bajo el capitalismo, sería ridículo hacer resaltar esta diferencia que sólo tal vez algunos anarquistas podrían promover a primer plano (si es que entre los anarquistas quedan todavía hombres que no hayan aprendido nada después de la conversión "plejanovista" de los Kropotkin, los Grave, los Cornelissen y demás "estrellas" del anarquismo en socialchovinistas o en anarquistas de trincheras, como los ha calificado Gue, uno de los pocos anarquistas que no han perdido el honor y la conciencia).

Pero la diferencia científica entre el socialismo y el comunismo es clara. A lo que se acostumbra a denominar socialismo, Marx lo llamaba "primera" fase o fase inferior de la sociedad comunista. Por cuanto los medios de producción se convierten en propiedad común, puede aplicarse también a esta fase la palabra "comunismo", siempre y cuando que no se pierda de vista que esto no es el comunismo completo.

La gran importancia de las explicaciones de Marx reside en que también aquí aplica consecuentemente la dialéctica materialista, la teoría del desarrollo, considerando el comunismo como algo que se desarrolla del capitalismo. En vez de "imaginadas" definiciones escolásticas y artificiales y de disputas estériles sobre palabras (qué es el socialismo, qué es el comunismo), Marx hace un análisis de lo que podríamos llamar grados de madurez económica del comunismo.

En su primera fase, en su primer grado, el comunismo no puede presentar todavía una madurez económica completa, no puede aparecer todavía completamente libre de las tradiciones o de las huellas del capitalismo. De ahí un fenómeno tan interesante como la subsistencia del "estrecho horizonte del derecho burgués" bajo el comunismo en su primera fase. El derecho burgués respecto a la distribución de los artículos de consumo presupone también inevitablemente, como es natural, un Estado burgués, pues el derecho no es nada sin un aparato capaz de obligar a respetar las normas de derecho.

Resulta, pues, que bajo el comunismo no sólo subsiste durante cierto tiempo el derecho burgués, sino que subsiste incluso el Estado burgués ¡sin burguesía!

Esto podrá parecer una paradoja o un simple juego dialéctico de la inteligencia, que es de lo que suelen acusar al marxismo gentes que no han hecho el menor esfuerzo para estudiar su contenido, extraordinariamente profundo.

En realidad, la vida nos muestra a cada paso los vestigios de lo viejo en lo nuevo, tanto en la naturaleza como en la sociedad. Y Marx no trasplantó por capricho al comunismo un trocito de derecho "burgués", sino que tomó lo que es económica y políticamente inevitable en una sociedad que brota de las entrañas del capitalismo.

La democracia tiene una enorme importancia en la lucha de la clase obrera por su liberación contra los capitalistas. Pero la democracia no es, en modo alguno, un límite insuperable, sino sólo una de las etapas en el camino del feudalismo al capitalismo y del capitalismo al comunismo.

La democracia implica igualdad. Se comprende la gran importancia que encierra la lucha del proletariado por la igualdad y la consigna de la igualdad, si ésta se interpreta exactamente, en el sentido de destrucción de las clases. Pero la democracia implica tan sólo la igualdad formal. E inmediatamente después de realizada la igualdad de todos los miembros de la sociedad con respecto a la posesión de los medios de producción, es decir, la igualdad de trabajo y la igualdad de salario, surgirá de manera inevitable ante la humanidad la cuestión de seguir adelante, de pasar de la igualdad formal a la igualdad de hecho, es decir, a la aplicación de la regla: "De cada cual según su capacidad; a cada cual según sus necesidades". A través de qué etapas, por medio de qué medidas prácticas llegará la humanidad a este supremo objetivo es cosa que no sabemos ni podemos saber.

Pero lo importante es aclararse a sí mismo cuán infinitamente falaz es la idea burguesa corriente que presenta al socialismo como algo muerto, rígido e inmutable, cuando, en realidad, sólo con el socialismo comienza un movimiento rápido y auténtico de progreso en todos los aspectos de la vida social e individual, un movimiento verdaderamente de masas, en el que toma parte la mayoría de la población, primero, y la población entera, después.

La democracia es una forma de Estado, una de las variedades del Estado. Y, por consiguiente, representa, como todo Estado, la aplicación organizada y sistemática de la violencia sobre los hombres. Eso, de una parte. Pero, de otra, la democracia implica el reconocimiento formal de la igualdad entre los ciudadanos, el derecho igual de todos a determinar la estructura del Estado y a gobernarlo. Y esto, a su vez, se halla relacionado con que, al llegar a un cierto grado de desarrollo de la democracia, ésta, en primer lugar, cohesiona al proletariado, la clase revolucionaria frente al capitalismo, y le da la posibilidad de destruir, de hacer añicos, de barrer de la faz de la tierra la máquina del Estado burgués, incluso la del Estado burgués republicano, el ejército permanente, la policía y la burocracia, y de sustituirlos por una máquina más democrática, pero todavía estatal, bajo la forma de las masas obreras armadas, como paso hacia la participación de todo el pueblo en las milicias.

Aquí "la cantidad se transforma en calidad"; este grado de democracia rebasa ya el marco de la sociedad burguesa, es el comienzo de su reestructuración socialista. Si todos intervienen realmente en la dirección del Estado, el capitalismo no podrá ya sostenerse. Y, a su vez, el desarrollo del capitalismo crea las premisas para que "todos" realmente puedan intervenir en la gobernación del Estado.

Entre estas premisas se cuenta la completa liquidación del analfabetismo, conseguida ya por algunos de los países capitalistas más adelantados, la instrucción y la educación de la disciplina de millones de obreros por el amplio y complejo aparato socializado de Correos, de los ferrocarriles, de las grandes fábricas, del gran comercio, de los bancos, etc.

Existiendo estas premisas económicas, es perfectamente posible pasar en seguida, de la noche a la mañana, después de derrocar a los capitalistas y a los burócratas, a sustituirlos por los obreros armados, por todo el pueblo armado, en la obra de controlar la producción y la distribución, en la obra de computar el trabajo y los productos. (No hay que confundir la cuestión del control y de la contabilidad con la cuestión del personal con instrucción científica de ingenieros, agrónomos, etc.: estos señores trabajan hoy subordinados a los capitalistas y trabajarán todavía mejor mañana, subordinados a los obreros armados).

Contabilidad y control: he aquí lo principal, lo que hace falta para "poner a punto" y para que funcione bien la primera fase de la sociedad comunista. En ella, todos los ciudadanos se convierten en empleados a sueldo del Estado, que no es otra cosa que los obreros armados. Todos los ciudadanos pasan a ser empleados y obreros de un solo "consorcio" de todo el pueblo, del Estado. De lo que se trata es de que trabajen por igual, observando bien la medida del trabajo, y de que ganen equitativamente.

El capitalismo ha simplificado hasta el extremo la contabilidad y el control de esto, reduciéndolos a operaciones extraordinariamente simples de inspección y anotación, accesibles a cualquiera que sepa leer y escribir, conozca las cuatro reglas aritméticas y sepa extender los recibos correspondientes.

Cuando el Estado queda reducido, en la parte más sustancial de sus fundamentos, a esta contabilidad y control, realizados por los mismos obreros, deja de ser un "Estado político". "Las funciones públicas perderán su carácter político, trocándose en simples funciones administrativas" (compárese con el cap. IV, acerca de la polémica de Engels con los anarquistas).

Pues cuando todos hayan aprendido a dirigir y dirijan en realidad por su cuenta la producción social; cuando hayan aprendido a llevar el cómputo y el control de los haraganes, de los señoritos, de los granujas y demás "depositarios de las tradiciones del capitalismo", el escapar a este registro y a este control realizado por la totalidad del pueblo será sin remisión algo tan inaudito y difícil, una excepción tan rara, y suscitará probablemente una sanción tan rápida y tan severa (pues los obreros armados son gente práctica y no intelectualillos sentimentales, y será muy difícil que permitan que nadie juegue con ellos), que la necesidad de observar las reglas nada complicadas y fundamentales de toda convivencia humana se convertirá muy pronto en una costumbre.

Y entonces quedarán abiertas de par en par las puertas para pasar de la primera fase de la sociedad comunista a su fase superior y, a la vez, a la extinción completa del Estado.

CAPÍTULO VI: EL ENVILECIMIENTO DEL MARXISMO POR LOS OPORTUNISTAS

El problema de la actitud del Estado ante la revolución social y de ésta ante aquél, como en general el problema de la revolución, ha preocupado muy poco a los más notables teóricos y publicistas de la II Internacional (1889-1914). Pero lo más característico del proceso de desarrollo gradual del oportunismo, que llevó a la bancarrota de la II Internacional en 1914, es que incluso cuando han abordado de lleno esta cuestión se han esforzado por eludirla o no la han advertido.

En términos generales, puede decirse que de este enfoque evasivo del problema de la actitud de la revolución proletaria ante el Estado, enfoque evasivo favorable para el oportunismo y del que se nutría éste, surgió la tergiversación del marxismo y su completo envilecimiento.

Para caracterizar, aunque sea brevemente, este proceso lamentable fijémonos en los teóricos más destacados del marxismo, en Plejánov y Kautsky.

1. LA POLÉMICA DE PLEJÁNOV CON LOS ANARQUISTAS

Plejánov consagró a la actitud del anarquismo hacia el socialismo un folleto titulado Anarquismo y socialismo, que se publicó en alemán en 1894.

Plejánov se las ingenió para tratar este tema eludiendo en absoluto lo más actual, lo más candente y lo más esencial desde el punto de vista político en la lucha contra el anarquismo: ¡precisamente la actitud de la revolución hacia el Estado y la cuestión del Estado en general! En su folleto descuellan dos partes. Una, histórico-literaria, con valiosos materiales referentes a la historia de las ideas de Stirner, Proudhon, etc. Otra, filistea, con torpes razonamientos en torno al tema de que un anarquista no se distingue de un bandido.

La combinación de estos temas es en extremo curiosa y característica de toda la actuación de Plejánov en vísperas de la revolución y en el transcurso del período revolucionario en Rusia. En efecto, en los años de 1905 a 1917, Plejánov se reveló como un semidoctrinario y un semifilisteo que en política marchaba a la zaga de la burguesía.

Hemos visto cómo Marx y Engels, polemizando con los anarquistas, aclaraban con el máximo celo sus puntos de vista acerca de la actitud de la revolución hacia el Estado. Al editar en 1871 la Crítica del Programa de Gotha de Marx, Engels escribió: "Nosotros (es decir, Engels y Marx) nos encontrábamos entonces en pleno apogeo de la lucha contra Bakunin y sus anarquistas: desde el Congreso de La Haya de la (Primera) Internacional apenas habían transcurrido dos años".

Los anarquistas intentaban reivindicar como "suya", por decirlo así, precisamente la Comuna de París, como una confirmación de su doctrina, sin comprender en absoluto las enseñanzas de la Comuna y el análisis de estas enseñanzas hecho por Marx. El anarquismo no ha aportado nada que se acerque siquiera a la verdad en punto a estas cuestiones políticas concretas: ¿hay que destruir la vieja máquina del Estado? ¿Y con qué sustituirla?

Pero hablar de "anarquismo y socialismo", eludiendo toda la cuestión del Estado, no advirtiendo todo el desarrollo del marxismo antes y después de la Comuna, significaba deslizarse inevitablemente hacia el oportunismo, pues no hay nada que tanto interese al oportunismo como que no se planteen en modo alguno las dos cuestiones que acabamos de señalar. Esto es ya una victoria del oportunismo.

El Congreso de La Haya de la I Internacional se celebró del 2 al 7 de septiembre de 1872. En el congreso se culminó la lucha que Marx, Engels y sus partidarios venían librando durante muchos años contra todos los tipos de sectarismo pequeñoburgués. Los líderes anarquistas M. Bakunin, D. Guillaumme y otros fueron expulsados de la Internacional. Todas las labores del congreso transcurrieron bajo la dirección personal de Marx y Engels y con su participación más enérgica. Los acuerdos del congreso significaron el triunfo del marxismo sobre la concepción pequeñoburguesa de los anarquistas y pusieron los cimientos para la creación de partidos políticos nacionales de la clase obrera, independientes.

2. LA POLÉMICA DE KAUTSKY CON LOS OPORTUNISTAS

Es indudable que al ruso se ha traducido una cantidad incomparablemente mayor de obras de Kautsky que a ningún otro idioma. No en vano algunos socialdemócratas alemanes bromean diciendo que Kautsky es más leído en Rusia que en Alemania. (Dicho sea entre paréntesis, esta broma encierra un sentido histórico más profundo de lo que sospechan sus autores: los obreros rusos, que en 1905 sentían una apetencia extraordinaria, nunca vista, por las mejores obras de la mejor literatura socialdemócrata del mundo, a quienes se suministró una cantidad inaudita para otros países de traducciones y ediciones de estas obras, trasplantaron, por decirlo así, con ritmo acelerado, al joven terreno de nuestro movimiento proletario la formidable experiencia del país vecino, más adelantado).

A Kautsky se le conoce especialmente entre nosotros, aparte de por su exposición popular del marxismo, por su polémica contra los oportunistas, a la cabeza de los cuales figuraba Bernstein. Lo que apenas se conoce es un hecho que no puede silenciarse cuando se propone uno la tarea de investigar cómo Kautsky ha caído en esa confusión y en esa defensa increíblemente vergonzosa del socialchovinismo durante la profundísima crisis de los años 1914-1915.

Es precisamente el hecho de que antes de enfrentarse con los más destacados representantes del oportunismo en Francia (Millerand y Jaurès) y en Alemania (Bernstein), Kautsky dio pruebas de grandísimas vacilaciones. La revista marxista Zariá (36), que se editó en Stuttgart de 1901 a 1902 y que defendía las concepciones revolucionario-proletarias, viose obligada a polemizar con Kautsky y a calificar de "elástica" la resolución presentada por él en el Congreso Socialista Internacional de París en el año 1900 (37), resolución evasiva que se quedaba a la mitad de camino y adoptaba ante los oportunistas una actitud conciliadora.

Y en Alemania han sido publicadas cartas de Kautsky que revelan las vacilaciones no menores que le asaltaron antes de lanzarse a la campaña contra Bernstein.

Pero aún encierra una significación mucho mayor la circunstancia de que en su misma polémica con los oportunistas, en su planteamiento de la cuestión y en su modo de tratarla, advertimos hoy, cuando estudiamos la historia de la más reciente traición contra el marxismo cometida por Kautsky, una propensión sistemática al oportunismo en lo que toca precisamente al problema del Estado.

Tomemos la primera obra importante de Kautsky contra el oportunismo: su libro Bernstein y el programa socialdemócrata. Kautsky refuta con todo detalle a Bernstein. Pero he aquí una cosa característica.

En sus Premisas del socialismo, célebres a lo Eróstrato, Bernstein acusa al marxismo de "blanquismo" (acusación que, a partir de entonces, han repetido miles de veces los oportunistas y los burgueses liberales de Rusia contra los representantes del marxismo revolucionario, los bolcheviques). Bernstein se detiene especialmente en La guerra civil en Francia de Marx, e intenta —con muy poca fortuna, como hemos visto— identificar el punto de vista de Marx sobre las enseñanzas de la Comuna con el punto de vista de Proudhon. Bernstein consagra una atención especial a aquella conclusión de Marx que éste subrayó en su prefacio de 1872 a El Manifiesto Comunista, y que dice así:

"La clase obrera no puede limitarse a tomar simplemente posesión de la máquina estatal existente y a ponerla en marcha para sus propios fines".

A Bernstein le "gustó" tanto esta sentencia, que la repitió no menos de tres veces en su libro, interpretándola en el sentido más tergiversado y oportunista.

Marx quiere decir, como hemos visto, que la clase obrera debe destruir, romper, hacer saltar (Sprengung: explosión, es el término que emplea Engels) toda la máquina del Estado. Pues bien, Bernstein presenta la cosa como si, con estas palabras, Marx previniera a la clase obrera contra un revolucionarismo excesivo al conquistar el poder.

No cabe imaginarse un falseamiento más grosero ni más escandaloso del pensamiento de Marx.

Ahora bien, ¿qué hizo Kautsky en su minuciosa refutación de la bernsteiniada?

Rehuyó analizar en toda su profundidad la tergiversación del marxismo por el oportunismo en este punto. Adujo el pasaje, citado más arriba, del prefacio de Engels a La guerra civil en Francia de Marx, diciendo que, según Marx, la clase obrera no puede tomar simplemente posesión de la máquina estatal existente, pero que en general sí puede tomar posesión de ella, y nada más. Kautsky no dice ni una palabra de que Bernstein atribuye a Marx exactamente lo contrario del verdadero pensamiento de éste, ni dice que desde 1852 Marx destacó como tarea de la revolución proletaria el "destruir" la máquina del Estado.

¡Resulta, pues, que en Kautsky quedaba esfumada la diferencia más esencial entre el marxismo y el oportunismo en cuanto a las tareas de la revolución proletaria!

"La solución del problema de la dictadura proletaria —escribía Kautsky 'contra' Bernstein— es cosa que podemos dejar con plena tranquilidad al porvenir" (pág. 172 de la edición alemana).

Esto no es una polémica contra Bernstein, sino, en el fondo, una concesión a éste, una entrega de posiciones al oportunismo, pues, de momento, nada hay que tanto interese a los oportunistas como el "dejar con plena tranquilidad al porvenir" todas las cuestiones cardinales sobre las tareas de la revolución proletaria. Desde 1852 hasta 1891, a lo largo de cuarenta años, Marx y Engels enseñaron al proletariado que debía destruir la máquina del Estado. Pero Kautsky, en 1899, ante la completa traición al marxismo que cometen en este punto los oportunistas, sustituye la cuestión de si es necesario destruir o no esta máquina por la cuestión de las formas concretas que ha de revestir la destrucción, y va a refugiarse bajo las alas de la verdad filistea "indiscutible" (y estéril) de que estas formas concretas no podemos conocerlas de antemano.

Entre Marx y Kautsky media un abismo en su actitud ante la tarea del partido proletario de preparar a la clase obrera para la revolución.

Veamos una obra posterior, más madura, de Kautsky, consagrada también en gran parte a refutar los errores del oportunismo: su folleto La revolución social. El autor toma aquí como tema especial la cuestión de la "revolución proletaria" y del "régimen proletario". Nos ofrece muchas cosas de gran valor, pero elude precisamente la cuestión del Estado. En este folleto se habla a cada momento de la conquista del poder estatal, y sólo de esto; es decir, se elige una fórmula que constituye una concesión a los oportunistas, toda vez que admite la conquista del poder sin destruir la máquina del Estado. Justamente aquello que en 1872 Marx declaraba "anticuado" en el programa de El Manifiesto Comunista es lo que Kautsky resucita en 1902.

En ese folleto se consagra un apartado especial a las "Formas y armas de la revolución social". Se habla de la huelga política de masas, de la guerra civil, de esos "medios de fuerza del gran Estado moderno que son la burocracia y el ejército", pero no se dice ni palabra de lo que ya enseñó a los obreros la Comuna. Es evidente que Engels sabía lo que hacía cuando prevenía, especialmente a los socialistas alemanes, contra la "veneración supersticiosa" del Estado.

Kautsky presenta la cosa así: el proletariado triunfante "convertirá en realidad el programa democrático". Y expone los puntos de éste. Ni una palabra se nos dice de lo que el año 1871 aportó como nuevo en lo que concierne a la sustitución de la democracia burguesa por la democracia proletaria. Kautsky se contenta con banalidades de tan "seria" apariencia como esta:

"Es de por sí evidente que no alcanzaremos la dominación bajo las condiciones actuales. La misma revolución presupone largas y profundas luchas que cambiarán ya nuestra actual estructura política y social".

No hay duda de que esto es algo "de por sí evidente", tan "evidente" como que los caballos comen avena y que el Volga desemboca en el mar Caspio. Sólo es de lamentar que con frases vacuas y ampulosas sobre "profundas" luchas se eluda una cuestión vital para el proletariado revolucionario: la de saber en qué se expresa la "profundidad" de su revolución respecto al Estado, respecto a la democracia, a diferencia de las revoluciones anteriores, de las revoluciones no proletarias.

Al eludir esta cuestión, Kautsky de hecho hace una concesión, en un punto tan esencial, al oportunismo, al que había declarado, de palabra, una terrible guerra, subrayando la importancia de la "idea de la revolución" (¿vale mucho esta "idea" cuando se teme propagar entre los obreros las enseñanzas concretas de la revolución?), o diciendo: "el idealismo revolucionario, ante todo", o manifestando que los obreros ingleses apenas son ahora "algo más que pequeñoburgueses".

"En una sociedad socialista —escribe Kautsky— pueden coexistir... las más diversas formas de empresas: la burocrática (¿¿??), la tradeunionista, la cooperativa, la individual..."

"Hay, por ejemplo, empresas que no pueden desenvolverse sin una organización burocrática (¿¿??), como ocurre con los ferrocarriles. Aquí la organización democrática puede revestir la forma siguiente: los obreros eligen delegados, que constituyen una especie de parlamento llamado a establecer el régimen de trabajo y a fiscalizar la administración del aparato burocrático. Otras empresas pueden entregarse a la administración de los sindicatos obreros; otras, en fin, pueden ser organizadas sobre el principio del cooperativismo" (págs. 148 y 115 de la traducción rusa editada en Ginebra en 1903).

Estas consideraciones son erróneas y representan un retroceso respecto a lo expuesto por Marx y Engels en la década del 70 tomando como ejemplo las enseñanzas de la Comuna.

Desde el punto de vista de la organización "burocrática", pretendidamente necesaria, los ferrocarriles no se distinguen absolutamente en nada de todas las empresas de la gran industria mecánica en general, de cualquier fábrica, de un almacén importante o de una vasta empresa agrícola capitalista. En todas las empresas de esta índole, la técnica impone incondicionalmente una disciplina rigurosísima y la mayor puntualidad en la ejecución del trabajo asignado a cada uno, a riesgo de paralizar toda la empresa o de deteriorar el mecanismo o los productos. En todas estas empresas, los obreros procederán, como es natural, a "elegir delegados que constituirán una especie de parlamento".

Pero todo el quid del asunto reside precisamente en que esta "especie de parlamento" no será un parlamento por el estilo de las instituciones parlamentarias burguesas. Todo el quid reside en que esta "especie de parlamento" no se limitará a "establecer el régimen de trabajo y a fiscalizar la administración del aparato burocrático", como se figura Kautsky, cuyo pensamiento no se sale del marco del parlamentarismo burgués.

Kautsky no comprendió, en absoluto, la diferencia entre el parlamentarismo burgués, que asocia la democracia (no para el pueblo) al burocratismo (contra el pueblo), y la democracia proletaria, que toma inmediatamente medidas para cortar de raíz el burocratismo y que estará en condiciones de llevar estas medidas hasta el fin, hasta la completa destrucción del burocratismo.

A Bernstein le "gustó" tanto esta sentencia que la repitió no menos de tres veces en su libro, interpretándola en el sentido más tergiversado y oportunista.

Marx quiere decir, como hemos visto, que la clase obrera debe destruir, romper, hacer saltar (Sprengung: explosión, es el término que emplea Engels) toda la máquina del Estado. Pues bien, Bernstein presenta la cosa como si, con estas palabras, Marx previniera a la clase obrera contra un revolucionarismo excesivo al conquistar el poder.

No cabe imaginarse un falseamiento más grosero ni más escandaloso del pensamiento de Marx.

Ahora bien, ¿qué hizo Kautsky en su minuciosa refutación de la bernsteiniada?

Rehuyó analizar en toda su profundidad la tergiversación del marxismo por el oportunismo en este punto. Adujo el pasaje, citado más arriba, del prefacio de Engels a La guerra civil en Francia de Marx, diciendo que, según Marx, la clase obrera no puede tomar simplemente posesión de la máquina estatal existente, pero que, en general, sí puede tomar posesión de ella, y nada más. Kautsky no dice ni una palabra de que Bernstein atribuye a Marx exactamente lo contrario del verdadero pensamiento de este, ni dice que desde 1852 Marx destacó como tarea de la revolución proletaria el "destruir" la máquina del Estado.

¡Resulta, pues, que en Kautsky quedaba esfumada la diferencia más esencial entre el marxismo y el oportunismo en cuanto a las tareas de la revolución proletaria!

"La solución del problema de la dictadura proletaria —escribía Kautsky 'contra' Bernstein— es cosa que podemos dejar con plena tranquilidad al porvenir" (pág. 172 de la edición alemana).

Esto no es una polémica contra Bernstein, sino, en el fondo, una concesión a este, una entrega de posiciones al oportunismo, pues, de momento, nada hay que tanto interese a los oportunistas como el "dejar con plena tranquilidad al porvenir" todas las cuestiones cardinales sobre las tareas de la revolución proletaria. Desde 1852 hasta 1891, a lo largo de cuarenta años, Marx y Engels enseñaron al proletariado que debía destruir la máquina del Estado. Pero Kautsky, en 1899, ante la completa traición al marxismo que cometen en este punto los oportunistas, sustituye la cuestión de si es necesario destruir o no esta máquina por la cuestión de las formas concretas que ha de revestir la destrucción, y va a refugiarse bajo las alas de la verdad filistea "indiscutible" (y estéril) de que estas formas concretas no podemos conocerlas de antemano.

Entre Marx y Kautsky media un abismo en su actitud ante la tarea del partido proletario de preparar a la clase obrera para la revolución.

Veamos una obra posterior, más madura, de Kautsky, consagrada también en gran parte a refutar los errores del oportunismo: su folleto La revolución social. El autor toma aquí como tema especial la cuestión de la "revolución proletaria" y del "régimen proletario". Nos ofrece muchas cosas de gran valor, pero elude precisamente la cuestión del Estado. En este folleto se habla a cada momento de la conquista del poder estatal, y sólo de esto; es decir, se elige una fórmula que constituye una concesión a los oportunistas, toda vez que admite la conquista del poder sin destruir la máquina del Estado. Justamente aquello que en 1872 Marx declaraba "anticuado" en el programa de El Manifiesto Comunista es lo que Kautsky resucita en 1902.

En ese folleto se consagra un apartado especial a las "Formas y armas de la revolución social". Se habla de la huelga política de masas, de la guerra civil, de esos "medios de fuerza del gran Estado moderno que son la burocracia y el ejército", pero no se dice ni palabra de lo que ya enseñó a los obreros la Comuna. Es evidente que Engels sabía lo que hacía cuando prevenía, especialmente a los socialistas alemanes, contra la "veneración supersticiosa" del Estado.

Kautsky presenta la cosa así: el proletariado triunfante "convertirá en realidad el programa democrático". Y expone los puntos de este. Ni una palabra se nos dice de lo que el año 1871 aportó como nuevo en lo que concierne a la sustitución de la democracia burguesa por la democracia proletaria. Kautsky se contenta con banalidades de tan "seria" apariencia como esta:

"Es de por sí evidente que no alcanzaremos la dominación bajo las condiciones actuales. La misma revolución presupone largas y profundas luchas que cambiarán ya nuestra actual estructura política y social".

No hay duda de que esto es algo "de por sí evidente", tan "evidente" como que los caballos comen avena y que el Volga desemboca en el mar Caspio. Sólo es de lamentar que con frases vacuas y ampulosas sobre "profundas" luchas se eluda una cuestión vital para el proletariado revolucionario: la de saber en qué se expresa la "profundidad" de su revolución respecto al Estado, respecto a la democracia, a diferencia de las revoluciones anteriores, de las revoluciones no proletarias.

Al eludir esta cuestión, Kautsky de hecho hace una concesión, en un punto tan esencial, al oportunismo, al que había declarado, de palabra, una terrible guerra, subrayando la importancia de la "idea de la revolución" (¿vale mucho esta "idea" cuando se teme propagar entre los obreros las enseñanzas concretas de la revolución?), o diciendo: "el idealismo revolucionario, ante todo", o manifestando que los obreros ingleses apenas son ahora "algo más que pequeñoburgueses".

Pasemos a la última y mejor obra de Kautsky contra los oportunistas, a su folleto El camino del poder (inédito, según creemos, en ruso, ya que se publicó en pleno apogeo de la reacción en nuestro país, en 1909). Este folleto representa un gran paso adelante, ya que en él no se habla de un programa revolucionario en general, como en el folleto de 1899 contra Bernstein, ni de las tareas de la revolución social haciendo abstracción del momento en que esta se produce, como en el folleto La revolución social, de 1902, sino de las condiciones concretas que nos obligan a reconocer que comienza la "era de las revoluciones".

El autor habla concretamente de la agudización de las contradicciones de clase en general y también del imperialismo, que desempeña un importantísimo papel en este sentido. Después del "período revolucionario de 1789 a 1871" en Europa Occidental, en 1905 comienza un período análogo para el Este. La guerra mundial se avecina con amenazante celeridad. "El proletariado no puede hablar ya de una revolución prematura". "Hemos entrado en un período revolucionario". "La era revolucionaria comienza".

Estas manifestaciones son absolutamente claras. Este folleto de Kautsky debe servir de índice para comparar lo que la socialdemocracia alemana prometía ser antes de la guerra imperialista y lo bajo que cayó (incluido el mismo Kautsky) al estallar la guerra. "La situación actual —escribía Kautsky en el citado folleto— encierra el peligro de que a nosotros (es decir, a la socialdemocracia alemana) se nos puede tomar fácilmente por más moderados de lo que somos en realidad". ¡En realidad, el Partido Socialdemócrata Alemán resultó ser incomparablemente más moderado y más oportunista de lo que parecía!

Ante estas manifestaciones tan definidas de Kautsky a propósito de la era, ya iniciada, de las revoluciones, es tanto más característico que, en un folleto consagrado, según sus propias palabras, a analizar precisamente la cuestión de la "revolución política", vuelva a eludirse por completo la cuestión del Estado.

De la suma de estas omisiones de la cuestión, de estos silencios y de estas evasivas resultó inevitablemente ese paso completo al oportunismo del que tendremos que hablar a continuación. En la persona de Kautsky, la socialdemocracia alemana parecía declarar: mantengo mis concepciones revolucionarias (1899). Reconozco, en particular, el carácter inevitable de la revolución social del proletariado (1902). Reconozco que ha comenzado la nueva era de las revoluciones (1909). Pero, a pesar de todo esto, retrocedió con respecto a lo que dijo Marx ya en 1852 tan pronto como se plantea la cuestión de las tareas de la revolución proletaria en relación con el Estado (1912).

Exactamente así se planteó, de un modo tajante, la cuestión en la polémica de Kautsky con Pannekoek.

3. LA POLÉMICA DE KAUTSKY CON PANNEKOEK

Pannekoek se manifestó contra Kautsky como uno de los representantes de la tendencia "radical de izquierda", que contaba en sus filas a Rosa Luxemburgo, a Karl Rádek y a otros y que, defendiendo la táctica revolucionaria, tenía como elemento aglutinador la convicción de que Kautsky se pasaba a la posición del "centro", el cual, vuelto de espaldas a los principios, vacilaba entre el marxismo y el oportunismo. Que esta apreciación era acertada vino a demostrarlo plenamente la guerra, cuando la corriente del "centro" (erróneamente denominada marxista) o del "kautskismo" se reveló en toda su repugnante miseria.

En el artículo Las acciones de masas y la revolución (Neue Zeit, 1912, XXX, 2), donde se tocaba la cuestión del Estado, Pannekoek caracterizó la posición de Kautsky como una posición de "radicalismo pasivo", como la "teoría de la espera inactiva". "Kautsky no quiere ver el proceso de la revolución" (pág. 616). Planteando la cuestión en estos términos, Pannekoek abordó el tema que nos interesa aquí, o sea, el de las tareas de la revolución proletaria respecto al Estado.

"La lucha del proletariado —escribió— no es simplemente una lucha contra la burguesía por el poder estatal, sino una lucha contra el poder estatal... El contenido de la revolución proletaria es la destrucción y eliminación (literalmente: disolución, Auflösung) de los medios de fuerza del Estado por los medios de fuerza del proletariado... La lucha cesa únicamente cuando se produce, como resultado final, la destrucción completa de la organización estatal. La organización de la mayoría demuestra su superioridad al destruir la organización de la minoría dominante" (pág. 548).

La formulación que da a sus pensamientos Pannekoek adolece de defectos muy grandes. Pero, a pesar de todo, la idea está clara, y es interesante ver cómo la refuta Kautsky.

"Hasta aquí —escribe— la diferencia entre los socialdemócratas y los anarquistas consistía en que los primeros querían conquistar el poder del Estado, y los segundos, destruirlo. Pannekoek quiere las dos cosas" (pág. 724).

Si en Pannekoek la exposición adolece de nebulosidad y no es lo bastante concreta (para no hablar aquí de otros defectos de su artículo, que no interesan al tema de que tratamos), Kautsky, en cambio, toma precisamente la esencia de principio del asunto, sugerida por Pannekoek, y en esta cuestión cardinal y de principio abandona enteramente la posición del marxismo y se pasa con armas y bagajes al oportunismo. La diferencia entre los socialdemócratas y los anarquistas aparece definida en él de un modo falso por completo, y el marxismo se ve definitivamente tergiversado y envilecido.

La diferencia entre los marxistas y los anarquistas consiste en lo siguiente:

En que los primeros, proponiéndose como fin la destrucción completa del Estado, reconocen que este fin solo puede alcanzarse después de que la revolución socialista haya destruido las clases, como resultado de la instauración del socialismo, que conduce a la extinción del Estado, mientras que los segundos quieren destruir completamente el Estado de la noche a la mañana, sin comprender las condiciones bajo las que puede lograrse esta destrucción.

En que los primeros reconocen la necesidad de que el proletariado, después de conquistar el poder político, destruya totalmente la vieja máquina del Estado, sustituyéndola por otra nueva, formada por la organización de los obreros armados, según el tipo de la Comuna, mientras que los segundos, abogando por la destrucción de la máquina del Estado, tienen una idea absolutamente confusa respecto al punto de con qué ha de sustituir esa máquina el proletariado y cómo este ha de emplear el poder revolucionario. Los anarquistas rechazan incluso el empleo del poder estatal por el proletariado revolucionario, su dictadura revolucionaria.

En que los primeros propugnan que el proletariado se prepare para la revolución utilizando el Estado moderno, mientras que los anarquistas lo rechazan.

En esta controversia es Pannekoek quien representa al marxismo contra Kautsky, pues precisamente Marx nos enseñó que el proletariado no puede limitarse a conquistar el poder del Estado en el sentido de que el viejo aparato estatal pase a nuevas manos, sino que debe destruir, romper dicho aparato y sustituirlo por otro nuevo.

Kautsky se pasa del marxismo al oportunismo, pues en él desaparece en absoluto precisamente esta destrucción de la máquina del Estado, de todo punto inaceptable para los oportunistas, y se les deja a estos un portillo abierto en el sentido de interpretar la "conquista" como una simple adquisición de la mayoría.

Para encubrir su tergiversación del marxismo, Kautsky procede como un exégeta: nos saca una "cita" del propio Marx. En 1850 Marx había escrito acerca de la necesidad de una "resuelta centralización de la fuerza en manos del poder del Estado"39. Y Kautsky pregunta, triunfal: ¿Acaso pretende Pannekoek destruir el "centralismo"?

Este es ya, sencillamente, un juego de manos, parecido a la identificación que hace Bernstein del marxismo y del proudhonismo en sus puntos de vista sobre el federalismo, que él opone al centralismo.

La "cita" tomada por Kautsky es totalmente inadecuada al caso. El centralismo cabe tanto en la vieja como en la nueva máquina estatal. Si los obreros unen voluntariamente sus fuerzas armadas, esto será centralismo, pero un centralismo basado en la "completa destrucción" del aparato centralista del Estado, del ejército permanente, de la policía, de la burocracia. Kautsky se comporta como un estafador eludiendo los pasajes, perfectamente conocidos, de Marx y Engels sobre la Comuna y destacando una cita que no guarda ninguna relación con el asunto.

"...¿Acaso quiere Pannekoek abolir las funciones públicas de los funcionarios? —pregunta Kautsky—. Pero ni en el partido ni en los sindicatos, y no digamos en la administración pública, podemos prescindir de funcionarios. Nuestro programa no pide la supresión de los funcionarios del Estado, sino la elección de los funcionarios por el pueblo... De lo que se trata no es de saber qué estructura presentará el aparato administrativo del 'Estado del porvenir', sino de saber si nuestra lucha política destruirá (literalmente: disolverá, auflöst) el poder estatal antes de haberlo conquistado nosotros (subrayado por Kautsky). ¿Qué ministerio, con sus funcionarios, podría suprimirse?"

Y se enumeran los ministerios de Instrucción, de Justicia, de Hacienda, de Guerra.

"No, nuestra lucha política contra el gobierno no eliminará ninguno de los actuales ministerios... Lo repito para evitar equívocos: aquí no se trata de la forma que dará al 'Estado del porvenir' la socialdemocracia triunfante, sino de cómo nuestra oposición modifica el Estado actual" (pág. 725).

Esto es una superchería manifiesta. Pannekoek había planteado precisamente la cuestión de la revolución. Así se dice con toda claridad en el título de su artículo y en los pasajes citados. Al saltar a la cuestión de la "oposición", Kautsky suplanta el punto de vista revolucionario por el oportunista. La cosa aparece, en él, planteada así: Ahora estamos en la oposición; después de la conquista del poder ya veremos. ¡La revolución desaparece! Esto es exactamente lo que exigían los oportunistas.

No se trata de la oposición ni de la lucha política en general, sino precisamente de la revolución. La revolución consiste en que el proletariado destruye el "aparato administrativo" y todo el aparato del Estado, sustituyéndolo por otro nuevo, constituido por los obreros armados. Kautsky revela una "veneración supersticiosa" por los "ministerios", pero ¿por qué estos ministerios no han de poder sustituirse, supongamos, por comisiones de especialistas adjuntas a los sóviets soberanos y todopoderosos de diputados obreros y soldados?

La esencia de la cuestión no está, ni mucho menos, en saber si han de subsistir los "ministerios" o ha de haber "comisiones de especialistas" u otras instituciones; esto es completamente secundario. La esencia de la cuestión radica en si se mantiene la vieja máquina estatal (enlazada por miles de hilos a la burguesía y empapada hasta el tuétano de rutina y de inercia) o si se la destruye, sustituyéndola por otra nueva. La revolución debe consistir no en que la nueva clase mande y gobierne con ayuda de la vieja máquina del Estado, sino en que destruya esta máquina y mande, gobierne con ayuda de otra nueva: esta idea fundamental del marxismo se esfuma en Kautsky, o bien Kautsky no la ha entendido en absoluto.

La pregunta que hace a propósito de los funcionarios demuestra palpablemente que no ha comprendido las enseñanzas de la Comuna ni la doctrina de Marx.

"Ni en el partido ni en los sindicatos podemos prescindir de funcionarios...".

No podemos prescindir de funcionarios bajo el capitalismo, bajo la dominación de la burguesía. El proletariado está oprimido, las masas trabajadoras están esclavizadas por el capitalismo. Bajo el capitalismo, la democracia se ve coartada, cohibida, mutilada, deformada por todo el ambiente de la esclavitud asalariada, de penuria y miseria de las masas. Por esto, y solamente por esto, los funcionarios de nuestras organizaciones políticas y sindicales se corrompen (o, para hablar con más exactitud, muestran la tendencia a corromperse) bajo el ambiente del capitalismo y muestran la tendencia a convertirse en burócratas, es decir, en personas privilegiadas, divorciadas de las masas, situadas por encima de las masas.

En esto reside la esencia del burocratismo, y mientras los capitalistas no sean expropiados, mientras no se derribe a la burguesía, será inevitable una cierta "burocratización" incluso de los funcionarios proletarios.

Kautsky presenta la cosa así: puesto que sigue habiendo cargos electivos, bajo el socialismo sigue habiendo funcionarios, ¡sigue habiendo burocracia! Y esto es precisamente lo falso. Precisamente en el ejemplo de la Comuna, Marx puso de manifiesto que, en el socialismo, los que ocupan cargos oficiales dejan de ser "burócratas", dejan de ser "funcionarios", dejan de serlo a medida que se implanta, además de la elegibilidad, la amovilidad en todo momento y, además de esto, los sueldos equiparados al salario medio de un obrero, y, además de esto, la sustitución de las instituciones parlamentarias por "instituciones de trabajo, es decir, que dictan leyes y las ejecutan".

En el fondo, toda la argumentación de Kautsky contra Pannekoek, y especialmente su notable argumento de que tampoco en las organizaciones sindicales y del partido podemos prescindir de funcionarios, revelan que Kautsky repite los viejos "argumentos" de Bernstein contra el marxismo en general. En su libro de renegado Las premisas del socialismo, Bernstein combate las ideas de la democracia "primitiva", lo que él llama "democracia doctrinaria": mandatos imperativos, funcionarios sin sueldo, una representación central impotente, etc.

Como prueba de que esta democracia "primitiva" es inconsistente, Bernstein aduce la experiencia de las tradeuniones inglesas, en la interpretación de los esposos Webb. Según ellos, en los setenta años que llevan de existencia, las tradeuniones, que se han desarrollado "en completa libertad" (página 137 de la edición alemana), se han convencido precisamente de la inutilidad de la democracia primitiva y la han sustituido por la democracia corriente: por el parlamentarismo combinado con el burocratismo.

En realidad, las tradeuniones no se han desarrollado "en completa libertad", sino en completa esclavitud capitalista, bajo la cual es lógico que "no pueda prescindirse" de una serie de concesiones a los males imperantes, a la vivencia, a la falsedad, a la exclusión de los pobres de los asuntos de la "alta" administración. Bajo el socialismo reviven inevitablemente muchas cosas de la democracia "primitiva", pues por primera vez en la historia de las sociedades civilizadas, la masa de la población se eleva para intervenir por cuenta propia no solo en votaciones y en elecciones, sino también en la labor diaria de la administración. Bajo el socialismo, todos intervendrán por turno en la dirección y se habituarán rápidamente a que nadie dirija.

Con su genial inteligencia crítico-analítica, Marx vio en las medidas prácticas de la Comuna aquel viraje que temen y no quieren reconocer los oportunistas por cobardía, para no romper irrevocablemente con la burguesía, y que los anarquistas no quieren ver, ya sea por precipitación o por incomprensión de las condiciones en que se producen las transformaciones sociales de masas en general. "No cabe ni pensar en destruir la vieja máquina del Estado, pues ¿cómo vamos a arreglárnoslas sin ministerios y sin burócratas?", razona el oportunista impregnado de filisteísmo hasta el tuétano y que, en el fondo, no solo no cree en la revolución ni en su capacidad creadora, sino que la teme como a la muerte (como la temen nuestros mencheviques y eseristas).

"Solo hay que pensar en destruir la vieja máquina del Estado, no hay por qué ahondar en las enseñanzas concretas de las anteriores revoluciones proletarias ni analizar con qué y cómo sustituir lo destruido", razonan los anarquistas (los mejores anarquistas, naturalmente, no los que van a la zaga de la burguesía tras los señores Kropotkin y Cía.); de donde resulta en los anarquistas la táctica de la desesperación y no la táctica de una labor revolucionaria, implacable y audaz, que persiga objetivos concretos y, al mismo tiempo, tenga en cuenta las condiciones prácticas del movimiento de masas.

Marx nos enseña a evitar ambos errores, nos enseña a ser de una intrepidez sin límites en la destrucción de toda la vieja máquina del Estado, pero, a la vez, nos enseña a plantear la cuestión de un modo concreto: la Comuna pudo, en unas cuantas semanas, comenzar a construir una nueva máquina, una máquina estatal proletaria, de tal y tal modo, aplicando las medidas señaladas para ampliar la democracia y desarraigar el burocratismo. Aprendamos de los comuneros la intrepidez revolucionaria, veamos en sus medidas prácticas un esbozo de las medidas prácticamente urgentes e inmediatamente aplicables, y entonces, siguiendo este camino, llegaremos a la destrucción completa del burocratismo.

La posibilidad de esta destrucción está garantizada por el hecho de que el socialismo reducirá la jornada de trabajo, elevará a las masas a una nueva vida, colocará a la mayoría de la población en condiciones que permitirán a todos, sin excepción, ejercer las "funciones del Estado", y esto conducirá a la extinción completa de todo Estado en general.

"...La tarea de la huelga de masas —prosigue Kautsky— no puede ser nunca la de destruir el poder estatal, sino simplemente la de obligar a un gobierno a ceder en un determinado punto o la de sustituir un gobierno hostil al proletariado por otro dispuesto a hacerle concesiones (entgegenkommende)... Pero jamás ni en modo alguno puede esto" (es decir, la victoria del proletariado sobre un gobierno hostil) "conducir a la destrucción del poder del Estado, sino pura y simplemente a un cierto desplazamiento (Verschiebung) en la relación de fuerzas dentro del poder del Estado... Y la meta de nuestra lucha política sigue siendo la que ha sido hasta aquí: conquistar el poder del Estado ganando la mayoría en el parlamento y hacer del parlamento el dueño del gobierno" (págs. 726, 727, 732).

Esto es ya el más puro y el más vil oportunismo, es ya renunciar de hecho a la revolución, reconociéndola de palabra. El pensamiento de Kautsky no va más allá de "un gobierno dispuesto a hacer concesiones al proletariado", lo que significa un paso atrás hacia el filisteísmo, en comparación con el año 1847, en el que El Manifiesto Comunista proclamaba la "organización del proletariado en clase dominante".

Kautsky tendrá que realizar la "unidad", tan preferida por él, con los Scheidemann, los Plejánov y los Vandervelde, todos los cuales están de acuerdo en luchar por un gobierno "dispuesto a hacer concesiones al proletariado".

Pero nosotros iremos a la ruptura con estos traidores al socialismo y lucharemos por la destrucción de toda la vieja máquina estatal para que el mismo proletariado armado sea el gobierno. Son dos cosas muy distintas.

Kautsky quedará en la grata compañía de los Legien y los David, los Plejánov, los Potrésov, los Tsereteli y los Chernov, que están completamente de acuerdo en luchar por "un desplazamiento en la relación de fuerzas dentro del poder del Estado" y por "ganar la mayoría en el parlamento y hacer del parlamento el dueño del gobierno", nobilísimo fin en el que todo es aceptable para los oportunistas y todo permanece en el marco de la república parlamentaria burguesa.

Pero nosotros iremos a la ruptura con los oportunistas; y todo el proletariado consciente estará con nosotros en la lucha, no por "el desplazamiento en la relación de fuerzas", sino por el derrocamiento de la burguesía, por la destrucción del parlamentarismo burgués, por una república democrática del tipo de la Comuna o por una República de los Sóviets de diputados obreros y soldados, por la dictadura revolucionaria del proletariado.

Más a la derecha que Kautsky...

Más a la derecha que Kautsky están situadas, en el socialismo internacional, corrientes como la de los Cuadernos mensuales socialistas41 en Alemania (Legien, David, Kolb y muchos otros, incluyendo a los escandinavos Stauning y Branting); los jauresistas y Vandervelde en Francia y Bélgica; Turati, Treves y otros representantes del ala derecha del partido italiano; los fabianos43 y los "independientes" (el Partido Laborista Independiente, que en realidad ha estado siempre bajo la dependencia de los liberales) en Inglaterra 44, etc. Todos estos señores, que desempeñan un papel enorme, no pocas veces predominante, en la actividad parlamentaria y en la labor publicística del partido, niegan francamente la dictadura del proletariado y practican un oportunismo descarado. Para estos señores, la "dictadura" del proletariado ¡¡"contradice" la democracia!! Sustancialmente, no se distinguen en nada serio de los demócratas pequeñoburgueses.

Tomando en consideración esta circunstancia, tenemos derecho a llegar a la conclusión de que la II Internacional, en la aplastante mayoría de sus representantes oficiales, ha caído de lleno en el oportunismo. La experiencia de la Comuna no ha sido solamente olvidada, sino tergiversada. No solo no se ha inculcado a las masas obreras que se acerca el día en que deberán levantarse y destruir la...

La vieja máquina del Estado no solo no fue destruida ni sustituida por una nueva, convirtiendo así la dominación política del proletariado en base para la transformación socialista de la sociedad, sino que se inculcó todo lo contrario. La "conquista del poder" se presentó de tal manera que dejó miles de portillos abiertos al oportunismo.

La tergiversación y el silenciamiento de la cuestión de la actitud de la revolución proletaria hacia el Estado no podían sino desempeñar un enorme papel en el momento en que los Estados, con su aparato militar reforzado a consecuencia de la rivalidad imperialista, se convirtieron en monstruos guerreros que exterminaban a millones de hombres para decidir quién había de dominar el mundo: Inglaterra o Alemania, uno u otro capital financiero.

Palabras finales a la primera edición

Escribí este folleto en los meses de agosto y septiembre de 1917. Tenía ya trazado el plan del capítulo siguiente, el VII: La experiencia de las revoluciones rusas de 1905 y 1917. Pero, fuera del título, no me fue posible escribir ni una sola línea de dicho capítulo: vino a "estorbarme" la crisis política, la víspera de la Revolución de Octubre de 1917. "Estorbos" como este no pueden producir más que alegría.

Sin embargo, la redacción de la segunda parte del folleto (La experiencia de las revoluciones rusas de 1905 y 1917) habrá que aplazarla seguramente por mucho tiempo; es más agradable y provechoso vivir la "experiencia de la revolución" que escribir acerca de ella.

A LA FAMILIA ZARISTA

En este año de 1896, el gobierno ruso ha publicado ya dos veces informaciones sobre la lucha de los obreros contra los fabricantes. En otros países tales informaciones no son raras, en ellas no se oculta lo que sucede y los periódicos publican libremente noticias sobre las huelgas. Pero en Rusia el gobierno teme, más que al fuego, la publicidad relativa a los reglamentos en vigor en las fábricas y a lo que acontece en ellas: ha prohibido escribir en los periódicos sobre las huelgas, ha prohibido a los inspectores del trabajo hacer públicos sus informes, dejó inclusive de examinar las causas de las huelgas en los tribunales ordinarios, cuyas audiencias son públicas.

En una palabra, ha adoptado todas las medidas para mantener en un estricto secreto todo lo que está pasando en las fábricas y entre los obreros. Y de repente todas estas argucias policiales se desvanecen como pompas de jabón, y el propio gobierno se ve obligado a decir abiertamente que los obreros están en lucha contra los fabricantes.

¿Qué ha provocado este cambio? Durante el año 1895 el número de huelgas obreras ha sido particularmente grande. Sí, pero también antes hubo huelgas, y, sin embargo, el gobierno logró mantener el secreto, y pasaron inadvertidas para todo el conjunto de obreros. Las actuales huelgas han sido mucho más poderosas que las anteriores y se han concentrado en un solo lugar. Sí, pero antes hubo igualmente huelgas y no menos poderosas, por ejemplo, en 1885 y 1886, en las provincias de Moscú y Vladímir. Pero, a pesar de todo, el gobierno aún se mostraba fuerte y nada informaba sobre la lucha de los obreros contra los fabricantes.

¿Por qué, entonces, ha roto esta vez el silencio? Porque esta vez los socialistas acudieron en ayuda de los obreros, los ayudaron a poner en claro la situación, a darla a conocer en todas partes, tanto entre los obreros como en la sociedad, a formular con claridad sus reivindicaciones, a mostrar a todos la mala fe y la violencia desenfrenada del gobierno. Este se dio cuenta de que era completamente absurdo callar cuando todo el mundo estaba al corriente de las huelgas, y también él quiso hacer como todo el mundo. Los volantes de los socialistas exigieron del gobierno una respuesta, y este se presentó y la dio.

Veamos ahora cuál es la respuesta.

Al principio el gobierno trató de evitar una respuesta pública y franca. Uno de los ministros, el de Finanzas, Witte, envió una circular a los inspectores del trabajo, en la cual califica a los obreros y a los socialistas de "los peores enemigos del orden social", aconseja a los inspectores intimidar a los obreros, persuadirlos de que el gobierno prohibirá a los fabricantes hacer concesiones, mostrarles la buena disposición y los generosos propósitos de los fabricantes, decirles cuán preocupados están por los obreros y por sus necesidades, y qué "buenos sentimientos" los animan.

El gobierno no dijo nada de las huelgas propiamente dichas, no dijo una sola palabra sobre sus causas ni en qué consistían los escandalosos abusos de los fabricantes y las transgresiones de la ley, sobre qué querían obtener los obreros; en una palabra, en cuanto a las huelgas llevadas a cabo en el verano y otoño de 1895, siguió su costumbre de mentir, trató de salir del paso con las trilladas frases burocráticas sobre los actos de violencia e "ilegales" de los obreros, aun cuando ellos no cometieron violencia alguna; solo la policía recurrió a ella.

El ministro quería que la circular quedara en secreto, pero ni los mismos funcionarios a quienes la confió guardaron el secreto y la circular tomó estado público. Enseguida la publicaron los socialistas. Entonces, el gobierno, viéndose ridiculizado como de costumbre por sus propios "secretos", conocidos por todo el mundo, la publicó en los periódicos.

Esta fue, como ya hemos dicho, su respuesta a las huelgas del verano y el otoño de 1895. Pero resulta que en la primavera de 1896 las huelgas se repitieron, y con mucha mayor fuerza. A los rumores que ellas suscitaron se agregaron los volantes lanzados por los socialistas.

El gobierno comenzó por callar cobardemente, manteniéndose a la expectativa hasta ver cómo terminaría el asunto, y después, cuando el alzamiento de los obreros se calmó, intervino, a destiempo, con su mentalidad burocrática, como con una notificación policial atrasada. Pero esta vez tuvo que hablar francamente y comprometerse a fondo. Su comunicado se publicó en el núm. 158 de Pravitielstvenni Viéstnik.

Pero ya no logró, como antes, difamar las huelgas obreras. Tuvo que relatar qué sucedió, cuáles fueron los abusos de los fabricantes, cuáles las reivindicaciones de los obreros; tuvo que reconocer que los obreros se portaron "decentemente".

Fue así cómo los obreros quitaron al gobierno la infame costumbre de las mentiras policiales; lo forzaron a reconocer la verdad cuando se levantaron en masa, cuando recurrieron a los volantes para informar públicamente.

Este es un gran progreso.

Los obreros sabrán ahora cuál es el único medio de hacer públicas sus necesidades, de informar a toda Rusia sobre sus luchas. Sabrán ahora que la falsía del gobierno solo puede ser refutada por la lucha unida de los propios obreros y por su posición consciente para la obtención de sus derechos.

Al informar acerca de lo sucedido, los ministros se pusieron a inventar excusas; comenzaron asegurando, en el comunicado, que las huelgas fueron provocadas solo por "las peculiaridades de la industria del hilado de algodón y del hilo".

¡Con que era por eso! ¿No será por las peculiaridades propias de toda la producción rusa, por los métodos del gobierno ruso, que permite a la policía perseguir y detener a obreros pacíficos que se defienden de la opresión?

¿Por qué, entonces, buenos señores ministros, los obreros se arrancaban los volantes de las manos, los leían y pedían más, si en ellos no se hablaba en absoluto del algodón ni del hilo, sino de la falta de derechos de los ciudadanos rusos, de la salvaje arbitrariedad del gobierno, servidor de los capitalistas?

¡Pero si fue el propio gobierno el que, adelantándose a todos los socialistas, tomó las medidas para que las huelgas tuvieran carácter político! ¿No fue él quien comenzó a detener a pacíficos obreros, como si fueran criminales? ¿A detener y deportar? ¿No fue él quien envió a espías y provocadores a todas partes? ¿Quién se llevó a todos los que cayeron bajo sus manos?

¿Quién prometió prestar ayuda a los fabricantes para que no hicieran concesiones? ¿Quién persiguió a los obreros solo por recaudar dinero en favor de los huelguistas?

El propio gobierno, mejor que nadie, hizo comprender a los obreros que su lucha contra los fabricantes debe ser, inevitablemente, la lucha contra el gobierno. Los socialistas no tuvieron más que confirmar todo esto y publicarlo en los volantes. Eso es todo.

Pero el gobierno ruso es zorro viejo en el arte de la hipocresía, y los ministros se ingeniaron para guardar silencio sobre los medios por los cuales nuestro gobierno "dio a las huelgas un carácter político"; informó a la opinión pública sobre la fecha que llevan los volantes de los socialistas, ¿pero por qué no informó también las fechas de las órdenes del prefecto y demás bashibuzuks, relativas a la detención de pacíficos obreros, al acuartelamiento de tropas y al envío de espías y provocadores?

Informó respecto de la cantidad de volantes de los socialistas; ¿por qué no informó también sobre el número de obreros y socialistas encarcelados, de familias deshechas, de deportados y recluidos sin proceso? ¿Por qué?

Porque los ministros rusos, pese a su desvergüenza, se cuidan bien de hablar en público de tales hazañas de bandidos. Sobre los pacíficos obreros que se alzaron por sus derechos, que se defendieron de la arbitrariedad de los fabricantes, se lanzó toda la fuerza del poder público, con la policía y el ejército, con los gendarmes y los fiscales; contra los obreros que se mantenían con sus pocas monedas y las monedas de sus compañeros, los obreros ingleses, polacos, alemanes y austríacos, se lanzó toda la fuerza del tesoro del Estado, que prometió su apoyo a los propios fabricantes.

Los obreros no se hallaban unidos. Les estaba prohibido recolectar fondos, atraer a su causa a otras ciudades y a otros obreros; eran perseguidos en todas partes y tuvieron que ceder ante la fuerza conjunta del poder del Estado.

¡Los señores ministros están jubilosos por el triunfo del gobierno!

¡Bonito triunfo! ¡Contra treinta mil obreros pacíficos, sin dinero, toda la fuerza del poder, toda la riqueza de los capitalistas!

¡Los ministros habrían procedido más inteligentemente si hubieran esperado para jactarse de semejante victoria, pues su fanfarronería recuerda la del policía que se vanagloria de haber salido de una huelga sin haber sido golpeado!

Las "instigaciones" de los socialistas no han tenido éxito, anuncia solemnemente el gobierno, tranquilizando a los capitalistas.

¡Pero claro, ninguna instigación, respondemos también nosotros, podría producir ni la centésima parte de la impresión que ha dejado sobre los obreros de San Petersburgo, sobre todos los obreros rusos, la conducta del gobierno en este asunto!

Los obreros han visto con claridad cuál es la política del gobierno: silenciar las huelgas obreras y desfigurar los hechos. Han visto cómo su lucha unida logró desbaratar la mentira hipócrita de la policía. Han visto qué intereses defiende el gobierno, que promete su apoyo a los fabricantes.

Han comprendido quién es su verdadero enemigo, cuando contra ellos, que no infringieron la ley ni alteraron el orden, se lanzó, como contra enemigos, a las tropas y a la policía.

Por más que los ministros digan que la lucha no tuvo éxito, los obreros comprueban, sin embargo, cómo se apaciguaron en todas partes los fabricantes, y saben que el gobierno está convocando a los inspectores de fábricas para discutir qué concesiones hay que hacer a los obreros, pues ha comprendido que las concesiones son inevitables.

Las huelgas de 1895 y 1896 no pasaron en vano. Prestaron un enorme servicio a los obreros rusos, les mostraron cómo llevar la lucha por sus intereses.

Les enseñaron a comprender la situación política y las necesidades políticas de la clase obrera.

SEGUNDA PARTE: ANTOLOGÍA DE ENSAYOS ROJOS

FEDERICO ENGELS

El 5 de agosto del nuevo calendario (24 de julio) de 1895 falleció en Londres Federico Engels. Después de su amigo Carlos Marx (fallecido en 1883), Engels fue el más notable científico y maestro del proletariado contemporáneo de todo el mundo civilizado. Desde que el destino relacionó a Carlos Marx con Federico Engels, la obra a la que ambos amigos consagraron su vida se convirtió en común.

Por eso, para comprender lo que Engels ha hecho por el proletariado es necesario entender claramente la importancia de la doctrina y actividad de Marx para el desarrollo del movimiento obrero contemporáneo. Marx y Engels fueron los primeros en demostrar que la clase obrera, con sus reivindicaciones, es el resultado necesario del sistema económico actual que, con la burguesía, crea y organiza inevitablemente al proletariado.

Demostraron que la humanidad se verá liberada de las calamidades que la azotan actualmente, no por los esfuerzos bienintencionados de algunas nobles personalidades, sino por la lucha de clase del proletariado organizado. Marx y Engels fueron los primeros en esclarecer en sus obras científicas que el socialismo no es una invención de soñadores, sino la meta final y el resultado inevitable del desarrollo de las fuerzas productivas dentro de la sociedad contemporánea.

Toda la historia escrita hasta ahora es la historia de la lucha de clases, del cambio sucesivo en el dominio y en la victoria de una clase social sobre otra. Y esto continuará hasta que desaparezcan las bases de la lucha de clases y del dominio de clase: la propiedad privada y la producción social caótica. Los intereses del proletariado exigen que dichas bases sean destruidas, por lo que la lucha de clases consciente de los obreros organizados debe ser dirigida contra ellas. Y toda lucha de clases es una lucha política.

En nuestros días, todo el proletariado en lucha por su emancipación ha hecho suyos estos conceptos de Marx y de Engels. Pero cuando los dos amigos colaboraban en la década del 40, en las publicaciones socialistas, y participaban en los movimientos sociales de su tiempo, estos puntos de vista eran completamente nuevos.

A la sazón, había muchos hombres con talento y otros sin él, muchos honestos y otros deshonestos, que en el ardor de la lucha por la libertad política, en la lucha contra la autocracia de los zares, de la policía y del clero, no percibían el antagonismo existente entre los intereses de la burguesía y los del proletariado. Esos hombres no admitían siquiera la idea de que los obreros actuasen como una fuerza social independiente.

Por otra parte, hubo muchos soñadores, algunas veces geniales, que creían que bastaba convencer a los gobernantes y a las clases dominantes de la injusticia del régimen social existente para que resultara fácil implantar en el mundo la paz y el bienestar general. Soñaban con un socialismo sin lucha.

Finalmente, casi todos los socialistas de aquella época, y en general los amigos de la clase obrera, solo veían en el proletariado una lacra y contemplaban con horror cómo, a la par que crecía la industria, crecía también esa lacra. Por eso, todos ellos pensaban en cómo detener el desarrollo de la industria y del proletariado, detener "la rueda de la historia".

Contrariamente al miedo general ante el desarrollo del proletariado, Marx y Engels cifraban todas sus esperanzas en su continuo crecimiento. Cuantos más proletarios haya, tanto mayor será su fuerza como clase revolucionaria, y tanto más próximo y posible será el socialismo.

Podrían expresarse en pocas palabras los servicios prestados por Marx y Engels a la clase obrera diciendo que le enseñaron a conocerse y a tomar conciencia de sí misma, y sustituyeron las quimeras por la ciencia.

He ahí por qué el nombre y la vida de Engels deben ser conocidos por todo obrero; tal es el motivo de que incluyamos en nuestra recopilación —que, como todo lo que editamos, tiene por objeto despertar la conciencia de clase de los obreros rusos— un esbozo sobre la vida y la actividad de Federico Engels, uno de los dos grandes maestros del proletariado contemporáneo.

Engels nació en 1820, en la ciudad de Barmen, provincia renana del reino de Prusia. Su padre era fabricante. En 1838, se vio obligado por motivos familiares, antes de terminar los estudios secundarios, a emplearse como dependiente en una casa de comercio de Bremen.

Este trabajo no le impidió ocuparse de su capacitación científica y política. Cuando era todavía estudiante secundario, llegó a odiar la autocracia y la arbitrariedad de los funcionarios.

El estudio de la filosofía lo llevó aún más lejos. En aquella época predominaba en la filosofía alemana la doctrina de Hegel, de la que Engels se hizo partidario. A pesar de que el propio Hegel era admirador del Estado absolutista prusiano, a cuyo servicio se hallaba como profesor de la Universidad de Berlín, su doctrina era revolucionaria.

La fe de Hegel en la razón humana y en los derechos de esta, y la tesis fundamental de la filosofía hegeliana, según la cual existe en el mundo un constante proceso de cambio y desarrollo, condujeron a los discípulos del filósofo berlinés que no querían aceptar la realidad, a la idea de que la lucha contra esa realidad, la lucha contra la injusticia existente y el mal reinante procede también de la ley universal del desarrollo perpetuo.

Si todo se desarrolla, si ciertas instituciones son reemplazadas por otras, ¿por qué, entonces, deben perdurar eternamente el absolutismo del rey prusiano o del zar ruso, el enriquecimiento de una ínfima minoría a expensas de la inmensa mayoría, el dominio de la burguesía sobre el pueblo?

La filosofía de Hegel hablaba del desarrollo del espíritu y de las ideas: era idealista. Del desarrollo del espíritu deducía el de la naturaleza, el del hombre y el de las relaciones entre los hombres en la sociedad.

Marx y Engels conservaron la idea de Hegel sobre el perpetuo proceso de desarrollo, y rechazaron su preconcebida concepción idealista; el estudio de la vida real les mostró que el desarrollo del espíritu no explica el de la naturaleza, sino que, por el contrario, conviene explicar el espíritu a partir de la naturaleza, de la materia.

Contrariamente a Hegel y otros hegelianos, Marx y Engels eran materialistas. Enfocaron el mundo y la humanidad desde el punto de vista materialista, y comprobaron que, así como todos los fenómenos de la naturaleza tienen causas materiales, así también el desarrollo de la sociedad humana está condicionado por el de fuerzas materiales, las fuerzas productivas.

Del desarrollo de estas últimas dependen las relaciones que se establecen entre los hombres en el proceso de producción de los objetos necesarios para satisfacer sus necesidades. Y son dichas relaciones las que explican todos los fenómenos de la vida social, las aspiraciones del hombre, sus ideas y sus leyes.

El desarrollo de las fuerzas productivas crea las relaciones sociales, que se basan en la propiedad privada; pero hoy vemos también cómo ese mismo desarrollo de las fuerzas productivas priva a la mayoría de toda propiedad para concentrarla en manos de una ínfima minoría.

Destruye la propiedad, base del régimen social contemporáneo, y tiende por sí mismo al mismo fin que se han planteado los socialistas.

Estos solo deben comprender cuál es la fuerza social que, por su situación en la sociedad contemporánea, está interesada en la realización del socialismo, e inculcar a esa fuerza la conciencia de sus intereses y de su misión histórica. Esta fuerza es el proletariado.

Engels lo conoció en Inglaterra, en Manchester, centro de la industria inglesa, adonde se trasladó en 1842 para trabajar en una firma comercial de la que su padre era accionista. Engels no se limitó a permanecer en la oficina de la fábrica, sino que recorrió los sórdidos barrios en los que se albergaban los obreros y vio con sus propios ojos su miseria y sufrimientos. No se limitó a observar personalmente; leyó todo lo que se había escrito hasta entonces sobre la situación de la clase obrera inglesa y estudió minuciosamente todos los documentos oficiales que estaban a su alcance.

Como fruto de sus observaciones y estudios, apareció en 1845 su libro La situación de la clase obrera en Inglaterra. Ya hemos señalado más arriba cuál fue el mérito principal de Engels como autor de dicho libro. Es cierto que antes que él muchos otros describieron los padecimientos del proletariado y señalaron la necesidad de ayudarlo.

Pero Engels fue el primero en afirmar que el proletariado no es solo una clase que sufre, sino que la vergonzosa situación económica en que se encuentra lo impulsa inconteniblemente hacia adelante y lo obliga a luchar por su emancipación definitiva. Y el proletariado en lucha se ayudará a sí mismo.

El movimiento político de la clase obrera llevará ineludiblemente a los trabajadores a darse cuenta de que no les queda otra salida que el socialismo. A su vez, este solo será una fuerza cuando se convierta en el objetivo de la lucha política de la clase obrera.

Estas son las ideas fundamentales del libro de Engels sobre la situación de la clase obrera en Inglaterra, ideas que todo el proletariado que piensa y lucha ha hecho suyas, pero que entonces eran completamente nuevas.

Fueron expuestas en un libro cautivante en el que se describe del modo más fidedigno y patético las penurias que sufría el proletariado inglés. La obra constituía una terrible acusación contra el capitalismo y la burguesía. La impresión que produjo fue muy grande.

En todas partes comenzaron a citar la obra como el cuadro que mejor representaba la situación del proletariado contemporáneo. Y, en efecto, ni antes de 1845 ni después, ha aparecido una descripción tan brillante y veraz de los padecimientos de la clase obrera.

Engels se hizo socialista solo en Inglaterra. En Manchester, se puso en contacto con militantes del movimiento obrero inglés y empezó a colaborar en las publicaciones socialistas inglesas.

En 1844, al pasar por París de regreso a Alemania, conoció a Marx, con quien ya mantenía correspondencia. En París, bajo la influencia de los socialistas franceses y de la vida en Francia, Marx también se hizo socialista.

Allí fue donde los dos amigos escribieron La sagrada familia, o crítica de la crítica crítica. Esta obra, escrita en su mayor parte por Marx, y que fue publicada un año antes de aparecer La situación de la clase obrera en Inglaterra, sienta las bases del socialismo materialista revolucionario, cuyas ideas principales hemos expuesto más arriba.

La sagrada familia es un apodo irónico dado a dos filósofos, los hermanos Bauer, y a sus discípulos. Estos señores practicaban una crítica fuera de toda realidad, por encima de los partidos y de la política, que negaba toda actividad práctica y solo contemplaba "críticamente" el mundo circundante y los sucesos que ocurrían en él.

Los señores Bauer calificaban desdeñosamente al proletariado como una masa sin espíritu crítico. Marx y Engels protestaron enérgicamente contra esa tendencia absurda y nociva.

En nombre de la verdadera personalidad humana, la del obrero pisoteado por las clases dominantes y por el Estado, exigieron, no una actitud contemplativa, sino la lucha por una mejor organización de la sociedad. Y, naturalmente, vieron en el proletariado la fuerza capaz de desarrollar esa lucha en la que está interesado.

Antes de la aparición de La sagrada familia, Engels había publicado ya en la revista Anales franco-alemanes, editada por Marx y Ruge, su Estudio crítico sobre la economía política, en el que analizaba, desde el punto de vista socialista, los fenómenos básicos del régimen económico contemporáneo, como consecuencia inevitable de la dominación de la propiedad privada.

Sin duda, su vinculación con Engels contribuyó a que Marx decidiera ocuparse de la economía política, ciencia en la que sus obras produjeron toda una revolución.

De 1845 a 1847, Engels vivió en Bruselas y en París, alternando los estudios científicos con las actividades prácticas entre los obreros alemanes residentes en dichas ciudades.

Allí, Engels y Marx se relacionaron con una asociación clandestina alemana, la "Liga de los Comunistas", que les encargó exponer los principios fundamentales del socialismo elaborado por ellos.

Así surgió el famoso Manifiesto del Partido Comunista de Marx y Engels, que apareció en 1848. Este librito vale por tomos enteros: inspira y anima, aún hoy, a todo el proletariado organizado y combatiente del mundo civilizado.

La revolución de 1848, que estalló primero en Francia y se extendió después a otros países de Europa occidental, determinó que Marx y Engels regresaran a su patria. Allí, en la Prusia Renana, asumieron la dirección de la Nueva Gaceta Renana, periódico democrático que aparecía en la ciudad de Colonia.

Los dos amigos eran el alma de todas las aspiraciones democráticas revolucionarias de la Prusia Renana. Ambos defendieron hasta sus últimas consecuencias los intereses del pueblo y de la libertad contra las fuerzas de la reacción. Como se sabe, estas triunfaron, Nueva Gaceta Renana fue prohibida y Marx, que durante su emigración había perdido los derechos de súbdito prusiano, fue expulsado del país; en cuanto a Engels, participó en la insurrección armada del pueblo, combatió en tres batallas por la libertad y, una vez derrotados los insurgentes, se refugió en Suiza, desde donde llegó a Londres.

También Marx fue a vivir a Londres. Engels no tardó en emplearse de nuevo y después se convirtió en socio de la misma casa de comercio de Manchester en la que había trabajado en la década del 40. Hasta 1870 vivió en Manchester y Marx en Londres, lo cual no les impidió estar en estrecho contacto intelectual: se escribían casi a diario.

En esta correspondencia, los amigos intercambiaban sus opiniones y conocimientos y continuaban elaborando en común el socialismo científico. En 1870, Engels se trasladó a Londres y, hasta 1883, año en que murió Marx, continuaron esa vida intelectual compartida, plena de intenso trabajo.

Como fruto de la misma surgió, por parte de Marx, El Capital, la obra más grandiosa de nuestro siglo sobre economía política, y por parte de Engels, toda una serie de obras más o menos extensas. Marx trabajó en el análisis de los complejos fenómenos de la economía capitalista. Engels esclarecía en sus obras, escritas en un lenguaje muy ameno y muchas veces polémico, los problemas científicos más generales y los diversos fenómenos del pasado y el presente, inspirándose en la concepción materialista de la historia y en la doctrina económica de Marx.

De estos trabajos de Engels citaremos la obra polémica contra Dühring (en ella el autor analiza los problemas más importantes de la filosofía, las ciencias naturales y la sociología), El origen de la familia, la propiedad privada y el Estado (traducida al ruso y editada en San Petersburgo, 3.ª ed. de 1895), Ludwig Feuerbach (traducción al ruso y notas de J. Plejánov, Ginebra, 1892), un artículo sobre la política exterior del gobierno ruso (traducido al ruso y publicado en Sotsial-Demokrat, núms. 1 y 2, en Ginebra), sus magníficos artículos sobre el problema de la vivienda y, finalmente, dos artículos, cortos pero muy valiosos, sobre el desarrollo económico de Rusia (Federico Engels sobre Rusia, traducción rusa de V. Zasúlich, Ginebra, 1894).

Marx murió sin haber podido terminar en forma definitiva su grandiosa obra sobre El Capital. Sin embargo, estaba concluida en borrador, y después de la muerte de su amigo, Engels emprendió la ardua tarea de redactar y publicar los tomos II y III. En 1885 editó el II y en 1894 el III (no tuvo tiempo de redactar el IV).

Estos dos tomos le exigieron muchísimo trabajo. El socialdemócrata austríaco Adler observó con razón que, con la edición de los tomos II y III de El Capital, Engels erigió a su genial amigo un monumento majestuoso en el cual, involuntariamente, grabó también con trazos indelebles su propio nombre.

En efecto, esos dos tomos de El Capital son la obra de los dos, Marx y Engels. Las leyendas de la antigüedad relatan diversos ejemplos de emocionante amistad. El proletariado europeo puede decir que su ciencia fue creada por dos sabios y luchadores cuyas relaciones superan a todas las conmovedoras leyendas antiguas sobre la amistad entre los hombres.

Siempre, y por supuesto con toda justicia, Engels se posponía a Marx. "Al lado de Marx —escribió a un viejo amigo suyo— siempre toqué el segundo violín". Su afecto por Marx mientras vivió y su veneración a la memoria del amigo desaparecido fueron infinitos. Este luchador austero y pensador profundo tenía una gran sensibilidad.

Durante su exilio, después del movimiento de 1848-1849, Marx y Engels se dedicaron no solo a la labor científica. Marx fundó en 1864 la Asociación Internacional de los Obreros, que dirigió durante un decenio. También Engels participó activamente en sus tareas.

La actividad de la Asociación Internacional, que, de acuerdo con las ideas de Marx, unía a los proletarios de todos los países, tuvo una enorme importancia para el desarrollo del movimiento obrero.

Pero, incluso después de haber sido disuelta dicha asociación en la década del 70, el papel de Marx y Engels como unificadores de la clase obrera no cesó.

Por el contrario, puede afirmarse que su importancia como dirigentes espirituales del movimiento obrero seguía creciendo constantemente, porque el propio movimiento continuaba desarrollándose sin cesar.

Después de la muerte de Marx, Engels siguió siendo el consejero y dirigente de los socialistas europeos. A él acudían en busca de consejos y directrices tanto los socialistas alemanes, cuyas fuerzas iban en constante y rápido aumento a pesar de las persecuciones gubernamentales, como los representantes de países atrasados, por ejemplo, españoles, rumanos y rusos, que se veían obligados a estudiar minuciosamente y medir con toda cautela sus primeros pasos.

Todos ellos aprovechaban el riquísimo tesoro de conocimientos y experiencias del viejo Engels.

Marx y Engels, que conocían el ruso y leían las obras aparecidas en ese idioma, se interesaban vivamente por Rusia, seguían con simpatía el movimiento revolucionario y mantenían relaciones con revolucionarios rusos.

Antes de ser socialistas, los dos habían sido demócratas y el sentimiento democrático de odio a la arbitrariedad política estaba profundamente arraigado en ellos.

Este sentido político innato, agregado a una profunda comprensión teórica del nexo existente entre la arbitrariedad política y la opresión económica, así como su riquísima experiencia de la vida, hicieron que Marx y Engels fueran extraordinariamente sensibles en el aspecto político.

Por lo mismo, la heroica lucha sostenida por un puñado de revolucionarios rusos contra el poderoso gobierno zarista halló en el corazón de estos dos revolucionarios probados la más viva simpatía.

Y, por el contrario, era natural que la intención de volver la espalda a la tarea inmediata y más importante de los socialistas rusos —la conquista de la libertad política—, en aras de supuestas ventajas económicas, les pareciese sospechosa e incluso fuese considerada por ellos como una traición a la gran causa de la revolución social.

"La emancipación del proletariado debe ser obra del proletariado mismo", enseñaron siempre Marx y Engels. Y para luchar por su emancipación económica, el proletariado debe conquistar determinados derechos políticos.

Además, Marx y Engels veían con toda claridad que una revolución política en Rusia tendría también una enorme importancia para el movimiento obrero de Europa occidental.

La Rusia autocrática ha sido siempre el baluarte de toda la reacción europea. La situación internacional extraordinariamente ventajosa en que colocó a Rusia la guerra de 1870, que sembró por largo tiempo la discordia entre Alemania y Francia, no hizo, por supuesto, más que aumentar la importancia de la Rusia autocrática como fuerza reaccionaria.

Solo una Rusia libre, que no tuviese necesidad de oprimir a los polacos, finlandeses, alemanes, armenios y otros pueblos pequeños, ni de azuzar continuamente a Francia y Alemania, daría a la Europa contemporánea la posibilidad de respirar aliviada del peso de las guerras, debilitaría a todos los reaccionarios de Europa y aumentaría las fuerzas de la clase obrera europea.

Por lo mismo, Engels deseó fervientemente la instauración de la libertad política en Rusia, pues también contribuiría al éxito del movimiento obrero en Occidente. Con su muerte, los revolucionarios rusos han perdido al mejor de sus amigos.

¡Memoria eterna a Federico Engels, gran luchador y maestro del proletariado!

AVENTURISMO REVOLUCIONARIO

I

Vivimos tiempos turbulentos, en los que la historia de Rusia avanza con botas de siete leguas y cada año significa, a veces, más que decenios en períodos pacíficos. Se hace el balance de medio siglo de la época posterior a la reforma campesina y se asientan los cimientos de las estructuras sociopolíticas que determinarán durante largo tiempo los destinos de todo el país.

El movimiento revolucionario sigue creciendo con celeridad sorprendente y "nuestras tendencias" sazonan (y se marchitan) con rapidez extraordinaria. Las tendencias que disponen de sólidas bases en el régimen clasista de un país capitalista en tan rápido desarrollo como Rusia encuentran "su sitio" casi en el acto y buscan a las clases afines.

Un ejemplo: la evolución del señor Struve. Los obreros revolucionarios proponían, hace solo año y medio, que se le "arrancase la careta" de marxista; ahora, él mismo actúa ya sin careta como jefe (¿o lacayo?) de los terratenientes liberales, orgullosos de su arraigo y su sensatez.

Por el contrario, las tendencias que expresan únicamente la volubilidad tradicional de las opiniones sustentadas por los sectores intelectuales intermedios e indefinidos tratan de reemplazar el acercamiento a determinadas clases con declaraciones, tanto más ruidosas cuanto mayor es el estruendo de los acontecimientos.

"Alborotamos, amigo, alborotamos": tal es la consigna de muchas personas de espíritu revolucionario, arrastradas por el torbellino de los acontecimientos y carentes de bases teóricas y sociales.

Entre esas tendencias "ruidosas" figuran también los "socialistas-revolucionarios", cuya fisonomía se dibuja con claridad creciente. Y es hora ya de que el proletariado examine con atención esta fisonomía y comprenda de un modo exacto qué representan en realidad quienes lo buscan por amigo con tanta mayor insistencia cuanto más evidente se hace su imposibilidad de existir como corriente especial sin acercarse de lleno a la clase social revolucionaria de verdad.

Circunstancias de tres tipos han contribuido más que nada a descubrir la fisonomía auténtica de los socialistas-revolucionarios.

Primero, la división entre la socialdemocracia revolucionaria y el oportunismo, que se alza bajo la bandera de la "crítica del marxismo".

Segundo, el asesinato del ministro del Interior Sipiaguin por Balmashev [el 5 de mayo de 1902] y el nuevo viraje de algunos revolucionarios hacia el terrorismo.

Tercero y principal, el novísimo movimiento entre el campesinado, que ha obligado a quienes saben nadar entre dos aguas y carecen de todo programa a manifestarse post factum con algo, al menos, que se parezca a un programa.

Analicemos estas tres circunstancias, previniendo que en un artículo periodístico solo podremos abordar someramente los puntos fundamentales de la argumentación y que quizás la expongamos con mayor detenimiento en un artículo para alguna revista o folleto.

Los socialistas-revolucionarios han hecho una declaración teórica de principios solo en el número 2 de Vestnik Russkoi Revoliutsii, en un editorial no firmado y titulado "El crecimiento mundial y la crisis del socialismo".

Aconsejamos con insistencia este artículo a cuantos quieran tener una idea clara de la versatilidad y de la más absoluta carencia de principios en el terreno de la teoría (así como del arte de encubrirlas con un torrente de palabras).

Todo el contenido de este artículo, notable en grado sumo, puede expresarse en dos palabras.

El socialismo ha crecido y se ha convertido en una fuerza mundial; el socialismo (=el marxismo) se escinde ahora a consecuencia de la guerra de los revolucionarios ("ortodoxos") contra los oportunistas ("críticos").

"Como es natural", los socialistas-revolucionarios jamás hemos simpatizado con el oportunismo, pero saltamos de gozo con motivo de la "crítica" que nos ha librado del dogma; también nosotros emprendemos la revisión de ese dogma, y aunque todavía no hemos mostrado absolutamente ninguna crítica (a excepción de la oportunista burguesa), aunque todavía no hemos revisado nada en absoluto, esta libertad nuestra respecto de la teoría debe sernos reconocida como un mérito intencionado.

Con tanto mayor motivo debe reconocérsenos el mérito de que, como personas libres de la teoría que somos, defendamos a capa y espada la unión general y condenemos con fervor toda discusión teórica de principios.

"Una organización revolucionaria seria —nos asegura muy en serio Vestnik Russkoi Revoliutsii en el número 2, pág. 127— renunciaría a resolver los problemas en litigio de la teoría social, que desunen siempre, lo que, como es natural, no debe impedir a los teóricos buscarles solución".

O dicho más claro: que el escritor escriba, y el lector lea; mientras tanto, alegrémonos nosotros con motivo de ese lugar vacío liberado.

No es necesario, por supuesto, analizar en serio esta teoría del apartamiento del socialismo (con motivo, en realidad, de las discusiones). A nuestro juicio, la crisis del socialismo obliga a los socialistas más o menos serios a redoblar precisamente la atención por la teoría, a adoptar de modo más resuelto una posición determinada con rigor, a deslindarse con mayor decisión de los elementos vacilantes e inseguros. En cambio, a juicio de los socialistas-revolucionarios, puesto que "incluso entre los alemanes" hay escisión y disensión, el propio Dios nos ordena a los rusos que estemos orgullosos de no saber adónde vamos.

A nuestro parecer, la falta de teoría niega el derecho de existencia a la tendencia revolucionaria y, tarde o temprano, la condena de manera ineluctable a la bancarrota política. En cambio, a juicio de los socialistas-revolucionarios, la falta de teoría es una cosa muy buena, especialmente cómoda "para la unificación". Como ven, no podremos entendernos con ellos, ni ellos con nosotros, pues hablamos lenguajes distintos. Solo hay una esperanza: que les haga entrar en razón el señor Struve, quien habla también (aunque con mayor seriedad) de suprimir los dogmas y de que "nuestra" misión (como la misión de toda burguesía que se dirige al proletariado) no consiste en desunir, sino en unir. ¿Verán algún día los socialistas-revolucionarios, con la ayuda del señor Struve, lo que significa de verdad su posición de librarse del socialismo para unirse y de unirse por haberse librado del socialismo?

Pasemos al segundo punto, al problema del terrorismo.

Los socialistas-revolucionarios se afanan por defender el terrorismo, cuya inutilidad ha demostrado de modo tan patente la experiencia del movimiento revolucionario ruso, declarando que lo admiten solo junto a la labor entre las masas y que, por ello, no les atañen los argumentos que los socialdemócratas rusos han esgrimido para refutar la conveniencia (y la han refutado para largo) de este método de lucha. Se repite algo muy parecido a su actitud ante la "crítica".

No somos oportunistas, gritan los socialistas-revolucionarios; pero, al mismo tiempo, relegan al olvido el dogma del socialismo proletario, tomando por base únicamente la crítica oportunista, y ninguna otra. No repetimos los errores de los terroristas, no distraemos a nadie de la labor entre las masas, aseguran los socialistas-revolucionarios; pero, al mismo tiempo, recomiendan celosamente al partido actos como el asesinato de Sipiaguin por Balmashev, aunque todo el mundo sabe y ve muy bien que este acto no ha tenido —ni podía tener, por la forma en que ha sido realizado— ninguna relación con las masas, que quienes lo han cometido no confiaban ni contaban con ningún apoyo o acción concreta de la multitud.

Los socialistas-revolucionarios no advierten ingenuamente que su inclinación al terrorismo está unida con el más estrecho vínculo causal al hecho de haberse encontrado desde el primer momento, y de seguir encontrándose, al margen del movimiento obrero, sin tratar siquiera de convertirse en el partido de una clase revolucionaria que sostiene su lucha de clase.

Los votos fervorosos obligan con mucha frecuencia a ponerse en guardia y desconfiar de la veracidad de lo que necesita un condimento picante. Y cuando leo las aseveraciones de los socialistas-revolucionarios de que con el terrorismo no relegan la labor entre las masas, recuerdo con frecuencia estas palabras: ¿cómo no se cansan de jurar? Porque quienes hacen esas afirmaciones se han apartado ya, y siguen apartándose, del movimiento obrero socialdemócrata —que de veras pone en pie a las masas—, asiéndose a fragmentos de teorías, cualesquiera que sean.

La octavilla publicada el 3 de abril de 1902 por el Partido de los Socialistas-Revolucionarios puede servir de magnífica ilustración a cuanto queda dicho. Es la fuente más auténtica, más viva, más cercana a los propugnadores de la acción directa. En esta octavilla, "el planteamiento del problema de la lucha terrorista" "coincide plenamente" también "con la concepción del partido", según el valioso testimonio de Revoliutsionnaya Rossia (número 7, pág. 24).

[A decir verdad, Revoliutsionnaya Rossia hace también ciertos equilibrios al hablar de este punto. Por una parte, "coincide plenamente"; por otra, insinúa "exageraciones". Por un lado, declara que esta octavilla es obra solo de "un grupo" de socialistas-revolucionarios. Por otro, nos encontramos ante el hecho de que lleva la siguiente firma: "Edición del Partido de los Socialistas-Revolucionarios"; y, además, repite el epígrafe de Revoliutsionnaya Rossia ("En la lucha adquirirás tu derecho"). Comprendemos que a Revoliutsionnaya Rossia le desagrade tocar un punto tan delicado; sin embargo, consideramos sencillamente indecoroso jugar al escondite en tales casos. A la socialdemocracia revolucionaria le desagradó también la existencia del "economismo", pero lo desenmascaró públicamente sin intentar jamás desorientar a nadie.]

La octavilla del 3 de abril [1902] copia con exactitud admirable el cliché de la "novísima" argumentación de los terroristas. Lo primero que salta a la vista son estas palabras: "no exhortamos a practicar el terrorismo en lugar de la labor entre las masas, sino precisamente a realizar esa labor de manera simultánea". Y saltan a la vista porque han sido compuestas con caracteres el triple de grandes que el resto del texto (procedimiento repetido también, como es natural, por Revoliutsionnaya Rossia). ¡Es tan sencillo, en efecto! Basta con componer con negrillas "no en lugar, sino además de la labor" para que pierdan en el acto su valor todos los argumentos de los socialdemócratas, todas las enseñanzas de la historia.

Pero prueben a leer toda la octavilla y verán que el juramento en negrillas invoca en vano el nombre de las masas. ¡El día en que "el pueblo obrero salga de las tinieblas" y "la potente ola popular haga pedazos las puertas de hierro" "no llegará, ¡ay!" (textualmente: ¡ay!) "tan pronto y es terrible pensar cuántas víctimas costará!" ¿Es que las palabras "no llegará, ¡ay!, tan pronto" no expresan incomprensión absoluta del movimiento de masas y desconfianza en él? ¿Es que este argumento no ha sido inventado adrede para burlarse de que los trabajadores se pongan ya en pie? Y, por último, aun en el caso de que este manido argumento tuviera tanto fundamento como absurdo es en realidad, de él dimanaría con singular relieve la inutilidad del terrorismo, pues sin los trabajadores no pueden nada, nada a ciencia cierta, las bombas de toda índole.

Pero escuchen lo que sigue: "Cada golpe terrorista parece arrebatar a la autocracia una parte de su fuerza y transferir (!) toda esta fuerza (!) a los luchadores por la libertad". "Y como el terrorismo será practicado de manera sistemática (!), es evidente que la balanza se inclinará por último a nuestro favor". Sí, sí, es evidente para todos que nos encontramos ante el mayor de los prejuicios terroristas en su forma más burda: ¡el asesinato político "transfiere la fuerza" por sí solo! Ahí tienen, de una parte, la teoría de la transferencia de la fuerza, y de otra, "no en lugar, sino además de la labor..." ¿Cómo no se cansarán de lanzar declamaciones?

Pero esto no es más que el comienzo. Lo sustancial viene después. "¿Contra quién disparar?", pregunta el Partido de los Socialistas-Revolucionarios. Y responde: contra los ministros, y no contra el zar, pues "el zar no llevará las cosas al extremo" (¿cómo lo han sabido??) y, además, "esto es más fácil" (¡así se dice textualmente!): "ningún ministro puede atrincherarse en palacio como en una fortaleza". Y esta argumentación termina con el siguiente razonamiento, digno de ser inmortalizado como modelo de "teoría" de los socialistas-revolucionarios:

"Contra la multitud, la autocracia tiene a los soldados; contra las organizaciones revolucionarias, a la policía secreta y uniformada; pero ¿qué podrá salvar... (¿a quién?, ¡a la autocracia?; ¡el autor, sin darse cuenta, ha identificado ya a la autocracia con el ministro, contra quien es fácil disparar!) ...de individuos aislados o de pequeños grupos que se preparan constantemente para el ataque, incluso en secreto los unos de los otros (!!), y atacan? No hay fuerza que valga contra la cualidad de incapturable. Por tanto, nuestra tarea es clara: eliminar a todo verdugo autocrático y autoritario por el único procedimiento que la autocracia nos ha dejado (!): la muerte".

Por muchas montañas de papel que escriban los socialistas-revolucionarios, asegurando que con su prédica del terrorismo no relegan ni desorganizan la labor entre las masas, no podrán refutar con torrentes de palabras el hecho de que precisamente la octavilla citada expresa con exactitud la verdadera psicología del terrorista contemporáneo. La teoría de la transferencia de la fuerza se completa de manera lógica con la teoría de la cualidad de incapturable, teoría que pone definitivamente cabeza abajo no solo toda la experiencia del pasado, sino todo el sentido común. Que la "multitud" es la única "esperanza" de la revolución y que contra la policía solo puede luchar una organización revolucionaria que dirija (de hecho, y no de palabra) a esa multitud son cosas tan elementales que da vergüenza demostrarlas. Y solo la gente que lo ha olvidado todo y no ha aprendido absolutamente nada es capaz de resolver la cuestión "al revés", llegando al fabuloso y absurdo disparate de que a la autocracia pueden "salvarla" de la multitud los soldados, y de las organizaciones revolucionarias, la policía, ¡¡pero nada la salvará de los individuos sueltos que se dediquen a cazar ministros!!

Este fabuloso razonamiento que —estamos seguros de ello— se hará célebre, en modo alguno es una simple curiosidad. Alecciona también porque pone al desnudo, al llevarlo con audacia hasta el absurdo, el error fundamental de los terroristas, el error común de los terroristas y los "economistas" (¿quizás haya que decir ya: de los antiguos portavoces del finado "economismo"?). Este error consiste, como hemos indicado ya muchas veces, en no comprender el defecto principal de nuestro movimiento. Debido al desarrollo del movimiento a velocidad extraordinaria, los dirigentes se han rezagado de las masas, y las organizaciones revolucionarias no han crecido en la misma proporción que la actividad revolucionaria del proletariado, resultando incapaces de ir en cabeza y dirigir a las masas. Ninguna persona concienzuda que conozca algo, por poco que sea, el movimiento duda hoy de que haya tal desproporción. Y como esto es así, también es evidente que los actuales terroristas son verdaderos "economistas" al revés, ya que caen en el extremo opuesto, tan insensato como el otro.

Exhortar al terrorismo, a que individuos sueltos y grupos que no se conocen entre sí organicen atentados contra ministros en momentos cuando los revolucionarios carecen de fuerzas y medios suficientes para dirigir a las masas, que se ponen ya en pie, significa de por sí, no solo interrumpir la labor entre las masas, sino desorganizarla de manera directa.

En la octavilla del 3 de abril [1902] leemos que nosotros, los revolucionarios, "estamos acostumbrados a movernos tímidamente en tropel, e incluso (NB) el espíritu nuevo y audaz que se viene dejando sentir durante los dos o tres años últimos ha dado, por ahora, mayor impulso al estado de ánimo de la multitud que al de los individuos". En estas palabras hay mucha verdad revelada sin proponérselo sus autores. Y precisamente esta verdad derrota en toda la línea a los predicadores del terrorismo. Todo socialista que piensa extrae de esta verdad la siguiente conclusión: hay que actuar en tropel con mayor energía, audacia y unanimidad. Pero los socialistas-revolucionarios deducen: "¡dispara, individuo incapturable, pues el tropel, ¡ay!, no llegará tan pronto, y, además, están los soldados para hacerle frente!". ¡Señores, esto ya no tiene la menor sensatez!

En la octavilla tampoco falta la teoría del terrorismo excitativo. "Cada desafío del héroe despierta en todos nosotros el espíritu de lucha e intrepidez", nos dicen. Sin embargo, sabemos por lo pasado y vemos por lo presente que solo las nuevas formas del movimiento de masas o el despertar de nuevos sectores de las masas a la lucha independiente despiertan de verdad en todos el espíritu de lucha e intrepidez. En cambio, los desafíos, precisamente porque no pasan de ser desafíos, de los Balmashev, causan solo de momento una sensación efímera y llevan a la larga incluso a la apatía, a la espera pasiva del desafío siguiente. Se nos asegura más adelante que "cada relámpago de terrorismo da luz a la inteligencia", lo cual no advertimos, lamentablemente, en el Partido de los Socialistas-Revolucionarios, que preconiza el terrorismo.

Se nos ofrece una teoría de la labor minúscula y de la gran obra. "Quien tenga más fuerzas y mayores posibilidades y decisión no debe darse por satisfecho con la labor minúscula (!), debe buscar y entregarse a una gran obra: la propaganda del terrorismo entre las masas (!), la preparación de complicadas... (¡se ha olvidado ya la teoría de la calidad de incapturable!...) empresas terroristas". ¿Verdad que resulta inteligente a maravilla? Entregar la vida de un revolucionario para vengarse del canalla Sipiaguin y sustituirlo por el canalla Plehve es una gran obra. Pero preparar, por ejemplo, a las masas para una manifestación armada es una labor minúscula. Revoliutsionnaya Rossia explica esto en su número 8, al declarar que de las manifestaciones armadas "es fácil hablar y escribir como de algo perteneciente a un futuro lejano e impreciso"; "pero todas estas peroratas han tenido hasta ahora un carácter solo teórico".

¡Qué bien conocemos este lenguaje de quienes se sienten libres de las incomodidades que implican las firmes convicciones socialistas y de la gravosa experiencia de todos los movimientos populares, cualesquiera que sean! Esas personas confunden lo tangible y los resultados inmediatos sensacionales con su importancia práctica. Para ellas, la exigencia de sustentar con firmeza el criterio clasista y velar por el carácter masivo del movimiento es "teorización imprecisa". La precisión consiste, según ellas, en seguir con servilismo cada viraje del estado de ánimo y... y, como consecuencia, ser impotente sin remedio ante cada viraje. Empiezan las manifestaciones, y esa gente se deshace en frases sangrientas y habla del comienzo del fin. Se interrumpen las manifestaciones, y entonces nos desanimamos y gritamos a todo correr: "¡el pueblo, ay, aún tardará...!".

Una nueva infamia de los verdugos zaristas, y exigimos que se nos indique el medio "preciso" que sirva de respuesta exhaustiva precisamente a esa violencia de los verdugos, un medio que "transfiera la fuerza" en el acto, ¡y prometemos con orgullo dicha transferencia! Esa gente no comprende que la promesa de "transferir" la fuerza es, ya de por sí, aventurerismo político y que este aventurerismo depende de su carencia de principios.

La socialdemocracia pondrá siempre en guardia contra el aventurerismo y denunciará sin piedad las ilusiones, que terminan de manera ineluctable en el más completo desengaño. Debemos tener presente que un partido revolucionario es digno de este nombre solo cuando dirige de verdad el movimiento de una clase revolucionaria. Debemos tener presente que todo movimiento popular adquiere formas infinitamente diversas, elabora sin cesar nuevas formas y abandona las viejas, creando variantes o nuevas combinaciones de las formas viejas y nuevas. Y es deber nuestro participar de manera activa en este proceso de elaboración de métodos y medios de lucha.

Cuando arreció el movimiento estudiantil, llamamos al obrero en ayuda del estudiante (Iskra, número 2), sin atrevernos a predecir las formas de las manifestaciones, sin prometer que de ellas dimanarían la transferencia inmediata de la fuerza, el alumbramiento de la inteligencia y la calidad especial de incapturable. Cuando se estabilizaron las manifestaciones, llamamos a organizarlas y a armar a las masas, dimos la tarea de preparar la insurrección del pueblo.

Sin negar en principio lo más mínimo la violencia y el terrorismo, exigimos que se trabajara en la preparación de formas de violencia que previesen y asegurasen la participación directa de las masas. No cerramos los ojos ante la dificultad de esta tarea, pero laboraremos con firmeza y tenacidad para cumplirla, sin que nos turben las objeciones de que es "un futuro lejano e impreciso". Sí, señores, somos también partidarios de las futuras formas del movimiento, y no solo de las pasadas.

Preferimos el largo y difícil trabajo en lo que tiene porvenir y no la "fácil" repetición de lo que ha sido ya condenado por el pasado. Arrancaremos siempre la careta a quienes hablan sin cesar de la guerra contra los clichés del dogma, pero se limitan, de hecho, a repetir los lugares comunes de las teorías más vetustas y dañinas de la transferencia de la fuerza, de la diferencia entre la labor grande y la minúscula y, como es natural, de la teoría del desafío y del combate singular.

"De la misma manera que los jefes decidían antaño en un combate singular las batallas de los pueblos, los terroristas conquistarán la libertad para Rusia en combate singular con la autocracia"; así termina la octavilla del 3 de abril [1902]. Y basta con publicar semejantes frases para verlas refutadas.

Quienes realizan de verdad su labor revolucionaria en ligazón con la lucha de clase del proletariado saben, ven y sienten perfectamente cuán numerosas son las demandas directas e inmediatas del proletariado (y de los sectores del pueblo capaces de apoyarle) todavía sin satisfacer. Saben que en muchísimos lugares, en zonas inmensas, los obreros pugnan literalmente por lanzarse a la lucha, y sus impulsos se pierden en vano por la insuficiencia de publicaciones y de dirigentes, por la falta de fuerzas y medios en las organizaciones revolucionarias. Y nos encontramos —vemos que nos encontramos— en el maldito círculo vicioso que tanto tiempo gravitó sobre la revolución rusa como un sino fatal. De un lado, se pierde en vano el ímpetu revolucionario de la multitud poco ilustrada y organizada. De otro lado, se pierden en vano los disparos de los "individuos incapturables", que pierden la fe en la posibilidad de marchar en filas cerradas, de laborar hombro a hombro con la masa.

¡Pero la cosa aún puede remediarse por completo, camaradas! La pérdida de la fe en la verdadera obra no es más que una rara excepción. El apasionamiento por el terrorismo no es más que un estado de ánimo efímero. ¡Cerremos más estrechamente las filas socialdemócratas y fundamos en un todo la organización combativa de los revolucionarios y el heroísmo masivo del proletariado ruso!

En el artículo siguiente examinaremos el programa agrario de los socialistas-revolucionarios.

II

La actitud de los socialistas-revolucionarios ante el movimiento campesino ofrece un interés especial. Precisamente en el problema agrario se han considerado siempre fuertes, sobre todo, los representantes del viejo socialismo ruso, sus herederos populistas-liberales y los numerosos partidarios de la crítica oportunista en Rusia, los cuales afirman a gritos que la "crítica" ha infligido ya la derrota definitiva al marxismo en este dominio. También nuestros socialistas-revolucionarios ponen de vuelta y media, como suele decirse, al marxismo: "prejuicios dogmáticos... dogmas ya caducos y hace mucho refutados por la vida..., la intelectualidad revolucionaria ha cerrado los ojos ante los problemas del campo, la labor revolucionaria entre los campesinos estaba prohibida por la ortodoxia", y otras muchas cosas del mismo estilo.

Hoy está de moda soltar coces a la ortodoxia. Pero ¿en qué variedad habrá que clasificar a los coceadores que no tuvieron tiempo siquiera de bosquejar su propio programa agrario antes de que comenzara el movimiento entre los campesinos? Cuando Iskra, ya en el número 3, esbozó su programa agrario, Vestnik Russkoi Revoliutsii solo pudo balbucear: "Con semejante planteamiento del problema se esfuma en grado considerable otra de nuestras discrepancias". Por cierto, a la redacción de Vestnik Russkoi Revoliutsii le ocurrió la pequeña desgracia de no comprender en absoluto precisamente el planteamiento del problema por Iskra ("llevar la lucha de clases al campo"). Ahora Revoliutsionnaya Rossia se remite con retraso al folleto titulado Un problema actual, aunque tampoco hay allí programa alguno, sino solo la exaltación de oportunistas tan "famosos" como Hertz.

Pues bien, esta misma gente, que antes de iniciarse el movimiento se mostraba de acuerdo tanto con Iskra como con Hertz, al día siguiente de la insurrección campesina lanza un manifiesto "en nombre de la Unión Campesina (!) del Partido de los Socialistas-Revolucionarios", en el que no encontrarán ni una sola sílaba que proceda realmente del campesino; solo encontrarán la repetición literal de lo que han leído centenares de veces en los escritos de los populistas, los liberales y los "críticos"... Suele decirse que la fortuna sonríe a los audaces.

Y eso así es, señores socialistas-revolucionarios, pero no es esta la audacia que atestiguan los anuncios burdamente pintarrajeados.

Hemos visto que la "ventaja" principal de los socialistas-revolucionarios consiste en sentirse libres de la teoría; y su arte principal, en hablar para no decir nada. Pero para presentar un programa hay que decir algo. Es necesario, por ejemplo, arrojar por la borda "el dogma de los socialdemócratas rusos de fines de los años 80 y comienzos de la década del 90, según el cual no existe otra fuerza revolucionaria que el proletariado urbano". ¡Qué cómoda es la palabreja "dogma"! Basta con adulterar ligeramente la teoría opuesta, encubrir luego esta adulteración con el espantajo llamado "dogma", ¡y asunto concluido!

Todo el socialismo moderno, empezando por el Manifiesto Comunista, se basa en la verdad indiscutible de que la única clase auténticamente revolucionaria de la sociedad capitalista es el proletariado. Las demás clases pueden ser y son revolucionarias solo en parte y solo en ciertas condiciones. Cabe preguntar: ¿qué se debe pensar de quienes "han convertido" esta verdad en un dogma de los socialdemócratas rusos de una época determinada y pretenden convencer al lector ingenuo de que este dogma "se basaba íntegramente en la creencia de que la lucha política abierta estaba aún muy lejos"?

Frente a la teoría de Marx sobre la única clase verdaderamente revolucionaria de la sociedad moderna, los socialistas-revolucionarios oponen una trinidad —"intelectualidad, proletariado y campesinado"—, con lo cual revelan una irremediable confusión conceptual. Si se contrapone la intelectualidad al proletariado y al campesinado, eso significa que se entiende por intelectualidad una determinada categoría social, un grupo de personas que ocupa una posición social tan definida como la de los obreros asalariados y los campesinos. Mas considerada como tal categoría social, la intelectualidad rusa es precisamente una intelectualidad burguesa y pequeñoburguesa. El señor Struve tiene toda la razón, en lo que atañe a esta categoría, cuando denomina su periódico "órgano de la intelectualidad rusa".

Pero si se habla de los intelectuales que no ocupan todavía una posición social determinada, o de los que la vida ha desalojado ya de su posición normal y que se pasan al campo del proletariado, entonces será absurdo por completo contraponer esta intelectualidad al proletariado. Como cualquier otra clase de la sociedad moderna, el proletariado no solo forma su propia intelectualidad, sino que, además, conquista partidarios entre toda la gente culta. La campaña de los socialistas-revolucionarios contra el "dogma" fundamental del marxismo solo viene a demostrar, una vez más, que toda la fuerza de ese partido está representada por el puñado de intelectuales rusos que se han desgajado de lo viejo, pero no se han identificado con lo nuevo.

En lo que se refiere al campesinado, los juicios de los socialistas-revolucionarios son todavía más confusos. Basta con fijarse en el planteamiento de la cuestión: "¿Cuáles son las clases sociales que, en general (!), se aferran siempre (!!) al régimen existente... (¿Solo el autocrático?, ¿no, en términos generales, el burgués?)..., lo protegen y no se dejan llevar por la radicalización?". En rigor, esta pregunta solo puede contestarse con otra: ¿qué elementos de la intelectualidad se aferran siempre y en general al caos de ideas existente, lo protegen y no se dejan llevar por la concepción del mundo ciertamente socialista? Pero los socialistas-revolucionarios quieren dar una respuesta seria a una pregunta carente de seriedad.

Entre "estas" clases incluyen, en primer lugar, a la burguesía, pues sus "intereses han sido satisfechos". El viejo prejuicio de que los intereses de la burguesía rusa han sido ya satisfechos en tal grado que en nuestro país no existe ni puede existir una democracia burguesa (véase Vestnik Russkoi Revoliutsii, número 2, págs. 132-133) es hoy patrimonio común de los "economistas" y de los socialistas-revolucionarios. Una vez más: ¿no les hará entrar en razón el señor Struve?

En segundo lugar, incluyen entre estas clases a "los sectores pequeñoburgueses", "cuyos intereses son individualistas, no están definidos como intereses de clase ni se formulan en un programa sociopolítico reformador o revolucionario". Dios sabrá de dónde proviene eso. Todo el mundo sabe que la pequeña burguesía, lejos de proteger siempre y en general el régimen existente, actúa no pocas veces en sentido revolucionario incluso contra la burguesía (concretamente, cuando se suma al proletariado), con mucha frecuencia contra el absolutismo y casi siempre formula programas de reformas sociales. Nuestro autor se ha limitado a charlatanear del modo "más estrepitoso" contra la pequeña burguesía, siguiendo la "norma de la vida" que Turguénev pone en boca de "un viejo pícaro" en una de sus Poesías en prosa ["La norma de la vida"]: gritar lo más alto posible contra los defectos que uno mismo ve que tiene.

Pues bien: dado que los socialistas-revolucionarios ven que solo algunos sectores pequeñoburgueses de la intelectualidad pueden constituir la única base social de su posición entre dos aguas, escriben, por esa razón, de la pequeña burguesía como si el tal término no significara una categoría social y fuera simplemente un giro polémico. Desean también eludir otro punto desagradable: su incomprensión de que el campesinado de nuestros días, tomado en su conjunto, pertenece a los "sectores pequeñoburgueses". ¿Por qué no intentan, señores socialistas-revolucionarios, darnos una respuesta sobre este punto? ¿No podrían decirnos por qué, mientras repiten trozos de las teorías del marxismo ruso (por ejemplo, sobre la significación progresista de que los campesinos busquen ocupaciones eventuales fuera de su hacienda y vayan de un lugar a otro), cierran los ojos ante el hecho de que ese mismo marxismo ha demostrado el carácter pequeñoburgués de la hacienda campesina rusa?

¿No podrían explicarnos cómo es posible que en la sociedad moderna los "propietarios o semipropietarios" no pertenezcan a los sectores pequeñoburgueses? ¡No, no esperen nada de eso! Los socialistas-revolucionarios no contestarán, no dirán ni explicarán nada a fondo, pues (a semejanza, una vez más, de los "economistas") han asimilado firmemente la táctica de hacerse los ausentes cuando se trata de la teoría. Revoliutsionnaya Rossia señala con la cabeza a Vestnik

Russkoi Revoliutsii como si dijera: "Eso es cosa suya" (véase número 4, respuesta a Zaria), y Vestnik Russkoi Revoliutsii relata al lector las hazañas de la crítica oportunista y amenaza, amenaza y vuelve a amenazar con exacerbar más aún la crítica. ¡Poco es eso, señores!

Los socialistas-revolucionarios han mantenido su pureza frente a la influencia nociva de las modernas doctrinas socialistas. Han conservado incólumes los buenos y viejos métodos del socialismo vulgar. Nos encontramos ante un nuevo hecho histórico, ante un nuevo movimiento que surge en determinado sector del pueblo. Pero ellos no estudian la situación de este sector, no se fijan el objetivo de explicar el movimiento de esta categoría social por su carácter y sus relaciones con el régimen económico en desarrollo de toda la sociedad. Para ellos, todo eso es dogma vacío, ortodoxia ya caduca. Su procedimiento es más sencillo. ¿De qué hablan los propios representantes de este sector en ascenso?

De la tierra, del aumento de las parcelas, de su redistribución. Y eso es todo. Ahí tienen un "programa semisocialista", un "principio absolutamente justo", una "idea luminosa", el "ideal que vive ya en germen en la mente de los campesinos", etc. Lo único que hace falta es "depurar y elaborar este ideal", deducir "la idea pura del socialismo". ¿No lo cree usted, lector? ¿Le parece inverosímil que vuelvan a sacar a la luz del día estos andrajos populistas personas que repiten con tanto desparpajo lo que han leído en el último libro? Pues es un hecho, y todas las frases que hemos citado han sido tomadas de la declaración hecha "en nombre de la Unión Campesina" y aparecida en el número 8 de Revoliutsionnaya Rossia.

Los socialistas-revolucionarios acusan a Iskra de rezar un responso prematuro al calificar el movimiento campesino de última sublevación del campesinado; el campesinado, nos sermonean, puede participar también en el movimiento socialista del proletariado. Esta acusación muestra palmariamente toda la confusión de ideas que existe entre los socialistas-revolucionarios. No han comprendido siquiera que una cosa es el movimiento democrático contra los restos de la servidumbre y otra el movimiento socialista contra la burguesía. Y al no comprender el propio movimiento campesino, no han podido comprender tampoco que las palabras de Iskra que los asustaron se refieren únicamente al primero de los dos movimientos. Iskra no solo dice en su programa que los pequeños productores arruinados (incluidos los campesinos) pueden y deben participar en el movimiento socialista del proletariado, sino que, además, señala con exactitud las condiciones de esa participación. Pero el actual movimiento campesino no es en modo alguno un movimiento socialista, dirigido contra la burguesía y el capitalismo. Por el contrario, agrupa a los elementos burgueses y proletarios del campesinado, que están realmente unidos en la lucha contra los restos de la servidumbre.

El movimiento campesino de nuestros días tiende a instaurar —e instaurará— en el campo no un modo de vida socialista o semisocialista, sino un modo de vida burgués, limpiando de trabas feudales las bases, ya formadas, del régimen burgués en nuestro agro.

Por otra parte, todo eso es incomprensible en absoluto para los socialistas-revolucionarios. Incluso aseguran en serio a Iskra que desbrozar el camino para el desarrollo del capitalismo es un dogma vacío, pues "las reformas" (de los años sesenta [la abolición de la servidumbre]) "desbrozaron ya (!) por completo (!!) el terreno al desarrollo del capitalismo". Ahí tienen hasta dónde puede llegar un hombre despierto y cautivo de una pluma ágil, el cual se imagina que puede escribir "en nombre de la Unión Campesina" todo lo que se le ocurra: ¡el campesino no lo comprenderá! Pero reflexione un poco, estimado autor: ¿no ha oído nunca que los restos de la servidumbre frenan el desarrollo del capitalismo? ¿No le parece que esto es casi una tautología? ¿Y no ha leído en ningún sitio que en el campo ruso actual siguen existiendo restos de la servidumbre?

Iskra afirma que la próxima revolución será burguesa. Los socialistas-revolucionarios objetan: será, "ante todo, una revolución política y, hasta cierto punto, democrática". ¿Por qué no intentan los autores de esta graciosa objeción explicarnos si ha habido alguna vez en la historia, y si es concebible en general, una revolución burguesa que no sea "hasta cierto punto democrática"? Porque ni siquiera el programa de los propios socialistas-revolucionarios (usufructo igualitario de la tierra convertida en propiedad de la sociedad) rebasa los límites de un programa burgués, pues preservar la producción mercantil y admitir la explotación agrícola privada, aunque sea en la tierra común, no suprime en lo más mínimo las relaciones capitalistas en la agricultura.

Cuanto más frívola es la actitud de los socialistas-revolucionarios ante las verdades más elementales del moderno socialismo, con tanta mayor facilidad inventan "deducciones elementalísimas" y hasta se enorgullecen de que su "programa se reduce" a ellas. Examinemos sus tres deducciones, que perdurarán probablemente como un monumento a la agudeza de ingenio y a la profundidad de las convicciones socialistas de los socialistas-revolucionarios.

Deducción N.º 1: "Ahora gran parte del territorio de Rusia pertenece ya al Estado; es necesario que todo el territorio pertenezca al pueblo". "Ahora" estamos "ya" hartos de encontrar enternecedoras alusiones a la propiedad agraria del Estado en Rusia en las obras de los populistas policíacos (a lo Sazonov y otros) y de diversos reformadores de cátedra. Es "necesario" que a la cola de esos señores se arrastren hombres que se denominan socialistas y, además, revolucionarios. Es "necesario" que los socialistas subrayen la supuesta omnipotencia del "Estado" (olvidándose incluso de que gran parte de las tierras estatales están concentradas en las zonas periféricas deshabitadas del país), y no la oposición clasista entre los campesinos semisiervos y el puñado de grandes terratenientes privilegiados, dueños de la mayoría de las mejores tierras cultivadas y con los que el "Estado" ha vivido siempre en buena armonía. Nuestros socialistas-revolucionarios, al imaginarse que deducen la idea pura del socialismo, lo que en realidad hacen es mancillarla por no adoptar una actitud crítica ante el viejo populismo.

Deducción N.º 2: "Ahora la tierra pasa ya del capital al trabajo; es necesario que el Estado complete este proceso". De un error, otro mayor. Demos un paso más hacia el populismo policíaco e invitemos al "Estado" (¡de clase!) a ampliar la propiedad agraria campesina en general. Eso será socialista en magnífico grado y revolucionario en escala sorprendente. Pero ¿qué se puede esperar de quienes creen que la compra y el arriendo de tierras por los campesinos es el paso "del capital al trabajo" y no de la tierra de los terratenientes feudales a la burguesía rural? Recordemos a esta gente aunque sea los datos referentes a la distribución efectiva de las tierras que "están pasando al trabajo": de seis a nueve décimas partes de las tierras compradas por campesinos y de cinco a ocho décimas partes de las tierras arrendadas por labradores se concentran en manos de una quinta parte de familias, es decir, de una pequeña minoría de gente acomodada. Juzguen por eso si abunda la verdad en las palabras de los socialistas-revolucionarios cuando afirman que ellos "no cuentan" con los campesinos acomodados, sino solo con "los escuetos sectores del trabajo".

Deducción N.º 3: "El campesino tiene ya tierra y, en la mayoría de los casos, basa el usufructo en la distribución igualitaria; es necesario llevar hasta el fin este usufructo laboral... y darle cima mediante el desarrollo de cooperativas de todo tipo, llegando a la producción agrícola colectiva". ¡Escarben en el socialista-revolucionario y encontrarán al señor V.V. [Vorontsov]! En cuanto se llega a los hechos, no tardan en salir a rastras al exterior los viejos prejuicios del populismo, conservados perfectamente bajo el manto de hábiles frases. Propiedad estatal de la tierra –culminación por el Estado del paso de la tierra a los campesinos– comunidad rural –cooperativas– colectivismo: en este magnífico esquema de los señores Sazonov, Yuzov y N.-on [Danielson], de los socialistas-revolucionarios, de Hofstetter, Totomiants, etc., etc., falta un detalle insignificante. En él no se habla ni del capitalismo en desarrollo ni de la lucha de clases. Pero ¿de dónde podía surgir esta pequeñez en la mente de unos hombres cuyo bagaje ideológico se reduce a andrajos del populismo y elegantes remiendos de la crítica de moda? ¿No ha dicho el propio señor Bulgakov que en el campo no hay lugar para la lucha de clases? ¿Es que la sustitución de la lucha de clases con "las cooperativas de todo tipo" no satisfará a los liberales, a los "críticos" y, en general, a cuantos ven en el socialismo solo un rótulo tradicional?

¿Y acaso no se puede tratar de tranquilizar a los ingenuos con la aseveración de que "naturalmente, no tenemos que ver nada con toda idealización de la comunidad", aunque junto a ella leamos vaniloquios colosales sobre "la colosal organización del campesinado comunal", acerca de que "en ciertos aspectos, ni una sola clase de Rusia se siente tan impulsada como los campesinos a la lucha puramente (!) política", que los límites y la competencia de la autodeterminación (!) campesina son mucho más amplios que los del zemstvo, que esta combinación de una "autonomía amplia"... (¿hasta los límites mismos de la aldea?) con la ausencia "de los derechos cívicos más elementales" "parece haber sido inventada adrede para... despertar y ejercitar (!) los instintos y hábitos políticos de la lucha social"? Si no te gusta, no escuches, pero...

"Hace falta estar ciego para no ver cuánto más fácil es pasar a la idea de la socialización de la tierra a partir de las tradiciones de la administración comunal de la tierra". ¿No será al revés, señores? ¿No estarán ciegos y sordos de remate quienes no se han enterado hasta ahora de que es justamente el aislamiento medieval de la comunidad semisierva, que fracciona al campesinado en minúsculas agrupaciones y ata de pies y manos al proletariado rural, lo que mantiene las tradiciones de rutina, opresión y barbarie? ¿No tiran ustedes piedras contra su propio tejado, al reconocer la utilidad de que los campesinos tengan una ocupación auxiliar, la cual ha acabado ya en tres cuartas partes con el cacareado igualitarismo de las tradiciones comunales, reduciéndolas a una simple intriga policíaca?

El programa mínimo de los socialistas-revolucionarios, basado en la teoría que acabamos de analizar, es algo verdaderamente curioso. Dos puntos de este "programa" dicen:

"Socialización de la tierra, es decir, su paso a propiedad de toda la sociedad y en usufructo de los trabajadores".

"Desarrollo entre los campesinos de agrupaciones sociales y cooperativas económicas de todo tipo... (¿para la lucha "puramente" política?)... para ir emancipando paso a paso del poder del capital monetario al campesinado... (¿y someterlo al capital industrial?)... y para preparar la futura producción agrícola colectiva".

En estos dos puntos se refleja como el sol en una pequeña gota de agua todo el espíritu del "social-revolucionarismo" de nuestros días. En teoría, frases revolucionarias en vez de un sistema meditado y cabal de concepciones; en la práctica, una tentativa impotente de aferrarse a uno u otro pequeño recurso de moda en vez de participar en la lucha de clases; eso es todo lo que nos ofrecen. Para colocar en el programa mínimo la socialización de la tierra al lado de las cooperativas hacía falta, debemos reconocerlo, un valor cívico nada común. Nuestro programa mínimo se basa, por una parte, en Babeuf y, por otra, en el señor Levitski. Es algo inimitable.

Si fuera posible tomar en serio este programa, deberíamos decir que, al engañarse a sí mismos con el sonido de las palabras, los socialistas-revolucionarios engañan también al campesino. Porque es un engaño decir que "las cooperativas de todo tipo" desempeñan en la sociedad actual un papel revolucionario y preparan el terreno para el colectivismo, y no para el fortalecimiento de la burguesía rural. Es un engaño prometer al "campesinado" la socialización de la tierra como un "mínimo", como algo tan próximo como las cooperativas. Cualquier socialista podría explicar a nuestros socialistas-revolucionarios que la abolición de la propiedad privada de la tierra puede ser hoy únicamente el umbral de la abolición de la propiedad en general y que, por sí sola, la entrega de la tierra "en usufructo de los trabajadores" no satisfaría aún al proletariado, pues millones y decenas de millones de campesinos arruinados no estarían en condiciones de cultivarla, aunque la tuvieran. Y proveer de aperos, ganado, etc., a esos millones de campesinos arruinados significaría ya la socialización de todos los medios de producción y requeriría la revolución socialista del proletariado, y no el movimiento campesino contra los restos de la servidumbre. Los socialistas-revolucionarios confunden la socialización de la tierra con su nacionalización burguesa. Esta segunda medida es concebible también, hablando en abstracto, sin suprimir la base del capitalismo, sin abolir el trabajo asalariado. Pero precisamente el ejemplo de los mismos socialistas-revolucionarios confirma de manera fehaciente la verdad de que lanzar la consigna de nacionalización de la tierra en un Estado policíaco significa velar el único principio revolucionario —el de la lucha de clases— y hacer el juego a la burocracia.

Y por si esto fuera poco, los socialistas-revolucionarios caen en la más franca reacción cuando se sublevan contra la reivindicación de nuestro proyecto de programa: "Derogación de todas las leyes que coartan el derecho de los campesinos a disponer de su tierra". En nombre del prejuicio populista del "principio comunal" y del "principio igualitario", niegan al campesino un "derecho cívico tan elemental" como es el de disponer de su tierra, renuncian indulgentemente a ver el cerrado carácter de la comunidad actual y se convierten en defensores de las prohibiciones policíacas, establecidas y sostenidas por el "Estado"... ¡de los jefes de los zemstvos! Creemos que ni al señor Levitski ni siquiera al señor Pobedonostsev les asustará lo más mínimo la consigna de socialización de la tierra para su usufructo igualitario, ya que esta reivindicación se proclama como un mínimo, junto al cual figuran las cooperativas y la defensa de la sujeción policíaca del mujik a la parcela que le ha asignado el Estado.

Que el programa agrario de los socialistas-revolucionarios sirva de enseñanza y advertencia a todos los socialistas, que sea un ejemplo patente de adónde conducen la vacuidad ideológica y la falta de principios, denominadas por alguna gente ligera de cascos libertad respecto del dogma. En cuanto se llega a los hechos, vemos que los socialistas-revolucionarios no poseen ni una sola de las tres condiciones necesarias para presentar un programa socialista consecuente: ni una idea clara del objetivo final, ni una comprensión justa del camino que conduce a ese objetivo, ni una noción exacta del verdadero estado de cosas en el momento actual y de las tareas inmediatas de este momento. Al mezclar la socialización de la tierra con su nacionalización burguesa y confundir la primitiva idea campesina de la pequeña parcela en usufructo igualitario con la doctrina del moderno socialismo sobre la transformación de todos los medios de producción en propiedad social y la organización de la producción socialista, no han hecho otra cosa que eclipsar el objetivo final del socialismo. La idea que tienen del camino que conduce al socialismo queda caracterizada admirablemente con la sustitución de la lucha de clases por el desarrollo de las cooperativas. Al apreciar el momento actual de la evolución agraria de Rusia han olvidado una pequeñez: los restos del régimen de la servidumbre que oprimen al campo ruso. La famosa trinidad que expresa sus concepciones teóricas —intelectualidad, proletariado y campesinado— se ha completado con otra trinidad "programática" no menos famosa: socialización de la tierra –cooperativas– sujeción a la parcela.

Compárese con esto el programa de Iskra, que señala un solo objetivo final a todo el proletariado en lucha, sin reducirlo a un "mínimo" ni rebajarlo para adaptarse a las ideas de algunos sectores atrasados del proletariado o de los pequeños productores. El camino para lograr este objetivo es el mismo en la ciudad y en el campo: la lucha de clase del proletariado contra la burguesía. Pero, además de esta lucha de clase, en nuestro campo sigue sosteniéndose otra: la lucha de todo el campesinado contra los restos de la servidumbre. Y en esta lucha, el partido del proletariado promete su apoyo a todo el campesinado, se esfuerza por señalarle el verdadero objetivo de su impulso revolucionario, por encauzar su rebelión contra su verdadero enemigo, considerando deshonesto e indigno tratar al mujik como a un menor sometido a tutela y ocultarle que, en el momento actual, solo puede conseguir de inmediato la abolición total de los restos y vestigios de la servidumbre, solo puede desbrozar el camino para una lucha más amplia y más difícil de todo el proletariado contra toda la sociedad burguesa.

SOCIALISMO PEQUEÑOBURGUÉS Y SOCIALISMO PROLETARIO

El marxismo es, entre las distintas doctrinas del socialismo, la que ha adquirido hoy predominio completo en Europa; y la lucha por la implantación del régimen socialista se despliega casi íntegramente como una lucha de la clase obrera, dirigida por los partidos socialdemócratas. Mas este predominio completo del socialismo proletario, que se basa en la doctrina del marxismo, no se ha consolidado de golpe, sino después de una larga lucha contra todas las doctrinas atrasadas, contra el socialismo pequeñoburgués, el anarquismo, etc. Hace unos treinta años, el marxismo no predominaba todavía ni siquiera en Alemania, donde prevalecían, hablando con propiedad, opiniones de transición mixtas, eclécticas entre el socialismo pequeñoburgués y el socialismo proletario.

Y en los países latinos, en Francia, España y Bélgica, las doctrinas más difundidas entre los obreros avanzados fueron el proudhonismo, el blanquismo y el anarquismo, que expresaban claramente el punto de vista del pequeño burgués y no del proletario.

¿A qué se debe esta rápida y completa victoria del marxismo precisamente en los últimos decenios? Todo el desarrollo tanto económico como político de las sociedades contemporáneas y toda la experiencia del movimiento revolucionario y de la lucha de las clases oprimidas han confirmado cada día más la justedad de las ideas marxistas. La decadencia de la pequeña burguesía había de acarrear ineluctablemente, tarde o temprano, la desaparición de todo prejuicio pequeñoburgués. El desarrollo del capitalismo y el enconamiento de la lucha de clases en el seno de la sociedad capitalista fueron la mejor agitación en pro de las ideas del socialismo proletario.

El atraso de Rusia explica, lógicamente, la gran consistencia que tienen en nuestro país diversas doctrinas atrasadas del socialismo. Toda la historia del pensamiento revolucionario ruso durante el cuarto de siglo último es la historia de la lucha del marxismo contra el socialismo populista pequeñoburgués. Y si el rápido crecimiento y los sorprendentes éxitos del movimiento obrero ruso han dado ya al marxismo la victoria en Rusia también, por otro lado, el desarrollo de un movimiento campesino indudablemente revolucionario —sobre todo después de los célebres levantamientos campesinos de 1902 en Ucrania— ha reanimado hasta cierto punto el populismo, senil y decrépito. El viejo populismo, remozado con el oportunismo europeo de moda (el revisionismo, el bernsteinianismo y la crítica de la teoría de Marx), constituye todo el bagaje ideológico original de los llamados socialistas-revolucionarios. De ahí que la cuestión campesina ocupe el lugar central en las disputas de los marxistas tanto con los populistas puros como con los socialistas-revolucionarios.

El populismo fue, hasta cierto grado, una doctrina íntegra y consecuente. Se negaba el dominio del capitalismo en Rusia; se negaba el papel de los obreros fabriles como luchadores avanzados de todo el proletariado; se negaba la importancia de la revolución política y de la libertad política burguesa; se pregonaba la inmediata revolución socialista, basada en la comunidad campesina con su pequeña hacienda. De toda esta doctrina íntegra hoy no quedan más que retazos; mas para comprender conscientemente las disputas presentes e impedir que se conviertan en un altercado, es necesario tener siempre en cuenta las bases populistas generales y fundamentales de los extravíos de nuestros socialistas-revolucionarios.

El hombre del futuro en Rusia es el mujik, pensaban los populistas, y esta opinión se desprendía inevitablemente de la confianza en el carácter socialista de la comunidad rural y de la desconfianza en los destinos del capitalismo. El hombre del futuro en Rusia es el obrero, pensaban los marxistas, y el desarrollo del capitalismo ruso tanto en la agricultura como en la industria confirma más y más sus opiniones. El movimiento obrero en Rusia ha hecho ahora que se le reconozca; por lo que se refiere al movimiento campesino, todo el abismo existente entre el populismo y el marxismo sigue manifestándose hasta hoy en la distinta comprensión de este movimiento. Para el populista, precisamente el movimiento campesino refuta el marxismo, es un movimiento a favor de la revolución socialista inmediata, no reconoce ninguna libertad política burguesa y parte de la pequeña hacienda, y no de la grande. Para el populista, en suma, el movimiento campesino es un movimiento verdaderamente socialista, auténtica y directamente socialista. La fe populista en la comunidad rural y el anarquismo populista explican por completo la ineluctabilidad de estas conclusiones.

Para el marxista, el movimiento campesino es precisamente un movimiento no socialista, sino democrático. Es en Rusia, lo mismo que ocurrió en otros países, un acompañante indispensable de la revolución democrática, burguesa por su contenido socioeconómico. Ese movimiento no se orienta lo más mínimo contra las bases del régimen burgués, contra la economía mercantil, contra el capital. Por el contrario, se orienta contra las viejas relaciones de servidumbre, precapitalistas, en el campo y contra la propiedad agraria terrateniente como principal punto de apoyo de todas las supervivencias del régimen de la servidumbre. Por ello, la victoria completa de este movimiento campesino no eliminará el capitalismo; antes bien, creará una base más amplia para su desenvolvimiento, acelerará y agudizará el desarrollo puramente capitalista. La victoria completa de una insurrección campesina solo puede crear un baluarte de la república democrática burguesa en la que se desplegará precisamente por vez primera, en toda su pureza, la lucha del proletariado contra la burguesía.

Esas son, pues, las dos opiniones antagónicas que debe comprender con claridad quien desee orientarse en el abismo que separa en el terreno de los principios a socialistas-revolucionarios y socialdemócratas. Según una opinión, el movimiento campesino es socialista; según la otra, es un movimiento democrático burgués. Por esto puede verse la gran ignorancia de que dan prueba nuestros socialistas-revolucionarios al repetir por centésima vez (comparemos, por ejemplo, el número 75 de Revolutsionnaya Rossia) que, en alguna ocasión, los marxistas ortodoxos han "hecho caso omiso" (no han querido saber nada) de la cuestión campesina.

Hay un solo medio de luchar contra semejante ignorancia supina: repetir el abecé, exponer las viejas ideas consecuentemente populistas, indicar por centésima y milésima vez que la diferencia verdadera no consiste en el deseo o en la falta de deseo de tener en cuenta la cuestión campesina, en su reconocimiento u omisión, sino en la distinta apreciación del presente movimiento campesino y de la actual cuestión campesina en Rusia. Quien habla de que los marxistas han "hecho caso omiso" de la cuestión campesina en Rusia es, en primer lugar, un ignorante total, pues las obras principales de los marxistas rusos, empezando por el libro de Plejánov Nuestras discrepancias (aparecido hace más de veinte años), han estado dedicadas primordialmente a explicar el carácter erróneo de las ideas populistas en la cuestión campesina rusa.

En segundo lugar, quien dice que los marxistas han "hecho caso omiso" de la cuestión campesina demuestra su tendencia a esquivar la apreciación completa de la discrepancia verdaderamente de principio: ¿es o no democrático-burgués el actual movimiento campesino?, ¿está o no orientado, por su alcance objetivo, contra los restos del régimen de la servidumbre?

Los socialistas-revolucionarios no han dado nunca, ni pueden dar, una respuesta clara y exacta a esta pregunta, pues se embrollan irremisiblemente entre la vieja opinión populista y la actual opinión marxista sobre el problema campesino en Rusia. Los marxistas dicen que los socialistas-revolucionarios mantienen el punto de vista de la pequeña burguesía (y los denominan ideólogos de la pequeña burguesía) precisamente porque estos no pueden desembarazarse de las ilusiones pequeñoburguesas, de las fantasías del populismo en la apreciación del movimiento campesino.

He ahí por qué nos vemos obligados a repetir: la b y la a se leen ba. ¿Qué se propone el actual movimiento campesino en Rusia? Conquistar la tierra y la libertad. ¿Qué alcance tendrá la victoria completa de este movimiento? Al conseguir la libertad, acabará con el dominio de los terratenientes y de los funcionarios en la administración del Estado. Al conseguir la tierra, entregará a los campesinos las tierras de los terratenientes. La libertad más completa y la expropiación más completa de los terratenientes (confiscación de sus tierras) ¿acabarán con la economía mercantil? No, no acabarán con ella. La libertad más completa y la expropiación más completa de los terratenientes ¿acabarán con las haciendas campesinas individuales en la tierra comunal o en la tierra "socializada"?

No, no acabarán con ellas. La libertad más completa y la expropiación más completa de los terratenientes ¿acabarán con el profundo abismo existente entre el campesino rico, propietario de muchos caballos y vacas, y el bracero, el jornalero, es decir, entre la burguesía rural y el proletariado agrícola? No, no acabará con él. Al contrario, cuanto más completa sea la derrota y la liquidación del sector superior (terrateniente), más profunda será la discordia de clase entre la burguesía y el proletariado. ¿Qué importancia tendrá la victoria completa de la insurrección campesina por su alcance objetivo? Esta victoria barrerá íntegramente todos los restos del régimen de la servidumbre, pero no acabará con el régimen burgués de economía, no acabará con el capitalismo, con la división de la sociedad en clases, en ricos y pobres, en burguesía y proletariado. ¿Por qué el actual movimiento campesino es un movimiento democrático-burgués? Porque, al acabar con el poder de los funcionarios y de los terratenientes, crea un régimen democrático de la sociedad, sin modificar la base burguesa de esta sociedad democrática, sin poner fin al dominio del capital. ¿Cuál debe ser la actitud del obrero consciente, del socialista, ante el actual movimiento campesino?

Debe apoyar este movimiento, ayudar con la mayor energía a los campesinos, ayudarles hasta el fin a desembarazarse tanto del poder de los funcionarios como del de los terratenientes. Mas, al mismo tiempo, debe explicar a los campesinos que no basta desembarazarse del poder de los funcionarios y de los terratenientes. Al hacer esto, es necesario, al mismo tiempo, prepararse para destruir el poder del capital, el poder de la burguesía. Y a este fin hay que propagar sin tardanza la doctrina plenamente socialista, es decir, marxista, y unir, cohesionar y organizar a los proletarios agrícolas para la lucha contra la burguesía campesina y contra toda la burguesía de Rusia. ¿Puede el obrero consciente olvidar la lucha democrática en aras de la lucha socialista, o viceversa? No, el obrero consciente se llama socialdemócrata precisamente porque ha comprendido la relación que existe entre una y otra lucha. Sabe que el único camino para llegar al socialismo pasa por la democracia, por la libertad política. Por eso tiende a la plasmación completa y consecuente de la democracia a fin de alcanzar el objetivo final, el socialismo. ¿Por qué no son iguales las condiciones de la lucha democrática y de la lucha socialista?

Porque en una y otra lucha los obreros tendrán infaliblemente aliados distintos. Despliegan la lucha democrática aliados de una parte de la burguesía, sobre todo de la pequeña burguesía. Sostienen la lucha socialista contra toda la burguesía. La lucha contra los funcionarios y los terratenientes puede y debe llevarse al lado de todos los campesinos, incluso los ricos y los medios. Mientras que la lucha contra la burguesía, por tanto, contra los campesinos ricos, solo puede mantenerse con la mayor seguridad en compañía del proletariado agrícola.

Si recordamos todas estas verdades elementales del marxismo, cuyo análisis prefieren siempre rehuir los socialistas-revolucionarios, nos será fácil apreciar sus siguientes objeciones "contemporáneas" al marxismo.

"Solo Alá sabe -exclama Revolutsionnaya Rossia (número 75)- para qué hacía falta apoyar en un principio al campesino en general contra el terrateniente y después (es decir, al mismo tiempo) al proletariado contra el campesino en general, en lugar de apoyar de una vez al proletariado contra el terrateniente, y qué tiene que ver el marxismo con todo eso".

Esto constituye el punto de vista del anarquismo más primitivo y pueril por lo ingenuo. La humanidad sueña desde hace muchos siglos, incluso muchos milenios, con destruir "de una vez" toda explotación. Pero esos sueños siguieron siendo sueños hasta que millones de explotados comenzaron a unirse en todo el mundo a fin de sostener una lucha consecuente, firme y múltiple para transformar la sociedad capitalista en la dirección del propio desarrollo de esta sociedad. Los sueños socialistas se transformaron en lucha socialista de millones de seres únicamente cuando el socialismo científico de Marx vinculó las aspiraciones transformadoras a la lucha de una clase determinada. Fuera de la lucha de clases, el socialismo es una frase vacía o un sueño ingenuo.

Y en Rusia tenemos delante dos luchas distintas de dos fuerzas sociales diferentes. El proletariado lucha contra la burguesía en todas partes donde existen relaciones de producción capitalistas (y esas relaciones existen -dicho sea para conocimiento de nuestros socialistas-revolucionarios- incluso en la comunidad campesina, es decir, en la tierra más "socializada", desde su punto de vista). El campesinado, como sector de pequeños propietarios de la tierra, de pequeños burgueses, lucha contra todos los restos del régimen de la servidumbre, contra los funcionarios y los terratenientes. Solo gente que desconoce por completo la economía política y la historia de las revoluciones en el mundo entero puede dejar de ver estas dos guerras sociales, distintas y de naturaleza diferente. Cerrar los ojos ante la diferencia de estas dos guerras, recurriendo a las palabras "de una vez", significa esconder la cabeza debajo del ala y renunciar a todo análisis de la realidad.

Carentes de la integridad de opiniones del viejo populismo, los socialistas-revolucionarios han olvidado incluso muchas cosas de la doctrina de los propios populistas. "Al ayudar al campesinado a expropiar a los terratenientes -escribe Revolutsionnaya Rossia en el mismo artículo-, el señor Lenin contribuye inconscientemente a colocar la economía pequeñoburguesa sobre las ruinas de formas ya más o menos desarrolladas de economía agrícola capitalista. ¿No es esto un paso atrás desde el punto de vista del marxismo ortodoxo?"

¡Avergüéncense, señores! ¡Han olvidado ustedes a su propio señor V. V. [Vorontsov]! Consulten su obra Los destinos del capitalismo, los Ensayos del señor Nikolai–on [Danielson], y otros trabajos, que constituyen la fuente de la sabiduría de ustedes. Entonces recordarán que la hacienda terrateniente en Rusia reúne rasgos de capitalismo y del régimen de la servidumbre. Sabrán entonces que existe el sistema de pago en trabajo, esta reminiscencia evidente de la prestación personal. Si por añadidura ojean ustedes un libro marxista tan ortodoxo como el tercer tomo de El Capital, de Marx, se enterarán de que el desarrollo de la hacienda basada en la prestación personal y su transformación en capitalista no se efectuó en ningún sitio ni podía efectuarse de otro modo que a través de la hacienda campesina pequeñoburguesa. Para denigrar el marxismo, proceden ustedes de una manera sencilla en extremo y hace demasiado tiempo desenmascarada: ¡atribuyen al marxismo la opinión simplista y caricaturesca de la sustitución directa de la gran hacienda basada en la prestación personal por la gran hacienda capitalista! Ustedes razonan así: las cosechas de los terratenientes son mayores que las de los campesinos; por tanto, la expropiación de los terratenientes supone un paso atrás.

Este razonamiento es digno de un estudiante de cuarto curso de bachillerato. Piensen ustedes, señores: ¿no habrá constituido "un paso atrás" separar la tierra campesina, de poco rendimiento, de la de los terratenientes, de gran rendimiento, durante la caída del régimen de la servidumbre?

La hacienda terrateniente moderna en Rusia une rasgos de capitalismo y de régimen de la servidumbre. La lucha actual de los campesinos contra los terratenientes es, por su significación objetiva, una lucha contra los restos del régimen de la servidumbre. Mas intentar contar todos los casos aislados y sopesar cada uno de ellos, determinar con la precisión de un peso de boticario dónde termina exactamente el régimen de la servidumbre y dónde empieza el capitalismo puro significa atribuir a los marxistas la pedantería propia. No podemos saber qué parte del precio de los artículos comprados a un pequeño tendero constituye el valor creado por el trabajo y qué parte la estafa, etc. ¿Significa esto, señores, que deba arrojarse por la borda la teoría del valor producto del trabajo?

La hacienda terrateniente moderna une rasgos de capitalismo y de régimen de la servidumbre. Únicamente los pedantes pueden sacar de aquí la conclusión de que nuestro deber consiste en sopesar, contar y registrar cada rasgo en cada caso aislado según su carácter social. Únicamente los utopistas pueden sacar de aquí la conclusión de que "no hay ninguna razón" para que diferenciemos las dos guerras sociales distintas. Lo que se desprende de aquí, en realidad, es la conclusión -y únicamente ella- de que tanto en nuestro programa como en nuestra táctica debemos unir la lucha puramente proletaria contra el capitalismo a la lucha democrática general (y campesina general) contra la servidumbre.

Cuanto más desarrollados estén los rasgos capitalistas en la moderna hacienda terrateniente de semiservidumbre, más imperiosa será la necesidad de agrupar hoy mismo en una organización independiente al proletariado agrícola, mayor será la rapidez con que aparecerá en escena, durante cualquier confiscación, el antagonismo puramente capitalista o puramente proletario. Cuanto más acusados sean los rasgos capitalistas en la hacienda terrateniente, tanto antes empujará la confiscación democrática hacia la verdadera lucha por el socialismo y, por tanto, más peligrosa resultará la falsa idealización de la revolución democrática efectuada con la palabreja de "socialización". He ahí la conclusión que se desprende del entrelazamiento del capitalismo y del régimen de la servidumbre en la hacienda terrateniente.

Así pues, hay que unir la lucha puramente proletaria con la lucha campesina general, pero sin confundirlas. Hay que apoyar la lucha democrática general y la lucha campesina general, mas sin fundirse, en modo alguno, con esta lucha no clasista, sin idealizarla con palabrejas falaces como "socialización", sin olvidarse un solo instante de organizar al proletariado urbano y al agrícola en un partido socialdemócrata de clase completamente independiente. Al apoyar hasta el fin la democracia más decidida, este partido no se dejará apartar del camino revolucionario con sueños reaccionarios y experimentos de "igualitarismo" en la economía mercantil. La lucha de los campesinos contra los terratenientes es hoy revolucionaria; la confiscación de las tierras de los terratenientes, en el momento actual de evolución económica y política, es revolucionaria en todos los sentidos, y nosotros apoyamos esta medida democrática revolucionaria. Mas denominar "socialización" a esta medida, engañarse a sí mismo y engañar al pueblo con la posibilidad del usufructo "igualitario" del suelo en la economía mercantil constituye una utopía reaccionaria pequeñoburguesa que dejamos a los socialistas reaccionarios.

MARXISMO Y REVISIONISMO

Es bien conocido el aforismo que dice que si los axiomas geométricos afectasen los intereses de la gente, seguramente habría quien los refutase. Las teorías de las ciencias naturales, que han chocado con los viejos prejuicios de la teología, provocaron y siguen provocando hasta hoy la oposición más enconada. Nada tiene de extraño, pues, que la doctrina de Marx, que sirve en forma directa a la educación y organización de la clase de vanguardia de la sociedad moderna, que señala las tareas de esa clase y demuestra la sustitución inevitable —en virtud del desarrollo económico— del régimen actual por un nuevo orden, haya debido luchar por conquistar cada uno de sus pasos.

Inútil es decirlo, esto se aplica a la ciencia y la filosofía burguesas, oficialmente enseñadas por profesores oficiales para embrutecer a las nuevas generaciones de las clases poseedoras y "adiestrarlas" contra los enemigos exteriores e interiores. Esta ciencia no quiere oír hablar de marxismo y lo proclama refutado y aniquilado; Marx es atacado con igual celo por los jóvenes doctos que hacen carrera refutando el socialismo, como por los decrépitos ancianos que conservan la tradición de toda suerte de anticuados "sistemas". Los avances del marxismo y la difusión y el afianzamiento de las ideas marxistas entre la clase obrera provocan inevitablemente la reiteración y agudización de esos ataques burgueses contra el marxismo, que sale más fuerte, más templado y vitalizado de cada uno de sus "aniquilamientos" por la ciencia oficial.

Pero, aun entre las doctrinas vinculadas a la lucha de la clase obrera y difundidas de modo predominante entre el proletariado, el marxismo de ningún modo consolidó su posición de golpe, ni mucho menos. Durante el primer medio siglo de su existencia (desde la década del 40 del siglo XIX) luchó contra teorías que le eran profundamente hostiles. En la primera mitad de la década del 40, Marx y Engels ajustaron cuentas con los jóvenes hegelianos radicales, cuyo punto de vista era el del idealismo filosófico. A fines de esa década, en el campo de las doctrinas económicas, pasó a primer plano la lucha contra el proudhonismo. Esta lucha terminó en la década del 50 con la crítica de los partidos y doctrinas que habían surgido en el turbulento año 1848. En la década del 60, al expulsar al bakuninismo de la Internacional, la lucha se desplazó del campo de la teoría general a un campo más cercano al movimiento obrero propiamente dicho. A comienzos de la década del 70, se destacó en

Alemania, por breve tiempo, el proudhonista Mühlberger; a fines de ese período, el positivista Dühring. Pero la influencia de uno y otro sobre el proletariado era ya insignificante.

El marxismo había alcanzado un indiscutible triunfo sobre todas las otras ideologías del movimiento obrero.

En lo fundamental, este triunfo culminó en la década del 90 del siglo pasado. Hasta en los países latinos, donde se habían mantenido las tradiciones del proudhonismo por más tiempo, los partidos obreros estructuraron sus programas y su táctica sobre bases marxistas. Al reanudarse en forma de congresos internacionales periódicos la organización internacional del movimiento obrero, esta se colocó, en lo esencial, inmediatamente y casi sin lucha, en el terreno del marxismo. Pero cuando el marxismo hubo desplazado a todas las doctrinas más o menos integrales que le eran hostiles, las tendencias que en ellas se albergaban comenzaron a buscar otros caminos. Las formas y las causas de la lucha cambiaron, pero la lucha continuó. Y el marxismo comenzó su segundo medio siglo de existencia (década del 90 del siglo pasado) enfrentando una corriente hostil dentro del propio marxismo.

El exmarxista ortodoxo Bernstein dio su nombre a esta corriente al proclamar con gran alharaca y con grandilocuentes expresiones las enmiendas de Marx, la revisión de Marx, el revisionismo. Aun en Rusia, donde —debido al atraso económico y a la preponderancia de la población campesina oprimida por los vestigios de la servidumbre— el socialismo no marxista se ha mantenido durante mucho tiempo, hoy se convierte sencillamente en revisionismo ante nuestros propios ojos. Y lo mismo en el problema agrario (programa de municipalización de toda la tierra) que en las cuestiones programáticas y tácticas de índole general, nuestros socialpopulistas fueron sustituyendo cada vez más con "enmiendas" a Marx los restos agonizantes y caducos del viejo sistema, coherente a su modo y profundamente hostil al marxismo.

El socialismo premarxista ha sido derrotado. Continúa luchando ya no en su propio terreno, sino en el del marxismo, como revisionismo. Examinemos, pues, cuál es el contenido ideológico del revisionismo.

En el campo de la filosofía, el revisionismo iba a remolque de la "ciencia" académica burguesa. Los profesores "retornaban a Kant", y el revisionismo se arrastraba tras los neokantianos; los profesores repetían las vulgaridades que los curas habían pronunciado mil veces contra el materialismo filosófico, y los revisionistas, sonriendo complacidos, murmuraban (repitiendo palabra por palabra el último manual) que el materialismo había sido "refutado" desde hacía mucho tiempo. Los profesores trataban a Hegel como a "perro muerto" y, mientras ellos mismos predicaban el idealismo —solo que mil veces más mezquino y superficial que el hegeliano—, encogiéndose desdeñosamente de hombros ante la dialéctica, los revisionistas se hundían tras ellos en el pantano del envilecimiento filosófico de la ciencia, sustituyendo la "sutil" (y revolucionaria) dialéctica por la "simple" (y pacífica) "evolución". Los profesores ganaban su sueldo oficial ajustando sus idealistas y "críticos" sistemas a la dominante "filosofía" medieval (es decir, a la teología), y los revisionistas se acercaban a ellos, esforzándose por hacer de la religión un "asunto privado", no en relación con el Estado moderno, sino en relación con el partido de la clase de vanguardia.

No es necesario decir el verdadero significado de clase de semejantes "enmiendas" a Marx: es bien evidente. Solo señalaremos que Plejánov fue el único marxista en la socialdemocracia internacional que criticó desde el punto de vista del materialismo dialéctico consecuente aquellas increíbles necedades acumuladas por los revisionistas. Es tanto más necesario subrayar esto con fuerza, por cuanto en nuestro tiempo se hacen tentativas profundamente erróneas destinadas a presentar el viejo y reaccionario fárrago filosófico bajo pretexto de crítica del oportunismo táctico de Plejánov.

Pasando a la economía política, es necesario señalar, ante todo, que en esta esfera las "enmiendas" de los revisionistas eran muchísimo más diversas y minuciosas; se trataba de sugestionar al público con "nuevos datos sobre el desarrollo económico". Se decía que la concentración y el desplazamiento de la pequeña producción por la gran producción no se operaban en absoluto en la agricultura y que en el comercio y la industria se daban con extrema lentitud. Se afirmaba que las crisis se habían vuelto más raras y débiles y que los cárteles y trusts probablemente permitirían al capital eliminarlas por completo. Se sostenía que la "teoría de la bancarrota" hacia la cual se dirigía el capitalismo era inconsistente, ya que las contradicciones de clase tendían a suavizarse y atenuarse. Por último, se proponía corregir también la teoría del valor de Marx de acuerdo con Böhm-Bawerk.

La lucha contra los revisionistas en torno a estas cuestiones sirvió para reavivar de manera fecunda el pensamiento teórico del socialismo internacional, tal como había ocurrido veinte años antes con la polémica de Engels contra Dühring. Los argumentos de los revisionistas fueron refutados con hechos y cifras en la mano. Se demostró que embellecían sistemáticamente la pequeña producción actual. Datos irrefutables prueban la superioridad técnica y comercial de la gran producción sobre la pequeña, no solo en la industria, sino también en la agricultura. Sin embargo, la producción de mercancías está mucho menos desarrollada en la agricultura y, por lo general, los estadísticos y economistas actuales no saben distinguir las ramas específicas y, a veces, incluso las operaciones agrícolas que muestran de qué manera la agricultura es progresivamente arrastrada al proceso de intercambio de la economía mundial.

La pequeña producción se sostiene sobre las ruinas de la economía natural debido al constante empeoramiento de la alimentación, el hambre crónica, la prolongación de la jornada de trabajo y el deterioro de la calidad y atención del ganado; en una palabra, mediante los mismos métodos con que se sostuvo también la producción artesanal contra la manufactura capitalista. En la sociedad capitalista, cada avance de la ciencia y la técnica socava, inevitable e inexorablemente, los cimientos de la pequeña producción. La tarea de la economía política socialista consiste en investigar este proceso en todas sus formas, no pocas veces complejas e intrincadas, y demostrar al pequeño productor la imposibilidad de sostenerse en el capitalismo, la situación desesperada de las explotaciones campesinas en el régimen capitalista y la necesidad de que el campesino adopte el punto de vista del proletariado.

Ante esta cuestión, los revisionistas cometieron el error, en el aspecto científico, de generalizar superficialmente algunos hechos tomados de manera unilateral, al margen de su conexión con el sistema del capitalismo en su conjunto. Y en el aspecto político, cometieron el error de, inevitablemente —quisieran o no—, invitar o empujar a los campesinos a adoptar la actitud del propietario (es decir, la actitud de la burguesía), en vez de instarlos a adoptar el punto de vista del proletariado revolucionario.

El revisionismo salió aún peor parado en lo que se refiere a la teoría de las crisis y la teoría de la bancarrota. Solo personas muy poco perspicaces y durante muy poco tiempo podían pensar en modificar los fundamentos de la doctrina de Marx bajo la influencia de algunos años de prosperidad industrial. Muy pronto la realidad se encargó de enseñar a los revisionistas que las crisis no eran cosa del pasado: la prosperidad fue seguida por la crisis. Cambiaron las formas, la sucesión y el cuadro de las distintas crisis, pero estas seguían siendo parte integrante, inevitable, del régimen capitalista. Mientras unificaban la producción, los cárteles y trusts, simultáneamente, y de manera visible para todos, agravaban la anarquía de la producción, la inseguridad de la vida del proletariado y la opresión del capital, agudizando así las contradicciones de clase en grado sin precedentes.

Los modernos y gigantescos trusts ponen en evidencia, de modo bien palpable y en inmensas proporciones, que el capitalismo marcha hacia la bancarrota, tanto en el sentido de crisis políticas y económicas aisladas como en el del hundimiento completo de todo el régimen. La reciente crisis financiera en Norteamérica y el horroroso crecimiento del desempleo en toda Europa, sin hablar de la próxima crisis industrial, de la que ya asoman numerosos síntomas, han hecho que las recientes "teorías" de los revisionistas fueran olvidadas por todos, incluidos, al parecer, muchos de ellos mismos. Lo que no debe olvidarse son las enseñanzas que esta inestabilidad de los intelectuales ha brindado a la clase obrera.

Con respecto a la teoría del valor, basta decir que, aparte de alusiones y suspiros muy vagos al estilo de Böhm-Bawerk, los revisionistas no aportaron absolutamente nada ni dejaron, por tanto, ninguna huella en el desarrollo del pensamiento científico.

En el ámbito político, el revisionismo intentó revisar realmente los fundamentos del marxismo, es decir, la teoría de la lucha de clases. "La libertad política, la democracia y el sufragio universal" —nos decían los revisionistas— "destruyen el terreno para la lucha de clases y desmienten la vieja tesis del Manifiesto Comunista de que los obreros no tienen patria. Puesto que en la democracia prevalece 'la voluntad de la mayoría', no se debe considerar al Estado como órgano de dominación de clase ni negarse a establecer alianzas con la burguesía progresista, socialreformista, contra los reaccionarios".

Es indiscutible que estas objeciones de los revisionistas se reducían a un sistema bastante armónico de concepciones, a saber: las bien conocidas ideas liberal-burguesas. Los liberales han sostenido siempre que el parlamentarismo burgués destruye las clases y las diferencias de clase, ya que todos los ciudadanos, sin distinción, gozan del derecho a votar e intervenir en los asuntos de Estado. Sin embargo, toda la historia de Europa durante la segunda mitad del siglo XIX y la historia de la revolución rusa a comienzos del siglo XX demuestran de manera patente lo absurdo de tales conceptos. Bajo las libertades del capitalismo "democrático", las diferencias económicas, lejos de atenuarse, se acentúan y agravan. El parlamentarismo no elimina, sino que pone al descubierto el carácter innato de las repúblicas burguesas más democráticas como órganos de opresión de clase.

El parlamentarismo, al ilustrar y organizar a masas de población incomparablemente más vastas que las que antes participaban activamente en la política, no contribuye a eliminar las crisis y revoluciones políticas, sino a agudizar la guerra civil durante dichas revoluciones. Los acontecimientos de París en la primavera de 1871 y los de Rusia en el invierno de 1905 revelaron con suma claridad que esa agudización se produce de manera inevitable. Para aplastar el movimiento proletario, la burguesía francesa no vaciló ni un segundo en pactar con el enemigo de toda la nación, con las tropas extranjeras que habían arruinado su patria.

Quien no comprenda la inevitable dialéctica interna del parlamentarismo y de la democracia burguesa, que lleva a resolver las disputas mediante la violencia de las masas de un modo todavía más tajante que en tiempos anteriores, jamás podrá, basándose en dicho parlamentarismo, realizar una propaganda y agitación consecuente y de principios, que realmente prepare a las masas obreras para una participación victoriosa en tales "disputas". La experiencia de las alianzas, acuerdos y bloques con el liberalismo social-reformista en Europa Occidental y con el reformismo liberal (kadetes) en la revolución rusa muestra de manera convincente que esos acuerdos, al unir a los elementos combativos con los más vacilantes y traidores, solo embotan la conciencia de las masas y no refuerzan, sino que debilitan, la importancia real de su lucha. El millerandismo francés —la mayor experiencia de aplicación de la táctica política revisionista a una escala verdaderamente nacional— ha brindado una lección práctica del revisionismo que el proletariado del mundo entero jamás olvidará.

El complemento natural de las tendencias económicas y políticas del revisionismo era su actitud hacia la meta final del movimiento socialista. "El objetivo final no es nada; el movimiento lo es todo": esta expresión proverbial de Bernstein revela la esencia del revisionismo mejor que muchas largas disertaciones. Actuar caso por caso, adaptarse a los acontecimientos del día, a los giros de la política, olvidar los intereses fundamentales del proletariado y los rasgos esenciales del régimen capitalista y su evolución, sacrificar esos intereses esenciales en aras de ventajas temporales, reales o supuestas: esta es la política del revisionismo. Y de la propia naturaleza de esta política se deduce con claridad que puede adoptar formas infinitamente diversas y que cada problema "nuevo", cada giro imprevisto de los acontecimientos, aunque solo altere la línea fundamental del desarrollo en proporciones mínimas y por un breve período, provocará siempre, sin falta, una nueva variante del revisionismo.

El carácter inevitable del revisionismo está determinado por sus raíces de clase en la sociedad actual. El revisionismo es un fenómeno internacional. Para cualquier socialista que reflexione y tenga un mínimo de conocimientos, no puede haber la menor duda de que la relación entre ortodoxos y bernsteinianos en Alemania, entre guesdistas y jauresistas (ahora, en particular, broussistas) en Francia, entre la Federación Socialdemócrata y el Partido Laborista Independiente en Inglaterra, entre Brouckere y Vandervelde en Bélgica, entre integralistas y reformistas en Italia, entre bolcheviques y mencheviques en Rusia es, en lo esencial, la misma en todos los casos, a pesar de la inmensa diversidad de las condiciones nacionales y de los factores históricos en cada país. En realidad, la "división" en el movimiento socialista internacional de nuestra época ya se produce a lo largo de una misma línea en los distintos países del mundo. Esto representa un enorme paso adelante en comparación con la situación de hace 30 o 40 años, cuando en los diversos países luchaban tendencias heterogéneas dentro del movimiento socialista internacional.

Ese "revisionismo de izquierda" que se perfila hoy en los países latinos bajo el nombre de "sindicalismo revolucionario" también busca adaptarse al marxismo "enmendándolo". Figuras como Labriola en Italia o Lagardelle en Francia apelan constantemente del Marx "mal comprendido" al Marx "bien comprendido".

No podemos detenernos aquí a examinar el contenido ideológico de este revisionismo, que aún dista mucho de estar tan desarrollado como el revisionismo oportunista, ni ha alcanzado un carácter internacional, ni ha afrontado una sola batalla práctica importante con el partido socialista de ningún país. Por ello, nos limitaremos al "revisionismo de derecha" descrito anteriormente.

¿Por qué el revisionismo es inevitable en la sociedad capitalista?

¿Por qué su origen es más profundo que las diferencias nacionales y el grado de desarrollo del capitalismo en cada país? Porque en todo país capitalista existen siempre, junto al proletariado, amplias capas de pequeña burguesía y pequeños propietarios. El capitalismo ha nacido y sigue naciendo constantemente de la pequeña producción. Una serie de nuevas "capas medias" son inevitablemente formadas una y otra vez por el capitalismo (apéndices de las fábricas, trabajo a domicilio, pequeños talleres dispersos por todo el país para abastecer a la gran industria, como la de bicicletas y automóviles, etc.). Sin embargo, esos nuevos pequeños productores son expulsados nuevamente, de manera no menos inevitable, a las filas del proletariado.

Es natural que la concepción pequeñoburguesa del mundo irrumpa una y otra vez en las filas de los grandes partidos obreros. Y esto sucederá siempre hasta la revolución proletaria, pues sería un profundo error pensar que es necesario que la mayoría de la población se proletarice "por completo" para que esa revolución sea posible.

La lucha que hoy se libra en el plano ideológico —las discusiones sobre las enmiendas teóricas a Marx—, y lo que hoy surge en la práctica en problemas aislados del movimiento obrero, tales como las diferencias tácticas con los revisionistas y la división que provocan, todo ello se experimentará en una escala incomparablemente mayor cuando la revolución proletaria agudice todas estas disputas, concentre todas las diferencias en los puntos más cruciales para la acción de las masas y, en el fragor del combate, haga necesario separar a los enemigos de los aliados, eliminando a los malos aliados para asestar golpes decisivos al enemigo.

La lucha ideológica librada a finales del siglo XIX por el marxismo revolucionario contra el revisionismo no es más que el preludio de los grandes combates revolucionarios del proletariado. Pese a todas las vacilaciones y debilidades de los filisteos, la clase obrera avanza hacia el triunfo completo de su causa.

LA ENFERMEDAD DEL REFORMISMO

"¿Qué enfermedad nos aqueja?" —preguntaba hace unos días en Luch el autor de un instructivo artículo titulado de esa manera, escrito bajo la impresión de la huelga del 15 de noviembre.

La respuesta es clara si consideramos las siguientes citas:

"Parece que debería estar claro, para quienes pretenden el papel de jefes, que pedir la abolición de los reglamentos de excepción y la libertad de asociación es algo que corresponde a la lucha, ahora y en el futuro próximo, mientras que la modificación del sistema existente, de la que habla el llamamiento, es un asunto diferente. Esto no se puede lograr jugando a la huelga, como vemos en la actualidad, sino con un trabajo tenaz y regular, conquistando una posición tras otra, poniendo en tensión todas las fuerzas, con una perfecta organización e incorporando a esa lucha no solo a la clase obrera, sino a las grandes masas del pueblo...".

"Si adoptamos una actitud inteligente hacia nuestras tareas, si defendemos metódicamente nuestros intereses y no nos inflamamos hoy para enfriarnos mañana, crearemos fuertes organizaciones sindicales y un partido político abierto sobre los que nadie se atreverá a levantar la mano".

Estas citas son suficientes para decirle al autor: será mejor, amigo, que pregunte "qué enfermedad lo aqueja a usted mismo". Y le responderemos: lo que usted padece es reformismo, no cabe duda. Tiene una "idea fija", la del partido obrero stolipiniano. La enfermedad es peligrosa, y la "cura" de los doctores de Luch terminará con usted definitivamente.

El autor propugna de la manera más explícita y deliberada el "partido político abierto", en contraposición a las reivindicaciones generales de libertad política. La comparación entre ambos pasajes citados no deja lugar a dudas. No hay escapatoria posible.

Nosotros preguntamos al autor: ¿por qué el "partido abierto" de los oportunistas existentes entre los demócratas pequeñoburgueses (enesistas de 1906) y entre los grandes burgueses liberales (kadetes de 1906, 1907 y años siguientes) resultó una utopía, y su partido obrero "abierto" no lo es?

Usted admite (o, al menos, su actuación "abierta" en las elecciones lo obligó a admitir) que los kadetes son contrarrevolucionarios, que no son demócratas ni, de ningún modo, un partido de masas, sino un partido de la burguesía pudiente, un partido "de la primera curia". Y usted, "político realista y sensato", enemigo de los "estallidos y de los puños en alto", ¡¡presenta, supuestamente en nombre de los obreros, una reivindicación "inmediata" que para los kadetes ha resultado utópica e impracticable!! Usted es un gran utopista, pero su utopía es pequeña, reducida, mezquina.

Sin advertirlo, se ha contagiado de la enfermedad de moda. ¡Hay una epidemia en estos momentos! Se trata de la enfermedad del abatimiento, el desánimo, la desesperación y la falta de fe. Y esta enfermedad lo empuja al foso del oportunismo, el mismo en el que cayeron los enesistas y los kadetes, con el costo del ridículo ante todo el mundo.

Usted considera como algo inmediato y realista, "sistemático" y "consciente", la reivindicación de la abolición de los reglamentos de excepción y la implantación de la libertad de asociación. Discrepa de los socialdemócratas de manera radical, pues ellos comprenden las condiciones generales para lograr (y sostener) tales reformas. En esencia, su postura es afín a la de los progresistas y octubristas, pues son ellos quienes se engañan y engañan a otros con su discurso sobre reformas y "libertades" sin modificar el actual estado de cosas. El reformista italiano Bissolati traicionó a la clase obrera en aras de las reformas que prometía el ministro liberal Giolitti, con la existencia "abierta" de partidos de todas las clases. ¡Pero usted traiciona a la clase obrera por reformas que ni siquiera Izgóiev y Bulgákov esperan de Makárov!

Usted habla con desprecio de "jugar a las huelgas". No puedo responderle aquí como se merece. Me limitaré a señalar que no es signo de inteligencia calificar de "juego" un profundo movimiento histórico. Usted se irrita contra las huelgas, tal como se irritan Nóvoie Vremia (véase el número del 17 de noviembre, artículo de Nieznámov), Izgóiev y Bulgákov. Y se irrita porque la realidad destruye despiadadamente sus ilusiones liberales. Las masas obreras comprenden muy bien la necesidad de la organización, del sistema, de la preparación y del método, pero hacia sus frases no mostrarán otra cosa que desprecio.

La grave enfermedad que lo intoxica se debe a un bacilo muy difundido: el bacilo de la política obrera liberal o, dicho en otras palabras, del liquidacionismo. Está en el aire. Pero por mucho que se encolerice contra el curso de los acontecimientos en general y contra el 15 de noviembre en particular, ese curso resulta mortal para dicha clase de bacilos.

Acerca de la naciente tendencia del "economismo imperialista".

El viejo "economismo", el de 1894 a 1902, razonaba así:

Los populistas han sido refutados. El capitalismo ha triunfado en Rusia. Por lo tanto, no hay que pensar en revoluciones políticas.

Deducción práctica:

O "a los obreros, la lucha económica; a los liberales, la lucha política". (Un escarceo a la derecha).

O, en vez de la revolución política, la huelga general como camino hacia la revolución socialista. (Un escarceo a la izquierda, representado por un folleto hoy olvidado de un "economista" ruso de fines de la década de 1890).

Acerca de la naciente tendencia del "economismo imperialista": ahora nace un nuevo "economismo", que razona con dos escarceos análogos. "A la derecha": estamos en contra del "derecho a la autodeterminación" (es decir, en contra de la liberación de los pueblos oprimidos, en contra de la lucha contra las anexiones; esto aún no se ha pensado hasta el final o no se ha dicho completamente). "A la izquierda": estamos en contra del programa mínimo (es decir, en contra de la lucha por las reformas y por la democracia), pues esto "contradice" la revolución socialista.

Ha transcurrido más de un año desde que esta naciente tendencia se manifestó ante algunos camaradas, específicamente en la Conferencia de Berna de la primavera de 1915. Entonces, afortunadamente, solo un camarada insistió hasta el final de la Conferencia en estas ideas del "economismo imperialista", y las expuso por escrito en forma de "tesis" especiales. Nadie se adhirió a estas tesis.

Más tarde, a las tesis de ese mismo camarada contra la autodeterminación se sumaron otros dos (sin comprender el nexo indisoluble de esta cuestión con la posición general de las "tesis" que acabamos de citar). Sin embargo, la aparición del "programa holandés", publicado en febrero de 1916 en el número 3 del Boletín de la Comisión Socialista Internacional, dejó en evidencia esta "incomprensión" y movió de nuevo al autor de las "tesis" iniciales a resucitar todo su "economismo imperialista", ya por completo, y no aplicado a un solo punto supuestamente "parcial".

Es absolutamente necesario advertir, una y otra vez, a los camaradas que han caído en este pantano, que sus "ideas" no tienen nada en común ni con el marxismo ni con la socialdemocracia revolucionaria. Es inadmisible seguir "ocultando" esta cuestión por más tiempo; hacerlo significaría ayudar a la confusión ideológica y orientarla en la peor dirección: la de las reticencias, los conflictos "particulares", los "roces" dolorosos, etc. Por el contrario, es nuestro deber insistir de la manera más absoluta y categórica en la obligatoriedad de meditar y comprender definitivamente los problemas planteados.

En las tesis sobre la autodeterminación (publicadas en alemán como separata del número 2 de Vorbote), la Redacción de Sotsial-Demokrat planteó deliberadamente la cuestión en la prensa de manera impersonal, pero con el mayor detalle posible, subrayando especialmente la conexión del problema de la autodeterminación con el problema general de la lucha por las reformas, por la democracia y la inadmisibilidad de ignorar el aspecto político. Sin embargo, en sus observaciones a estas tesis, el autor del "economismo imperialista" se solidariza con el programa holandés, mostrando así, con singular claridad, que el problema de la autodeterminación no es un problema "parcial", sino un problema general y fundamental.

Los representantes de la izquierda de Zimmerwald recibieron el programa de los holandeses entre el 5 y el 8 de febrero de 1916 en la reunión de Berna de la Comisión Socialista Internacional. Ni un solo integrante de esta izquierda, incluido Radek, se manifestó a favor de dicho programa, pues este unía desordenadamente puntos como "la expropiación de los bancos", "la abolición de las tarifas comerciales", "la supresión de la primera cámara del Senado", etc. Todos los representantes de la izquierda de Zimmerwald pasaron por alto el programa holandés con simples medias palabras e incluso con un encogimiento de hombros, por considerarlo evidentemente defectuoso en su conjunto.

En cambio, este programa gustó tanto al autor de las tesis iniciales (de la primavera de 1915), que declaró:

"En el fondo, yo no dije nada más" (en la primavera de 1915); "los holandeses lo han pensado hasta el final"; "en su programa, el aspecto económico es la expropiación de los bancos y de las grandes industrias (empresas); el aspecto político, la República, etc. ¡Completamente justo!".

En realidad, los holandeses no "lo han pensado hasta el final", sino que han presentado un programa mal concebido y poco meditado. El triste destino de Rusia consiste en que, en nuestro país, hay quienes se aferran precisamente a lo menos pensado de las ideas más novedosas...

El autor de las tesis de 1915 cree que la Redacción de Sotsial-Demokrat ha caído en contradicción al propugnar "ella misma" la "expropiación de los bancos", e incluso agregando la palabra "inmediatamente" (más las "medidas dictatoriales") en el artículo 8 (Las tareas concretas). Indignado, exclama:

"¡Y cómo me regañaron en Berna por eso mismo!".

Esto lo dice al recordar las discusiones de Berna en la primavera de 1915. Sin embargo, este autor ha olvidado y pasado por alto un "detalle insignificante": en el artículo 8, la Redacción de Sotsial-Demokrat analiza claramente dos casos: si la revolución socialista ha comenzado, en este caso, se afirma que debe procederse con la "expropiación inmediata de los bancos", entre otras medidas.

Si la revolución socialista no ha comenzado: en este caso, simplemente no es el momento de hablar de tales medidas.

Acerca de la naciente tendencia del "economismo imperialista".

Como ahora no ha comenzado aún, sin lugar a dudas, la revolución socialista en el sentido señalado, el programa de los holandeses es descabellado. Pero el autor de las tesis "ahonda" en la cuestión, retornando ("cada vez en este mismo sitio"...) a su viejo error: transformar las reivindicaciones políticas (¿cómo "la supresión de la primera cámara"?) en una "fórmula política de la revolución social".

Atascado durante todo un año en el mismo lugar, el autor ha regresado a su antiguo error. En esto reside la "clave" de sus tribulaciones: no comprende cómo relacionar el imperialismo ya existente con la lucha por las reformas y la lucha por la democracia, de la misma manera que el viejo "economismo" de infausta memoria no sabía cómo relacionar el naciente capitalismo con la lucha por la democracia.

De ahí proviene su completo embrollo en torno al problema de la "irrealizabilidad" de las reivindicaciones democráticas en el imperialismo.

De ahí que sea inadmisible para un marxista (y oportuno únicamente en labios de un "economista" de Rabóchaya Mysl) el menosprecio de la lucha política hoy, ahora, inmediatamente, como siempre.

De ahí la tendencia obstinada a desviarse del reconocimiento del imperialismo hacia su apología (tal como los "economistas" de infausta memoria se desviaban del reconocimiento del capitalismo hacia su apología).

Y así sucesivamente.

No hay la menor posibilidad de analizar en detalle todos los errores cometidos por el autor de las tesis de 1915 en sus observaciones a las tesis de la Redacción de Sotsial-Demokrat acerca de la autodeterminación, pues ¡cada frase es errónea! No se pueden escribir folletos o libros enteros en respuesta a "observaciones" cuando los iniciadores del "economismo imperialista" han permanecido atascados durante un año en el mismo sitio, negándose tozudamente a ocuparse de lo que tienen el deber de partido de analizar seriamente. Si desean abordar con seriedad los problemas políticos, deben exponer de manera meditada e íntegra lo que denominan "nuestras discrepancias".

Debo, pues, limitarme a unas breves indicaciones sobre cómo el autor aplica o "completa" su error principal.

El autor cree que me contradigo: en 1914, Prosveschenie afirmaba que era absurdo buscar la autodeterminación "en los programas de los socialistas de Europa Occidental", y en 1916 declaro que la autodeterminación es especialmente urgente.

¡El autor no ha pensado (!!) que esos "programas" fueron escritos en 1875, 1880 y 1891!

Indicaciones sobre las tesis de la Redacción de Sotsial-Demokrat sobre la autodeterminación:

1: Se repite la misma falta de voluntad "economista" de ver y plantear los problemas políticos.

Como el socialismo creará la base económica para suprimir la opresión nacional en la política, nuestro autor no quiere formular nuestras tareas políticas en este terreno. ¡Sencillamente increíble!

Como el proletariado triunfante no niega las guerras contra la burguesía de otros países, entonces, ¡el autor tampoco quiere formular nuestras tareas políticas en la lucha contra la opresión nacional!

Todo esto son ejemplos de transgresiones continuas del marxismo y de la lógica; o, si se quiere, manifestaciones de la lógica de los errores fundamentales del "economismo imperialista".

2: Los adversarios de la autodeterminación se han embrollado vergonzosamente con las invocaciones de la "irrealizabilidad".

La Redacción de Sotsial-Demokrat les explica los dos posibles sentidos de la "irrealizabilidad" y su error en ambos casos.

Sin embargo, el autor de las tesis de 1915, sin intentar siquiera exponer su propia concepción de la "irrealizabilidad" (aceptando implícitamente nuestra explicación de que se confunden dos cosas distintas), ¡sigue repitiendo la confusión!

Vincula las crisis a la "política" imperialista: nuestro economista-político ha olvidado que ya había crisis antes del imperialismo...

Hablar de la irrealizabilidad de la autodeterminación en el sentido económico es un embrollo, explica la Redacción.

El autor no responde, no aclara si considera irrealizable la autodeterminación en el sentido económico, sino que salta inmediatamente a la política:

"A pesar de todo, sigue siendo irrealizable".

Pero ya se le ha explicado con la mayor claridad que, en sentido político, también la República es tan "irrealizable" en el imperialismo como la autodeterminación.

Puesto entre la espada y la pared, el autor da un nuevo "salto": ahora reconoce la República y todo el programa mínimo ¡¡¡pero únicamente como una "fórmula política de la revolución social"!!!

El autor, incapaz de defender la irrealizabilidad "económica" de la autodeterminación, huye al terreno de la política.

Traslada la irrealizabilidad política a todo el programa mínimo.

Y nuevamente, ni un ápice de marxismo, ni un ápice de lógica, excepto la lógica del "economismo imperialista".

El autor quiere suprimir furtivamente (sin pensar por sí mismo ni ofrecer una alternativa elaborada, sin tomarse el trabajo de desarrollar su propio programa) el programa mínimo del Partido Socialdemócrata. ¡¡No es de extrañar que lleve un año atascado en el mismo sitio!!

La lucha contra el kautskismo y la apología del imperialismo

La lucha contra el kautskismo no es un problema parcial, sino un problema general y fundamental de nuestro tiempo.

El autor no ha comprendido esta lucha.

Del mismo modo que los "economistas" transformaban la lucha contra los populistas en una apología del capitalismo, el autor transforma la lucha contra el kautskismo en una apología del imperialismo.

Y El error del kautskismo y la lucha por las reivindicaciones democráticas

El error del kautskismo radica en que presenta de manera reformista ciertas reivindicaciones, en un momento en que sólo pueden ser planteadas revolucionariamente. Sin embargo, el autor se confunde y cree que el error del kautskismo consiste, en general, en presentar esas reivindicaciones, de la misma manera que los "economistas entendían" la lucha contra el populismo como si la consigna "¡Abajo la autocracia!" fuera populismo.

El error del kautskismo también consiste en que las justas reivindicaciones democráticas las orienta hacia atrás, hacia el capitalismo pacífico, en lugar de orientarlas hacia adelante, hacia la revolución social. Pero el autor, nuevamente, se despista y concluye que estas reivindicaciones no son justas.

3. La cuestión de la "federación" y la incapacidad de plantear problemas políticos

El autor pasa por alto también el problema de la "federación". Aquí encontramos el mismo error fundamental del "economismo": la incapacidad para plantear los problemas políticos.

4. La autodeterminación y la defensa de la patria

"De la autodeterminación se desprende la defensa de la patria", afirma el autor con insistencia.

Su error radica en que trata de convertir la negación de la "defensa de la patria" en un principio absoluto, deduciéndola no de la peculiaridad histórica concreta de cada guerra, sino "en general".

Eso no es marxismo.

Desde hace tiempo se ha señalado este error al autor, pero él no ha logrado refutarlo:

Pruebe a idear una fórmula de lucha contra la opresión o la desigualdad nacionales que no justifique (en teoría) la "defensa de la patria".

No podrá hacerlo.

¿Significa esto que nos oponemos a la lucha contra la opresión nacional porque de ella podría deducirse la defensa de la patria?

No. Porque no estamos "en general" en contra de la "defensa de la patria" (véanse las resoluciones de nuestro partido), sino en contra de embellecer con esa consigna falaz la actual guerra imperialista.

El autor intenta (pero no logra; y durante todo un año sus esfuerzos han sido vanos) plantear la cuestión de la "defensa de la patria" de una manera completamente errónea y ahistórica.

Sus palabras sobre el "dualismo" muestran que no comprende qué es el monismo y qué es el dualismo.

Si uno une un cepillo de botas y un mamífero, ¿será eso "monismo"?

Si digo que para llegar al punto A hay que ir desde el punto B hacia la izquierda y desde el punto C hacia la derecha, ¿será eso "dualismo"?

¿Es igual, desde el punto de vista de la opresión nacional, la situación del proletariado de las naciones opresoras y de las naciones oprimidas?

No, no es igual.

No es igual ni en el aspecto económico, ni en el político, ni en el ideológico, ni en el espiritual, etc.

¿Qué significa esto?

Significa que, partiendo de situaciones diferentes, unos avanzarán por un camino y otros por otro hacia el mismo objetivo final: la fusión de las naciones.

Negar esta realidad es como "unir" un cepillo de botas con un mamífero y llamar a eso "monismo".

"Los proletarios de la nación oprimida no deben decir: 'estamos por la autodeterminación'', así ha "comprendido" el autor las tesis de la Redacción.

¡Un caso curioso! En las tesis no se dice nada parecido.

El autor o no ha leído hasta el final o no ha reflexionado en absoluto.

5. Véase lo dicho más arriba sobre el kautskismo.

6. La casuística frente al análisis político

El autor se enfrenta a la cuestión de los tres tipos de países en el mundo, pero en lugar de analizarla políticamente, se dedica a buscar excepciones y casos aislados ("casus").

Esto no es política, sino casuística.

¿Quiere ejemplos de casos concretos?

"¿Y qué pasa con Bélgica?", preguntará el autor.

La respuesta se encuentra en el folleto de Lenin y Zinóviev, donde se declara que apoyaríamos la defensa de Bélgica (incluso con la guerra) si la guerra concreta tuviera otro carácter.

¿No está de acuerdo con esto?

¡Dígalo claramente!

El autor no ha reflexionado seriamente sobre la razón por la cual la socialdemocracia está en contra de la "defensa de la patria" en esta guerra en particular.

No estamos en contra de la "defensa de la patria" por las razones que el autor imagina.

Su planteamiento del problema no es histórico.

Esta es mi respuesta al autor.

Calificar de "sofistería" el hecho de que nosotros, justificando la guerra para derrocar la opresión nacional, no justifiquemos la actual guerra imperialista (que ambas partes sostienen para intensificar esa opresión) es utilizar una palabra fuerte, pero sin pensar un ápice.

7. Sobre las "condiciones de paz" y la cuestión de las anexiones

El autor critica diciendo:

"No se toca en absoluto la cuestión de las 'condiciones de paz' en general".

¡¡Menuda crítica: no se trata una cuestión que ni siquiera se ha planteado aquí!!

En cambio, sí se toca y se plantea la cuestión de las anexiones, en la cual los "economistas imperialistas" se han hecho un lío, esta vez junto con los holandeses y con Radek.

O niegan ustedes la consigna inmediata contra las viejas y nuevas anexiones (que no es menos "irrealizable" en el imperialismo que la autodeterminación; en Europa igual que en las colonias), y entonces su apología del imperialismo deja de ser encubierta y se hace descarada.

O reconocen ustedes esta consigna (como lo ha hecho Radek en la prensa), ¡¡y entonces reconocen la autodeterminación de las naciones, pero con otro nombre!! esto también se aplica al #3.

A mi juicio, proclamar durante todo un año el "nuevo bolchevismo" sin aportar nada concreto es el colmo de lo inadmisible, una muestra de falta de seriedad y de carencia de espíritu de partido. ¿No es hora ya de reflexionar y ofrecer a los camaradas un planteamiento coherente y bien estructurado de ese "bolchevismo a escala de Europa Occidental"?

El autor no ha demostrado ni demostrará (en lo que respecta a esta cuestión) la diferencia entre las colonias y las naciones oprimidas en Europa.

La negación de la autodeterminación por parte de los holandeses y de la PSD no es solo, ni siquiera principalmente, un simple embrollo (pues Gorter lo ha reconocido de hecho, al igual que la declaración de Zimmerwald de los polacos), sino una consecuencia de la situación particular de sus países, es decir, de naciones pequeñas con tradiciones seculares y pretensiones de gran potencia.

Es el colmo de la irreflexión y de la ingenuidad adoptar y repetir mecánicamente, sin ningún análisis crítico, lo que en otros países ha surgido tras décadas de lucha contra la burguesía nacionalista, que manipula y engaña al pueblo.

¡Justamente han adoptado lo que no debía adoptarse!

EL IMPERIALISMO Y LA ESCISIÓN DEL SOCIALISMO

¿Existe alguna relación entre el imperialismo y la monstruosa y repugnante victoria que el oportunismo (en forma de socialchovinismo) ha obtenido sobre el movimiento obrero en Europa?

Este es el problema fundamental del socialismo contemporáneo. Después de haber dejado plenamente establecido en nuestra literatura de partido, en primer lugar, el carácter imperialista de nuestra época y de la guerra actual, y, en segundo lugar, el nexo histórico indisoluble que existe entre el socialchovinismo y el oportunismo, así como su igualdad de contenido ideológico y político, podemos y debemos pasar a examinar este problema fundamental.

Es necesario comenzar por definir, de la manera más exacta, completa y precisa, qué es el imperialismo. El imperialismo es una fase histórica específica del capitalismo, caracterizada por tres rasgos fundamentales:

Capitalismo monopolista. La libre competencia ha sido reemplazada por el monopolio, que se manifiesta en cinco formas principales:

La concentración de la producción ha dado lugar a la formación de cárteles, sindicatos y trusts, que dominan sectores enteros de la economía.

Un pequeño número de bancos gigantescos controla toda la vida económica en países como Estados Unidos, Francia y Alemania.

La apropiación de fuentes de materias primas por parte de los trusts y la oligarquía financiera (es decir, la fusión del capital industrial con el capital bancario).

La creación de cárteles internacionales que dominan y reparten el mercado mundial, hasta que la guerra lo redistribuye.

El reparto territorial del mundo ha sido completado: las grandes potencias han ocupado todas las colonias posibles.

Capitalismo parasitario o en descomposición.

Todo monopolio tiende a la descomposición y a la corrupción.

Se ha formado una capa de rentistas: capitalistas que viven de "cortar cupones" sin participar en la producción.

La exportación de capital, en vez de mercancías, se convierte en la base del parasitismo.

El capital financiero no fomenta la libertad, sino que tiende a la dominación. El imperialismo se caracteriza por una reacción política generalizada, corrupción y sobornos gigantescos.

La explotación de las naciones oprimidas se intensifica, con un puñado de potencias imperialistas exprimiendo a centenares de millones de personas en las colonias.

Capitalismo en agonía, en transición hacia el socialismo.

El monopolio, que surge del capitalismo, es ya el comienzo de su transición al socialismo.

La socialización del trabajo, que el imperialismo ha llevado a niveles sin precedentes, genera condiciones propicias para la transformación socialista de la sociedad.

Al definir el imperialismo de esta manera, nos situamos en clara oposición a Karl Kautsky, quien se niega a considerar el imperialismo como una fase del capitalismo y lo define erróneamente como una simple "política preferida" del capital financiero, o como una tendencia de los países "industriales" a anexionarse países "agrarios".

Desde el punto de vista teórico, esta definición de Kautsky es completamente errónea. El imperialismo no es el dominio del capital industrial, sino del capital financiero. No se trata solo de anexionarse países agrarios, sino de subyugar a todo tipo de naciones.

Kautsky separa artificialmente la política del imperialismo de su base económica, disimulando así las contradicciones más profundas del capitalismo monopolista y justificando la unidad con los oportunistas y socialchovinistas. Su "teoría" de un "ultraimperialismo pacífico" no es más que una vulgar ilusión reformista, que solo sirve para engañar a los trabajadores y mantener la dominación de la burguesía.

EL IMPERIALISMO Y LA ESCISIÓN DEL SOCIALISMO

Ya hemos hablado bastante de esta ruptura de Kautsky con el marxismo, tanto en el Sotsial-Demokrat como en el Kommunist. Nuestros kautskianos rusos, los del Comité de Organización (CO), con Axelrod y Spectator al frente, sin excluir a Mártov y, en gran medida, a Trotski, han preferido silenciar el kautskismo como tendencia. No se han atrevido a defender lo que Kautsky ha escrito durante la guerra, limitándose simplemente a elogiarlo (Axelrod en su folleto alemán que el CO ha prometido publicar en ruso) o a aludir a cartas privadas de Kautsky (Spectator) en las que este último afirma que pertenece a la oposición y trata de anular, de manera jesuítica, sus declaraciones chovinistas.

Observamos que, en su "interpretación" del imperialismo —que en realidad equivale a embellecerlo—, Kautsky retrocede no solo en relación con El capital financiero de Hilferding (¡por mucho que el propio Hilferding defienda ahora a Kautsky y la "unidad" con los socialchovinistas!), sino también en relación con el social-liberal J. A. Hobson. Este economista inglés, que ni por asomo pretende merecer el título de marxista, define el imperialismo de un modo mucho más profundo y pone de manifiesto sus contradicciones en su obra de 1902.

Veamos lo que dice este escritor (en cuyas obras podemos encontrar casi todas las vulgaridades pacifistas y "conciliadoras" de Kautsky) sobre la cuestión del carácter parasitario del imperialismo:

Según Hobson, dos circunstancias han debilitado la potencia de los viejos imperios:

El parasitismo económico. El Estado dominante utiliza sus provincias, colonias y países dependientes para enriquecer a su clase dirigente y sobornar a sus clases inferiores, manteniéndolas en un estado de pasividad.

La formación de ejércitos con hombres de los pueblos dependientes. Al respecto, Hobson escribe:

"Uno de los síntomas más extraños de la ceguera del imperialismo" (en boca del social-liberal Hobson esta cantinela sobre la "ceguera" de los imperialistas resulta más apropiada que en el "marxista" Kautsky) "es la despreocupación con que Gran Bretaña, Francia y otras naciones imperialistas emprenden este camino. Gran Bretaña ha ido más lejos que ningún otro país. La mayor parte de las batallas por medio de las cuales conquistamos nuestro imperio en la India fueron sostenidas por nuestras tropas indígenas. En la India y, últimamente, en Egipto, grandes ejércitos permanentes están mandados por ingleses; casi todas las guerras de conquista en África, a excepción de la del Sur, han sido llevadas a cabo, para nosotros, por los indígenas".

La perspectiva del reparto de China llevó a Hobson a realizar la siguiente evaluación económica:

"La mayor parte de Europa Occidental podría adquirir entonces el aspecto y el carácter que tienen actualmente ciertos lugares de estos países: el sur de Inglaterra, la Riviera, las regiones más frecuentadas por turistas y pobladas por ricos en Italia y Suiza. Es decir, pequeños grupos de aristócratas acaudalados, que reciben dividendos y pensiones del

Lejano Oriente, con un grupo algo más numeroso de empleados y comerciantes, y un número aún mayor de sirvientes y obreros dedicados al transporte y a la industria de lujo. En cambio, las ramas principales de la industria desaparecerían, y los productos alimenticios de gran consumo, así como los artículos semimanufacturados de uso corriente, llegarían, como tributo, desde Asia y África".

"He aquí las posibilidades que abre ante nosotros una alianza más amplia de los Estados occidentales: una federación europea de las grandes potencias. Tal federación no haría avanzar la civilización mundial, sino que representaría un peligro gigantesco de parasitismo occidental. Se formaría un bloque de naciones industriales avanzadas, cuyas clases superiores percibirían inmensos tributos de Asia y África, con los cuales mantendrían a grandes masas domesticadas de empleados y sirvientes. Estos no estarían ya ocupados en la producción agrícola e industrial de gran consumo, sino en prestar servicios personales o realizar trabajo industrial secundario bajo el control de una nueva aristocracia financiera":

"Aquellos que consideren esta teoría poco digna de atención deberían reflexionar sobre las condiciones económicas y sociales de las regiones del sur de Inglaterra, que ya se encuentran en esta situación. Deberían pensar en las enormes proporciones que podría adquirir este sistema si China se viera sometida al control económico de estos grupos financieros, de inversionistas de capital (rentistas), de sus funcionarios políticos y empleados comerciales e industriales. Estos extraerían beneficios del mayor depósito de riqueza potencial jamás conocido en la historia, para consumirlos en Europa".

"Naturalmente, la situación es extremadamente compleja. Las fuerzas mundiales son demasiado impredecibles para afirmar con certeza que esta u otra perspectiva unilateral se concretará en el futuro. Sin embargo, las tendencias que rigen el imperialismo de la Europa Occidental hoy en día apuntan en esta dirección y, si no encuentran resistencia, si no son desviadas, orientarán la culminación del proceso en este sentido".

El social-liberal Hobson no entiende que esta "resistencia" solo puede oponerla el proletariado revolucionario, y solo en la forma de revolución social. ¡Por algo es un social-liberal! Sin embargo, ya en 1902 abordaba admirablemente tanto la cuestión de los "Estados Unidos de Europa" (¡que lo sepa el kautskiano Trotski!) como la realidad que los kautskianos hipócritas intentan ocultar:

Que los oportunistas (socialchovinistas) colaboran con la burguesía imperialista para construir una Europa imperialista sobre los hombros de Asia y África.

Que los oportunistas son, objetivamente, una parte de la pequeña burguesía y de algunas capas de la clase obrera, sobornadas con las superganancias imperialistas y convertidas en perros guardianes del capitalismo, en elementos corruptores del movimiento obrero.

Más de una vez, y no solo en artículos, sino en resoluciones de nuestro Partido, hemos señalado esta relación económica fundamental entre la burguesía imperialista y el oportunismo. Ahora (¿será por mucho tiempo?) el oportunismo ha vencido temporalmente en el movimiento obrero. De esto hemos deducido, entre otras cosas, que es inevitable la escisión con el socialchovinismo.

¡Nuestros kautskianos han preferido eludir este problema! Mártov, por ejemplo, ya en sus conferencias, recurría al sofisma expresado de la siguiente manera en el Boletín del Secretariado en el Extranjero del Comité de Organización (número 4, del 10 de abril de 1916):

"Muy mala, incluso desesperada, sería la situación de la socialdemocracia revolucionaria si los grupos de obreros que, por su desarrollo intelectual, están más cerca de los 'intelectuales' y los más calificados, la abandonaran inevitablemente para pasarse al oportunismo...".

¡Empleando la tonta palabreja "fatalmente" y con un poco de "trampa", se elude el hecho de que ciertas capas obreras se han pasado al oportunismo y a la burguesía imperialista!

¡Y este es el hecho que querían eludir los sofistas del Comité de Organización! Salen del paso con el "optimismo oficial" que ahora exhiben tanto el kautskiano Hilferding como muchos otros, diciendo que las condiciones objetivas garantizan la unidad del proletariado y la victoria de la tendencia revolucionaria, afirmando que "nosotros somos optimistas respecto al proletariado".

En realidad, todos estos kautskianos —Hilferding, los partidarios del Comité de Organización, Mártov y compañía— son optimistas... respecto al oportunismo. ¡Este es el quid de la cuestión!

El proletariado es fruto del capitalismo, pero del capitalismo mundial, no solo del europeo ni del imperialista. A escala mundial, tarde o temprano (cincuenta años antes o cincuenta años después, lo cual en esta escala es un problema secundario), el "proletariado" alcanzará inevitablemente la unidad y en él triunfará ineludiblemente la socialdemocracia revolucionaria.

Pero no se trata de esto, señores kautskianos.

Se trata de que ustedes, ahora, en los países imperialistas de Europa, se arrodillan servilmente ante los oportunistas, quienes son ajenos al proletariado como clase, quienes son servidores, agentes y portadores de la influencia de la burguesía, y, si el movimiento obrero no se desembaraza de ellos, seguirá siendo un movimiento obrero burgués.

Vuestra prédica de la "unidad" con los oportunistas —con los Legien y los David, los Plejánov y los Chjenkeli, los Potrésov, etc.— es, objetivamente, la defensa de la esclavización de los obreros por la burguesía imperialista a través de sus mejores agentes dentro del movimiento obrero.

La victoria de la socialdemocracia revolucionaria en escala mundial es absolutamente ineludible. Pero será una victoria sobre ustedes.

Marx y Engels sobre el oportunismo en Inglaterra

Las dos tendencias —incluso los dos partidos del movimiento obrero contemporáneo, que se han escindido en todo el mundo en 1914-1916— ya fueron observadas por Engels y Marx en Inglaterra durante décadas, aproximadamente entre 1858 y 1892.

Ni Marx ni Engels vivieron para ver la época imperialista del capitalismo mundial, que solo comenzó entre 1898 y 1900. Sin embargo, a mediados del siglo XIX, Inglaterra ya presentaba dos de los principales rasgos distintivos del imperialismo:

Inmensas colonias.

Ganancias monopolistas (producto de su posición monopolista en el mercado mundial).

En ambos sentidos, Inglaterra representaba entonces una excepción entre los países capitalistas. Analizando esta excepción, Marx y Engels indicaron de manera clara y definida que estaba vinculada a la victoria (temporal) del oportunismo en el movimiento obrero inglés.

Así lo expresaba Engels en una carta a Marx del 7 de octubre de 1858:

"El proletariado inglés se está aburguesando, de hecho, cada día más. Parece que esta nación, la más burguesa de todas, aspira a tener, junto a su burguesía, una aristocracia obrera y un proletariado burgués. Naturalmente, en una nación que explota al mundo entero, esto es, hasta cierto punto, lógico".

En una carta a Sorge, fechada el 21 de septiembre de 1872, Engels informa de que Hales promovió en el Consejo Federal de la Internacional un gran escándalo, logrando un voto de censura contra Marx por haber afirmado que "los líderes obreros ingleses se habían vendido".

Marx, el 4 de agosto de 1874, escribe a Sorge:

"En cuanto a los obreros urbanos de aquí (Inglaterra), es lamentable que toda la banda de líderes no haya entrado en el Parlamento. Sería el camino más seguro para librarnos de esa canalla".

En una carta a Marx del 11 de agosto de 1881, Engels menciona:

"Las peores tradeuniones inglesas permiten que las dirijan personas vendidas a la burguesía o, en el mejor de los casos, pagadas por ella".

Y en una carta a Kautsky del 12 de septiembre de 1882, Engels escribe:

"Me pregunta usted qué piensan los obreros ingleses acerca de la política colonial. Pues lo mismo que piensan de la política en general. Aquí no hay un partido obrero. Solo hay conservadores y radicales liberales, y los obreros participan tranquilamente del monopolio colonial de Inglaterra y de su dominio en el mercado mundial".

El 7 de diciembre de 1889, Engels escribía a Sorge:

"Lo más repugnante aquí (en Inglaterra) es la respectability (respetabilidad) burguesa que se ha convertido en carne y sangre de los obreros. Hasta el propio Tom Mann, a quien considero el mejor de todos ellos, se enorgullece de cenar con el lord mayor".

En otra carta, del 19 de abril de 1890, Engels escribe:

"El movimiento de la clase obrera en Inglaterra avanza bajo la superficie y abarca sectores cada vez más amplios, pertenecientes en su mayoría a la masa más inferior (subrayado por Engels), hasta ahora inerte. Y no está lejano el día en que esta masa se encuentre a sí misma y comprenda que es ella, precisamente, la colosal masa en movimiento".

El 14 de septiembre de 1891, tras el Congreso de las tradeuniones celebrado en Newcastle, Engels señala que fueron derrotados los viejos tradeunionistas, enemigos de la jornada de 8 horas, y "los periódicos burgueses reconocen la derrota del partido obrero burgués" (subrayado por Engels).

Estas ideas, repetidas por Engels durante décadas, también fueron expresadas en la prensa. Así lo prueba su prólogo a la segunda edición de La situación de la clase obrera en Inglaterra (1892).

Allí habla de una "aristocracia en el seno de la clase obrera", de una "minoría privilegiada" en contraposición a la "gran masa obrera". Dice que:

"Una pequeña minoría, privilegiada y protegida, es la única que obtuvo ventajas prolongadas de la posición privilegiada de Inglaterra en 1848-1868, mientras que la gran masa, en el mejor de los casos, solo gozaba de mejoras breves".

"Cuando el monopolio industrial de Inglaterra se quiebre, la clase obrera inglesa perderá su posición privilegiada".

Los miembros de las "nuevas" tradeuniones, los sindicatos de obreros no calificados, "tienen una enorme ventaja: su mentalidad es todavía un terreno virgen, absolutamente exento de los prejuicios burgueses heredados que trastornan las cabezas de los 'viejos tradeunionistas' mejor situados".

En Inglaterra, se hablaba de los "representantes obreros" para referirse a personas "a las que se les perdona su origen obrero porque están dispuestas a diluir esa cualidad en el océano de su liberalismo".

Conclusión

Hemos citado extensamente las declaraciones directas de Marx y Engels para que los lectores puedan estudiarlas en su conjunto. Es imprescindible analizarlas detenidamente, pues son la clave de la táctica del movimiento obrero bajo el imperialismo.

Kautsky, como siempre, ha intentado "enturbiar el agua", sustituyendo el marxismo por una conciliación mezquina con los oportunistas. En lugar de combatir la justificación imperialista de Lensch y otros socialchovinistas, Kautsky "corrige" una falsedad cínica con otra dulzona:

El monopolio industrial de Inglaterra, dice, está hace tiempo roto, destruido: ni se puede ni hay por qué destruirlo.

¡Con esta afirmación, Kautsky encubre a los oportunistas y los socialchovinistas, en lugar de enfrentarlos!

¿Por qué es falso este argumento?

En primer lugar, porque pasa por alto el monopolio colonial de Inglaterra. ¡Y Engels, como hemos visto, ya en 1882, hace 34 años, lo indicaba con toda claridad! Si está deshecho el monopolio industrial de Inglaterra, su monopolio colonial no solo se mantiene, sino que se ha recrudecido extraordinariamente, porque ¡todo el mundo está ya repartido!

Con sus mentiras dulzonas, Kautsky introduce de contrabando la idea pacifista-burguesa y oportunista-pequeñoburguesa de que "no hay por qué hacer la guerra". Por el contrario, los capitalistas no solo tienen ahora por qué hacer la guerra, sino que no pueden dejar de hacerla si quieren conservar el capitalismo, porque sin un nuevo reparto de las colonias por la fuerza, los nuevos países imperialistas no podrán obtener los privilegios de que disfrutan las potencias imperialistas más viejas (y menos fuertes).

En segundo lugar, ¿por qué explica el monopolio de Inglaterra la victoria (temporal) del oportunismo en este país?

Porque el monopolio genera superganancias, es decir, un exceso de ganancias por encima de las ganancias normales del capitalismo en todo el mundo. Los capitalistas pueden gastar una parte de estas superganancias (¡e incluso una parte no pequeña!) para sobornar a sus obreros, creando algo así como una alianza (recuérdense las famosas "alianzas" de las tradeuniones inglesas con sus amos, descritas por los Webb), una alianza de los obreros de un país con sus capitalistas contra los demás países.

A fines del siglo XIX, el monopolio industrial de Inglaterra estaba ya deshecho. Eso es indiscutible. Pero ¿cómo se produjo esa destrucción?

¿Se deshizo de manera que eliminara todo monopolio?

Si así fuera, la "teoría" de Kautsky de la conciliación (con el oportunismo) estaría hasta cierto punto justificada. Pero precisamente se trata de que no es así.

El imperialismo es el capitalismo monopolista.

Cada cártel, cada trust, cada sindicato, cada banco gigantesco es un monopolio. Las superganancias no han desaparecido, sino que continúan.

La explotación por parte de un país privilegiado, financieramente rico, de todos los demás sigue y es aún más intensa.

Un puñado de países ricos —cuatro en total, si se tiene en cuenta una riqueza independiente y verdaderamente gigantesca, una riqueza "contemporánea": Inglaterra, Francia, Estados Unidos y Alemania— ha extendido los monopolios en proporciones inabarcables, obteniendo centenares, si no miles de millones en superganancias, viviendo a expensas de centenares y centenares de millones de personas en otros países, entre luchas intestinas por el reparto de un botín de lo más suntuoso, de lo más pingüe, de lo más fácil.

En esto consiste precisamente la esencia económica y política del imperialismo, cuyas profundísimas contradicciones Kautsky oculta en vez de poner al descubierto.

La burguesía de una gran potencia imperialista puede económicamente sobornar a las capas superiores de "sus" obreros, dedicando a ello algún que otro centenar de millones de francos al año, ya que sus superganancias se elevan probablemente a cerca de mil millones.

Y la cuestión de cómo se reparte esa pequeña migaja entre los ministros obreros, los "diputados obreros" (recordemos el espléndido análisis que de este concepto hace Engels), los obreros que forman parte de los comités de la industria armamentista, los funcionarios obreros, los obreros organizados en sindicatos de carácter estrechamente gremial, los empleados, etc., etc., es ya una cuestión secundaria.

Desde 1848 a 1868, y en parte después, Inglaterra era el único país monopolista; por esto pudo vencer allí, durante décadas, el oportunismo.

No había más países con riquísimas colonias ni con monopolio industrial.

El último tercio del siglo XIX es un período de transición a una nueva época, la época imperialista.

Ya no es solo una gran potencia la que disfruta del monopolio, sino unas cuantas, muy pocas.

(En Japón y en Rusia, el monopolio de la fuerza militar, de un territorio inmenso o de facilidades especiales para despojar a los pueblos alógenos, a China, etc., complementa y en parte sustituye el monopolio del capital financiero más moderno).

De esta diferencia se deduce que el monopolio de Inglaterra pudo ser indiscutido durante décadas.

En cambio, el monopolio del capital financiero actual se discute furiosamente: ha comenzado la época de las guerras imperialistas.

Entonces, se podía sobornar y corromper durante décadas a la clase obrera de un país.

Ahora esto es inverosímil, y quizá hasta imposible.

Pero, en cambio, cada "gran" potencia imperialista puede sobornar y soborna a capas más reducidas (que en Inglaterra entre 1848 y 1868) de la "aristocracia obrera".

Entonces, como dice con admirable profundidad Engels, solo en un país podía constituirse un "partido obrero burgués", porque solo un país disponía del monopolio, pero, en cambio, por largo tiempo.

Ahora, el "partido obrero burgués" es inevitable y típico en todos los países imperialistas.

Pero, dada la desesperada lucha de estos países por el reparto del botín, no es probable que semejante partido triunfe durante largo tiempo en una serie de países.

Los trusts, la oligarquía financiera, la carestía, etc., permiten sobornar a un puñado de las capas superiores y, de esta manera, oprimir, subyugar, arruinar y atormentar con creciente intensidad a la masa de proletarios y semiproletarios.

Por una parte, está la tendencia de la burguesía y de los oportunistas a convertir el puñado de naciones más ricas y privilegiadas en "eternos" parásitos sobre el cuerpo del resto de la humanidad, a "dormir sobre los laureles" de la explotación de negros, hindúes, etc., teniéndolos sujetos por medio del militarismo moderno, provisto de una magnífica técnica de exterminio.

Por otra parte, está la tendencia de las masas, que son más oprimidas que antes, que soportan todas las calamidades de las guerras imperialistas, a sacudirse ese yugo, a derribar a la burguesía.

La historia del movimiento obrero se desarrollará ahora, inevitablemente, en la lucha entre estas dos tendencias, pues la primera no es casual, sino que tiene un "fundamento" económico.

La burguesía ha dado ya a luz, ha criado y se ha asegurado "partidos obreros burgueses" de socialchovinistas en todos los países.

Carecen de importancia las diferencias entre un partido oficialmente formado, como el de Bissolati en Italia, por ejemplo, partido totalmente socialimperialista, y, supongamos, el cuasipartido, a medio formar, de los Potrésov, Gvózdiev, Bulkin, Chjeídze, Skóbeliev y Cía.

Lo importante es que, desde el punto de vista económico, ha madurado y se ha consumado el paso de una capa de aristocracia obrera a la burguesía, pues este hecho económico, este desplazamiento en las relaciones entre las clases, encontrará sin gran "dificultad" una u otra forma política.

Sobre esta base económica, las instituciones políticas del capitalismo moderno —prensa, parlamento, sindicatos, congresos, etc.— han creado privilegios y dádivas políticas, correspondientes a los económicos, para los empleados y obreros respetuosos, mansos, reformistas y patrioteros.

La burguesía imperialista atrae y premia a los representantes y partidarios de los "partidos obreros burgueses" con lucrativos y tranquilos cargos en el gobierno o en el comité de industrias de guerra, en el parlamento y en diversas comisiones, en las redacciones de periódicos legales "serios" o en la dirección de sindicatos obreros no menos serios y "obedientes a la burguesía".

EL SISTEMA DEL ENGAÑO POLÍTICO

En este mismo sentido actúa el mecanismo de la democracia política.

En nuestros días no se puede pasar sin elecciones; ni nada se puede hacer sin las masas, pero en la época de la imprenta y del parlamentarismo no es posible llevar tras de sí a las masas sin un sistema ampliamente ramificado, metódicamente aplicado, sólidamente organizado de adulación, de mentiras, de fraudes, de prestidigitación con palabrejas populares y de moda, de promesas a diestro y siniestro de toda clase de reformas y beneficios para los obreros, con tal de que renuncien a la lucha revolucionaria por derribar a la burguesía.

Yo llamaría a este sistema "lloydgeorgismo", por el nombre de uno de sus representantes más eminentes y hábiles en el país clásico del "partido obrero burgués", el ministro inglés Lloyd George.

Negociante burgués de primera clase y político astuto, orador popular, capaz de pronunciar toda clase de discursos, incluso r-r-revolucionarios, ante un auditorio obrero; capaz de conseguir, para los obreros dóciles, dádivas apreciables como son las reformas sociales (seguros, etc.), Lloyd George sirve admirablemente a la burguesía y la sirve precisamente entre los obreros, extendiendo su influencia precisamente en el proletariado, donde le es más necesario y más difícil someter moralmente a las masas.

Pero, ¿es tanta la diferencia entre Lloyd George y los Scheidemann, los Legien, los Henderson, los Hyndman, los Plejánov, los Renaudel y Cía.?

Se nos objetará que, de estos últimos, algunos volverán al socialismo revolucionario de Marx.

Es posible, pero esta es una diferencia insignificante en proporción, si se considera el problema en escala política, es decir, en su aspecto de masas.

Algunos de los actuales líderes socialchovinistas pueden volver al proletariado.

Pero la corriente socialchovinista o (lo que es lo mismo) oportunista no puede desaparecer ni "volver" al proletariado revolucionario.

Donde el marxismo es popular entre los obreros, esta corriente política, este "partido obrero burgués", invocará a Marx y jurará en su nombre.

No se le puede prohibir, como no se le puede prohibir a una empresa comercial que emplee cualquier etiqueta, cualquier rótulo, cualquier anuncio.

En la historia ha sucedido siempre que, después de muertos los jefes revolucionarios cuyos nombres son populares en las clases oprimidas, sus enemigos han intentado apropiárselos para engañar a estas clases.

La lucha inevitable contra los "partidos obreros burgueses".

El hecho de que en todos los países capitalistas avanzados se han constituido ya "partidos obreros burgueses", como fenómeno político, y que sin una lucha enérgica y despiadada contra esos partidos —o grupos, corrientes, etc., todo es lo mismo— no puede ni hablarse de lucha contra el imperialismo, ni de marxismo, ni de movimiento obrero socialista.

La fracción de Chjeídze, Nashe Dielo y Golos Trudá en Rusia, y los partidarios del CO en el extranjero, no son sino una variante de uno de estos partidos.

No tenemos ni asomo de fundamento para pensar que estos partidos pueden desaparecer antes de la revolución social.

Por el contrario, cuanto más cerca esté esa revolución, cuanto más poderosamente se encienda, cuanto más bruscos y fuertes sean las transiciones y los saltos en el proceso de su desarrollo, tanto mayor será el papel que desempeñe en el movimiento obrero la lucha de la corriente revolucionaria, de masas, contra la corriente oportunista, pequeñoburguesa.

El kautskismo no es ninguna tendencia independiente, pues no tiene raíces ni en las masas ni en la capa privilegiada que se ha pasado a la burguesía.

Pero el peligro que entraña el kautskismo consiste en que, utilizando la ideología del pasado, se esfuerza por conciliar al proletariado con el "partido obrero burgués", por mantener su unidad con este último y levantar de tal modo el prestigio de dicho partido.

ENGELS Y LA LUCHA CONTRA EL OPORTUNISMO

Uno de los sofismas más difundidos de los kautskistas es el remitirse a las "masas".

"¡No queremos separarnos de ellas ni de sus organizaciones!", dicen.

Pero obsérvese cómo plantea Engels esta cuestión.

Las "organizaciones de masas" de las tradeuniones inglesas estuvieron en el siglo XIX al lado del partido obrero burgués.

Y no por eso se conformaron Marx y Engels con este partido, sino que lo desenmascararon.

No olvidaban, en primer lugar, que las organizaciones de las tradeuniones abarcan, en forma inmediata, una minoría del proletariado.

Tanto entonces en Inglaterra como ahora en Alemania está organizada no más de una quinta parte del proletariado.

Bajo el capitalismo no puede pensarse seriamente en la posibilidad de organizar a la mayoría de los proletarios.

En segundo lugar — y esto es lo principal —, no se trata tanto del número de miembros de una organización, como del sentido real, objetivo, de su política:

Si esa política representa a las masas y sirve para liberarlas del capitalismo, o si representa los intereses de una minoría que busca la conciliación con el capitalismo.

Ese es el quid de la táctica marxista.

Ni nosotros ni nadie puede calcular exactamente qué parte del proletariado sigue y seguirá a los socialchovinistas y oportunistas.

Solo la lucha lo pondrá de manifiesto, solo la revolución socialista lo decidirá definitivamente.

Pero lo que sí sabemos con certeza es que los "defensores de la patria" en la guerra imperialista solo representan una minoría.

Y por esto, si queremos seguir siendo socialistas, nuestro deber es ir más abajo y más a lo hondo, a las verdaderas masas: en ello está el sentido de la lucha contra el oportunismo y todo el contenido de esta lucha.

Poniendo al descubierto que los oportunistas y los socialchovinistas traicionan y venden de hecho los intereses de las masas, que defienden privilegios pasajeros de una minoría obrera, que extienden ideas e influencias burguesas, que, en realidad, son aliados y agentes de la burguesía, de este modo enseñamos a las masas a comprender cuáles son sus verdaderos intereses políticos, a luchar por el socialismo y por la revolución, a través de todas las largas y penosas peripecias de las guerras imperialistas y de los armisticios imperialistas.

La única línea marxista en el movimiento obrero mundial consiste en explicar a las masas que la escisión con el oportunismo es inevitable e imprescindible, en educarlas para la revolución en una lucha despiadada contra él, en aprovechar la experiencia de la guerra para desenmascarar todas las infamias de la política obrera liberal-nacionalista, y no para encubrirlas.

A LOS CAMPESINOS POBRES

1. LA LUCHA DE LOS OBREROS EN LAS CIUDADES

Muchos campesinos habrán oído hablar probablemente de la agitación obrera existente en las ciudades. Algunos de ellos habrán estado en las capitales y en las fábricas, y tenido ocasión de presenciar los motines, como los llama la policía. Otros conocerán a algunos de los obreros que participaron en los disturbios y que fueron confinados en aldeas por las autoridades. A poder de unos habrán llegado octavillas y folletos sobre la lucha de los obreros. Otros, por último, habrán oído hablar a personas avezadas de lo que está sucediendo en las ciudades.

Antes sólo se rebelaban los estudiantes, pero ahora se han levantado en todas las grandes ciudades miles y decenas de miles de obreros. En la mayoría de los casos, luchan contra sus patronos, contra los fabricantes, contra los capitalistas. Los obreros declaran huelgas, suspenden todos a un tiempo el trabajo en la fábrica, reclaman aumento de salarios y exigen que no se les obligue a trabajar once horas por día, ni diez, sino sólo ocho. Exigen también otras cosas que alivien la vida de los trabajadores. Quieren que los talleres estén en mejores condiciones, que en las máquinas se instalen dispositivos especiales para evitar los accidentes de quienes las manejan; que sus hijos puedan ir a la escuela, que se atienda debidamente a los enfermos en los hospitales, que las viviendas obreras sean habitaciones humanas y no perreras.

La policía interviene en la lucha obrera. Detiene a los obreros, los mete en la cárcel, los deporta sin proceso a sus pueblos natales y hasta los destierra a Siberia. El Gobierno prohíbe por medio de leyes las huelgas y las reuniones de los obreros. Pero éstos luchan contra la policía y contra el Gobierno. Los obreros dicen: ¡Nosotros, los millones de obreros, hemos doblado ya bastante nuestras espaldas! ¡Ya hemos trabajado bastante para los ricachos sin salir de la miseria! ¡Hemos permitido ya que nos saquearan bastante! ¡Queremos unirnos, unir a todos los obreros en una gran agrupación obrera (un partido obrero) y luchar, todos juntos, por una vida mejor! ¡Queremos lograr una organización nueva y mejor de la sociedad, en la que no haya ricos ni pobres y en la que todos tengan que trabajar! ¡Que no sea un puñado de ricachos, sino todos los trabajadores los que se aprovechen de los frutos del trabajo de todos! ¡Que las máquinas y otros perfeccionamientos faciliten el trabajo de todos y no sirvan para enriquecer a unos cuantos a costa de millones y millones de hombres del pueblo! Esta sociedad nueva y mejor se llama sociedad socialista. La doctrina que trata de esta sociedad se llama socialismo. Las agrupaciones de obreros constituidas para luchar por esta organización mejor de la sociedad se denominan partidos socialdemócratas. Estos partidos existen legalmente en casi todos los países (con excepción de Rusia y de Turquía), y nuestros obreros, unidos a los socialistas procedentes de la gente instruida, han organizado también un partido de este tipo: el Partido Obrero Socialdemócrata de Rusia.

El Gobierno lo persigue, pero el Partido existe en la ilegalidad, pese a todas las prohibiciones; edita sus periódicos y libros, y organiza asociaciones clandestinas. Y los obreros no sólo se reúnen clandestinamente, sino que, además, salen a la calle en masa desplegando banderas con estas inscripciones: "¡Viva la jornada de ocho horas! ¡Viva la libertad! ¡Viva el socialismo!" El Gobierno persigue ferozmente a los obreros por esto. Hasta manda tropas para que disparen contra ellos. Los soldados rusos han asesinado a obreros rusos en Yaroslavl, Petersburgo, Riga, Rostov del Don y Zlatoúst.

Pero los obreros no se rinden. Prosiguen su lucha. Dicen: ni las persecuciones, ni la cárcel, ni la deportación o el presidio, ni la muerte, nos intimidarán. Nuestra causa es justa. Luchamos por la libertad y la felicidad de todos los que trabajan. Luchamos por liberar de la violencia, la opresión y la miseria a decenas y centenares de millones de hombres del pueblo. Los obreros van adquiriendo cada vez mayor conciencia. El número de socialdemócratas crece con rapidez en todos los países. Venceremos, pese a todas las persecuciones.

Es necesario que los pobres del campo comprendan con claridad quiénes son estos socialdemócratas, qué quieren y cómo se debe actuar en el campo para ayudarles a conquistar la felicidad del pueblo.

2. ¿QUE QUIEREN LOS SOCIALDEMOCRATAS?

Los socialdemócratas rusos aspiran, ante todo, a la libertad política. Necesitan esta libertad para unir amplia y abiertamente a todos los obreros rusos en la lucha por una organización nueva y mejor de la sociedad, por una sociedad socialista.

¿Qué es la libertad política?

Para comprender esto, el campesino debe, ante todo, comparar su libertad actual con el régimen de la servidumbre. Bajo el régimen de la servidumbre el campesino no podía casarse sin permiso de su terrateniente. Ahora puede contraer matrimonio sin permiso de nadie. Bajo el régimen de la servidumbre tenía que trabajar obligatoriamente para su señor durante los días que indicara el administrador de éste. Ahora el campesino puede elegir libremente para qué patrono, en qué días y por qué remuneración trabajará. Bajo el régimen de la servidumbre, el campesino no podía abandonar la aldea sin la autorización del señor. Ahora es libre de ir adonde quiera, si la comunidad se lo consiente, si no tiene deudas atrasadas, si le dan pasaporte, si el gobernador o el isprávnik no le prohíben cambiar de lugar de residencia. De modo que tampoco ahora goza el campesino de plena libertad de movimiento, que sigue siendo, todavía hoy, un semisiervo. Más adelante explicaremos en detalle por qué el campesino ruso sigue siendo un semisiervo y cómo puede salir de esta situación.

Bajo el régimen de la servidumbre, el campesino no podía adquirir propiedades sin licencia del señor, no podía comprar tierras. Ahora es libre de adquirir toda clase de propiedades (pero tampoco actualmente posee plena libertad para salir de la comunidad ni para disponer de su propia tierra como le plazca). Bajo el régimen de la servidumbre, el campesino podía ser azotado por el terrateniente. Ahora no puede ser azotado por su terrateniente, aunque hasta hoy no se ha liberado de los castigos corporales.

Esta libertad a que nos referimos se llama libertad civil; libertad para los asuntos de familia, para los asuntos personales, para lo relacionado con los bienes. El campesino y el obrero son libres (aunque no del todo) para organizar su vida familiar y sus asuntos personales, así como para disponer de su trabajo (elegir un patrono) y de sus bienes.

Pero ni los obreros rusos, ni el pueblo ruso en su conjunto gozan, hasta hoy, de libertad de administrar sus asuntos públicos. El pueblo como un todo sigue siendo un siervo de los funcionarios públicos, ni más ni menos que los campesinos lo eran de los terratenientes. El pueblo ruso no tiene derecho a elegir a los funcionarios, no tiene derecho a elegir a sus representantes, encargados de elaborar las leyes para todo el Estado. El pueblo ruso no tiene siquiera derecho a organizar reuniones para discutir los asuntos de Estado. Sin autorización de los funcionarios, que nos son impuestos sin nuestro consentimiento, lo mismo que el señor, en los viejos tiempos, designaba al administrador de la finca sin el consentimiento de los campesinos, no podemos siquiera imprimir periódicos y libros, ni hablar de los asuntos de Estado ante todos y para todos.

Así como los campesinos eran esclavos de los terratenientes, así el pueblo ruso sigue siendo todavía esclavo de los funcionarios. Así como los campesinos, bajo el régimen de la servidumbre, no gozaban de libertad civil, así el pueblo ruso sigue careciendo, todavía hoy, de libertad política. La libertad política es la libertad del pueblo para disponer de los asuntos públicos, de los asuntos de Estado. La libertad política es el derecho del pueblo de elegir a sus representantes (diputados) a la Duma de Estado (parlamento). Todas las leyes deben discutirse y aprobarse, todos los impuestos y tributos deben ser fijados sola y exclusivamente por la Duma de Estado (parlamento), elegida por el mismo pueblo. La libertad política es el derecho del pueblo a elegir él mismo a todos los funcionarios, a organizar toda clase de reuniones para discutir los asuntos de Estado, a editar sin necesidad de permiso alguno los libros y los periódicos que se quiera.

Todos los demás pueblos europeos conquistaron desde hace mucho tiempo su libertad política. Sólo en Turquía y en Rusia el pueblo sigue viviendo en la esclavitud política, bajo el Gobierno del sultán y bajo el Gobierno autocrático zarista. La autocracia zarista representa el poder ilimitado del zar. El pueblo no interviene para nada ni en la estructuración ni en la administración del Estado. El zar, por sí y ante sí, promulga todas las leyes y designa a todos los funcionarios, haciendo uso de su poder unipersonal, ilimitado y absoluto. Pero el zar, por supuesto, no puede ni siquiera conocer todas las leyes de Rusia ni a todos los funcionarios de Rusia. El zar no puede ni siquiera saber lo que sucede en el país. El zar se limita, sencillamente, a ratificar la voluntad de unas cuantas decenas de funcionarios, los más poderosos y encumbrados. Un solo hombre, por mucho que lo deseara, no podría gobernar un Estado tan inmenso como Rusia. A Rusia no la gobierna el zar —la autocracia ejercida por una sola persona es sólo una manera de decir—, sino un puñado de funcionarios, los más ricos y encumbrados. El zar sólo se entera de lo que a este puñado de funcionarios le place comunicarle. No le es posible oponerse a la voluntad de este puñado de aristócratas de alta alcurnia: él mismo es terrateniente y aristócrata; ha vivido desde su infancia entre los aristócratas, quienes lo criaron y lo educaron; lo único que sabe del pueblo ruso es lo que saben también estos aristócratas cortesanos, ricos terratenientes y escasos comerciantes acaudalados que tienen acceso a la Corte.

No hay administración de subdistrito en que no se vea un cuadro representando al zar Alejandro III, padre del monarca actual. Aparece pronunciando un discurso ante los síndicos rurales que asistieron a su coronación. El zar les ordena: "¡Obedeced a vuestros mariscales de la nobleza!" El actual zar, Nicolás II, ha vuelto a decir lo mismo. Esto significa que los propios zares reconocen que sólo pueden gobernar el Estado con ayuda de los nobles, por medio de ellos. Hay que recordar bien estas palabras del zar sobre la obediencia de los campesinos a los nobles. Conviene comprender con claridad cómo mienten al pueblo quienes se esfuerzan por presentar el Gobierno zarista como el mejor de los gobiernos. En otros países -dicen- el gobierno es electivo: allí son elegidos los ricos y éstos gobiernan de modo injusto, oprimiendo a los pobres. En Rusia, en cambio, los gobernantes no son electivos, sino que el zar autocrático lo gobierna todo. El zar está por encima de todos, pobres y ricos. El zar hace justicia a todos por igual, lo mismo a los ricos que a los pobres.

Estas palabras son pura hipocresía. `Podo ruso sabe cuál es la justicia de nuestro Gobierno. Sabe si en nuestro país un simple obrero o un jornalero agrícola puede o no formar parte del Consejo de Estado. Mientras que en todos los demás países europeos, en cambio, obreros de las fábricas y jornaleros del campo han podido llegar a ser miembros de las Dumas de Estado (parlamentos) y hablar libremente a todo el pueblo sobre la calamitosa vida de los obreros y llamar a éstos a unirse y luchar por una vida mejor. Y nadie se ha atrevido a interrumpir a los elegidos por el pueblo, ni un solo policía ha osado tocarles.

En Rusia no hay gobierno electivo, están en el poder no solamente los ricos y los nobles, sino los peores entre ellos. Gobiernan los más hábiles soplones de la Corte del zar, los que mejor saben poner zancadillas, los que mienten y calumnian ante el zar, los que adulan y halagan. Y gobiernan en secreto, sin que el pueblo sepa ni pueda saber qué leyes se prepara, qué guerras se trama, qué nuevos impuestos van a decretarse, a qué funcionarios se condecorará y por qué, y a cuáles se va a destituir. En ningún país existe tal multitud de funcionarios como en Rusia. Estos funcionarios se alzan como una selva sombría ante el pueblo mudo, y el simple obrero jamás logra abrirse paso a través de ella, ni consigue que se le haga justicia. Nunca sale a la luz una sola queja contra los funcionarios, por sus concusiones, saqueos y violencias, pues el papeleo burocrático se encarga de archivarla. La voz del hombre aislado nunca llega a todo el pueblo, sino que se pierde en esa selva oscura o es estrangulada en las mazmorras policíacas. El ejército de funcionarios, a quienes el pueblo no ha elegido y que no tiene por qué darle cuentas, se ha encargado de urdir una espesa telaraña, en la que la gente forcejea como las moscas.

La autocracia zarista es una autocracia de funcionarios. Es el sometimiento feudal del pueblo a los funcionarios, y sobre todo a la policía. La autocracia zarista es una autocracia policíaca.

He ahí por qué los obreros salen a la calle con banderas en las que se lee: "¡Abajo la autocracia!", "¡Viva la libertad política!" He ahí por qué las decenas de millones de campesinos pobres deben apoyar, hacer suyo este grito de combate de los obreros de la ciudad. Como ellos, los obreros del campo y los campesinos pobres, sin temer las persecuciones, sin amilanarse ante ninguna clase de amenazas y violencias por parte de sus enemigos, sin desconcertarse ante los primeros reveses, deben lanzarse a la lucha decisiva por la libertad de todo el pueblo ruso, y exigir ante todo la convocatoria de una asamblea de representantes del pueblo. ¡Que el pueblo mismo elija, en toda Rusia, a sus representantes (diputados)! ¡Que estos diputados formen una asamblea suprema que constituya en Rusia un gobierno electivo, libere al pueblo de su sometimiento feudal a los funcionarios y a la policía, y le asegure la libertad de reunión, de palabra y de prensa!

Esto es lo que quieren, en primer lugar, los socialdemócratas. Ese es el significado de su primera reivindicación: libertad política.

Sabemos que la libertad política, la libertad para elegir representantes a la Duma de Estado (parlamento), la libertad de reunión y de prensa, por sí solas, no liberarán de repente al pueblo trabajador de la opresión y la miseria. No existen en el mundo medios capaces de liberar de repente a los pobres de la ciudad y el campo de la necesidad de trabajar para los ricos. El pueblo trabajador no puede confiar en nadie, sólo puede contar consigo mismo. Nadie liberará al trabajador de la miseria, si no se libera él mismo. Y para liberarse, los obreros deben unirse en todo el país, en toda Rusia, en una sola agrupación, en un solo partido. Pero los millones de obreros no podrán unirse si el Gobierno autocrático policiaco prohíbe todas las reuniones, todos los periódicos obreros, todas las elecciones para que los obreros designen a sus representantes. Para poder unirse deben tener el derecho de organizar toda clase de agrupaciones, gozar de libertad para asociarse, de libertad política.

La libertad política no liberará inmediatamente al pueblo obrero de la miseria, pero proporcionará a los obreros el arma para luchar contra ella. No hay ni puede haber otro medio de lucha contra la miseria que la unión de los obreros mismos. Pero sin libertad política será imposible que se unan los millones de hombres del pueblo.

En todos los países europeos en que el pueblo conquistó la libertad política, hace ya mucho tiempo que los obreros empezaron a unirse. Estos obreros, que no poseen ni tierras ni talleres, que trabajan toda la vida para otros por un jornal, se llaman en toda Europa proletarios. Hace más de cincuenta años resonó el llamamiento a la unión del pueblo obrero: "¡Proletarios de todos los países, uníos!" En los últimos cincuenta años, estas palabras han recorrido todo el mundo y se repiten hoy en decenas y cientos de miles de asambleas obreras, pueden leerse en millones de folletos y periódicos socialdemócratas publicados en todos los idiomas.

Claro está que unir en una sola agrupación, en un solo partido, a millones de obreros es una empresa dificilísima, que requiere tiempo, firmeza, tenacidad y valentía. Los obreros viven agobiados por la pobreza y la miseria, embotados por los eternos trabajos forzados que realizan para los capitalistas y los terratenientes; a menudo ni siquiera disponen de tiempo para pensar por qué viven condenados a perpetua privación y cómo podrían librarse de ella. Por todos los medios se impide que los obreros se unan: mediante la violencia descarada y brutal, en países como Rusia, donde no existe la libertad política, o negándoles el trabajo a quienes predican la doctrina socialista; o recurriendo, por último, al engaño y a la corrupción. Pero ni la violencia ni la persecución serán capaces de detener a los obreros proletarios que luchan por la grandiosa causa de liberar a todo el pueblo trabajador de la miseria y la opresión. El número de obreros socialdemócratas crece sin cesar. En un Estado vecino al nuestro, en Alemania, existe un gobierno electivo. Antes, también, en Alemania gobernaba una monarquía absoluta con poderes ilimitados. Pero hace ya mucho tiempo, más de cincuenta años, que el pueblo alemán destruyó el absolutismo y conquistó la libertad política. En Alemania, las leyes no son dictadas por un puñado de funcionarios, como en Rusia, sino por la asamblea de representantes elegidos por el pueblo, el parlamento o Reichstag, como la llaman los alemanes. Todos los varones adultos tienen derecho al voto para elegir los diputados a esta asamblea. Esto permite calcular cuántos votos fueron emitidos en favor de los socialdemócratas. En 1887 votó por los socialdemócratas la décima parte de los electores. En 1898 (año en que se realizaron las últimas elecciones al Reichstag alemán) el número de votos depositados en favor de los socialdemócratas casi se triplicó. Esa vez votó por ellos más de la cuarta parte de todos los electores. Más de dos millones de varones adultos eligieron para el parlamento a diputados socialdemócratas. En Alemania, el socialismo aún se halla poco extendido entre los obreros del campo, pero ahora comienza a hacer rápidos progresos también allí. Y cuando la masa de los braceros, jornaleros y campesinos pobres e indigentes se una a sus hermanos de la ciudad, los obreros alemanes vencerán e instaurarán un régimen en el que los trabajadores no vivirán ya en la miseria y la opresión.

Ahora bien, ¿de qué manera se proponen los obreros socialdemócratas liberar al pueblo de la miseria?

Para saberlo, hay que comprender con claridad de dónde proviene la miseria a que se halla condenada la inmensa masa del pueblo en el presente régimen social. Crecen ricas ciudades, se edifican lujosas tiendas y casas, se construyen ferrocarriles, se introduce toda clase de máquinas y perfeccionamientos tanto en la industria como en la agricultura, mientras millones de hombres del pueblo no consiguen salir de la miseria y siguen trabajando toda su vida para sostener a duras penas a su familia. Más aún: el número de obreros desocupados es cada vez mayor. Aumenta constantemente, tanto en la ciudad como en el campo, la masa de gente que no logra encontrar ningún trabajo. En las aldeas esta gente sufre hambre, en las ciudades pasa a engrosar las bandas de vagos y maleantes83, vive hacinada como bestias en las covachas de los arrabales o en sótanos y tugurios espantosos, como los del mercado de Jítrov, en Moscú.

¿Cómo explicarse esto? ¿Cómo explicarse que, mientras aumentan la riqueza y el lujo, los millones y millones de seres que con su trabajo crean todas las riquezas, permanezcan en la pobreza y en la penuria? ¿Que los campesinos mueran de hambre y los obreros callejeen sin trabajo, mientras los comerciantes exportan de Rusia millones de puds de trigo y las fábricas están paradas porque no pueden vender en ninguna parte sus mercancías, pues no hallan salida para ellas?

Esto sucede, ante todo, porque la gran mayoría de las tierras, al igual que las fábricas, los talleres, las máquinas, los edificios, los barcos, etc., pertenecen a un puñado de ricachones. En estas tierras, en estas fábricas y talleres, trabajan decenas de millones de hombres del pueblo, y, sin embargo, fábricas, talleres y tierras son propiedad de unos miles o decenas de miles de ricos, terratenientes, comerciantes y fabricantes. El pueblo trabaja para estos ricachos por un jornal, por un salario, por un pedazo de pan. Todo lo que los obreros producen, después de cubrir su mísero sustento, va a parar a manos de los ricos, constituye su ganancia, sus "rentas". Todos los beneficios derivados del empleo de máquinas, de las mejoras introducidas en el trabajo, favorecen a los propietarios de tierras y a los capitalistas, quienes acumulan riquezas sin cuento, mientras a los trabajadores les corresponden sólo unas cuantas migajas. Los trabajadores se reúnen para trabajar; en las extensas fincas y en las grandes fábricas trabajan centenares y a veces millares de obreros. Esta labor conjunta, con el empleo de las máquinas más diversas, hace que el trabajo resulte más productivo: un solo obrero produce, así, mucho más que decenas que trabajan por separado y sin la ayuda de máquinas. Pero los que se aprovechan de este trabajo más productivo, no son los trabajadores, sino el insignificante número de grandes terratenientes, comerciantes y fabricantes.

Es frecuente oír que los terratenientes y comerciantes "dan trabajo" al pueblo, "dan" salario a la gente pobre. Se dice, por ejemplo, que a los campesinos de una localidad "les da de comer" la fábrica vecina o la finca cercana". En realidad, son los obreros quienes con su trabajo se alimentan ellos mismos y alimentan a cuantos no trabajan.

Pero por el permiso para trabajar en las tierras del terrateniente, en la fábrica o en el ferrocarril, el obrero entrega gratuitamente al propietario todo lo que produce, recibiendo sólo su mísero sustento. Esto significa, en realidad, que no son los terratenientes ni los comerciantes quienes dan trabajo a los obreros, sino éstos los que con su esfuerzo sostienen a todos, entregando gratuitamente la mayor parte de su trabajo.

Prosigamos. En todos los Estados actuales la miseria del pueblo nace del hecho de que los trabajadores producen todos los artículos con destino a la venta, con destino al mercado. El fabricante y el artesano, el terrateniente y el campesino acomodado producen tales o cuales objetos, crían el ganado, siembran y cosechan el trigo, para venderlo, para obtener dinero. El dinero es hoy, en todas partes, la fuerza principal. Todos los productos del trabajo humano se cambian por dinero. Con dinero se puede comprar todo lo que se quiera. Se puede comprar, incluso, a los hombres, es decir, obligar a quienes nada tienen a trabajar para los que poseen dinero. Antes la fuerza principal era la tierra; así sucedía bajo el régimen de la servidumbre: quien tenía la tierra tenía la fuerza y el poder. Pero ahora la fuerza principal es el dinero, el capital. Con dinero se puede comprar tanta tierra como se quiera. Y sin dinero, no se podrá hacer gran tosa, aunque se posea la tierra: no se puede comprar arados u otros implementos, no se puede comprar ganado, ropas y otras mercancías de la ciudad, y no hablemos de pagar los impuestos. Para conseguir dinero, casi todos los terratenientes hipotecan sus fincas a los bancos. Para obtener dinero, el Gobierno pide préstamos a la gente rica y a los banqueros de todo el mundo, y paga cientos de millones de rublos anuales en concepto de intereses por estos préstamos.

Por dinero, todos libran ahora una guerra feroz unos contra otros. Cada cual trata de comprar más barato y vender más caro, de aventajar al otro, de vender la mayor cantidad posible de mercancías, de rebajar los precios, de ocultar a los demás los lugares en que se puede vender con ventaja o conseguir un suministro lucrativo. En esta contienda general por obtener dinero, los que salen peor parados son las personas modestas, el pequeño artesano y el pequeño campesino, que siempre marchan a la zaga del rico comerciante o del campesino rico. Nunca tienen reservas, viven al día, y a la primera dificultad, al primer revés, se ven obligados a empeñar sus últimas pertenencias o a malvender su ganado de labor. En cuanto han caído en las garras de un kulak o de un usurero, rara vez se encuentran con energías para soltarse del cepo, y casi siempre quedan irremisiblemente arruinados. Cada año, decenas y cientos de miles de pequeños campesinos y artesanos se ven obligados a abandonar sus chozas, a dejar su parcela por nada a la comunidad y a convertirse en obreros asalariados, en jornaleros, en peones, en proletarios. Y los ricos se enriquecen cada vez más en esta lucha por el dinero. Acumulan en los bancos millones y cientos de millones de rublos, y se lucran no sólo con su propio dinero, sino también con el de los demás, depositado en los bancos. Por las decenas o cientos de rublos que ingresan en el banco o en la caja de ahorros, la gente modesta obtiene un interés de tres o cuatro kopeks por rublo, en tanto que los ricos convierten estas decenas en millones, amplían con estos millones sus inversiones y ganan, así, hasta diez y veinte kopeks por cada rublo.

He ahí por qué los obreros socialdemócratas afirman que para poner fin a la miseria del pueblo no hay más camino que cambiar de arriba abajo el régimen existente en todo el Estado e implantar el régimen socialista, es decir, quitarles a los grandes terratenientes sus fincas, a los industriales sus fábricas y a los banqueros sus capitales, suprimir su propiedad privada y ponerla en manos de todo el pueblo trabajador en todo el Estado. Cuando se haga esto, no será la gente rica que vive del trabajo ajeno quien dispondrá del trabajo de los obreros, sino los obreros mismos y los representantes elegidos por éstos. Entonces los frutos del trabajo común y las ventajas derivadas de todos los adelantos y de las máquinas redundarán en beneficio de todos los trabajadores, de todos los obreros. Entonces la riqueza crecerá todavía más rápidamente, pues cuando trabajen para sí los obreros trabajarán mejor que ahora para los capitalistas; se acortará su jornada de trabajo, comerán y vestirán mejor, toda su vida cambiará radicalmente.

Pero cambiar el régimen existente en todo el Estado no es empresa fácil. Para ello será necesario un gran esfuerzo, una lucha larga y tenaz. Todos los ricachos, todos los propietarios, toda la burguesía, defenderán sus riquezas con toda su energía. Los funcionarios y el ejército defenderán a toda la clase rica porque el propio Gobierno se halla en manos de dicha clase. Los obreros deberán unirse como un solo hombre para luchar contra todos los que viven del trabajo ajeno; deberán unirse ellos y unir a todos los desposeídos en una sola clase obrera, en la clase del proletariado. La lucha será dura para la clase obrera, pero terminará indefectiblemente con la victoria de los obreros, porque la burguesía, es decir, la gente que vive del trabajo ajeno, constituye una parte insignificante del pueblo, mientras que la clase obrera representa la inmensa mayoría de éste. Obreros contra propietarios equivale a decir millones contra miles.

En Rusia los obreros también comienzan ya a unirse con vistas a esta grandiosa lucha en un solo partido, el Partido Socialdemócrata. Por muy difícil que sea unirse en secreto, escondiéndose de la policía, la unidad, pese a todo, crece y se fortalece. Y cuando el pueblo ruso conquiste la libertad política, la causa de la unidad de la clase obrera y la causa del socialismo avanzarán a paso muchísimo más rápido, con mayor rapidez todavía que hoy entre los obreros alemanes.

3. RIQUEZA Y MISERIA, PROPIETARIOS Y OBREROS EN EL CAMPO

Ahora ya sabemos lo que quieren los socialdemócratas. Quieren luchar contra toda la clase rica para liberar al pueblo de la miseria. Y en el campo ruso la miseria no es menor, sino tal vez mayor aún que en las ciudades. No vamos a hablar aquí de cuán grande es la miseria en el campo: todo obrero que haya estado allí y todo campesino conocen bien la penuria, el hambre, el frío y la desolación que reinan en el campo.

Pero el campesino no sabe por qué vive en la miseria, pasa hambre y se arruina, ni cómo podrá librarse de esta penuria. Para saberlo hay que comprender ante todo de dónde provienen la penuria y la miseria, tanto en la ciudad como en el campo. Ya hemos hablado brevemente de ello y nos hemos cerciorado de que los campesinos pobres y los obreros del campo deben unirse a los obreros de la ciudad. Pero esto no basta. Hay que saber, además, quiénes seguirán en el campo a los ricos, a los propietarios, y quiénes se pondrán de parte de los obreros, de los socialdemócratas. Hay que saber si son muchos los campesinos que se las arreglan tan bien como los terratenientes para amasar un capital y vivir del trabajo ajeno. Si no llegamos al fondo de este asunto, de nada servirán todos los discursos sobre la miseria, y los pobres del campo no sabrán quiénes son los que tienen que unirse entre sí y con los obreros de la ciudad, ni qué hay que hacer para que resulte una alianza sólida y el campesino no sea engañado no sólo por el terrateniente, sino tampoco por su prójimo, el mujik rico.

Para esclarecer esto, veamos ahora cuál es la fuerza de los terratenientes en el campo y cuál la de los campesinos ricos.

Comencemos por los terratenientes. Su fuerza puede calcularse atendiendo, sobre todo, a la cantidad de tierra de que son propietarios. El total de tierras de Rusia Europea, incluyendo tanto la comunal de los campesinos como las de propiedad privada, ascendía a 240 millones de deciatinas, aproximadamente (aparte de las tierras del fisco, de las que hablaremos más adelante). De estos 240 millones de deciatinas se hallan en manos de los campesinos, es decir, de más de diez millones de familias, 131 millones de deciatinas de tierras comunales; 109 millones de deciatinas están en poder de propietarios privados, o sea, en poder de menos de medio millón de familias. Esto quiere decir que, por término medio, a cada familia campesina le corresponde 13 deciatinas, mientras que a la familia de un solo propietario privado le tocan 1218 deciatinas! Pero la desigualdad en cuanto a la distribución de la tierra es aún mucho mayor, como veremos en seguida.

De los 109 millones de deciatinas de tierra que corresponden a los propietarios privados, siete millones se hallan en poder de la Corona; es decir, son propiedad de los miembros de la familia del zar. El zar, con su familia, es el primer terrateniente, el más grande terrateniente de Rusia. ¡Una sola familia posee más tierras que medio millón de familias campesinas! Además, las iglesias y los monasterios son propietarios de cerca de seis millones de deciatinas. Nuestros popes predican a los campesinos la moderación y hasta la abstinencia, mientras ellos mismos han acaparado, por las buenas o por las malas, una cantidad inmensa de tierras.

Por si esto fuera poco, se calcula que unos dos millones de deciatinas pertenecen a las ciudades y burgos, y otra cantidad aproximadamente igual a diversas sociedades y compañías comerciales e industriales. 92 millones de deciatinas de tierra (la cifra exacta es de 91.605.845, pero daremos, para simplificar, números redondos) pertenecen a menos de medio millón (481.358) de familias de propietarios privados. La mitad de este número de familias son propietarios muy pequeños, cada uno de los cuales posee menos de diez deciatinas, y entre todos ellos menos de un millón. En cambio, dieciséis mil familias poseen más de mil deciatinas cada una, con un total de sesenta y cinco millones de deciatinas entre todas. Cuán inmensas son las extensiones de tierras que concentran en sus manos los grandes terratenientes lo indica, además, el hecho de que un poco menos de mil familias (924) ¡poseen más de diez mil deciatinas de tierra, cada una, sumando entre todas veintisiete millones de deciatinas! Es decir, que sólo mil familias poseen tanta tierra como dos millones de familias de campesinos.

Se comprende, pues, que millones y decenas de millones de hombres del pueblo estén obligados a pasar hambre y miseria, y condenados a tal suerte para siempre, mientras unos cuantos miles de ricachos tienen en sus manos tan vastas extensiones de tierra. Se comprende que mientras eso ocurra, también el propio poder del Estado, el propio Gobierno (aunque se trate del Gobierno zarista) bailen al son que les toquen los grandes terratenientes. Se comprende que los pobres del campo no tengan de quién recibir ni de dónde esperar ayuda, mientras ellos mismos no se unan, no se fundan en una sola clase para luchar tenaz y desesperadamente contra la clase terrateniente.

Debe señalarse aquí que en nuestro país hay muchísima gente (entre ella, incluso, mucha gente culta) que se ha formado una idea completamente falsa de la fuerza que representa la clase terrateniente, y que dice que "el Estado" posee todavía mucha más tierra. "Ya ahora —afirman estos malos consejeros de los campesinos— pertenece al Estado gran parte del territorio (es decir, de todas las tierras) de Rusia" (palabras tomadas del periódico Revoliutsionnaya Rossia, núm. 8, pág. 8). El error de esta gente se debe a lo siguiente. Han oído que en Rusia Europea pertenecen al fisco 150 millones de deciatinas. Y así es, en verdad. Pero se olvidan de añadir que estas tierras son en su casi totalidad tierras estériles y bosques enclavados en los lejanos confines nórdicos, en las provincias de Arjánguelsk, Vólogda, Olonéts, Viatka y Perm. En poder del fisco sólo han quedado, en verdad, las tierras que hasta ahora resultaban totalmente inservibles para el cultivo. Las tierras cultivables que se hallan en poder del fisco no llegan a cuatro millones de deciatinas. Estas tierras cultivables pertenecientes al fisco (por ejemplo, en la provincia de Samara, donde abundan bastante) son tomadas en arriendo por los ricachos, que pagan por ellas una renta muy baja, casi nada. Se quedan con miles y decenas de miles de deciatinas de estas tierras y luego las ceden en arriendo a los campesinos por una renta exorbitante.

Sí, son muy malos consejeros de los campesinos quienes aseguran que el Estado tiene muchas tierras. En realidad, quienes disponen de muchas tierras buenas son los grandes propietarios privados (incluyendo entre ellos, personalmente, al zar), y estos grandes terratenientes tienen en sus manos al propio Estado. Y mientras los pobres del campo no sepan unirse y convertirse en una fuerza temible con su unión, el "Estado" seguirá siendo un sumiso servidor de la clase terrateniente. No hay que olvidar, además, otra cosa: antes, los terratenientes eran casi exclusivamente de la nobleza. También ahora se concentra en manos de los nobles una gran extensión de tierra (en 1877-1878 se calculaba que 115.000 nobles poseían 73 millones de deciatinas). Pero la fuerza principal ha pasado a ser ahora el dinero, el capital. Los comerciantes y los campesinos acomodados adquirieron muchísimas tierras. Se calcula que en treinta años (de 1863 a 1892) los nobles perdieron tierras (es decir, vendieron más de lo que compraron) por más de 600 millones de rublos. Por su parte, los comerciantes y ciudadanos distinguidos han adquirido tierras por 250 millones de rublos. Los campesinos, cosacos y "demás lugareños" (como llama nuestro Gobierno a la gente sencilla, para no confundirla con la "gente distinguida" y con el "público selecto") han comprado tierras por 300 millones de rublos. Esto significa que los campesinos de toda Rusia adquieren, por término medio, en propiedad privada, tierras por valor de 10 millones de rublos anuales.

Es decir, que no todos los campesinos son iguales: unos sufren hambre y miseria, y otros se enriquecen. Por consiguiente, son cada vez más los campesinos ricos que se orientan hacia los terratenientes y que se pondrán al lado de los ricos contra los obreros. Y los pobres del campo, que desean unirse a los obreros de la ciudad, deben pensar bien en esto, deben averiguar si son muchos estos campesinos ricos, cuál es su fuerza y qué clase de alianza necesitamos para luchar contra ella. Hablábamos hace poco de los malos consejeros de los campesinos. Estos malos consejeros gustan de decir que los campesinos cuentan ya con una alianza. Y la alianza es, según ellos, la comunidad rural. La comunidad, aseguran, es una gran fuerza. La agrupación dentro de la comunidad da una gran cohesión a los campesinos; la organización (es decir, la unidad, la alianza) de los campesinos en la comunidad es colosal (es decir, inmensa, enorme).

Esto es falso. Es un cuento. Un cuento inventado por gente bienintencionada, pero cuento al fin y al cabo. Y si prestamos oídos a cuentos, sólo conseguiremos echar a perder nuestra causa, la causa de la alianza de los pobres del campo con los obreros de la ciudad. Es necesario que todos los que viven en la aldea miren bien lo que ocurre a su alrededor: ¿es que la agrupación en la comunidad rural se parece en algo a la alianza de los campesinos pobres para luchar contra todos los ricos, contra todos los que viven del trabajo ajeno? No, no se parece en nada, ni puede parecerse. En cada aldea, en cada comunidad rural, hay muchos braceros, muchos campesinos arruinados, y hay ricachos que contratan braceros y compran tierras "a perpetuidad". Estos ricachos forman también parte de la comunidad rural y dominan en ella, porque son fuertes. Pues bien, ¿acaso la alianza que necesitamos es una alianza de la que formen parte y en la que dominen los ricachos? No, ni mucho menos.

Lo que necesitamos es una alianza para luchar contra ellos. Eso quiere decir que la agrupación dentro de la comunidad no nos sirve.

Lo que necesitamos es una alianza voluntaria, de la que formen parte sólo quienes comprendan que deben aliarse a los obreros de la ciudad. Pero la comunidad rural no es una alianza voluntaria, sino una agrupación impuesta por el Estado. De ella no forman parte quienes trabajan para los ricachos y quieren luchar juntos contra ellos. Está compuesta por todo tipo de personas, no porque quieran estar en ella, sino porque sus padres vivían ya en las mismas tierras, trabajaban para el mismo terrateniente, y porque las autoridades los han registrado como miembros de esa comunidad. Los campesinos pobres no pueden salir libremente de ella, ni aceptar libremente en la comunidad a una persona extraña inscrita por la policía en otro subdistrito y que a nosotros, para nuestra alianza, nos convendría tal vez que estuviera aquí. No, nos hace falta una alianza completamente distinta de ésta, una alianza voluntaria en la que sólo entren los trabajadores y los campesinos pobres, para luchar contra cuantos viven del trabajo ajeno.

Están ya muy lejos los tiempos en que la comunidad rural era una fuerza. Y esos tiempos jamás volverán. La comunidad era una fuerza cuando entre los campesinos apenas había braceros o jornaleros errantes por toda Rusia en busca de un salario, cuando no había casi ricachos, cuando todos se hallaban igualmente oprimidos por el terrateniente feudal. Ahora la fuerza principal es el dinero. Por dinero luchan entre sí como bestias feroces los miembros de una misma comunidad rural. A veces los mujiks adinerados expolian y saquean a miembros de su propia comunidad más que cualquier terrateniente. Lo que ahora necesitamos no es la alianza en la comunidad, sino una alianza contra el poder del dinero, contra el poder del capital, la alianza de todos los trabajadores del campo y de los campesinos pobres de las distintas comunidades, la alianza de todos los pobres del campo con los obreros de la ciudad para luchar por igual contra los terratenientes y los campesinos ricos.

Ya hemos visto cuál es la fuerza de los terratenientes. Veamos ahora si los campesinos ricos son muchos y cuál es su fuerza.

Juzgamos la fuerza de los terratenientes por la extensión de sus fincas, por la cantidad de tierras que poseen. Los terratenientes disponen libremente de sus tierras, son libres para comprarlas y venderlas. Por eso podemos formarnos un juicio muy exacto acerca de su fuerza si conocemos la cantidad de tierras que poseen. En cambio, los campesinos no tienen hasta ahora, en nuestro país, derecho a disponer libremente de su tierra, siguen siendo semisiervos, están atados a su comunidad. De ahí que no sea posible formarse un juicio acerca de la fuerza de los campesinos ricos sobre la base de la cantidad de tierras comunales que tienen. Los campesinos ricos no se enriquecen con sus parcelas comunales, sino que compran grandes extensiones de tierras, tanto en "propiedad perpetua" (es decir, en propiedad privada) como "por cierto número de arios" (o sea, tomándolas en arriendo); las compran a los terratenientes y a otros campesinos de la misma comunidad, a quienes se ven obligados a deshacerse de la tierra, vender sus parcelas comunales para cubrir sus necesidades. De aquí que lo más acertado sea clasificar a los campesinos ricos, medios y pobres según el número de caballos de que disponen. El campesino que dispone de muchos caballos es casi siempre un campesino rico; si tiene mucho ganado de labor, ello significa que tiene también mucha sementera y mucha tierra, aparte de su parcela comunal, y dinero ahorrado. Además, estamos en condiciones de calcular cuántos campesinos, dueños de muchos caballos, existen en toda Rusia (en Rusia Europea, sin contar Siberia y el Cáucaso). Como es lógico, no debe olvidarse que en lo referente a Rusia en su conjunto, sólo podemos hablar de promedios, ya que existen muchas diferencias dentro de las distintas provincias y distritos.

Por ejemplo, en las inmediaciones de las ciudades hay a menudo campesinos ricos que tienen pocos caballos. Algunos de ellos se dedican a la ventajosa explotación de la horticultura, y otros poseen pocos caballos, pero muchas vacas, cuya leche venden. Y hay también en toda Rusia campesinos que no se enriquecen con la tierra, sino con el comercio, instalando mantequerías, molinos y otras empresas. Todo el que vive en el campo conoce muy bien a los campesinos ricos de su aldea y de los contornos. Pero nosotros necesitamos saber cuántos campesinos ricos existen en toda Rusia y cuál es su fuerza, para que el campesino pobre no ande a tientas, a ciegas, sino que sepa sin temor a equivocarse cómo son sus amigos y cómo sus enemigos.

Veamos, pues, cuántos son los campesinos ricos, dueños de muchos caballos, y cuántos los pobres. Ya hemos dicho que, en total, se calcula que existen en toda Rusia cerca de diez millones de familias campesinas. El número de caballos que poseen ascenderá, probablemente, a unos quince millones (hace catorce años, el número era de diecisiete millones, pero en la actualidad hay menos). En consecuencia, corresponden quince caballos, como promedio, por cada diez familias. Pero el asunto es que unos, muy pocos, disponen de muchos caballos, en tanto otros, la mayoría, cuentan con pocos o con ninguno. Los campesinos sin caballo suman no menos de tres millones, y casi tres millones y medio poseen sólo un caballo. Trátase de campesinos arruinados por completo o de campesinos pobres. Los llamamos los pobres del campo. Su número es de seis millones y medio sobre un total de diez, o sea, ¡casi las dos terceras partes! Vienen luego los campesinos medios, que poseen una yunta de ganado de labor cada uno. Estos campesinos, suman cerca de dos millones de familias y poseen en total casi cuatro millones de caballos. Y en seguida van los campesinos ricos, que disponen de más de una yunta. Son como un millón y medio de familias, pero disponen, en conjunto, de siete millones y medio de caballos. Por tanto, una sexta parte de las familias campesinas, aproximadamente, posee la mitad de la cantidad total de caballos.

Ahora que sabemos esto, podemos formarnos un juicio bastante exacto acerca de la fuerza de los campesinos ricos. Su número es muy reducido: en las diversas comunidades rurales, en los diversos subdistritos, no pasan de una o dos decenas por cada cien familias. Pero estas pocas familias son las más ricas. De aquí que posean, en toda Rusia, casi tantos caballos como todos los demás campesinos juntos. Esto quiere decir que sus sementeras representan también casi la mitad de la superficie total sembrada por los campesinos. Estos labradores cosechan mucho más trigo del necesario para el consumo de sus familias. Venden grandes cantidades de trigo. Destinan su trigo no sólo al consumo, sino en su mayor parte a la venta, para obtener dinero. Estos campesinos pueden acumular dinero; lo depositan en las cajas de ahorros y en los bancos; también adquieren tierras en propiedad. Ya hemos visto cuántas tierras compran cada año los campesinos en toda Rusia: casi todas las tierras van a parar a manos de estos pocos campesinos ricos. Los pobres del campo no pueden pensar en comprar tierras, sino en buscar la manera de no morir de hambre. Con frecuencia carecen del dinero necesario para comprar trigo, y no digamos para adquirir tierras. De ahí que los bancos en general y el Banco Campesino en particular no ayuden a adquirir tierras a todos los campesinos, ni mucho menos (como aseguran a veces quienes tratan de engañar al mujik o quienes pecan por exceso de simpleza), sino sólo a un número insignificante de ellos, a los campesinos ricos. Y de ahí también que los malos consejeros del mujik a quienes nos referíamos más arriba no digan la verdad acerca de la compra de tierras cuando aseguran que éstas pasan del capital al trabajo. La tierra no puede transferirse en modo alguno al trabajo, es decir, al hombre carente de bienes que vive de su trabajo, por la sencilla razón de que la tierra se paga con dinero. Y a la gente pobre nunca le sobra el dinero. La tierra sólo pasa a manos de los campesinos ricos en dinero, al capital, a aquellos contra quienes deben luchar los pobres del campo, aliados a los obreros de la ciudad.

Los campesinos ricos no sólo compran tierras a perpetuidad, sino que, sobre todo, las toman en arriendo porm cierto número de años. Privan de tierras a los campesinos pobres, al tomar en arriendo grandes extensiones. Por ejemplo, en un solo distrito de la provincia de Poltava (el de Konstantinograd) se calculó cuánta tierra habían tomado en arriendo los campesinos ricos. ¿Y qué resultados se obtuvieron? Los que arrendaban de 30 deciatinas en adelante por familia eran muy pocos, dos familias por cada quince. Y sin embargo, estos ricachos concentraban en sus manos la mitad de toda la tierra arrendada, y a cada uno de ellos le correspondían, por término medio, ¡75 deciatinas de tierra en arriendo! En la provincia de Táurida se calculó la cantidad de tierra arrendada al fisco por las comunidades campesinas, y que era acaparada por los ricachos. Y resultó que éstos, cuyo número no pasaba de una quinta parte de todas las familias, acaparaban las tres cuartas partes del total de tierras arrendadas. La tierra se arrienda en todas partes por dinero, el dinero se halla sólo en manos de unos cuantos ricachos.

Además, los propios campesinos ceden hoy en arriendo muchas tierras. Se desprenden de sus parcelas comunales porque no tienen ganado, ni simiente ni medios ton que cultivar la hacienda. Sin dinero no se puede hoy hacer nada, aunque se tenga tierra. Por ejemplo, en el distrito de Novoúzensk, provincia de Samara, de cada tres familias de campesinos ricos, una y a veces dos toman en arriendo parcelas en su propia comunidad o en otras. Los que ceden sus parcelas comunales a otros son campesinos que carecen de caballo o sólo tienen uno. En la provincia de Táurida, una tercera parte de las familias campesinas ceden en arriendo a otros sus parcelas comunales. Se traspasa en arriendo la cuarta parte de todas las parcelas campesinas, un cuarto de millón de deciatinas: Y de este cuarto de millón, ¡150.000 deciatinas (las tres quintas partes) van a parar a manos de los campesinos ricos! De nuevo volvemos a ver aquí si la comunidad es de alguna utilidad para los pobres del campo. En la comunidad rural, el que tiene el dinero tiene la fuerza. Y lo que nosotros necesitamos es la alianza de los campesinos pobres de todas las comunidades.

Y lo mismo que con la compra de tierras, engañan también a los campesinos diciéndoles que pueden comprar a bajo precio arados, segadoras y toda clase de aperos perfeccionados. Se organizan almacenes y arteles de los zemstvos, y se dice: los aperos perfeccionados mejoran la suerte del campesino. No es más que un embuste. Todos esos aperos agrícolas perfeccionados sólo están al alcance de los ricachos, y los pobres casi no los ven. ¡Cómo pensar en arados y segadoras, cuando ni siquiera pueden comer! Toda esa cacareada "ayuda a los campesinos" es una ayuda que se presta a los ricachos, y nada más. Y a la masa de campesinos pobres que carecen de tierras, ganado y ahorros no se la ayuda ofreciéndole aperos mejores y más baratos. Por ejemplo, en un distrito de la provincia de Samara se hizo un recuento de los aperos perfeccionados de que disponían los campesinos ricos y los pobres. Se descubrió que sólo una quinta parte de las familias, es decir, las más acomodadas, concentraban casi las tres cuartas partes del total de aperos modernos, en tanto que para los pobres, es decir, para la mitad de las familias campesinas, sólo quedaba la trigésima parte. En este distrito los campesinos sin caballo y con un solo caballo suman 10.000 familias sobre un total de 28.000; estas 10.000 familias sólo poseen siete aperos perfeccionados de los 5.724 correspondientes a todo el distrito. ¡Siete de los 5.724: he ahí la proporción en que los pobres de la aldea participan en los perfeccionamientos de la hacienda rural, en la difusión de estos arados y segadoras que, según se afirma, ayudan a "todos los campesinos"! ¡Eso es lo que los pobres del campo pueden esperar de quienes hablan del "mejoramiento de la economía campesina"!

Por último, una de las peculiaridades principales del campesino rico es que contrata a braceros y jornaleros. Los campesinos ricos, a semejanza de los terratenientes, viven también del trabajo ajeno. Al igual que los terratenientes, se enriquecen a costa de la ruina y el empobrecimiento de la masa campesina. Lo mismo que los terratenientes, procuran exprimir a sus propios braceros la mayor cantidad posible de trabajo y pagarles el menor salario posible. Si millones de campesinos no se viesen totalmente arruinados y obligados a trabajar para otros, a buscar un jornal, a vender su fuerza de trabajo, los campesinos ricos no podrían existir ni explotar sus fincas. No podrían quedarse con las parcelas comunales "abandonadas", ni encontrarían en ninguna parte jornaleros. En toda Rusia el millón y medio de campesinos ricos contratan, por cierto, a no menos de un millón de braceros y jornaleros. Es evidente que en la gran lucha entre la clase de los propietarios y la clase de quienes nada poseen, entre los patronos y los obreros, entre la burguesía y el proletariado, los campesinos ricos se pondrán al lado de los propietarios, contra la clase obrera.

Ahora ya conocemos la situación y la fuerza de los campesinos ricos. Examinemos cómo viven los campesinos pobres.

Hemos dicho que entre los pobres del campo se cuenta la inmensa mayoría, casi las dos terceras partes de las familias campesinas de Rusia. Por empezar, hay no menos de tres millones de familias sin caballo, y es probable que hoy sean más, quizá tres millones y medio. Cada año de hambre, de malas cosechas, arruina a decenas de miles de haciendas. La población crece, crece la densidad, mientras que las mejores tierras están ya acaparadas por los terratenientes y los campesinos ricos. Cada año el pueblo se arruina más y más, emigra del campo a las ciudades y a las fábricas, pasa a engrosar las filas de los braceros y los peones. Un campesino sin caballo es ya un campesino completamente arruinado. Es un proletario. No vive ya (si se puede llamar a esto vivir, pues más exacto sería decir que va tirando) de la tierra, de su hacienda, sino del trabajo asalariado. Es el hermano del obrero de la ciudad. Al campesino sin caballo no le sirve de nada la tierra: la mitad de las familias carentes de caballo renuncian a sus parcelas comunales; a veces las entregan incluso gratis a la comunidad (¡y algunos hasta pagan la diferencia entre los impuestos y la cosecha que se espera recoger!), sencillamente porque no están en condiciones de cultivar su tierra. Los campesinos sin caballo siembran una deciatina, y a lo sumo dos. Se ven siempre en la necesidad de comprar trigo (si tienen con qué), pues el cosechado por ellos no les alcanza para alimentarse. No es mucho mejor la situación de los campesinos con un solo caballo, que en toda Rusia suman cerca de 3 millones y medio de familias.

Hay, por supuesto, excepciones, y ya hemos dicho que alguno que otro campesino con un solo caballo vive pasablemente, o incluso Llega a enriquecerse. Pero no hablamos de las excepciones, ni de lugares aislados, sino de toda Rusia. No cabe duda de que la gran masa de los campesinos con un solo caballo vive en la pobreza y en la penuria. Estos campesinos pueden llegar a sembrar, incluso en las provincias agrícolas, de tres a cuatro deciatinas de tierra, rara vez cinco; y tampoco les alcanza su propio cereal. Ni siquiera en los años buenos comen mejor que los campesinos sin caballo; por consiguiente, andan siempre mal alimentados, siempre hambrientos. Su hacienda está en completa decadencia, su ganado es malo y mal alimentado, y no tiene fuerza para trabajar la tierra como es debido. ¡En la provincia de Vorónezh, por ejemplo, el campesino con un solo caballo no puede invertir en toda su hacienda (aparte del forraje para el ganado) más de veinte rublos por año! (El mujik rico gasta diez veces más.) ¡Veinte rublos por año para pagar el arriendo de la tierra, comprar ganado, reparar su arado y los demás aperos, pagar al pastor y todo lo demás! ¿Acaso puede llamarse hacienda a eso? Es un agobio constante, un trabajo forzado, un eterno tormento. Es natural, entonces, que haya también muchos campesinos con un solo caballo que cedan en arriendo sus parcelas comunales. Un indigente poco provecho puede sacarle a la tierra. Sin dinero, de la tierra no se obtiene no ya el dinero, sino ni siquiera lo necesario para alimentarse. Y para todo hace falta dinero: para comer, para vestirse, para gastarlo en la hacienda, para pagar impuestos.

En la provincia de Vorónezh, el campesino con un caballo gasta sólo en impuestos, por lo general, dieciocho rublos anuales, y cuenta en total, para atender a todos sus gastos, con 75 rublos anuales. Sólo por mofa se puede hablar, en estas condiciones, de compra de tierras, de aperos perfeccionados o de bancos agrícolas: estas cosas no' han sido inventadas para el campesino pobre.

¿De dónde, entonces, sacar el dinero? No tiene más remedio que buscar un "ingreso" en otro lado. El campesino con un solo caballo, lo mismo que el que no posee ninguno, puede ir tirando gracias sólo a un "ingreso adicional". ¿Y qué significa esto? Significa ponerse a trabajar para otro, trabajar por un salario. Significa que el campesino con un solo caballo ha dejado de ser en parte un propietario, para convertirse en asalariado, en proletario. Por eso se da a estos campesinos el nombre de semiproletarios. También ellos son hermanos de los obreros de la ciudad, pues lo mismo que a éstos los despluma a mansalva cualquier patrono. Tampoco para ellos hay otra salida, otra salvación que unirse a los socialdemócratas para luchar contra todos los ricachos, contra todos los propietarios. ¿Quién trabaja en la construcción de los ferrocarriles? ¿A quién saquean los contratistas? ¿Quién tumba los árboles en los bosques y arrastra los troncos río abajo? ¿Quiénes trabajan como braceros? ¿Quiénes se ganan la vida como jornaleros? ¿Quiénes ejecutan las faenas menos calificadas en las ciudades y en los puertos? Son todos los pobres que afluyen de la aldea. Son los campesinos que tienen un solo caballo o ninguno. Son los proletarios y semiproletarios del campo. ¡Y cuántos son en toda Rusia! Se calcula que cada año se extienden en toda Rusia (exceptuando el Cáucaso y Siberia) ocho y a veces hasta nueve millones de pasaportes. Son todos obreros migratorios, que salen de la aldea en busca de trabajo. Campesinos sólo de nombre; en realidad son asalariados, obreros. Todos ellos deben unirse en una sola alianza con los obreros de la ciudad, y cada rayo de luz y de saber que penetre en la aldea vendrá a reforzar y consolidar esta alianza.

Hay, además, algo que no debe olvidarse, en lo que a los "ingresos adicionales" se refiere. Todos los funcionarios y quienes piensan en la manera de éstos son aficionados a emplear la frase de que el campesino, el mujik, "necesita" dos cosas: tierra (pero no mucha; ¡por otra parte, no habría de dónde sacarla, ya que la han acaparado los ricachos!) e "ingresos adicionales". De aquí que, según dicen, para ayudar a la gente del pueblo conviene instalar en la aldea más industrias artesanales, "proporcionar" a la gente más "ingresos adicionales". Estos discursos son pura hipocresía.

Para los pobres, ingreso significa trabajar por un salario. "Proporcionar ingresos" al campesino significa convertirlo en obrero asalariado. ¡Bonita ayuda, por cierto! Para los campesinos ricos hay otras maneras de obtener "ingresos", que requieren un capital; por ejemplo, instalar un molino o cualquier otra empresa, comprar una trilladora, dedicarse al comercio u otras cosas por el estilo. Confundir estos ingresos de la gente de dinero con el trabajo asalariado de los pobres es engañar a éstos. Los ricachos, como es natural, salen ganando con cualquier engaño; a ellos les conviene presentar las cosas como si todos los "ingresos" estuviesen al alcance de todos los campesinos. Pero quien realmente quiere favorecer a los pobres, les dirá toda la verdad y sólo la verdad.

Ahora nos queda por hablar de los campesinos medios. Ya hemos visto que en general, en el conjunto de Rusia, debe considerarse campesino medio al que cuenta con una yunta de animales de labor, y sabemos que de diez millones de hogares campesinos, unos, dos millones corresponden a campesinos medios. El campesino medio ocupa una posición intermedia entre el rico y el proletario; por eso se le da ese nombre. Y vive también medianamente: en los años buenos se mantiene a flote con' lo que saca de su tierra, pero la miseria siempre lo acecha. Tiene muy pocos ahorros o ninguno. Por eso la situación de su hacienda es muy precaria. Le resulta difícil conseguir dinero: a duras penas saca de su hacienda lo que necesita, y cuando lo saca, apenas le alcanza. Ir a buscar un ingreso significa descuidar su hacienda, con lo que se arruina definitivamente. Sin embargo, son muchos los campesinos medios que no pueden salir adelante sin ayuda de un ingreso adicional, que necesitan trabajar por un salario, dejarse sojuzgar por el terrateniente o hundirse en deudas. Y rara vez logra el campesino medio desembarazarse de las deudas que contrae, pues sus ingresos no son seguros como los del campesino rico. Por eso, cuando las contrae es como si se echase una soga al cuello. Jamás consigue saldarlas y acaba arruinándose por completo. El campesino medio es el que más cae en las garras del terrateniente, quien para los trabajos a destajo necesita valerse de mujiks que no estén arruinados, que dispongan de una yunta de caballos y de los aperos necesarios para el cultivo. Al campesino medio no le es fácil marcharse a otro lado y cae, por ello, en las garras del terrateniente por una serie de conceptos: por el trigo, por los pastizales, por el arriendo de los recortes de tierras y por el dinero prestado durante el invierno. Y además del terrateniente y el kulak, oprime también al campesino medio su vecino rico, quien no desperdicia nunca la ocasión de adelantársele en el arriendo de la tierra y de oprimirlo de una u otra manera. Esa es la vida del campesino medio: ni chicha ni limonada. No llega a ser un verdadero propietario, ni es tampoco un auténtico obrero. Todos los campesinos medios tratan de igualarse a los patronos, quieren ser propietarios, pero son muy pocos quienes lo logran. Son contados los que emplean a braceros o jornaleros, que logran enriquecerse con el trabajo ajeno, prosperar cabalgando sobre las espaldas de otros. La mayoría de los campesinos medios carecen de dinero para contratar a otros; ellos mismos se ven obligados a trabajar por un salario.

En todas partes donde comienza la lucha entre los ricos y los pobres, entre los propietarios y los obreros, el campesino medio queda entre dos fuegos, y no sabe hacia dónde ir. Los ricachos lo llaman a su lado y le dicen: también tú eres un amo, un propietario, y no debes mezclarte con la chusma de los obreros. Estos, por su parte, le hablan así: también a ti te despojarán y estafarán los ricachos, y no tienes otra salvación que ayudarnos en la lucha contra los ricos. Esta disputa en torno del campesino medio se libra por doquier, en todos los países en que los obreros socialdemócratas luchan por la emancipación del pueblo trabajador. En Rusia, esta disputa apenas comienza ahora. Por eso debemos estudiar bien este problema y comprender con claridad a qué engaños recurren los ricachos para atraerse a los campesinos medios; debemos aprender a desenmascarar esos engaños y ayudar al campesino medio a conocer a sus verdaderos amigos. Si los obreros socialdemócratas rusos marchan desde ahora por el camino correcto, crearemos mucho antes que nuestros camaradas alemanes una sólida alianza entre los obreros del campo y los obreros de la ciudad, y alcanzaremos rápidamente la victoria sobre todos los enemigos del pueblo trabajador.

4. ¿CON QUIEN DEBE IR EL CAMPESINO MEDIO? ¿CON LOS PROPIETARIOS Y LOS RICOS, O CON LOS OBREROS Y LOS POBRES?

Todos los propietarios, toda la burguesía, se esfuerzan por atraer a su lado al campesino medio, prometiéndole toda suerte de medidas para mejorar su hacienda (arados baratos, bancos agrícolas, roturación de pastizales, venta a bajo precio de ganado, de abonos, etc.) e induciéndolo a participar en todo género de asociaciones agrícolas (cooperativas, como las llaman los libros), que agrupan diversos tipos de propietarios, con el fin de mejorar los métodos de cultivo. De este modo, la burguesía procura desviar de la alianza con los obreros al campesino medio, y aun al pequeño campesino, al semiproletario; procura inducirlos a que se pongan de parte de los ricos, de la burguesía, en su lucha contra los obreros, contra el proletariado.

Los obreros socialdemócratas contestan a esto: mejorar la hacienda está muy bien; nada hay de malo en que puedan comprarse arados baratos; hoy todo comerciante avisado trata de vender más barato para atraerse compradores. Pero cuando se les dice a los campesinos pobres o medios que mejorar su hacienda y abaratar los arados los ayudará a todos ellos a salir de la penuria y a ponerse en pie, sin tocar para nada a los ricos, se los engaña. Todas estas mejoras, abaratamientos y cooperativas (asociaciones para comprar y vender mercancías) benefician mucho más a los ricos. Estos se vuelven más fuertes aún, oprimen aún más tanto a los campesinos pobres como a los medios. Mientras los ricos lo sigan siendo, mientras tengan en sus manos la mayor parte de la tierra, del ganado, de los aperos y del dinero, no sólo los campesinos pobres, sino tampoco los medios, podrán salir jamás de la penuria. Alguno que otro mujik medio podrá escalar la riqueza con ayuda de estas mejoras y de estas cooperativas, pero en cambio todo el pueblo y todos los campesinos medios se hundirán todavía más en la miseria. Para que todos los mujiks medios puedan llegar a ser ricos, hay que acabar con los más ricos de todos, y esto sólo podrá lograrlo la alianza de los obreros de la ciudad con los pobres del campo.

La burguesía le dice al campesino medio (e incluso al pequeño): te venderemos tierras baratas y arados a bajo precio, pero a cambio de ello nos venderás tu alma, renunciarás a luchar contra todos los ricos.

El obrero socialdemócrata dice: si de veras te ofrecen mercancías a bajo precio, ¿por qué no comprar, si tienes dinero? Este es un asunto comercial. Pero el alma nunca debe venderse. Renunciar a luchar al lado de los obreros de la ciudad contra toda la burguesía equivale a seguir siempre en la miseria y la penuria. Con el abaratamiento de las mercancías sale ganando todavía más el rico, que se enriquece todavía más. Y a quien carece de dinero, de poco le sirve que le ofrezcan cosas baratas, mientras no le quite ese dinero a la burguesía.

Pongamos un ejemplo. Los partidarios de la burguesía prodigan elogios a todo género de cooperativas (asociaciones para comprar barato y vender con ganancia). Y hasta hay quienes, llamándose "socialistas-revolucionarios", gritan también, como un eco de la burguesía, que lo que más necesitan los campesinos son cooperativas. También en Rusia comienzan a imponerse todo género de cooperativas, aunque en nuestro país hay todavía pocas, y no abundarán mientras no gocemos de libertad política. En Alemania, en cambio, hay muchas cooperativas de todo tipo entre los campesinos. Pero veamos a quién ayudan en particular estas asociaciones. En toda Alemania hay 140.000 agricultores organizados en cooperativas para la venta de leche y de productos lácteos, agricultores que poseen, en total (empleando una vez más números redondos, para simplificar),1.100.000 vacas.

Se calcula que en toda Alemania hay cuatro millones de campesinos pobres. De ellos, sólo 40.000 participan en las cooperativas, lo que quiere decir que sólo un campesino pobre de cada cien goza de los beneficios de esas cooperativas. En total, estos 40.000 campesinos pobres disponen únicamente de 100.000 vacas. Hay además un millón de agricultores medianos, de campesinos medios, de los cuales están organizados en las cooperativas 50.000 (o sea, cinco de cada cien), que reúnen 200.000 vacas. Por último, existe un tercio de millón de agricultores ricos (incluyendo terratenientes y campesinos ricos en bloque); de éstos, forman parte de las cooperativas 50.000 (¡diecisiete personas de cada cien!), ¡con un total de 800.000 vacas!

He aquí a quién ayudan, ante todo y sobre todo, las cooperativas. He aquí cómo tratan de engañar a los mujiks quienes gritan que la salvación del campesino medio reside en esas asociaciones para comprar barato y vender con un beneficio. ¡A qué bajo precio pretende la burguesía "arrancar" al mujik a la influencia de los socialdemócratas, quienes llaman al campesino pobre y al campesino medio a unirse a ellos!

En Rusia comienzan a organizarse también distintas asociaciones para fabricar quesos y otros productos lácteos. Y también entre nosotros abundan las personas que gritan: lo que necesita el mujik son arteles, la unión en la comunidad y las cooperativas. Pero observen a quién benefician esos arteles y esas cooperativas, esos arriendos comunales. En nuestro país, de cada cien familias hay no menos de veinte que carecen de vacas; alrededor de treinta poseen sólo una: estas familias venden leche espoleadas por la amarga necesidad, y dejan sin ella a sus niños, que pasan hambre y mueren como moscas. Pero los mujiks ricos poseen 3 ó 4 vacas, y aún más, y en sus manos se concentra la mitad de todo el ganado vacuno de los campesinos. En estas condiciones, ¿a quién puede beneficiar la fabricación de quesos por las cooperativas? No cabe duda de que beneficia ante todo a los terratenientes y a la burguesía campesina. No cabe duda de que a éstos les resulta beneficioso que los campesinos medios y los pobres se inclinen a su lado, que consideren como camino para salir de la penuria no la lucha de todos los obreros contra la burguesía, sino la aspiración de unos cuantos pequeños propietarios aislados a salir de esta situación y pasarse a las filas de los ricos.

Esta aspiración es apoyada y estimulada de todos los modos posibles por los partidarios de la burguesía, disfrazados de partidarios y amigos del pequeño campesino. Y hay mucha gente ingenua que no ve al lobo bajo la piel de cordero, y repite el engaño de la burguesía, en la creencia de que con ello ayuda al campesino pequeño y medio. Tratan de demostrar, por ejemplo, en sus libros y en sus discursos que la pequeña hacienda agrícola es más ventajosa y rentable, que la pequeña hacienda agrícola prospera; por eso, se nos dice, abundan tanto, por doquier, los pequeños agricultores, por eso éstos se aferran con tanta fuerza a la tierra (y no porque las mejores tierras están ya acaparadas por la burguesía y todo el dinero se halla también en sus manos, ¡mientras los campesinos pobres se hacinan y pasan privaciones toda la vida en su puñado de tierra!). El pequeño campesino necesita poco dinero, dice esta gente de palabra melosa; el campesino pequeño y el medio son más laboriosos y ahorrativos que el grande y además saben vivir de un modo más frugal: en vez de comprar heno para el ganado, se arreglan con paja; en lugar de comprar una máquina cara, madrugan más para trabajar más y reemplazar a la máquina; en vez de pagar dinero a otros por cualquier reparación, aprovechan las fiestas para empuñar el hacha y hacer de carpinteros, y todo les sale más barato que al gran propietario; en vez de mantener un caballo caro o un buey, se las arreglan para arar con una vaca. En Alemania, todos los campesinos pobres aran con vacas; ¡en nuestro país la gente es tan pobre, que unce al arado no sólo a las vacas, sino a veces incluso a hombres y mujeres! ¡Y qué ventajoso, qué barato resulta todo esto! ¡Cuán digno de encomio es que el campesino pequeño y el medio sean tan laboriosos y diligentes, vivan con tan poco, no sepan lo que es la molicie, no piensen en el socialismo, sino sólo en atender a su hacienda! ¡Estos campesinos no se inclinan hacia los obreros que organizan huelgas contra la burguesía, sino que ponen sus ojos en la gente rica y procuran llegar a ser personas respetables! ¡Si todos fuesen tan laboriosos y diligentes, si todos viviesen con tan poco, si no se entregaran a la bebida, si ahorrasen más dinero y gastasen menos en ropas, si no procrearan tantos hijos, todo el mundo viviría mejor y no habría pobreza ni penuria!

¡Esas son las dulces palabras que la burguesía susurra al campesino medio, y no faltan ingenuos que creen en ellas e incluso las repiten. En realidad, estas dulces palabras son un engaño, una burla de que se hace objeto a los campesinos. Esta gente melosa llama hacienda agrícola barata y ventajosa a la penuria, a la triste miseria que obliga al campesino pobre y al medio a trabajar de la mañana a la noche, a escatimar cada pedazo de pan, a negarse cualquier gasto de dinero por insignificante que sea. ¡Es claro que no puede haber nada más "barato" ni más "ventajoso" que usar tres años seguidos los mismos pantalones, andar descalzo en verano, reparar el arado con una cuerda y alimentar a la vaca con la paja podrida arrancada a la techumbre! ¡Habría que obligar a cualquier burgués o campesino rico a manejar esa "barata" y "ventajosa" hacienda agrícola, y ya veríamos cuán pronto se olvidaba de sus dulces palabras!

Quienes ensalzan la pequeña hacienda agrícola intentan a veces ayudar al campesino, pero en realidad lo perjudican. Con sus almibaradas palabras engañan al mujik corno se engaña al pueblo con la lotería. Explicaré en seguida qué es la lotería. Supongamos que poseo una vaca que vale 50 rublos. Quiero venderla por medio de una lotería, de modo que ofrezco a todos billetes de un rublo cada uno. ¡Por un rublo pueden obtener una vaca! La gente se deja tentar y los rublos Llueven. Cuando logro juntar cien rublos, procedo al sorteo: el número del billete que salga premiado ganará la vaca por un rublo, y los demás se irán con las manos vacías. ¿Puede decirse que esta vaca le ha salido "barata" a la gente? No, le ha salido muy cara, pues pagó por ella el doble de su valor, porque dos personas (el organizador de la lotería y el ganador de la vaca) se enriquecieron sin el menor trabajo a costa de las noventa y nueve que perdieron su dinero. Por tanto, quienes afirman que la lotería es ventajosa para el pueblo, lo engañan. Y exactamente del mismo modo engañan a los campesinos quienes les prometen liberarlos de la miseria y la penuria por medio de todo género de cooperativas (asociaciones para vender con beneficio y comprar barato), de todo género de mejoras de la agricultura, de todo tipo de bancos, etcétera. En la lotería gana uno y los demás pierden, y otro tanto ocurre aquí: un campesino medio se las ingenia para llegar a ser rico, pero noventa y nueve de sus compañeros se pasan toda la vida doblando el espinazo y, en vez de salir de la miseria, se arruinan cada vez más. Que cada vecino de la aldea se fije bien en su comunidad y en cuantos lo rodean, y nos diga si muchos campesinos medios consiguen enriquecerse y salir de la penuria. ¡Cuántos son, en cambio, los que no consiguen salir de pobres en toda la vida! ¡Y cuántos los que se arruinan y se ven obligados a abandonar la aldea!

 En toda Rusia se calcula, como hemos expuesto, que no hay más de dos millones de haciendas campesinas medias. Supongamos que a las diferentes asociaciones para comprar barato y vender con beneficio pertenecieran diez veces más campesinos que ahora. ¿Qué sucedería? En el mejor de los casos, que cien mil campesinos medios se convertirían en campesinos ricos. ¿Qué significa esto? Significa que se enriquecerían, a lo sumo, cinco campesinos medios por cada cien. ¿Y los noventa y cinco restantes? Tendrían que seguir viviendo con tantos aprietos como antes, y mucho más aún, ¡y los pobres se arruinarían todavía más!

 La burguesía, como es natural, sólo quiere que el mayor número posible de campesinos pequeños y medios siga a los ricos, crea en la posibilidad de librarse de la pobreza sin necesidad de luchar contra la burguesía, confíe en su diligencia, en su frugalidad, en su posibilidad de enriquecerse, y no en la alianza con los obreros del campo y de la ciudad. La burguesía se empeña en alentar en el mujik esta fe y esta esperanza engañosas, para embaucarlo con todo género de palabras melosas.

Para revelar cómo engaña esta gente de dulces palabras, basta con formularles tres preguntas:

Primera pregunta. ¿Puede el pueblo trabajador librarse de la miseria y la penuria, cuando en Rusia, de 240 millones de deciatinas de tierras laborales, 100 millones se hallan en poder de propietarios privados, y 65 millones de deciatinas pertenecen a 16.000 grandes terratenientes?

Segunda pregunta. ¿Puede el pueblo trabajador librarse de la miseria y la penuria, cuando un millón y medio de haciendas campesinas ricas (de un total de diez millones) han acaparado la mitad de las sementeras de los campesinos, de sus caballos, de su ganado, y mucho más de la mitad de las reservas y ahorros pecuniarios de los campesinos? ¿Cuando esta burguesía del campo sigue enriqueciéndose cada vez más, oprimiendo a los campesinos pobres y medios, enriqueciéndose con el trabajo ajeno, con el trabajo de los braceros y jornaleros? ¿Cuando seis millones y medio de haciendas campesinas están compuestas por campesinos pobres, arruinados, siempre hambrientos, que deben ganarse un amargo pedazo de pan trabajando en lo que sea por un jornal?

Tercera pregunta. ¿Puede el pueblo trabajador librarse de la miseria y la penuria, cuando la fuerza principal es hoy el dinero, cuando todo puede comprarse por dinero: fábricas y tierras, y hasta los hombres, convertidos en trabajadores asalariados, en esclavos asalariados? ¿Cuando no es posible vivir ni cultivar la tierra sin dinero? ¿Cuando el pequeño campesino, el campesino pobre, tiene que luchar con el gran propietario para obtener dinero? ¿Cuando unos cuantos miles de terratenientes, comerciantes, industriales y banqueros han concentrado en sus manos cientos de millones de rublos y disponen, además, de todos los bancos, en los que se encuentran depositados miles de millones de rublos?

Estas preguntas no podrán eludirse con dulces palabras acerca de las ventajas de la pequeña hacienda agrícola o de las cooperativas. Para ellas sólo cabe una respuesta: la verdadera "cooperación" que puede salvar al pueblo obrero es la alianza de los pobres del campo con los obreros socialdemócratas de la ciudad, para luchar contra toda la burguesía. Y cuanto antes se amplíe y fortalezca esta alianza, antes se dará cuenta el campesino medio de lo engañosas que son las promesas burguesas, antes se pondrá el campesino medio de nuestro lado.

La burguesía lo sabe y por eso, aparte de sus palabras melosas, difunde las más diversas mentiras acerca de los socialdemócratas. Dice que éstos tratan de quitar sus propiedades al campesino medio y al pequeño campesino. Eso es mentira. Los socialdemócratas sólo se proponen quitar sus propiedades a los grandes propietarios sólo a quienes viven del trabajo ajeno. Los socialdemócratas no quitarán nunca sus propiedades a los agricultores pequeños y medios que no emplean a obreros asalariados. Los socialdemócratas defienden y amparan los intereses de todo el pueblo trabajador, y no sólo los de los obreros de la ciudad, que son los más conscientes y los más unidos, sino también los de los obreros del campo, así como los de los pequeños artesanos y campesinos que no contraten a obreros, no se inclinen hacia los ricos y no se pasen al lado de la burguesía. Los socialdemócratas luchan por todo lo que signifique mejoras en la vida de los obreros y los campesinos, que puedan aplicarse inmediatamente, antes de haber destruido la dominación de la burguesía, y que faciliten la lucha contra ella. Pero los socialdemócratas no engañan a los campesinos, les dicen toda la verdad. Y les advierten de antemano, con toda franqueza, que mientras domine la burguesía no habrá mejora capaz de librar al pueblo de la penuria y la miseria. Para que todo el pueblo sepa qué son y qué quieren los socialdemócratas, éstos han elaborado su programa. Un programa es la explicación breve, clara y precisa de todas las cosas a las que un partido aspira y por las cuales lucha. El Partido Socialdemócrata es el único que presenta un programa claro y preciso para que todo el pueblo lo conozca y lo vea, y para que el Partido agrupe sólo a quienes deseen de veras luchar por emancipar a todo el pueblo trabajador del yugo de la burguesía, y que, además, entiendan adecuadamente a quiénes hay que aliarse para esta lucha y cómo es necesario librarla. Los socialdemócratas piensan, por otra parte, que el programa debe explicar, de manera directa, franca y exacta, de dónde provienen la penuria y la miseria del pueblo trabajador, y por qué la unidad de los obreros es cada vez más amplia y fuerte. No basta con decir que se vive mal y con llamar a la rebelión: eso puede hacerlo cualquier charlatán, y con ello nada se gana. Es menester que el pueblo trabajador sepa a fondo por qué causas padece miseria y a quiénes necesita aliarse a fin de luchar para librarse de la penuria.

Ya hemos dicho lo que quieren los socialdemócratas; hemos dicho también de dónde provienen la penuria y la miseria del pueblo trabajador; y asimismo hemos dicho contra quién deben luchar los pobres del campo y a quiénes deben aliarse para librar esta lucha.

Pasamos a exponer en seguida qué mejoras podemos conquistar ya ahora, tanto en la vida de los obreros como en la de los campesinos, por medio de la lucha.

5. ¿QUE MEJORAS RECLAMAN LOS SOCIALDEMOCRATAS PARA TODO EL PUEBLO Y PARA LOS OBREROS?

Los socialdemócratas luchan por emancipar a todo el pueblo trabajador de toda expoliación, de toda opresión y de toda injusticia. Para emanciparse, la clase obrera debe, en primer lugar, unirse. Y para unirse debe tener libertad para unirse, el derecho de unirse, debe tener libertad política. Ya hemos dicho que el Gobierno autocrático representa la esclavización del pueblo por los funcionarios y la policía. Por lo tanto, la libertad política le es necesaria a todo el pueblo, a excepción del puñado de cortesanos, peces gordos y magnates con acceso a la Corte. Pero quienes más necesitan la libertad política son los obreros y los campesinos. Los ricos pueden eludir la arbitrariedad y el despotismo de los funcionarios y la policía por medio de sobornos. Los ricos pueden conseguir que sus quejas lleguen muy arriba. Por eso la policía y los funcionarios se permiten menos vejaciones con los ricos que con los pobres. Los obreros y los campesinos carecen de dinero para sobornar a la policía y los funcionarios, carecen de medios para quejarse ante nadie y para pagar pleitos. A los obreros y los campesinos nadie los librará de los desmanes, el despotismo y los atropellos de la policía y los funcionarios, mientras no haya en el Estado un gobierno electivo, mientras no haya una asamblea popular de diputados. Sólo esta asamblea nacional de diputados de todo el pueblo podrá liberar a éste de la esclavización por los funcionarios. Todo campesino consciente debe apoyar a los socialdemócratas, que reclaman del Gobierno zarista, ante todo y sobre todo, la convocatoria de una asamblea popular de diputados. Los diputados deberán ser elegidos por todos, sin distinción de estamentos, sin diferencias entre pobres y ricos. La elección deberá ser libre, sin injerencia alguna por parte de los funcionarios, y su desarrollo deberá ser vigilado por personas de confianza, y no por los guardias rurales ni por los jefes de los zemstvos. De este modo, los diputados que representen a todo el pueblo podrán discutir las necesidades de éste e implantar en Rusia un sistema mejor.

Los socialdemócratas exigen que la policía sea despojada del poder de encarcelar a cualquiera sin intervención de los tribunales de justicia. Se debe castigar con severidad a los funcionarios que procedan a detenciones arbitrarias. Para terminar con el despotismo de los funcionarios, es preciso que los elija el propio pueblo, de tal manera que cada cual pueda denunciar directamente ante los tribunales a cualquier funcionario. Mientras no sea así, ¿qué se consigue con quejarse del guardia rural al jefe del zemstvo o de éste al gobernador? Como es natural, el jefe del zemstvo se limita a encubrir al guardia rural, y a su vez es encubierto por el gobernador, y encima se castigará al denunciante, metiéndolo en la cárcel o enviándolo a Siberia. Los funcionarios no comenzarán a sentir miedo hasta que en Rusia (como ocurre en todos los demás Estados), cualquier ciudadano goce del derecho a denunciarlos ante la asamblea popular, o ante los tribunales elegidos, a hablar libremente de sus necesidades, o a escribir en la prensa acerca de ellas.

El pueblo ruso vive todavía en una dependencia feudal de los funcionarios. ¡Sin autorización de éstos no se puede llevar a cabo una reunión ni publicar un libro o un periódico! ¿Acaso no es esto una dependencia feudal? Y si no es posible organizar reuniones ni publicar libremente libros, ¿cómo obtener justicia contra los funcionarios y los ricachos? Por supuesto, los propios funcionarios son quienes prohíben que se publique libros al servicio de la verdad y se pronuncie palabras veraces acerca de la miseria del pueblo. Este mismo folleto del Partido Socialdemócrata ha debido publicarse y difundirse clandestinamente. A quien se le encuentre un ejemplar será acusado ante los tribunales e irá a dar con sus huesos en la cárcel. Pero los obreros socialdemócratas no temen esto, y cada vez imprimen y distribuyen entre el pueblo más libros al servicio de la verdad. ¡Y no habrá cárceles ni persecuciones capaces de detener la lucha por la libertad del pueblo!

Los socialdemócratas exigen que se acabe con los estamentos y que todos los ciudadanos del Estado gocen exactamente de los mismos derechos. En Rusia existen hoy estamentos tributarios y otros exentos de tributos, estamentos privilegiados y no privilegiados, nobles y pecheros, para los segundos subsiste inclusive el látigo. En ningún país del mundo sufren tales vejaciones el obrero y el campesino. En ningún país del mundo, salvo en Rusia, rigen distintas leyes para los distintos estamentos. ¡Ya es hora de que el pueblo ruso exija que el mujik posea todos los derechos de que goza el noble! ¿No es ignominioso que más de cuarenta años después de haberse abolido la servidumbre siga empleándose el látigo, siga habiendo estamento tributario?

Los socialdemócratas exigen plena libertad de movimiento y de ocupación para el pueblo. ¿Qué quiere decir libertad de movimiento? Quiere decir que el campesino debe ser libre de ir adondequiera, trasladarse adonde le plazca, establecerse en cualquier aldea o en cualquier ciudad, sin pedir permiso a nadie. Quiere decir también que es preciso en Rusia suprimir los pasaportes internos (que en otros Estados se han suprimido mucho tiempo atrás), que ningún guardia, ningún funcionario pueda impedir a campesino alguno residir y trabajar donde mejor le parezca. El mujik ruso se halla todavía tan esclavizado por los funcionarios, que no puede trasladarse libremente a la ciudad, ni instalarse en otras tierras sin permiso. ¡El ministro ha ordenado que los gobernadores no permitan los traslados no autorizados! ¡El gobernador sabe mejor que el mujik a dónde le conviene a éste ir! ¡El mujik es un niño pequeño, no puede moverse sin tutor! ¿Acaso no es esto una dependencia feudal? ¿Acaso no es un insulto al pueblo el que cualquier vástago de la nobleza venido a menos pueda ordenar a un agricultor adulto, dueño de sus tierras, lo que debe hacer?

Hay un libro titulado Las malas cosechas y las calamidades del pueblo (es decir, el hambre), escrito por el actual "ministro de Agricultura", señor Ermólov. En este libro se dice abiertamente que el mujik no debe cambiar de residencia cuando en el lugar donde reside los señores terratenientes necesiten mano de obra. El ministro habla con claridad y sin ambages; cree que el mujik no escuchará tales palabras o no las comprenderá. ¿Por qué permitir que la gente se marche, cuando los señores terratenientes necesitan mano de obra barata? Cuanto más apretado viva el pueblo, mejor para los terratenientes; cuanto mayor sea su penuria, más bajo resultará su salario, más sumisamente soportará todas las privaciones. Antes, los administradores cuidaban de los intereses de los señores; hoy cuidan de ellos los jefes de los zemstvos y los gobernadores. Antes, los primeros ordenaban dar de latigazos en la cuadra a los siervos; hoy son los segundos quienes ordenan azotar a los campesinos en las oficinas administrativas del subdistrito.

Los socialdemócratas exigen que se suprima el ejército regular y que sea sustituido por la milicia popular y el armamento general del pueblo. El ejército regular es un ejército separado del pueblo y adiestrado para disparar contra él. Si a los soldados no se los encerrara durante años en el cuartel y no se los entrenara tan inhumanamente en su oficio, ¿podrían disparar contra sus hermanos, los obreros y los campesinos? ¿Podrían marchar contra los mujiks hambrientos? Para defender al Estado contra la agresión del enemigo no hace falta en modo alguno un ejército regular; basta con una milicia popular. Si todos los ciudadanos del Estado estuviesen armados, ningún enemigo sería temible para Rusia. Y el pueblo se vería libre del yugo del militarismo: para sostenerlo se invierten cientos de millones de rublos por año, dinero que se extrae al pueblo; por eso son tan grandes los impuestos y por eso la vida se vuelve cada vez más difícil. El militarismo fortalece todavía más el poder de los funcionarios y de la policía sobre el pueblo. Es necesario para saquear a pueblos extranjeros; por ejemplo, para arrebatar territorios a los chinos. Esto no alivia la situación del pueblo, sino que, por el contrario, la empeora, debido a los nuevos impuestos. La sustitución del ejército regular por el armamento general del pueblo significará un gran alivio para todos los obreros y campesinos.

Y también significará un alivio inmenso para ellos la supresión de los impuestos indirectos, que los socialdemócratas exigen. Llámense impuestos indirectos a los que no gravan en forma directa la tierra o la propiedad, sino que son pagados indirectamente por el pueblo, mediante un recargo sobre los precios de las mercancías. El fisco grava con impuestos el azúcar, el vodka, el querosene, las cerillas y los demás objetos de consumo; estos impuestos los pagan al fisco los comerciantes o los fabricantes, pero no, como fácilmente se comprende, de su propio bolsillo, sino del dinero que abonan los compradores. Se recargan los precios del azúcar, del vodka, del queroseno y de las cerillas, y todo el que compra una botella de vodka o una libra de azúcar paga, además del precio de la mercancía, el impuesto correspondiente. Por ejemplo, si ustedes pagan, digamos, catorce kopeks por una libra de azúcar, cuatro (aproximadamente) representan el impuesto: el fabricante de azúcar se encargó de abonar por anticipado el impuesto al fisco y ahora se reembolsa, a costa de cada comprador, la suma que ha pagado. Así pues, los impuestos indirectos son impuestos que gravan los objetos de consumo, y que paga el comprador de éstos en forma de recargo sobre el precio. Se dice a veces que los impuestos indirectos son los más justos, pues uno paga en relación con lo que compra. Esto no es cierto. Los impuestos indirectos son los más injustos, ya que al pobre le resultan mucho más gravosos que al rico. El rico cuenta con ingresos diez y hasta cien veces mayores que el campesino o el obrero. ¿Pero quiere decir que el rico necesita cien veces más azúcar, o diez veces más vodka, o cerillas, o querosene? Es claro que no. Una familia rica podrá comprar dos veces, a lo sumo, tres veces más querosene, vodka o azúcar que una familia pobre. Lo cual significa que los ricos pagan en concepto de impuestos una parte menor de sus ingresos que los pobres. Supongamos que los ingresos de un campesino pobre sean de doscientos rublos por año y que compre, por valor de sesenta rublos, objetos gravados con impuestos, cuyo precio encarece por ello (el azúcar, las cerillas, el querosene pagan el impuesto sobre el consumo, que el industrial debe abonar al fisco antes de lanzar sus productos al mercado; en el caso del vodka, un monopolio del Estado, el fisco elevó directamente el precio; los precios del percal, el hierro y otras mercancías encarecieron porque estos artículos importados no pueden entrar en Rusia sin pagar elevados aranceles). De los sesenta rublos indicados, calculamos que veinte corresponden a los impuestos. Ello significa que por cada rublo que gana, el campesino pobre entrega diez kopeks para pagar impuestos indirectos (sin incluir los directos, tales como los de rescate, los tributos de pechería, las contribuciones de la tierra, los impuestos municipales y los del subdistrito y de la comunidad). El campesino rico tiene un ingreso, supongamos, de mil rublos; compra mercancías gravadas con impuestos indirectos por valor de ciento cincuenta rublos, de los cuales cincuenta corresponden, digamos, al pago de los impuestos. Quiere decir que el ricacho paga en concepto de impuestos indirectos sólo cinco kopeks por cada rublo de ingresos. Cuanto más rica es una persona, menos impuestos indirectos paga en proporción a sus ingresos. Los impuestos indirectos son, por lo tanto, los más injustos de todos. Son los impuestos que pesan sobre los pobres. Los campesinos y los obreros juntos forman las 9/10 partes del total de la población y pagan las 9/10 ó las 8/10 partes de todos los impuestos indirectos. ¡En cambio, no obtienen, probablemente, más de las 4/10 partes de todos los ingresos! Pues bien, los socialdemócratas exigen la supresión de los impuestos indirectos y la implantación del impuesto progresivo sobre los ingresos y las herencias. Es decir, que cuanto mayores sean los ingresos, mayores deberán ser los tributos. Quien tenga mil rublos de ingresos, que pague, digamos, un kopek por rublo; el que tenga dos mil, dos, y así sucesivamente. Los que tengan ingresos más bajos (por ejemplo, de cuatrocientos rublos para abajo) no pagarán nada. Los que tengan ingresos más altos pagarán también el impuesto más elevado. Este impuesto, el impuesto de utilidades, o más exactamente impuesto progresivo de utilidades, sería mucho más equitativo que los impuestos indirectos. Por eso los socialdemócratas propugnan la abolición de los impuestos indirectos y la implantación del impuesto progresivo de utilidades. Pero corno es natural, todos los propietarios, toda la burguesía, se oponen a tal impuesto y luchan contra él. Y sólo la sólida alianza de los pobres del campo con los obreros de la ciudad logrará arrancar a la burguesía esta mejora.

Por último, otra mejora muy importante para todo el pueblo, y en particular para los pobres del campo, será la instrucción gratuita de los niños, que exigen también los socialdemócratas. En la actualidad hay en las aldeas mucho menos escuelas que en las ciudades y, además, en todas partes sólo las clases ricas, sólo la burguesía, encuentran la posibilidad de dar a sus hijos una buena instrucción. Únicamente la instrucción gratuita y obligatoria de todos los niños podrá salvar al pueblo, por lo menos en parte, de su actual estado de ignorancia. Los pobres del campo son los que más sufren por la ignorancia y los que más necesitan la instrucción. Pero como es natural, lo que necesitamos es una verdadera instrucción, una instrucción libre, y no la que quieren imponer los funcionarios y los popes.

Los socialdemócratas exigen, asimismo, que todos posean pleno e ilimitado derecho a practicar la religión que mejor les parezca. De los países europeos, sólo Rusia y Turquía siguen manteniendo leyes bochornosas contra quienes practican otra religión que no sea la ortodoxa, contra los cismáticos, los miembros de diversas sectas y los judíos. Estas leyes, o bien prohíben profesar determinada religión, o prohíben difundirla, o privan de algunos derechos a quienes la profesan. Todas estas leyes son las más inicuas, despóticas y vergonzosas que se conocen. Todos deben ser plenamente libres no sólo para profesar la religión que mejor les parezca, sino para propagar su religión o cambiarla por otra. Ningún funcionario deberá tener derecho ni siquiera a preguntar a nadie por su religión, ya que se trata de un asunto de conciencia en el que nadie debe inmiscuirse. No debe existir ninguna religión ni Iglesia "dominante". Todas las religiones y todas las iglesias deben ser iguales ante la ley. Los sacerdotes de las distintas confesiones deben ser sostenidos por los creyentes de su propia religión, pero el Estado no tiene que ayudar con el dinero del fisco a ninguna religión, ni mantener a sus sacerdotes, ni a los ortodoxos, ni a los cismáticos, ni a los miembros de las sectas, ni a ningunos otros. Por esto luchan los socialdemócratas, y mientras estas medidas no sean aplicadas sin reservas ni subterfugios, el pueblo no se verá libre de las ignominiosas persecuciones policíacas por motivos religiosos, ni de las dádivas policiacas, no menos ignominiosas, en favor de determinada religión.

Hemos pasado revista a las mejoras que los socialdemócratas aspiran a conquistar para todo el pueblo, y en particular para los pobres. Examinemos ahora cuáles son las mejoras que se proponen obtener para los obreros, no sólo para los de las fábricas y las ciudades, sino también para los del campo. Los obreros fabriles viven más hacinados; trabajan en grandes talleres; les es más fácil aprovechar la ayuda que les brindan los socialdemócratas instruidos. Por estas razones, los obreros de la ciudad se lanzaron a la lucha contra los patronos mucho antes que los demás, y conquistaron mejoras más importantes y la promulgación de las leyes fabriles. Pero los socialdemócratas luchan por que estas mejoras se hagan extensivas a todos los obreros: tanto a los kustares, que trabajan para sus patronos a domicilio, lo mismo en la ciudad que en la aldea, como para los obreros asalariados ocupados por los pequeños maestros y artesanos, para los obreros de la construcción (carpinteros, albañiles, etc.), para los obreros de la industria forestal, para los peones y también, exactamente lo mismo, para los obreros agrícolas. Todos estos obreros comienzan ahora a unirse, a lo largo de toda Rusia, siguiendo a los de las fábricas y con ayuda de ellos, para luchar por mejores condiciones de vida, por una jornada de trabajo más corta y por salarios más altos. Y el Partido Socialdemócrata se plantea el objetivo de apoyar a todos los obreros en su lucha por una vida mejor, de ayudarles a organizar (a unir) en sólidas agrupaciones a los obreros más firmes y más seguros, ayudarles haciéndoles Llegar folletos y octavillas, enviando obreros con experiencia para que orienten a los nuevos y ayudarles, en general, en todas las formas posibles. Cuando gocemos de libertad política, tendremos también en la asamblea popular de diputados gente nuestra, diputados obreros, socialdemócratas, quienes, al igual que sus camaradas de otros países, exigirán la promulgación de leyes en beneficio de los obreros.

No vamos a enumerar aquí todas las mejoras que el Partido Socialdemócrata aspira a conquistar para los obreros; estas mejoras se enumeran en el programa y se explican en detalle en el folleto titulado La causa obrera en Rusia. Bastara con que mencionemos aquí las más importantes. La jornada de trabajo no deberá exceder de ocho horas diarias. Un día por semana deberá ser de asueto, y se dedicará al descanso. Quedarán prohibidos por completo el trabajo en horas extraordinarias y los trabajos nocturnos. Los niños deberán recibir instrucción gratuita hasta los 16 años, razón por la cual no será licito que se los admita en un empleo hasta dicha edad. El trabajo de la mujer será prohibido en las tareas nocivas para la salud. El patrono deberá indemnizar a los obreros por cualquier accidente que sufran en el trabajo, por ejemplo, en los casos de accidentes sufridos por los que trabajan en las trilladoras, las aventadoras, etc. El salario se pagará a todos los obreros semanalmente, y no una vez cada dos meses o por trimestres, como suele ocurrir con los obreros contratados para las faenas agrícolas. Es muy importante para el obrero recibir su paga con puntualidad, todas las semanas, y además, en dinero contante y no en mercancías. Los patronos son muy aficionados a hacer que los obreros acepten en concepto de pago todo tipo de mercancías de desecho, y además a precios exorbitantes; para terminar con estos abusos, la ley debe prohibir en absoluto que el salario se pague en especie. Además, al llegar a la vejez, los obreros deberán percibir un subsidio del Estado. Los obreros sostienen con su trabajo a todas las clases ricas y al Estado, razón por la cual tienen el mismo derecho a una jubilación que los funcionarios, quienes ya la perciben. Para que los patronos no abusen de su situación ni infrinjan las normas establecidas en beneficio de los obreros, se nombrará inspectores no sólo en las fábricas, sino también en las grandes fincas de los terratenientes y, en general, en todas las empresas en que trabajen obreros asalariados. Pero estos inspectores no serán funcionarios, ni los nombrarán los ministros o los gobernadores; tampoco estarán al servicio de la policía. Los inspectores serán elegidos por los obreros, y el fisco pagará sus emolumentos a estos representantes de los obreros elegidos libremente por ellos y que gocen de su confianza. Estos delegados elegidos por los obreros deberán velar también porque las viviendas obreras se hallen en buen estado, porque los patronos no obliguen a los obreros a vivir en perreras o en cuevas (como suele ocurrir con los obreros agrícolas), por que se respeten las normas sobre descanso obrero, etc. Pero no debe olvidarse al respecto que ningún delegado elegido por los obreros prestará utilidad alguna mientras no haya libertad política mientras la policía sea omnipotente y no sea responsable ante el pueblo. Todo el mundo sabe que la policía detiene hoy sin mandato judicial, no sólo a los delegados obreros, sino también a cualquier obrero que se atreve a hablar en nombre de todos, a denunciar las infracciones de la ley y a llamar a los obreros a la unión. Pero cuando tengamos libertad política, los delegados obreros realizarán una labor muy beneficiosa.

Debe prohibirse en absoluto a todos los patronos (fabricantes, terratenientes, contratistas o campesinos ricos) que efectúen arbitrariamente descuento alguno de los salarios de los obreros, por ejemplo, por trabajo defectuoso, en concepto de multas, etc. Es ilegal y arbitrario que los patronos efectúen a su antojo descuentos de los salarios. Por ningún concepto ni mediante ningún descuento podrá el patrono disminuir el salario del obrero. El patrono no puede ser al mismo tiempo juez y parte (¡vaya un juez, que se embolsa los descuentos efectuados a los obreros!), sino recurrir a un verdadero tribunal, integrado por representantes elegidos por los obreros y por los patronos, sobre una base paritaria. Sólo estos tribunales podrán juzgar equitativamente las quejas de los patronos contra los obreros y las de los obreros contra los patronos.

Tales son las mejoras que los socialdemócratas aspiran a conquistar para toda la clase obrera. Los obreros que trabajen en cada finca, en cada empresa, para cada contratista, deberán reunirse y discutir con personas de su confianza cuáles son las mejoras a que aspiran y qué reivindicaciones desean plantear (éstas diferirán, por supuesto, en las diferentes fábricas y empresas, entre los diferentes contratistas, etc.).

Los comités socialdemócratas ayudan a los obreros de toda Rusia a formular sus reivindicaciones con claridad y precisión, y a imprimir octavillas en los que se explican esas reivindicaciones, para que las conozcan todos los obreros, los patronos y las autoridades. Cuando los obreros defiendan estas reivindicaciones unidos como un solo hombre, a los patronos no les quedará más remedio que ceder y aceptarlas. Los obreros de la ciudad han logrado ya imponer muchas reivindicaciones por este camino, y ahora comienzan también a unirse (a organizarse) y a luchar por las suyas los kustares, los artesanos y los obreros agrícolas. Mientras no gocemos de libertad política, sostendremos esta lucha en secreto, a escondidas de la policía, que prohíbe todo tipo de octavillas y agrupaciones obreras. Pero cuando hayamos conquistado la libertad política, llevaremos adelante esta lucha con mayor amplitud y a los ojos de todos, para que todo el pueblo trabajador, a lo largo de toda Rusia, se una y, unido, se defienda de cualesquiera vejaciones. Cuanto mayor sea el número de obreros que se agrupen en el Partido Obrero Socialdemócrata, mayor será su fuerza, y antes lograrán liberar plenamente a la clase obrera de toda opresión, de todo tipo de trabajo asalariado, de todo lo que sea trabajar en beneficio de la burguesía.

Ya hemos dicho que el Partido Obrero Socialdemócrata no lucha sólo por mejoras para los obreros, sino también para todos los campesinos. Veamos ahora cuáles son las mejoras a que aspira.

6. ¿QUE MEJORAS RECLAMAN LOS SOCIALDEMOCRATAS PARA TODOS LOS CAMPESINOS?

Para lograr la plena emancipación de todos los trabajadores, los pobres del campo, aliados a los obreros de la ciudad, deberán luchar contra toda la burguesía, incluyendo a los campesinos ricos. Los campesinos ricos procuran por todos los medios pagar a sus braceros lo menos posible y obligarlos a trabajar más tiempo y más duramente; por su parte, los obreros del campo y de la ciudad deben esforzarse por que los braceros arranquen a los campesinos ricos mejores salarios, condiciones de trabajo más humanas y el descanso necesario. Dicho en otros términos, los pobres del campo deberán crear sus propias agrupaciones, al margen de los campesinos ricos; de esto ya hemos hablado, y no dejaremos de repetirlo.

Ahora bien, en Rusia todos los campesinos, tanto los ricos como los pobres, siguen siendo todavía, en muchos aspectos, siervos : todos ellos forman un estamento inferior, ignorante, tributario; se hallan subordinados a los funcionarios de la policía y a los jefes de los zemstvos; trabajan muy a menudo para el señor, en pago por el uso de las tierras recortadas, de los abrevaderos, los pastizales y prados, exactamente lo mismo que trabajaban para el señor sus antepasados, bajo el régimen de la servidumbre. Todos los campesinos aspiran a emanciparse de este nuevo estado de servidumbre, todos aspiran a conquistar la plenitud de derechos, todos odian a los terratenientes, que aun ahora los obligan a hacer prestaciones personales, a "pagar con su trabajo" a los señores nobles por el derecho de usar los abrevaderos, los pastizales y prados, a trabajar "por los daños" causados por su ganado en las tierras del señor y a mandar a su mujer a segar los campos de éste, por "el solo honor de servirlo". Pero todas estas prestaciones pesan más sobre el mujik pobre que sobre el rico. A veces, el campesino rico se libra mediante un rescate de trabajar para el señor, aunque, a pesar de ello, también la mayor parte de los campesinos ricos son oprimidos por los terratenientes. Ello quiere decir que los pobres del campo tienen que luchar contra la privación de derechos, contra todo tipo de prestaciones personales y de pago en trabajo, en unión de los campesinos ricos. Sólo nos emanciparemos de todo sojuzgamiento, de toda miseria, cuando hayamos derrotado a toda la burguesía (incluyendo a los campesinos ricos). Pero hay un tipo de sojuzgamiento del que nos liberaremos antes, pues también a los campesinos ricos los subleva. En Rusia hay todavía muchos lugares y distritos donde todos los campesinos en conjunto son tratados como siervos. Por eso todos los obreros rusos y todos los pobres del campo deben luchar con todas sus fuerzas en dos direcciones: por una parte, aliados a todos los obreros contra todos los burgueses; por la otra, contra todos los funcionarios destacados en la aldea, contra los terratenientes feudales, en alianza con todos los campesinos. Si los pobres del campo no forjan su propia alianza, al margen de los campesinos ricos, éstos los engañarán, no los tendrán en cuenta y, al convertirse en terratenientes, no sólo dejarán sin tierras a los campesinos que no poseen nada, sino que no les reconocerán ni siquiera la libertad de asociarse. Y si los pobres del campo no luchar en unión de los campesinos ricos contra el sojuzgamiento feudal, seguirán atados, encadenados a un lugar, y no disfrutarán tampoco de plena libertad para unirse a los obrero de las ciudades.

Al principio, los pobres del campo deben descargar sus golpes contra los terratenientes y sacudirse aunque sólo sea el yugo más feroz, el más pernicioso, el yugo de los señores; en esta lucha estarán a su lado muchos campesinos ricos y partidarios de la burguesía, por la sencilla razón de que todos se sienten ya hartos de la soberbia de los terratenientes. Pero tan pronto como hayamos cortado las alas al poder de los terratenientes, el campesino rico levantará cabeza y, con ánimo de apoderarse de todo, alargara sus garras, por cierto ya bien afiladas y que hasta ahora no han permanecido ociosas. Quiere decir que no hay que dormirse, sino sellar una alianza fuerte e indestructible con los obreros de la ciudad. Estos ayudarán a derribar al terrateniente de su viejo pedestal feudal, y a bajar los himnos al campesino rico (como ya han bajado los humos, en parte, a sus patronos, los fabricantes). Sin aliarse a los obreros de la ciudad, jamás se emanciparán los pobres del campo de todas las formas de sojuzgamiento, penuria y miseria; además de los obreros, nadie los ayudará, y de nadie pueden fiarse, como no sea de ellos mismos. Hay, sin embargo, algunas mejoras que podemos alcanzar antes, que podríamos lograr ya ahora, en los mismos comienzos de esta grandiosa lucha. En Rusia queda todavía mucho de un tipo de sojuzgamiento que en todos países ha terminado largo tiempo atrás: el sojuzgamiento de los funcionarios v de los terratenientes, el sojuzgamiento feudal, del que todos los campesinos rusos pueden emanciparse ahora mismo.

Veamos cuáles son las mejoras que el Partido Obrero Socialdemócrata aspira a conquistar en primer lugar, antes que nada, para librar a todos los campesinos rusos del más feroz sojuzgamiento feudal y dejar a los pobres del campo las manos libres para que puedan luchar contra toda la burguesía rusa.

La primera reivindicación del Partido Obrero Social-demócrata es esta: suprimir inmediatamente todos los pagos en concepto de rescate, todos los tributos y todos los censos que en la actualidad pesan sobre los campesinos "tributarios". Cuando los comités de nobles y el Gobierno noble del zar "liberaron" a los campesinos de la servidumbre, los campesinos fueron obligados a rescatar sus propias tierras, la pagar las tierras que venían trabajando desde tiempo inmemorial! Esto era, en realidad, un robo. Los comités de nobles robaron descaradamente a los campesinos con la ayuda del Gobierno zarista. En muchos lugares, el Gobierno zarista envió a las tropas para imponer por la fuerza las actas reglamentarias, y se impuso castigos militares a los campesinos que se resistían a aceptar las "míseras" parcelas comunales, muy recortadas. De no haber sido por la presión de las tropas, por las torturas y los fusilamientos, jamás habrían podido los comités de nobles despojar a los campesinos de un modo tan insolente como durante la abolición de la servidumbre. Los campesinos no deben olvidar jamás cómo los engañaron y estafaron los comités de terratenientes, de nobles, ya que todavía hoy, cuando se trata de dictar nuevas leyes para los campesinos, el Gobierno zarista recurre siempre al nombramiento de comités de nobles o de funcionarios. Hace poco el zar lanzó su manifiesto (del 26 de febrero de 1903), en el que promete revisar y perfeccionar las leyes referentes a los campesinos. ¿Quiénes serán los encargados de revisarlas y perfeccionarlas? ¡Una vez más los nobles, una vez más los funcionarios! Los campesinos no dejarán de ser engañados mientras no impongan la constitución de comités campesinos para aliviar la vida de la población del campo. ¡Bastante han mandado ya sobre los campesinos los terratenientes, los jefes de los zemstvos y todo tipo de funcionarios! ¡Bastante ha durado ya esta dependencia feudal de cualquier guardia rural, de los vástagos degenerados de los señores, llámense jefes de los zemstvos, jefes de policía o gobernadores! Los campesinos deben exigir que se les dé libertad para manejar por sí mismos sus asuntos, para pensar, proponer y aplicar por sí mismos sus nuevas leyes. Los campesinos deben reclamar comités campesinos libres y electivos, y mientras no lo logren se verán siempre engañados y despojados por los nobles y los funcionarios. Nadie liberará a los mujiks de los funcionarios sanguijuelas si no se liberan ellos mismos, si no se unen para tomar sus asuntos en sus propias manos.

Los socialdemócratas no se limitan a exigir la plena e inmediata supresión de todos los pagos en concepto de rescate, de todos los tributos y todo género de prestaciones, sino que reclaman, además, la devolución al pueblo del dinero que le ha sido arrebatado por el pago de dichos rescates. Desde el día en que fueron emancipados de la servidumbre por los comités de nobles, los mujiks de toda Rusia pagaron ya cientos de millones de rublos. Los campesinos deben reclamar que les devuelvan ese dinero. ¡Que el Gobierno decrete un impuesto especial sobre los grandes terratenientes de la nobleza, que se quite las tierras a los monasterios y a la Corona (es decir, la familia del zar), y que la asamblea popular de diputados disponga de este dinero en beneficio de los campesinos! En ningún lugar del mundo como en Rusia sufren los campesinos una vejación tan grande, una depauperación tan tremenda, un azote tan terrible que los condena por millones a morir de hambre. El campesino ha llegado en Rusia a semejante extremo porque, tras haberlo despojado los camités de nobles, lo siguen expoliando año tras año, obligándolo a pagar los viejos tributos a los herederos de los antiguos señores, estrujándolo con los rescates y los tributos. ¡Que los saqueadores respondan por sus tropelías! ¡Que se haga pagar a los grandes terratenientes de la nobleza para que se pueda prestar ayuda eficaz a los hambrientos! Lo que el mujik hambriento necesita no es caridad, no es una limosna. Que se le devuelva el dinero que año tras año ha venido pagando a los terratenientes y al Estado. Cuando eso se logre, podrán la asamblea popular de diputados y los comités campesinos socorrer de verdad a los hambrientos.

Además, el Partido Obrero Socialdemócrata exige la inmediata abolición de la caución solidaria y de todas las leyes que impiden a los campesinos a disponer de sus tierras. El manifiesto del zar del 26 de febrero de 1903 promete la abolición de la caución solidaria. Se ha dictado ya una lev en tal sentido. Pero no basta. Es necesario que también se deroguen inmediatamente todas las leyes que impiden al campesino disponer libremente de sus tierras. De otro modo, aunque se suprima la caución solidaria, el campesino no será del todo libre, seguirá siendo un semisiervo. El campesino debe adquirir plena libertad para disponer de sus tierras, para entregarlas o venderlas a quien mejor le parezca, sin permiso de nadie. Y esto no se establece en el decreto del zar; cualquier noble, comerciante o pequeño burgués puede disponer libremente de su tierra, y el campesino no. El mujik es un niño pequeño. Hay que ponerle al lado al jefe del zemstvo para que lo cuide, como una niñera. ¡Hay que prohibir al mujik que venda su lote de tierra comunal, no sea que malgaste el dinero! Así razonan los señores feudales, y no faltan bobalicones que les crean y que, deseando el bien para el mujik, digan que es necesario prohibirle que venda la tierra. Hasta los populistas (de quienes hemos hablado más arriba) y otros que se llaman a sí mismos "socialistas-revolucionarios", se muestran de acuerdo con esto y opinan que es preferible que nuestro mujik siga siendo un poquito siervo antes que autorizarlo a vender su tierra.

Los socialdemócratas afirman: Testo es pura hipocresía, es una actitud feudal, simples palabras almibaradas! Cuando conquistemos el socialismo, cuando la clase obrera haya triunfado sobre la burguesía, toda la tierra será común, y nadie, entonces, tendrá derecho a venderla. Pero hasta que ese día llegue, ¿qué? ¡El noble y el comerciante pueden vender la tierra, y el campesino no? ¡Van a ser libres el noble y el comerciante, mientras se sigue manteniendo al campesino en estado de semisiervo? ¡Va a seguir obligándose al campesino a pedir permiso a la autoridad?

Esto es un engaño, aunque se envuelva en frases melosas, un puro engaño.

Mientras se permita al noble y al comerciante vender la tierra, debe concederse también al campesino pleno derecho a vender la suya y a disponer de ella con absoluta libertad, exactamente lo mismo que el comerciante y el noble.

Cuando la clase obrera haya triunfado sobre toda la burguesía, confiscará la tierra a los grandes propietarios y organizará en las grandes fincas haciendas colectivas, para que la tierra sea cultivada en común por los trabajadores, quienes elegirán libremente a personas de su confianza para ocupar los cargos administrativos. Contarán con la maquinaria necesaria para hacer más llevaderas sus faenas y trabajarán por turnos ocho (o aun seis) horas diarias. Y entonces, incluso el pequeño campesino que quiera seguir trabajando solo, a la manera antigua, no trabajará para el mercado, para vender sus productos al primero que llegue, sino para la cooperativa de obreros: entregará a ésta el trigo, la carne y las legumbres, y los obreros le suministrarán a cambio, sin dinero, máquinas, ganado, abonos, ropas y cuanto necesite. No habrá, entonces, Lucha entre los grandes y los pequeños propietarios por el dinero; nadie trabajará por un salario en la tierra de otro, sino que todos los trabajadores laborarán para sí mismos, y todos los adelantos que se introduzcan en los métodos de producción y toda la maquinaria redundarán en beneficio de los mismos trabajadores, aliviarán su trabajo y mejorarán su vida.

Pero toda persona sensata se dará cuenta de que el socialismo no puede implantarse en una hora: para ello es preciso librar una lucha desesperada contra toda la burguesía, contra todos y cada uno de los gobiernos; para ello, es menester unir en una sólida e indestructible alianza a todos los obreros de la ciudad, a lo largo de toda Rusia, y con ellos a los pobres del campo. Es esta una causa grandiosa, y por una causa así se puede sacrificar con gusto la vida entera. Pero mientras no hayamos conquistado el socialismo, el gran propietario seguirá luchando contra el pequeño por el dinero. Pues bien, ¿acaso el grande va a ser libre para vender su tierra, y el pequeño no? Repetimos: los campesinos no son niños pequeños y nadie tiene por qué llevarlos de la mano; a los campesinos se les debe conceder, sin limitación alguna, todos los derechos de que disfrutan ya los nobles y los comerciantes.

Se dice también que la tierra que se halla en poder de los campesinos no es suya, sino de la comunidad de que forman parte. Y a nadie se le puede permitir que venda la tierra comunal. También esto es puro engaño. ¿Acaso los nobles y los comerciantes no poseen también sus sociedades? ¿Acaso no se agrupan también en compañías que como tales compran tierras, fábricas y lo que les parezca? ¿Por qué, entonces, a nadie se le ocurre someter a restricciones a las sociedades de nobles, y en cambio, cuando se trata del mujik, cualquier canalla de la policía se las ingenia para inventar restricciones y prohibiciones? El campesino jamás recibió nada bueno de manos de los funcionarios; lo único que recibió de ellos fueron palos, exacciones y vejaciones. Jamás los campesinos podrán esperar beneficio alguno, mientras no tomen su suerte en sus propias manos, mientras no conquisten la plena igualdad de derechos y la plena libertad. Si los campesinos desean que sus tierras sean de propiedad comunal, nadie se atreverá a impedírselo, y ellos mismos, por acuerdo voluntario, constituirán una sociedad formada por quienes ellos quieran y como quieran, y redactarán, con absoluta libertad, el contrato social que mejor les parezca. ¡Y que no se le ocurra a ningún funcionario meter las narices en los asuntos comunales de los campesinos! ¡Que nadie se atreva a cavilar e inventar restricciones y prohibiciones para el mujik!

Finalmente, los socialdemócratas aspiran a conquistar otra mejora para los campesinos. Quieren desde ahora mismo, inmediatamente, poner coto al sojuzgamiento feudal, a la opresión señorial que pesa sobre el mujik. Claro está que no podremos acabar con todo tipo de sojuzgamiento mientras exista la pobreza, y no se acabará con la pobreza mientras las tierras y las fábricas sigan en manos de la burguesía, mientras la fuerza principal del mundo sea el dinero; es decir, mientras no se implante la sociedad socialista. Pero en Rusia, todavía subsiste en el campo mucho sojuzgamiento, y un sojuzgamiento verdaderamente feroz, que ya no existe en otros países, aunque tampoco en éstos se haya implantando el socialismo. En Rusia hay todavía mucho sojuzgamiento feudal, que beneficia a todos los terratenientes y agobia a todos los campesinos, y con el que se puede y se debe acabar ahora mismo, inmediatamente, sin esperar a más.

Expliquemos a qué llamamos sojuzgamiento feudal.

Cualquiera que viva en la aldea conoce casos como los que siguen. Las tierras del señor lindan con las de los campesinos. En el momento de la emancipación, se les recortó a éstos tierras que les eran necesarias: pastizales, bosques y abrevaderos. Los campesinos no pueden arreglárselas sin estas tierras que les fueron recortadas, sin los pastizales, sin los abrevaderos. Les agrade o no, deben acudir al terrateniente y pedirle que le dejen llevar el ganado a beber, a pastar, etc. Pero resulta que el terrateniente no explota su finca, tal vez no tiene dinero y vive sólo de lo que saca de sojuzgar a los campesinos. Estos trabajan gratuitamente para él a cambio del permiso para usar aquellas tierras recortadas, aran las tierras del señor con su caballo, le recogen el trigo y le siegan el prado, trillan y en algunos lugares llegan incluso a abonar las tierras del terrateniente con su estiércol, o le entregan cierta cantidad de tejido casero, huevos y aves. ¡Exactamente lo mismo que bajo el régimen de la servidumbre! Entonces los campesinos formaban parte del dominio feudal del señor y trabajaban gratis para él, y ahora siguen haciendo lo mismo, con mucha frecuencia en las mismas tierras de antes, que los comités de nobles arrebataron a los campesinos en el momento de la emancipación. Sigue siendo la misma prestación personal. Los propios campesinos denominan a estas faenas, en algunas provincias, bárschina o pánschina (azofra). Pues bien, esto es lo que nosotros llamamos sojuzgamiento feudal. En el momento de la emancipación de la servidumbre los comités de terratenientes, de nobles expresamente arreglaron las cosas de modo tal que pudieran seguir oprimiendo a los campesinos a la manera antigua. Se recortaron en forma intencional las tierras comunales concedidas a los mujiks, se incrustaron las tierras del terrateniente como una cuña entre las de los mujiks, con el fin de que éstos no pudieran siquiera soltar sus gallinas sin invadir tierras ajenas; asentaron a los campesinos, deliberadamente, en las peores tierras, lograron que las de los terratenientes bloquearan el paso a los abrevaderos, en una palabra, arreglaron las cosas de manera que los campesinos se encontraran como en una trampa, para poder seguir estrujándolos impunemente. Son muchas, incontables, las aldeas rusas en que los campesinos siguen siendo oprimidos por los terratenientes, vecinos, igual que en los tiempos de la servidumbre. En estas aldeas tanto el mujik rico como el pobre se hallan atados de pies y manos a merced del terrateniente. Esto causa penalidades mucho mayores al campesino pobre que al rico. El campesino rico posee a veces su tierra propia, y en vez de ir él mismo, manda un bracero a trabajar en las tierras del señor. Pero el campesino pobre no tiene escape, y el terrateniente lo hace trizas. El campesino pobre, así sojuzgado, no puede ni respirar, le es imposible marcharse de allí para escabullirse de trabajar para el señor, y no puede ni pensar en unirse libremente, en una alianza, en un partido, con todos los pobres de la aldea y obreros de la ciudad.

¿Quiere decir que no hay ningún camino para acabar desde ahora mismo, sin tardanza, con semejante sojuzgamiento? El Partido Obrero Socialdemócrata ofrece a los campesinos dos caminos para alcanzar ese fin. Pero repetimos que sólo el socialismo podrá emancipar a todos los pobres de todas las formas de sojuzgamiento, pues mientras el socialismo no triunfe los ricos seguirán siendo fuertes y seguirán sojuzgando de un modo o de otro a los pobres. Es imposible acabar por completo con el sojuzgamiento en todas sus formas, de golpe y porrazo, pero sí se puede poner coto en considerable medida al sojuzgamiento más feroz y más abominable, al sojuzgamiento feudal, que agobia a los campesinos pobres, medios e incluso ricos; es posible obtener un inmediato alivio para los campesinos.

Los caminos para lograrlo son dos.

El primero consiste en la libre elección de tribunales, integrados por personas de confianza, representantes de los peones agrícolas y los campesinos más pobres, así como de los campesinos ricos y los terratenientes.

El segundo es la libre constitución de comités campesinos. Estos comités no sólo deberán poseer el derecho de deliberar y adoptar medidas de todo género para suprimir las prestaciones personales y eliminar todos los restos del régimen de la servidumbre, sino también de confiscar a los señores las tierras que recortaron a los campesinos y devolverlas a éstos.

Analicemos un poco más en detalle cada uno de estos dos caminos. Los tribunales de libre elección, integrados por personas de confianza, examinarán todas las quejas que les lleguen de los campesinos contra la opresión a que se los somete. Tendrán el derecho a rebajar el precio pagado por el arriendo de la tierra, cuando los terratenientes lo hayan elevado excesivamente, aprovechándose de la miseria de los campesinos. Y también tendrán el derecho a eximir a los campesinos de todos los pagos abusivos; por ejemplo, cuando el terrateniente contrata al mujik en invierno para trabajar en los meses de verano, a mitad de precio, el tribunal examinará el asunto y fijará el pago justo. Estos tribunales deberán estar formados, por supuesto, no por funcionarios, sino por personas de confianza libremente elegidas, debiendo figurar en ellos, indefectiblemente, representantes de los peones agrícolas y de los pobres del campo, en número igual al de los que representan a los campesinos ricos y a los terratenientes. Los mismos tribunales entenderán también en todos los conflictos entre obreros y patronos. Los obreros, y con ellos todos los pobres del campo, defenderán mejor sus derechos ante estos tribunales, se unirán con más facilidad y verán con mayor claridad quiénes son los hombres más seguros y leales, los que apoyan a los pobres y a los obreros.

Más importante aún es el segundo camino. Nos referimos a los comités campesinos libres, elegidos entre los representantes de los peones y los campesinos pobres, medios y ricos de cada distrito !o varios comités por distrito, si los campesinos lo estiman necesario; cabe también la posibilidad de que se constituyan comités campesinos en cada subdistrito y en cada aldea de importancia). Nadie sabe mejor que los propios campesinos el sojuzgamiento que sobre ellos pesa. Nadie sabrá, mejor que ellos, desenmascarar a los terratenientes que siguen viviendo gracias al sojuzgamiento feudal. Los comités campesinos decidirán qué tierras recortadas, qué prados, qué pastizales, etc., han sido arrebatados injustamente a los campesinos, y si estas tierras deben serles devueltas en forma gratuita o mediante el pago de una indemnización, por cuenta de la alta nobleza, a quienes las hayan comprado. Los comités permitirán a los campesinos, por lo menos, escapar de las redes en que los envolvieron muchísimos comités de nobles, de terratenientes. Liberarán a los campesinos de la injerencia de los funcionarios, demostrarán que los campesinos mismos quieren y pueden solucionar sus asuntos; les ayudarán a ponerse de acuerdo sobre sus propias necesidades y a elegir a los hombres mejores, capaces de mantenerse lealmente al lado de los pobres del campo y en favor de su alianza con los obreros de la ciudad. Los comités campesinos serán el primer paso para lograr que hasta en las aldeas más remotas los campesinos se abran camino y tomen su destino en sus propias manos.

Por eso los socialdemócratas advierten a los campesinos:

¡No se fíen de ningún comité de nobles, de ninguna comisión de funcionarios!

¡Exijan una asamblea de diputados de todo el pueblo!

¡Exijan la constitución de comités campesinos!

¡Exijan plena libertad para publicar libros y periódicos de todo tipo!

Cuando todo el mundo tenga el derecho a expresar libremente sus opiniones y sus deseos, sin temor a nadie, ante la asamblea de diputados de todo el pueblo, ante los comités campesinos y en la prensa, se verá muy pronto quién está de parte de la clase obrera y quién de parte de la burguesía. Actualmente, la inmensa mayoría de la gente no piensa siquiera en eso; algunos ocultan su verdadero modo de pensar, otros no se han formado todavía una opinión y otros engañan a sabiendas. Pero cuando conquistemos ese derecho, todo el mundo pensará en estas cosas, nadie necesitará ocultar lo que piensa y todo se esclarecerá sin demora. Ya hemos dicho que la burguesía atrae a su lado a los campesinos ricos. Cuanto antes y más completamente se logre acabar con el sojuzgamiento feudal, cuanto mayores libertades consigan arrancar los campesinos, antes se unirán entre sí los pobres del campo y antes se unirán los campesinos ricos a toda la burguesía. ¡Que se unan! Nosotros no lo tememos, aunque sabemos muy bien que los campesinos ricos saldrán fortalecidos de esta unión. También nosotros nos unimos, y nuestra alianza —la alianza de los campesinos pobres con los obreros de la ciudad— abarcará muchísimas más personas, será la alianza de decenas de millones contra la de cientos de miles. Sabemos también que la burguesía se esforzará (ya lo hace desde ahora) por atraer también a su lado a los campesinos medios e incluso a los pequeños campesinos; procurará engañarlos, ganárselos, desunirlos, les prometerá a cada uno de ellos encaminarlos también hacia la riqueza. Ya hemos indicado con qué recursos y con qué engaños se atrae la burguesía al campesino medio. Por lo tanto, debemos de antemano abrir los ojos a los pobres del campo y fortalecer su alianza peculiar con los obreros de la ciudad, contra toda la burguesía.

Cada habitante de la aldea debe mirar con los ojos bien abiertos lo que pasa a su alrededor. ¡Con cuánta frecuencia el mujik rico habla contra el señor, contra el terrateniente! ¡Cuántas veces se queja de que se oprime al pueblo, de que la tierra permanece ociosa en poder de los señores! ¡Cómo le gusta murmurar (sin levantar la voz, en privado (que la tierra debería estar en manos de los mujiks!

Pero ¿podemos creer lo que dicen los ricos? No. No quieren las tierras para el pueblo, sino para sí mismos. Ya son dueños de mucha tierra, unas veces comprada y otras arrendada, pero no les basta. Esto significa que los campesinos pobres no tendrán que marchar mucho tiempo al lado de los ricos, contra los terratenientes. Sólo podremos dar juntos el primer paso; luego nuestros caminos se separarán.

Por eso hay que establecer una clara distinción entre ese primer paso y los otros que deberemos dar, y el paso final, el más importante de todos. El primer paso en el campo será la plena emancipación de los campesinos, la conquista de plenos derechos, la constitución de comités campesinos para que les restituyan los recortes. El último paso será el mismo en la ciudad como en el campo: confiscaremos todas las tierras y todas las fábricas a los terratenientes y a la burguesía, y edificaremos la sociedad socialista. Entre el primer paso y el último tendremos que librar una larga lucha, y quien confunda el primer paso con el último debilitará esa lucha y pondrá, sin advertirlo él mismo, una venda sobre los ojos de los pobres del campo.

El primer paso lo dan los campesinos pobres junto a todos los campesinos en general. Tal vez se queden al margen algunos kulaks; tal vez haya un mujik entre cien al que no le indigne ningún tipo de sojuzgamiento. Pero la gran masa marchará unida y compacta, porque el objetivo es el mismo para todos: los campesinos necesitan la igualdad de derechos. El sojuzgamiento feudal los ata a todos de pies y manos. En cambio, el paso final no lo darán todos los campesinos juntos: al llegar a ese punto, los campesinos ricos se volverán contra los braceros. Al llegar a ese punto, será necesaria una poderosa alianza de los campesinos pobres con los obreros socialdemócratas de la ciudad. Quien diga a los campesinos que pueden dar simultáneamente el primer paso y el último, engaña al mujik. Pierde de vista la gran lucha que se desarrolla entre los propios campesinos, la gran lucha entre los pobres del campo y los campesinos ricos.

Por eso los socialdemócratas no prometen a los campesinos desde el primer momento el oro v el moro. Por eso reclaman, ante todo, plena libertad para la Lucha, para la grandiosa lucha de todo el pueblo, de toda la clase obrera, contra toda la burguesía. Por eso señalan un primer paso, pequeño, pero seguro.

Hay quienes piensan que nuestra reivindicación de crear comités campesinos para poner coto al sojuzgamiento y para restituir los recortes, es una especie de cerca o barrera. Como si dijésemos: detente aquí y no vayas más allá. Esa gente no ha comprendido lo que se proponen los socialdemócratas. La exigencia de constituir comités campesinos para limitar el sojuzgamiento y devolver los recortes no es una barrera. Es una puerta. Una puerta por la que es preciso pasar para ir más adelante, para marchar por el camino ancho y despejado, hasta el fin, hasta la plena emancipación de todo el pueblo trabajador de Rusia. Mientras los campesinos no atraviesen esa puerta, seguirán sumidos en la ignorancia, en el sojuzgamiento, carecerán de plenos derechos y de plena y verdadera libertad, no podrán siquiera distinguir con claridad entre ellos mismos quién es el amigo del obrero y quién el enemigo. Por eso los socialdemócratas señalan esa puerta y dicen que, antes que nada, todo el pueblo tiene que presionar contra ella hasta derribarla y dejar el paso libre. Pero hay personas que se llaman populistas y socialistas-revolucionarios y que, animadas también de buenas intenciones hacia el mujik, alborotan, gritan y agitan los brazos, desean ayudar, pero ¡no ven esa puerta! Son tan ciegos que llegan a decir: no hay que conceder al mujik el derecho a disponer libremente de su tierra. ¡Quieren lo mejor para el mujik, pero a veces razonan igual que los defensores del régimen de la servidumbre! De amigos como ésos no hay que esperar mucha ayuda. ¿De qué sirve desear el bien del mujik, si ni siquiera son capaces de ver con claridad la primera puerta que es preciso derribar? ¿De qué sirve que también aspiren al socialismo, si no ven cómo hay que salir al camino de la lucha libre del pueblo por el socialismo, no sólo en la ciudad, sino también en el campo; no sólo contra los terratenientes, sino también contra los campesinos ricos dentro de la comunidad rural?

Por eso los socialdemócratas señalan con tanta insistencia esa puerta, que es la primera y la más cercana. En esta etapa, lo difícil no es expresar un montón de buenas intenciones, sino señalar el camino correcto, comprender claramente cómo hay que dar el primer paso. Durante los últimos cuarenta años, todos los amigos del mujik han venido hablando y escribiendo que el campesino ruso vive aplastado baja el sojuzgamiento, que sigue siendo un semisiervo. Mucho antes de que aparecieran los socialdemócratas en Rusia, todos los amigos del mujik escribieron innumerables libros en los que describían los vergonzosos procedimientos a que recurrían los terratenientes para robarle los recortes ele tierra y esclavizarlo. En la actualidad, todas las personas honestas entienden que es menester ayudar al mujik sin pérdida de tiempo, en seguida; que es urgente por lo menos aliviarle esa esclavitud; hasta los funcionarios de nuestro Gobierno policiaco comienzan a hablar de ello. El problema es: ¿cómo abordar el asunto, cómo dar el primer paso, cuál es la primera puerta que hay que derribar?

Las personas más diversas (entre las que quieren bien al mujik) ofrecen dos respuestas diferentes a esta pregunta. Todos los proletarios rurales deben tratar de entender cada una de estas dos respuestas y formarse una opinión definida y firme acerca de ellas. Una de las respuestas es la que ofrecen los populistas y los socialistas revolucionarios. Lo primero –dicen– es desarrollar entre los campesinos todo tipo de cooperativas. Hay que fortalecer la comunidad rural. No se debe conceder al campesino el derecho a disponer libremente de su tierra. Que la comunidad rural tenga mayores derechos, Tic toda la tierra de Rusia pase poco a poco a pertenecer a la comunidad. Se debe facilitar a los campesinos, por todos los medios, la compra de tierras, para que éstas vayan pasando más fácilmente del capital al trabajo.

La otra respuesta es la que ofrecen los socialdemócratas. Ante todo, el campesino debe conquistar todos los derechos de que gozan el noble y el comerciante, sin excepción alguna. El campesino debe tener pleno derecho a disponer libremente de su tierra. Para acabar con el más ignominioso sojuzgamiento, deben constituirse comités campesinos para la devolución de los recortes. No necesitamos la unión en la comunidad, sino la unión de los campesinos pobres de las diferentes comunidades rurales de toda Rusia, la alianza de los proletarios del campo con los proletarios de la ciudad. Todos los tipos de cooperativas y la compra de tierras por la comunidad redundarán siempre, sobre todo, en favor de los campesinos ricos, y servirán para engañar a los campesinos medios.

El Gobierno ruso se da cuenta de que es preciso aliviar la situación de los campesinos, pero trata de salir del paso con unas cuantas bagatelas, quiere hacerlo todo por medio de sus funcionarios. Los campesinos deben estar en guardia, pues las comisiones de funcionarios los volverán a engañar, lo mismo que los engañaron los comités de nobles. Deben exigir la libre elección de comités campesinos. Lo importante no es esperar que los funcionarios brinden ayuda, sino que los mismos campesinos tomen su suerte en sus propias manos. No importa que al comienzo no demos más que un paso y sólo nos liberemos del sojuzgamiento más feroz, lo importante es que los campesinos adquieran conciencia de su fuerza, que lleguen libremente a un acuerdo común y se unan. Ninguna persona honesta negará que los recortes sirven muy a menudo para el más despiadado sojuzgamiento feudal. Ninguna persona honesta negará que nuestra reivindicación es la primordial y la más justa:

que los campesinos elijan libremente sus comités, sin la injerencia de los funcionarios, para acabar con todo el sojuzgamiento feudal.

En los libres comités campesinos (como también en la libre asamblea de diputados de toda Rusia), los socialdemócratas harán cuanto esté a su alcance para consolidar la alianza peculiar de los proletarios del campo con los proletarios de la ciudad. Los socialdemócratas defenderán todas las medidas en beneficio de los proletarios del campo, y una vez dado el primer paso, los ayudarán a dar cuanto antes, y lo más unidos que sea posible, el segundo y el tercero, y así sucesivamente, hasta el final, hasta el triunfo total del proletariado. Pero ¿podemos saber ya hoy, de antemano, qué reivindicaciones estarán al orden del día en relación con el segundo paso que mañana haya que dar? No, no es posible saberlo, por la sencilla razón de que no sabemos qué actitud adoptarán mañana los campesinos ricos y muchas personas instruidas que se ocupan de todo tipo de cooperativas y del traspaso de la tierra del capital al trabajo.

Puede ocurrir que el día de mañana no lleguen a un entendimiento con los terratenientes y quieran descargar el golpe final sobre el poder de éstos. ¡Magnífico! Los socialdemócratas verían esto con muy buenos ojos, y aconsejarán al proletariado del campo y de la ciudad que exija la confiscación de todas las tierras de los terratenientes y su entrega al Estado libre del pueblo. Los socialdemócratas velarán atentamente porque en ese momento los proletarios del campo no sean engañados, porque sus fuerzas se robustezcan todavía más para la lucha definitiva por la liberación total del proletariado.

Pero puede ser que las cosas sucedan de otro modo. Y esto quizá sea lo más probable. Es posible que el día de mañana los campesinos ricos y muchas personas instruidas, una vez que se ponga coto al peor sojuzgamiento, se unan a los terratenientes, y que entonces toda la burguesía rural se alce contra todo el proletariado del campo. En esas condiciones, sería ridículo luchar sólo contra los terratenientes. Si ello ocurriera, tendríamos que luchar contra toda la burguesía y exigir, ante todo, la mayor libertad y el mayor alcance para esa lucha, exigir mejores condiciones de vida para los obreros, a fin de facilitar esa lucha.

En todo caso, suceda así o de otro modo, nuestro deber primordial, fundamental e indefectible será, fortalecer la alianza de los proletarios y semiproletarios del campo con los proletarios de la ciudad. Y para poner en pie esta alianza necesitamos desde ahora, inmediatamente, la plena libertad política para el pueblo, la completa igualdad de derechos para los campesinos y la abolición del sojuzgamiento feudal. Y cuando esta alianza se haya creado y fortalecido, desenmascararemos cualquier engaño a que recurra la burguesía para atraer a su lado al campesino medio, daremos fácil y rápidamente el segundo paso, el tercero y el paso final contra toda la burguesía, contra las fuerzas del Gobierno, marcharemos incontenliblemente hacia la victoria y conquistaremos pronto la plena liberación de lodo el pueblo trabajador.

7. LA LUCHA DE CLASES EN EL CAMPO

¿Qué es la lucha de clases? Es la lucha de una parte del pueblo contra otra, la lucha de la masa de los que carecen de derechos, de los oprimidos y los trabajadores, contra los privilegiados, los opresores y los parásitos; la lucha de los obreros asalariados o proletarios, contra los propietarios o la burguesía. En el campo ruso siempre se ha sostenido y sigue empeñada hoy esta gran lucha, aunque no todos la perciban ni todos comprendan su significado. Cuando existía la servidumbre, toda la masa campesina luchaba contra sus opresores, contra la clase terrateniente, amparada, defendida y sostenida por el Gobierno zarista. Los campesinos no podían unirse, vivían en aquel tiempo sumidos en la ignorancia, no contaban con el apoyo y la fraternidad de los obreros de las ciudades. Pero a pesar de todo luchaban como sabían y como podían. No temían las bestiales persecuciones del Gobierno, no los arredraban los feroces castigos ni las balas, no prestaban oídos a los popes, quienes les juraban y perjuraban que el régimen de la servidumbre estaba santificado por las Sagradas Escrituras y legitimado por Dios (así, en efecto, se expresó entonces el metropolita Filaret); los campesinos se levantaban en armas, unas veces aquí y otras veces allá., hasta que por último el Gobierno tuvo que ceder, por miedo a que se produjera una insurrección general de todos los campesinos.

La servidumbre fue abolida, pero no del todo. Los campesinos siguieron privados de derechos, continuaron siendo un estamento inferior, tributario, ignorante; siguió clavándose en ellos la zarpa del sojuzgamiento feudal. Y los campesinos siguen rebelándose, siguen exigiendo la plena y verdadera libertad. Entre tanto, después de la abolición de la servidumbre surgió y se desarrolló una nueva lucha de clases, la lucha del proletariado contra la burguesía. Creció la riqueza, se construyeron ferrocarriles y grandes fábricas, las ciudades se hicieron todavía más populosas y lujosas, pero todas estas riquezas se concentraban en manos de un puñado de gente, mientras el pueblo, cada día más pobre, más arruinado y hambriento, se desesperaba por ganar un jornal trabajando para otros. Los obreros de la ciudad comenzaron la nueva y grandiosa lucha de todos los pobres contra todos los ricos. Los obreros de la ciudad, unidos en el Partido Socialdemócrata, entablan su lucha con tenacidad, perseverancia y firmeza, avanzan paso a paso, se preparan para el grande y definitivo combate y exigen la libertad política para todo el pueblo.

Por último, llegó a agotarse también la paciencia de los campesinos. En la primavera del año pasado, 1902, los campesinos de Poltava, Járkov y otras provincias se sublevaron contra los terratenientes, se apoderaron de sus graneros, se repartieron sus bienes, entregaron a los hambrientos el trigo sembrado y recogido por el mujik, pero apropiado como suyo por el terrateniente, y exigieron una nueva distribución de la tierra. Cansados ya de la opresión feroz de que eran víctimas, se lanzaron en busca de una suerte mejor. Decidieron —y con absoluta razón— que valía más caer peleando contra los opresores que morir ignominiosamente, extenuados por el hambre. Pero los campesinos no alcanzaron la suerte mejor que buscaban. El Gobierno zarista declaró sencillamente que eran unos amotinados y saqueadores (por haber confiscado a los terratenientes saqueadores el trigo sembrado y recolectado por los campesinos), y envió contra ellos a las tropas, como si se tratara de dar la batalla al enemigo; los campesinos fueron derrotados, fueron fusilados, asesinados a montones, bestialmente apaleados, a veces hasta la muerte, torturados como ni siquiera los turcos torturaban a sus enemigos, los cristianos. Los enviados del zar, los gobernadores, eran los que con mayor saña los atormentaban, como verdaderos verdugos. Los soldados violaban a las mujeres y a las hijas de los campesinos: Y como remate, los campesinos tuvieron que comparecer ante un tribunal de funcionarios, fueron condenados a pagar a los terratenientes la suma de ochocientos mil rublos, y en esos infames juicios secretos, no se permitió siquiera que los defensores denunciaran cómo habían sido torturados y martirizados les campesinos por los enviados del zar, por el gobernador Obolenski y otros sicarios zaristas.

Los campesinos luchaban por una causa justa. La clase obrera rusa honrará siempre la memoria de los mártires fusilados y apaleados hasta la muerte por los lacayos zaristas. Esos mártires fueron combatientes por la libertad y la felicidad del pueblo trabajador. Los campesinos fueron derrotados, pero seguirán rebelándose una y otra vez, sin amilanarse ante la primera derrota. Los obreros conscientes se esforzarán por dar a conocer la lucha de los campesinos, con la mayor amplitud posible, al pueblo trabajador de la ciudad y del campo, y los ayudarán a prepararse para una nueva y más victoriosa lucha. Los obreros conscientes empeñarán todas sus fuerzas en ayudar a los campesinos a comprender claramente por qué .fue aplastada la primera insurrección campesina (1902), y qué debe hacerse para que la victoria sea de los campesinos y los obreros, y no de los sicarios zaristas.

La insurrección campesina fue aplastada porque era el levantamiento de una masa ignorante e inconsciente, un levantamiento sin reivindicaciones políticas claras y definidas, es decir, sin la reivindicación de un cambio de régimen estatal. La insurrección campesina fue aplastada porque no había sido preparada. La insurrección campesina fue aplastada porque los proletarios del campo no habían forjado todavía su alianza con los proletarios de la ciudad. Estas son las tres causas de la primera derrota campesina. Para que la insurrección triunfe, debe ser consciente y preparada de antemano; debe extenderse a toda Rusia y realizarse en alianza con los obreros de la ciudad. Y cada paso en la Lucha de los obreros de las ciudades, cada folleto o periódico socialdemócratas, cada discurso dirigido por un obrero consciente a los proletarios del campo, acercan la hora en que se repetirá la insurrección, para terminar en la victoria.

Los campesinos se levantaron inconscientemente, sencillamente porque ya no podían seguir aguantando, porque no querían morir en silencio y sin resistencia. Era tanto lo que sufrían por los saqueos, la opresión y los martirios, que no podían creer ni por un minuto en los vagos rumores que les hablaban de la clemencia del zar; no podían dejar de pensar que toda persona sensata reconocerla como justo que el trigo se repartiera entre los hambrientos, entre los que se habían pasado la vida trabajando para otros, sembrando y cosechando el trigo, y que ahora morían de hambre junto a los rebosantes graneros "del señor". Los campesinos olvidaban, al parecer, que las mejores tierras, que todas las fábricas e industrias, han sido acaparadas por los ricos, por los terratenientes y la burguesía precisamente para eso, para que el pueblo hambriento se encuentre obligado a trabajar para ellos. Olvidaban que en defensa de la clase rica no sólo predican los popes, sino que se alza también el Gobierno zarista, con todo su cortejo de funcionarios y soldados. El Gobierno zarista se encargó de recordárselo a los campesinos. El Gobierno zarista enseñó a los campesinos, con una crueldad bestial, qué es el poder del Estado, a quién sirve y a quién defiende. A nosotros nos toca recordar más a menudo esta lección a los campesinos, para que entiendan fácilmente por qué hay que cambiar el régimen estatal, por qué necesitamos la libertad política. Las insurrecciones campesinas dejarán de ser inconscientes cuando sea mayor el número de los que comprendan esto, cuando cada campesino que sabe leer y escribir, y que piensa por su cuenta, conozca las tres reivindicaciones principales por las que hay que luchar ante todo. La primera de estas reivindicaciones es la convocatoria de una asamblea de diputados de todo el pueblo para instaurar en Rusia un gobierno popular electivo, y no un gobierno autocrático. La segunda, libertad para publicar todo tipo de libros y periódicos. La tercera, reconocimiento legal de la plena igualdad de derechos entre los campesinos y los demás estamentos, y constitución de comités campesinos para acabar, antes que nada, con todos los restos de opresión feudal. Estas son las reivindicaciones primordiales y fundamentales de los socialdemócratas, y a los campesinos no les resultará difícil, ahora, comprender estas reivindicaciones, entender por dónde hay que empezar la lucha por la libertad del pueblo. Y cuando los campesinos comprendan estas reivindicaciones, entenderán también que es necesario prepararse de antemano, larga, tenaz y perseverantemente, para la lucha, no en forma individual, sino junto con los obreros de las ciudades, con los socialdemócratas.

Cada obrero, cada campesino consciente debe agrupar a su alrededor a los camaradas más sensatos, seguros y audaces. Debe explicarles qué quieren los socialdemócratas, para que todos comprendan qué lucha hay que librar y qué reivindicaciones es preciso plantear. Los socialdemócratas conscientes deben comenzar a enseñar a los campesinos la doctrina socialdemócrata, poco a poco y con prudencia, pero sin flaquear; darles a leer folletos socialdemócratas y explicarles su contenido en pequeñas reuniones de personas dignas de confianza.

Pero la doctrina socialdemócrata no debe explicarse sólo en los libros, sino a la luz de cada ejemplo, de cada caso de opresión y de cada injusticia que surjan cerca de nosotros. La doctrina socialdemócrata es la doctrina de la lucha contra toda opresión, contra toda depredación, contra toda injusticia. Sólo es verdadero socialdemócrata quien, conociendo las causas de la opresión, lucha durante toda su vida contra todos los casos en que se manifiesta. ¿Cómo? Los socialdemócratas conscientes, reunidos en su ciudad o en su aldea, deberán decidir ellos mismos cómo hacer esto para que reporte el mayor beneficio a la clase obrera. Pondré como ejemplo uno o dos casos. Supongamos que un obrero socialdemócrata llegue de visita a su aldea, o que simplemente acierte a encontrarse en una aldea que no es la suya. La aldea entera se halla, como la mosca atrapada en la tela de araña, en las garras de un terrateniente vecino; siempre vivió en ese estado de sojuzgamiento, sin poder librarse ni escaparse de él. Hay que elegir en el acto a los campesinos más inteligentes, sensatos y seguros, a los que buscan justicia y no se dejan amedrentar por el primer esbirro policiaco, y explicarles de dónde proviene ese sojuzgamiento irremediable que pesa sobre ellos, mostrarles cómo los terratenientes engañaron a los campesinos y los despojaron por medio de los comités de nobles, hablarles acerca de la fuerza de los ricos y del apoyo que les presta el Gobierno zarista, y exponer cuáles son las reivindicaciones de los obreros socialdemócratas.

Cuando los campesinos entiendan todo este mecanismo, nada complicado, tendrán que discutir, todos unidos, si es posible oponer una resistencia conjunta a este terrateniente, si es posible presentarle las primeras y fundamentales reivindicaciones (del mismo modo que los obreros, en la ciudad. presentan sus reivindicaciones a los patronos). Si el terrateniente sojuzga a un pueblo grande o a varias aldeas, lo mejor sería conseguir que el comité socialdemócrata más cercano, por medio de personas de confianza, enviara una octavilla en la que el comité explique, desde el principio, qué sojuzgamiento pesa sobre los campesinos y qué exigen éstos en primer término (que se rebajen las rentas de la tierra, que las contrataciones para el invierno se ajusten a las tarifas de jornales existentes v no se pague la mitad de dichas tarifas, que no se apliquen penas abusivas por los daños causados por el ganado en las tierras del señor, que se ponga coto a los abusos, etc., etc.). Con tal octavilla todos los campesinos que sepan leer se darán cuenta en seguida de qué se trata, y se encargarán de explicárselo a quienes no saben leer. De esta manera, los campesinos comprenderán con claridad que los socialdemócratas están con ellos y que condenan toda depredación. Comenzarán entonces a entender qué mejoras, por pequeñas que sean todavía, pero mejoras al fin y al cabo, es posible lograr ya ahora, inmediatamente, si se mantienen unidos, y qué notables avances podrán lograrse en todos los ámbitos del Estado por medio de la lucha conjunta con los obreros de la ciudad, con los socialdemócratas. Los campesinos comenzarán, así, a prepararse cada vez más para esta gran lucha, empezarán a aprender cómo hay que saber encontrar a personas seguras y cómo es preciso sostener sus reivindicaciones. Tal vez en alguna ocasión puedan organizar una huelga, como lo hacen los obreros de la ciudad. Es verdad que en el campo esto resulta más difícil, mas pese a todo es posible, a veces, y en otros países hubo huelgas victoriosas en el campo, por ejemplo en la época de cosecha, en que los terratenientes y los labradores ricos necesitan obreros a toda costa. Si los campesinos pobres se preparan para la huelga, si de antemano se han puesto de acuerdo sobre las reivindicaciones generales, y si estas reivindicaciones han sido bien explicadas en octavillas u oralmente en las reuniones, todos se mantendrán unidos como un solo hombre, y al terrateniente no le quedará más remedio que ceder, o por lo menos moderará algo su voracidad. Si la huelga es unánime y se declara en el momento oportuno, al terrateniente e incluso a la autoridad con sus tropas les será difícil encontrar una solución, pues el tiempo corre, el terrateniente se verá abocado a la ruina, y en estas condiciones se avendrá muy pronto a razones.

Se trata, claro está, de algo nuevo, y en general las cosas nuevas no salen bien desde el principio. Tampoco los obreros de las ciudades sabían, al comienzo, mantener la lucha unidos, no sabían qué reivindicaciones presentar, sino que se dedicaban simplemente a destrozar las máquinas y las fábricas. Pero ahora ya han aprendido a luchar unidos. Todas las cosas nuevas hay que aprenderlas. Ahora los obreros saben que sólo se puede lograr una mejora inmediata si se mantienen unidos; entretanto, el pueblo se inclina cada vez más a la resistencia conjunta y se prepara cada vez más para el grande y decisivo combate. También los campesinos aprenderán cómo hay que dar una respuesta a los más feroces depredadores, cómo hay que unirse para exigir mejoras, prepararse poco a poco, tenazmente y en todas partes, para la gran batalla por la libertad. El número de obreros y campesinos conscientes crecerá sin cesar, los grados de socialdemócratas en el campo se harán cada vez más vigorosos, y cada caso de sojuzgamiento del señor, cada caso de extorsión del pope, de bestialidad policíaca o de abuso de las autoridades servirá para abrir más y más los ojos al pueblo, para enseñarle a oponer una resistencia unida, para habituarlo a la idea de que hay que cambiar por la fuerza el régimen estatal existente.

Ya decíamos al iniciar este folleto que el pueblo trabajador de las ciudades se lanza ahora a las calles y a las plazas, exige abiertamente, ante todo el mundo, la libertad, e inscribe en sus banderas y grita "¡Abajo la autocracia!". No está lejano el día en que el pueblo trabajador de la ciudad se levante, no sólo para desfilar gritando por las calles, sino para el gran combate final; el día en que los obreros, como un solo hombre, exclamen: "¡O morir en la lucha o triunfar en la libertad!"; en que el puesto de los centenares de muertos y caídos en la lucha sea ocupado por miles de combatientes aun más resueltos. Ese día se levantarán también los campesinos, a lo largo de toda Rusia, y acudirán en ayuda de los obreros de la ciudad, lucharán hasta el final por la libertad campesina y obrera. Y entonces no habrá bandas del zar capaces de soportar esa ofensiva. ¡El triunfo será del pueblo trabajador, y la clase obrera avanzará por el ancho y despejado camino que conduce a la emancipación de todos los trabajadores de cualquier género de opresión! ¡La clase obrera se valdrá de la libertad para luchar por la victoria del socialismo!

PROGRAMA DEL PARTIDO OBRERO SOCIALDEMÓCRATA DE RUSIA

(PROPUESTO POR EL PERIÓDICO "ISKRA" CONJUNTAMENTE CON LA REVISTA "ZARIA")

Ya hemos explicado qué es un programa, para qué hace falta y por qué el Partido Socialdemócrata es el único que presenta un programa claro y definido. La aprobación definitiva del programa corresponde de manera exclusiva al congreso de nuestro Partido, es decir, a la asamblea de representantes de cuantos militan en él. Este congreso lo prepara actualmente el Comité de Organización. Pero muchísimos comités de nuestro Partido se han declarado ya abiertamente de acuerdo con Iskra, reconociendo a este periódico como el órgano dirigente. Por tanto, nuestro proyecto (o propuesta) de programa puede servir muy bien para dar a conocer con toda exactitud, antes de celebrarse el congreso, lo que quieren los socialdemócratas, por lo cual consideramos necesario ofrecer el texto íntegro de este proyecto como apéndice a nuestro folleto.

Es cierto que no todos los obreros comprenderán sin una explicación lo que se plantea en el programa. Muchos grandes socialistas trabajaron para crear la doctrina socialdemócrata, a la que dieron forma definitiva Marx y Engels; mucho tuvieron que sufrir los obreros de todos los países para adquirir la experiencia que nosotros queremos aprovechar, que deseamos sirva de base a nuestro programa.

Los obreros deben, pues, estudiar la doctrina socialdemócrata para estar en condiciones de entender cada una de las palabras del programa, del que es su programa, su bandera de lucha. Y los obreros comprenden y asimilan con singular facilidad el programa socialdemócrata, pues en él se habla de lo que todo obrero consciente ha vivido y experimentado.

Nadie debe dejarse asustar por cualquier "dificultad" con que tropiece para entender el programa: cuanto más se adentre cada obrero en su lectura, y cuanto mayor sea su experiencia en la lucha, más a fondo lo entenderá. Todos deben meditar y discutir el programa de los socialdemócratas en su integridad, sin perder de vista en ningún momento todo lo que quieren los socialdemócratas y lo que piensan acerca de la emancipación de todo el pueblo trabajador. Los socialdemócratas quieren que todo el mundo conozca con claridad y exactitud, hasta el final, la verdad acerca de lo que es el Partido Socialdemócrata.

No podemos detenernos a explicar aquí en detalle todo el programa. Para ello haría falta un folleto especial. Nos limitaremos a señalar brevemente de qué habla el programa, y aconsejamos al lector que recurra a la ayuda de dos libros. Uno es el escrito por el socialdemócrata alemán Karl Kautsky, con el título El programa de Erfurt, y que ha sido traducido al ruso. Otro es el del socialdemócrata ruso L. Mártov, titulado La causa obrera en Rusia. Estos dos libros ayudarán a comprender todo nuestro programa.

Ahora designaremos cada parte de nuestro programa con una letra especial (véase el programa más abajo) e indicaremos de qué se habla en cada una de ellas:

A) Desde el comienzo mismo se habla de que el proletariado lucha en el mundo entero por su emancipación, y de que el proletariado ruso no es sino un destacamento del ejército mundial que forma la clase obrera de todos los países.

B) En seguida se expone cuál es el régimen burgués en casi todos los países del mundo, entre ellos Rusia. Cómo se hunde en la pobreza y en la miseria la mayoría de la población, que trabaja para los terratenientes y capitalistas; cómo se arruinan los pequeños artesanos y los campesinos, mientras crecen las grandes fábricas; cómo explota el capital al obrero, y también a su mujer y sus hijos; cómo empeora la situación de la clase obrera y aumentan la desocupación y la miseria.

C) Luego se habla de la unión de los obreros, de su lucha y de la gran meta de esta lucha: liberar a todos los oprimidos y acabar por completo con todo tipo de opresión de los ricos sobre los pobres. Esta parte explica también por qué la clase obrera es cada vez más fuerte y por qué triunfará indefectiblemente sobre todos sus enemigos, sobre todos los defensores de la burguesía.

D) A continuación, se dice para qué fueron creados los partidos socialdemócratas en todos los países, cómo ayudan a la clase obrera a sostener su lucha, cómo unen y orientan a los obreros, los ilustran y preparan para el gran combate.

E) Seguidamente se explica por qué en Rusia el pueblo vive peor que en otros países; cuál es el peor de los males, la autocracia zarista, y cómo lo primero que necesitamos es derrocarla e instaurar en Rusia un gobierno electivo del pueblo.

F) ¿Qué mejoras deberá aportar a todo el pueblo este gobierno electivo? De ello hablamos en el presente folleto y de ello se habla también en el programa.

G) Después, el programa señala qué mejoras hay que conquistar inmediatamente para toda la clase obrera, de modo que pueda vivir mejor y luchar con mayor libertad por el socialismo.

H) En el programa se señalan en especial las mejoras que es necesario conquistar en primer término para todos los campesinos, al objeto de que los pobres del campo puedan desplegar con mayores facilidades y libertad la lucha de clase contra la burguesía rural y contra toda la burguesía.

I) Por último, el Partido Socialdemócrata advierte al pueblo para que no dé crédito a las promesas o palabras melosas de la policía ni de los funcionarios, sino que luche firmemente por la inmediata convocatoria de una libre asamblea de diputados de todo el pueblo.

CINCO AÑOS DE LA REVOLUCIÓN RUSA Y PERSPECTIVAS DE LA REVOLUCIÓN MUNDIAL

Camaradas: En la lista de oradores figuro como el informante principal, pero comprenderéis que, después de mi larga enfermedad, no estoy en condiciones de pronunciar un informe amplio. No podré hacer más que una introducción a los problemas de mayor importancia. Mi tema será muy limitado. El tema Cinco años de la revolución rusa y perspectivas de la revolución mundial es demasiado amplio y grandioso para que pueda agotarlo un solo orador y en un solo discurso. Por eso tomo únicamente una pequeña parte del problema: la "nueva política económica". Tomo deliberadamente solo esta pequeña parte a fin de familiarizarlos con este problema, de suma importancia hoy, al menos para mí, ya que me ocupo de él en la actualidad.

Así pues, hablaré de cómo hemos iniciado la nueva política económica y de los resultados que hemos logrado con ella. Si me limito a este problema, tal vez pueda hacer un balance en líneas generales y dar una idea general de él.

Si he de deciros, para empezar, cómo nos decidimos a adoptar la nueva política económica, tendré que recordar un artículo mío escrito en 1918. En una breve polémica de comienzos de 1918 me referí precisamente a la actitud que debíamos adoptar ante el capitalismo de Estado.

Entonces escribí:

"El capitalismo de Estado sería un paso adelante en comparación con la situación existente hoy en nuestra República Soviética. Si dentro de unos seis meses se estableciera en nuestro país el capitalismo de Estado, eso sería un inmenso éxito y la más firme garantía de que, al cabo de un año, el socialismo se afianzaría definitivamente y se haría invencible".

Esto lo dije, naturalmente, en una época en que éramos más torpes que hoy, pero no tanto como para no saber analizar semejantes cuestiones.

Así pues, en 1918 yo sostenía la opinión de que el capitalismo de Estado constituía un paso adelante en comparación con la situación económica existente entonces en la República Soviética. Eso parecerá muy raro, y puede que hasta absurdo, pues nuestra república era ya entonces una república socialista; entonces adoptábamos cada día con el mayor apresuramiento –quizá con un apresuramiento excesivo– diversas medidas económicas nuevas, que no podían calificarse más que de medidas socialistas. Y, sin embargo, pensaba que el capitalismo de

245

Estado suponía un paso adelante comparado con aquella situación económica de la República Soviética y explicaba más adelante esta idea, enumerando simplemente los elementos del régimen económico de Rusia.

Estos elementos eran, a mi juicio, los siguientes:

Economía campesina patriarcal, es decir, natural en grado considerable.

Pequeña producción mercantil (en ella se incluye la mayoría de los campesinos que venden cereales).

Capitalismo privado.

Capitalismo de Estado.

Socialismo.

Todos estos elementos económicos existían a la sazón en Rusia. Entonces me planteé la tarea de explicar las relaciones que existían entre esos elementos y si no sería oportuno considerar alguno de los elementos no socialistas, a saber, el capitalismo de Estado, superior al socialismo.

Repito: a todos les parece muy raro que un elemento no socialista sea apreciado en más y considerado superior al socialismo en una república que se proclama socialista. Pero comprenderéis la cuestión si recordáis que nosotros no considerábamos, ni mucho menos, el régimen económico de Rusia como algo homogéneo y altamente desarrollado, sino que teníamos plena conciencia de que, al lado de la forma socialista, existía en Rusia la agricultura patriarcal, es decir, la forma más primitiva de agricultura. ¿Qué papel podía desempeñar el capitalismo de Estado en semejante situación?

Luego me preguntaba: ¿cuál de estos elementos es el predominante? Es claro que en un ambiente pequeñoburgués predomina el elemento pequeñoburgués. Comprendía que este elemento era el predominante; era imposible pensar de otro modo. La pregunta que me hice entonces (se trataba de una polémica especial, que no guarda relación con el problema presente) fue esta: ¿qué actitud adoptamos ante el capitalismo de Estado? Y me respondía: el capitalismo de Estado, aunque no es una forma socialista, sería para nosotros y para Rusia una forma más ventajosa que la actual.

¿Qué significa esto? Significa que nosotros no sobrestimábamos ni las formas embrionarias, ni los principios de la economía socialista, a pesar de que habíamos hecho ya la revolución social; por el contrario, entonces reconocíamos ya, en cierto modo: sí, habría sido mejor implantar antes el capitalismo de Estado.

Debo subrayar particularmente este aspecto de la cuestión porque considero que solo partiendo de él es posible, primero, explicar qué representa la actual política económica y, segundo, sacar de ello deducciones prácticas muy importantes también para la Internacional Comunista.

No quiero decir que tuviésemos preparado de antemano el plan de repliegue. No había tal cosa. Esas breves líneas de carácter polémico en modo alguno significaban entonces un plan de repliegue. Ni siquiera se mencionaba un punto tan importante como es, por ejemplo, la libertad de comercio, que tiene una significación fundamental para el capitalismo de Estado. Sin embargo, con ello se daba ya la idea general, imprecisa, del repliegue.

Estimo que debemos prestar atención a este problema no solo desde el punto de vista de un país que ha sido y continúa siendo muy atrasado en cuanto a la estructura de su economía, sino también desde el punto de vista de la Internacional Comunista y de los países adelantados de Europa Occidental.

Ahora, por ejemplo, estamos redactando el programa. Mi opinión personal es que procederíamos mejor si discutiéramos ahora todos los programas solo de un modo general, tras la primera lectura, por decirlo así, y los imprimiéramos, sin adoptar ahora, este año, ninguna decisión definitiva.

¿Por qué? Ante todo, porque, naturalmente, no creo que los hayamos estudiado todos bien. Y, además, porque casi no hemos analizado el problema de un posible repliegue y la manera de asegurarlo.

Y este problema requiere sin falta que le prestemos atención en un momento en que se producen cambios tan radicales en el mundo entero como son el derrocamiento del capitalismo y la edificación del socialismo, con todas sus enormes dificultades.

No debemos saber únicamente cómo actuar en el momento en que pasamos a la ofensiva directa y, además, salimos vencedores. A fin de cuentas, en un período revolucionario eso no es tan difícil ni tan importante; por lo menos, no es lo más decisivo.

Durante la revolución hay siempre momentos en que el enemigo pierde la cabeza, y si lo atacamos en uno de esos momentos, podemos triunfar con facilidad. Pero esto aún no quiere decir nada, puesto que nuestro enemigo, si posee suficiente dominio de sí mismo, puede agrupar con antelación sus fuerzas, etc. Entonces puede provocarnos con facilidad para que lo ataquemos, y después hacernos retroceder por muchos años.

Por eso opino que la idea de que debemos prepararnos para un posible repliegue tiene suma importancia, y no solo desde el punto de vista teórico. También desde el punto de vista práctico, todos los partidos que se preparan para emprender en un futuro próximo la ofensiva directa contra el capitalismo deben pensar ya ahora también en cómo asegurarse el repliegue.

Yo creo que si tenemos en cuenta esta enseñanza, así como todas las demás que nos brinda la experiencia de nuestra revolución, lejos de causarnos daño alguno, nos será, probablemente, muy útil en muchos casos.

DESPUÉS DE HABER SUBRAYADO QUE YA EN 1918 CONSIDERÁBAMOS EL CAPITALISMO DE ESTADO COMO UNA POSIBLE LÍNEA DE REPLIEGUE, PASO A ANALIZAR LOS RESULTADOS DE NUESTRA NUEVA POLÍTICA ECONÓMICA.

Repito: entonces era una idea todavía muy vaga; pero en 1921, después de haber superado la etapa más importante de la guerra civil, y de haberla superado victoriosamente, nos enfrentamos con una gran crisis política interna —yo supongo que la mayor— de la Rusia Soviética. Esta crisis interna puso al desnudo el descontento no solo de una parte considerable de los campesinos, sino también de los obreros. Fue la primera vez, y confío en que será la última en la historia de la Rusia Soviética, que grandes masas de campesinos estaban contra nosotros, no de modo consciente, sino instintivo, por su estado de ánimo.

¿A qué se debía esta situación tan original y, claro está, tan desagradable para nosotros? La causa consistía en que habíamos avanzado demasiado en nuestra ofensiva económica, en que no nos habíamos asegurado una base suficiente, en que las masas sentían lo que nosotros aún no supimos entonces formular de manera consciente, pero que muy pronto, unas semanas después, reconocimos: que el paso directo a formas puramente socialistas, a la distribución puramente socialista, era superior a las fuerzas que teníamos y que, si no estábamos en condiciones de replegarnos para limitarnos a tareas más fáciles, nos amenazaría la bancarrota.

La crisis comenzó, a mi parecer, en febrero de 1921. Ya en la primavera del mismo año decidimos unánimemente —en esta cuestión no he observado grandes discrepancias entre nosotros— pasar a la nueva política económica. Hoy, después de año y medio, a finales de 1922, estamos ya en condiciones de hacer algunas comparaciones.

Y bien, ¿qué ha sucedido? ¿Cómo hemos vivido este año y medio? ¿Qué resultados hemos obtenido? ¿Nos ha proporcionado alguna utilidad este repliegue y nos ha salvado en realidad, o se trata de un resultado confuso todavía? Esta es la pregunta principal que me hago y supongo que tiene también importancia primordial para todos los partidos comunistas, pues si la respuesta fuera negativa, todos estaríamos condenados a la bancarrota.

Considero que todos nosotros podemos dar, con la conciencia tranquila, una respuesta afirmativa a esta pregunta, y precisamente en el sentido de que el año y medio transcurrido demuestra de manera positiva y absoluta que hemos salido airosos de esta prueba.

Trataré de demostrarlo.

Para ello debo enumerar brevemente todas las partes integrantes de nuestra economía.

Me detendré, ante todo, en nuestro sistema financiero y en el famoso rublo ruso. Creo que se le puede calificar de famoso aunque solo sea porque la cantidad de estos rublos supera ahora los mil billones. (Risas.) Esto ya es algo. Es una cifra astronómica. Estoy seguro de que no todos los que se encuentran aquí saben siquiera lo que esta cifra representa. (Hilaridad general.)

Pero nosotros —y, además, desde el punto de vista de la ciencia económica— no concedemos demasiada importancia a estas cifras, pues los ceros pueden ser tachados. (Risas.) Ya hemos aprendido algo en este arte, que desde el punto de vista económico tampoco tiene ninguna importancia, y estoy seguro de que en el curso ulterior de los acontecimientos alcanzaremos en él mucha mayor maestría.

Lo que tiene verdadera importancia es la estabilización del rublo. Para resolver este problema trabajamos, trabajan nuestras mejores fuerzas, y concedemos a esta tarea una importancia decisiva.

Si conseguimos estabilizar el rublo por un plazo largo, y luego para siempre, habremos triunfado. Entonces, todas esas cifras astronómicas —todos esos billones y millares de billones— no significarán nada. Entonces podremos asentar nuestra economía sobre terreno firme y seguir desarrollándola sobre ese terreno.

Creo que puedo citarles hechos bastante importantes y decisivos sobre esta cuestión. En 1921, el período de estabilización del rublo papel duró menos de tres meses. Y en el corriente año de 1922, aunque no ha terminado todavía, el período de estabilización dura ya más de cinco meses.

Supongo que ya es suficiente. Claro que no lo será si esperan de nosotros una prueba científica de que en el futuro resolveremos por completo este problema. Pero, a mi juicio, es imposible, en general, demostrarlo por completo.

Los datos citados prueban que desde el año pasado, en que empezamos a aplicar nuestra nueva política económica, hasta hoy, hemos aprendido ya a avanzar. Si hemos aprendido eso, estoy seguro de que sabremos lograr nuevos éxitos en este camino, siempre que no cometamos alguna estupidez extraordinaria.

Lo más importante, sin embargo, es el comercio, la circulación de mercancías, imprescindible para nosotros. Y si hemos salido airosos de esta prueba durante dos años, a pesar de que nos encontrábamos en estado de guerra (pues, como saben, hace solo algunas semanas que hemos tomado Vladivostok) y de que solo ahora podemos iniciar nuestra actividad económica de un modo regular; si, a pesar de todo eso, hemos logrado que el período de estabilización del rublo papel se eleve de tres meses a cinco, creo tener motivo para atreverme a decir que podemos considerarnos satisfechos con eso.

Porque estamos completamente solos. No hemos recibido ni recibimos ningún empréstito. No nos ha ayudado ninguno de esos poderosos Estados capitalistas que organizan de manera tan "brillante" su economía capitalista y que hasta hoy no saben adónde van. Con la paz de Versalles han creado tal sistema financiero que ni ellos mismos se entienden.

Si esos grandes países capitalistas dirigen su economía de ese modo, opino que nosotros, atrasados e incultos, podemos estar satisfechos de haber alcanzado lo principal: las condiciones para estabilizar el rublo.

Esto lo prueba la práctica, y no un análisis teórico cualquiera, y soy del parecer de que la práctica es más importante que todas las discusiones teóricas del mundo. La práctica demuestra que, en este terreno, hemos logrado resultados decisivos: hemos comenzado a hacer avanzar nuestra economía hacia la estabilización del rublo, lo que tiene extraordinaria importancia para el comercio, para la libre circulación de mercancías, para los campesinos y para la inmensa masa de pequeños productores.

Paso ahora a examinar nuestros objetivos sociales.

Lo principal, naturalmente, son los campesinos. En 1921, el descontento de una parte inmensa del campesinado era un hecho indudable. Además, se declaró el hambre. Y esto implicó para los campesinos la prueba más dura.

Es completamente natural que todo el extranjero empezara a chillar: "Ahí tienen los resultados de la economía socialista". Es completamente natural, desde luego, que silenciaran que el hambre era, en realidad, una consecuencia monstruosa de la guerra civil.

Todos los terratenientes y capitalistas, que se lanzaron sobre nosotros en 1918, presentaron las cosas como si el hambre fuera una consecuencia de la economía socialista.

El hambre ha sido, en efecto, una inmensa y grave calamidad, una calamidad que amenazaba con destruir toda nuestra labor organizadora y revolucionaria.

Y yo pregunto ahora: luego de esta inusitada e inesperada calamidad, ¿cómo están las cosas hoy, después de haber implantado la nueva política económica, después de haber concedido a los campesinos la libertad de comercio?

La respuesta, clara y evidente para todos, es la siguiente: en un año, los campesinos han vencido el hambre y, además, han abonado el impuesto en especie en tal cantidad que hemos recibido ya centenares de millones de puds, y casi sin aplicar ninguna medida coactiva.

Los levantamientos de campesinos, que antes de 1921 constituían, por decirlo así, un fenómeno general en Rusia, han desaparecido casi por completo. Los campesinos están satisfechos con su situación actual.

Podemos afirmarlo con toda tranquilidad.

Consideramos que estas pruebas tienen mayor importancia que cualquier prueba estadística. Nadie duda que los campesinos son, en nuestro país, el factor decisivo. Y hoy se encuentran en tal situación que no debemos temer ningún movimiento suyo contra nosotros. Lo decimos con pleno conocimiento de causa y sin exagerar. Eso ya está conseguido.

Los campesinos pueden sentir descontento por uno u otro aspecto de la labor de nuestro gobierno, y pueden quejarse de ello. Esto, naturalmente, es posible e inevitable, ya que nuestra administración y nuestra economía estatal son aún demasiado deficientes para poderlo evitar. Pero, en todo caso, está completamente descartado cualquier descontento serio del campesinado en su totalidad contra nosotros. Lo hemos logrado en un solo año. Y opino que ya es mucho.

Industria ligera

Paso a hablar ahora de la industria ligera. Precisamente en la industria debemos diferenciar entre la industria pesada y la ligera, pues ambas se encuentran en distintas condiciones.

En lo que respecta a la industria ligera, puedo decir con tranquilidad que se observa en ella un incremento general. No entraré en detalles, ya que mi intención no es citar datos estadísticos. Sin embargo, esta impresión general se basa en hechos y puedo garantizar que en ella no hay nada erróneo ni inexacto. Tenemos un auge general en la industria ligera y, en relación con ello, cierto mejoramiento en la situación de los obreros, tanto en Petrogrado como en Moscú.

En otras zonas, este mejoramiento se observa en menor grado, ya que allí predomina la industria pesada; por eso no se debe generalizar. De todos modos, repito, la industria ligera muestra un ascenso indudable, y la mejora de la situación de los obreros en Petrogrado y Moscú es innegable.

En la primavera de 1921, en ambas ciudades reinaba el descontento entre los obreros. Hoy esto no existe en absoluto. Nosotros, que observamos día a día la situación y el estado de ánimo de los obreros, no nos equivocamos en este sentido.

Industria pesada

La tercera cuestión se refiere a la industria pesada. Debo aclarar, a este respecto, que la situación sigue siendo difícil. En 1921-1922 se ha iniciado cierto viraje en esta situación. Podemos confiar, por tanto, en que mejorará en un futuro próximo. Hemos reunido ya, en parte, los medios necesarios para ello.

En un país capitalista, para mejorar el estado de la industria pesada haría falta un empréstito de centenares de millones, sin los cuales esa mejora sería imposible. La historia de la economía de los países capitalistas demuestra que, en los países atrasados, solo los empréstitos de centenares de millones de dólares o de rublos oro a largo plazo podrían ser el medio para elevar la industria pesada.

Nosotros no hemos tenido esos empréstitos ni hemos recibido nada hasta ahora. Todo lo que se escribe sobre la entrega de empresas en régimen de concesión, etc., no significa casi nada, salvo papel.

En los últimos tiempos hemos hablado mucho sobre esto, en especial sobre la concesión Urquhart. No obstante, nuestra política concesionaria me parece acertada. Sin embargo, a pesar de ello, todavía no tenemos una concesión rentable. Os ruego que no olvidéis esto.

Así pues, la situación de la industria pesada es un asunto verdaderamente grave para nuestro atrasado país, ya que no hemos podido contar con empréstitos de los países ricos. Sin embargo, ya observamos una notable mejoría y vemos, además, que nuestra actividad comercial nos ha proporcionado ya algún capital. Por ahora, ciertamente, muy modesto, poco más de veinte millones de rublos oro.

Pero, sea como fuere, tenemos ya el comienzo: nuestro comercio nos proporciona medios que podemos utilizar para fortalecer la industria pesada.

Es cierto que nuestra industria pesada aún se encuentra en una situación muy difícil. Pero supongo que lo decisivo es el hecho de que ya estamos en condiciones de ahorrar algo. Y así lo seguiremos haciendo.

Aunque a menudo esto se logra a costa de la población, hoy debemos, a pesar de todo, economizar. Ahora nos dedicamos a reducir el presupuesto del Estado, a reducir la administración pública. Más adelante diré unas palabras sobre nuestra administración pública.

En todo caso, debemos reducirla, debemos economizar cuanto sea posible.

Economizamos en todo, hasta en las escuelas. Y esto debe ser así, pues sabemos que sin salvar la industria pesada, sin restablecerla, no podremos construir ninguna otra industria, y sin esta, pereceremos por completo como país independiente.

Lo sabemos de sobra.

La salvación de Rusia no está solo en una buena cosecha en el campo —esto no basta—; tampoco está solo en el buen estado de la industria ligera, que abastece a los campesinos con artículos de consumo —esto tampoco basta—; necesitamos, además, una industria pesada.

Pero, para ponerla en buenas condiciones, se precisarán varios años de trabajo.

La industria pesada necesita subsidios del Estado. Si no los encontramos, pereceremos como Estado civilizado, sin mencionar siquiera que también desapareceríamos como Estado socialista. Por tanto, en este sentido hemos dado un paso decisivo. Hemos comenzado a acumular los recursos necesarios para fortalecer la industria pesada. Es cierto que la suma que hemos reunido hasta la fecha apenas supera los veinte millones de rublos oro, pero, de todos modos, esa cantidad existe y está destinada exclusivamente a la recuperación de nuestra industria pesada.

Creo que, como había prometido, he expuesto brevemente, a grandes rasgos, los principales elementos de nuestra economía nacional. Considero que de todo ello puede deducirse que la nueva política económica nos ha reportado ya beneficios. Hoy tenemos pruebas de que, como Estado, estamos en condiciones de ejercer el comercio, de mantener nuestras firmes posiciones en la agricultura y la industria, y de avanzar. Lo ha demostrado la práctica. Y pienso que, por el momento, esto es suficiente para nosotros.

Todavía tenemos mucho que aprender y somos conscientes de lo que necesitamos mejorar. Hace cinco años que estamos en el poder, con la particularidad de que, durante este tiempo, hemos vivido en estado de guerra permanente. A pesar de ello, hemos logrado éxitos.

Es natural, ya que los campesinos nos han respaldado. Es difícil encontrar pruebas de lealtad mayores que las que han demostrado. Ellos comprenden que detrás de los guardias blancos están los terratenientes, a quienes odian más que a nadie en el mundo. Por eso, los campesinos nos han apoyado con entusiasmo y fidelidad. No fue difícil lograr que nos defendieran de los guardias blancos. Los campesinos, que antes odiaban la guerra, apoyaron por todos los medios la guerra contra los guardias blancos, la guerra civil contra los terratenientes.

Sin embargo, esto no lo era todo, porque, en el fondo, la cuestión principal era si el poder quedaría en manos de los terratenientes o de los campesinos. Para nosotros, esto no era suficiente. Los campesinos comprenden que hemos conquistado el poder para los obreros y que nos planteamos el objetivo de crear un régimen socialista con la ayuda de este poder. Por eso, lo más importante para nosotros era preparar la economía socialista. No pudimos hacerlo de manera directa y nos vimos obligados a adoptar un enfoque indirecto.

El capitalismo de Estado, tal como lo hemos implantado en nuestro país, es un capitalismo de Estado peculiar. No corresponde al concepto tradicional del capitalismo de Estado. Tenemos en nuestras manos todos los puestos de mando, así como la tierra, que pertenece al Estado. Esto es muy significativo, aunque nuestros enemigos intentan restarle importancia. Pero no es cierto que no signifique nada. El hecho de que la tierra pertenezca al Estado tiene una importancia extraordinaria y, además, un valor práctico enorme en términos económicos.

Esto lo hemos conseguido, y debo afirmar que toda nuestra actividad futura debe desarrollarse únicamente dentro de ese marco. Hemos logrado que los campesinos estén satisfechos y que la industria y el comercio comiencen a reactivarse.

Dije antes que nuestro capitalismo de Estado se diferencia del capitalismo de Estado en su concepción tradicional porque el Estado proletario no solo tiene en sus manos la tierra, sino también las principales ramas de la industria. Solo hemos entregado en arriendo una parte de la industria pequeña y mediana; el resto permanece bajo nuestro control.

En cuanto al comercio, quiero destacar que estamos creando sociedades mixtas, es decir, empresas en las que una parte del capital pertenece a capitalistas privados —en su mayoría extranjeros— y la otra parte nos pertenece a nosotros.

Primero, de esta manera aprendemos a comerciar, lo cual es una necesidad para nosotros. Y segundo, siempre tenemos la posibilidad de cerrar esas sociedades si lo consideramos necesario. De modo que, en cierto sentido, no arriesgamos nada. En cambio, aprendemos del capitalista privado y observamos cómo podemos mejorar nuestra gestión y qué errores cometemos.

Me parece que puedo dar por concluida mi exposición con esto.

Algunas observaciones adicionales

Quisiera referirme todavía a algunos puntos menores. Es indudable que hemos cometido y seguiremos cometiendo muchas tonterías. Nadie puede juzgarlas mejor ni verlas más claramente que yo. (Risas.)

¿Por qué cometemos errores? La razón es sencilla:

Porque somos un país atrasado.

Porque el nivel de instrucción en nuestro país es mínimo.

Porque no recibimos ninguna ayuda del exterior. Ningún país civilizado nos apoya. Por el contrario, todos obran en nuestra contra.

Porque nuestra administración pública es un lastre.

Hemos heredado la vieja administración pública, y esto ha sido una verdadera desgracia para nosotros. Muy a menudo, esta administración trabaja en nuestra contra.

En 1917, después de que tomamos el poder, los funcionarios públicos comenzaron a sabotearnos. Entonces nos asustamos mucho y les rogamos: "Por favor, vuelvan a sus puestos". Todos regresaron, y eso ha sido nuestra gran desgracia.

Hoy tenemos una cantidad enorme de funcionarios, pero no contamos con suficientes cuadros capacitados para poder dirigirlos realmente. En la práctica, sucede con frecuencia que en la cúspide del poder estatal la administración funciona de manera relativamente aceptable, pero en los niveles inferiores, los funcionarios actúan a su antojo, y muchas veces contrarrestan nuestras medidas.

No sé exactamente cuántos hombres leales tenemos en las altas esferas, pero estimo que, en todo caso, apenas llegan a unos pocos miles, tal vez decenas de miles.

Sin embargo, en los niveles inferiores, los antiguos funcionarios que hemos heredado del régimen zarista y de la sociedad burguesa se cuentan por centenares de miles. Algunos trabajan en nuestra contra de manera consciente, y otros de manera inconsciente.

Es indudable que, en este terreno, no se conseguirá nada a corto plazo. Tendremos que trabajar muchos años para perfeccionar la administración, renovarla y atraer nuevas fuerzas. Lo estamos haciendo a un ritmo bastante rápido, quizá demasiado rápido.

Hemos fundado escuelas soviéticas y facultades obreras; en ellas estudian varios centenares de miles de jóvenes. Tal vez estudien con demasiada prisa, pero, de todas maneras, la labor en este ámbito ha comenzado y estoy convencido de que dará sus frutos. Si no nos precipitamos demasiado en esta tarea, dentro de algunos años tendremos una generación de jóvenes capaces de transformar radicalmente nuestra administración.

He dicho que hemos cometido innumerables errores, pero también debo referirme a nuestros adversarios. Si ellos nos critican y dicen que el propio Lenin reconoce que los bolcheviques han cometido muchas tonterías, quiero responder: es cierto, pero, a pesar de todo, nuestros errores son de una naturaleza completamente distinta a los suyos.

Nosotros recién estamos comenzando a aprender, pero lo hacemos con tal constancia que estamos seguros de obtener buenos resultados. Sin embargo, si nuestros enemigos —es decir, los capitalistas y los representantes de la II Internacional— insisten en recalcar nuestros errores, me permitiré citar aquí, con una ligera modificación, las palabras de un famoso escritor ruso:

"Cuando los bolcheviques cometen un error, dicen: 'Dos por dos, cinco'. Pero cuando sus adversarios lo hacen, es como si dijeran: 'Dos por dos, una vela de estearina'".

Esto no es difícil de demostrar.

Tomemos, por ejemplo, el pacto con Kolchak que concertaron Estados Unidos, Inglaterra, Francia y Japón. Pregunto: ¿existen en el mundo potencias más cultas y poderosas? ¿Y cuál fue el resultado? Se comprometieron a ayudar a Kolchak sin calcular, sin reflexionar, sin observar. Fue un fracaso tan absoluto que resulta difícil de comprender incluso desde el punto de vista de la lógica humana.

Otro ejemplo más reciente y de mayor importancia: la paz de Versalles. Pregunto de nuevo: ¿qué hicieron en este caso las "grandes" potencias "cubiertas de gloria"? ¿Cómo podrán encontrar ahora una salida a este caos y a este absurdo?

Creo que no exagero si afirmo que nuestros errores no son nada en comparación con los que han cometido en conjunto los Estados capitalistas, el mundo burgués y la II Internacional.

Las perspectivas de la revolución mundial

Por ello, considero que las perspectivas de la revolución mundial —tema que trataré brevemente— son favorables. Y pienso que, bajo ciertas condiciones, podrían volverse aún más prometedoras.

En 1921, durante el III Congreso, aprobamos una resolución sobre la estructura orgánica de los partidos comunistas y los métodos y el contenido de su labor. La resolución es excelente, pero es demasiado rusa, casi hasta la médula. Es decir, se basa en las condiciones rusas.

Este es su punto fuerte, pero también su debilidad.

Su debilidad radica en que estoy convencido de que casi ningún extranjero podrá leerla completamente. He vuelto a leerla antes de hacer esta afirmación.

Primero, es demasiado extensa, consta de cincuenta o más puntos. Por regla general, los extranjeros no tienen la paciencia de leer documentos tan largos.

Segundo, incluso si la leen, no la comprenderán del todo porque es demasiado rusa. No porque esté escrita en ruso (ha sido magníficamente traducida a todos los idiomas), sino porque está impregnada del espíritu y la experiencia de la revolución en Rusia.

Tercero, si en un caso excepcional algún extranjero llega a entenderla, no podrá aplicarla. Este es su tercer defecto.

He conversado con algunos delegados extranjeros y espero seguir conversando con muchos más durante el congreso, aunque no pueda participar personalmente en él. Tengo la impresión de que hemos cometido un gran error con esta resolución, es decir, que nosotros mismos hemos levantado una barrera en el camino de nuestro éxito futuro.

Como ya he dicho, la resolución está excelentemente redactada y suscribo todos sus puntos. Pero no hemos comprendido cómo transmitir nuestra experiencia rusa a los extranjeros. La resolución ha quedado en letra muerta. Y si no entendemos esto, no podremos avanzar.

Considero que lo más importante para todos nosotros —tanto para los rusos como para los camaradas extranjeros— es que, después de cinco años de revolución en Rusia, debemos aprender.

Solo ahora hemos obtenido la oportunidad de estudiar.

Ignoro cuánto durará esta posibilidad. No sé por cuánto tiempo nos concederán las potencias capitalistas la oportunidad de estudiar en paz. Pero debemos aprovechar cada minuto libre de la guerra y las ocupaciones militares para aprender, y debemos empezar desde el principio.

El partido en su conjunto y todos los sectores de la población de Rusia lo demuestran con su afán de conocimiento. Este deseo de aprender prueba que nuestra tarea más importante ahora es estudiar y seguir estudiando.

Pero los camaradas extranjeros también deben aprender, aunque no en el mismo sentido que nosotros. Nosotros todavía necesitamos aprender a leer, escribir y comprender lo que leemos. Se debate si esto corresponde a la cultura proletaria o a la cultura burguesa. Dejo la cuestión abierta.

Pero lo que no admite discusión es que nosotros necesitamos, ante todo, aprender a leer, escribir y comprender.

Los extranjeros no necesitan eso. Ellos necesitan algo más avanzado:

Comprender lo que hemos escrito sobre la estructura orgánica de los partidos comunistas.

Asimilar lo que han firmado sin haberlo leído o sin haberlo comprendido completamente.

Esa debe ser su primera tarea.

Es preciso llevar a la práctica esta resolución. Pero no se puede hacer de la noche a la mañana, sería completamente imposible.

La resolución es demasiado rusa; refleja la experiencia rusa. Por ello, los extranjeros no la comprenden en absoluto y no pueden conformarse con colocarla en un rincón como un icono y rezarle. Así no se logrará nada.

Lo que necesitan es asimilar parte de la experiencia rusa.

No sé cómo lo harán. Tal vez los fascistas en Italia nos presten un buen servicio explicando a los italianos que su país no está tan desarrollado como creen y que no está libre de reaccionarios. Quizás eso sea útil.

Nosotros, los rusos, también debemos encontrar la manera de explicar a los extranjeros las bases de esta resolución, porque, de lo contrario, no podrán aplicarla en absoluto.

Estoy convencido de que, en este sentido, debemos decir tanto a los camaradas rusos como a los extranjeros que lo más importante en esta nueva etapa es estudiar.

Nosotros estudiamos en un sentido general.

Ellos deben estudiar en un sentido más especializado para que comprendan realmente la organización, la estructura, los métodos y el contenido de la labor revolucionaria.

Si logramos esto, las perspectivas de la revolución mundial —estoy convencido de ello— no solo serán buenas, sino magníficas.

(Clamorosos aplausos que duran largo rato. Las exclamaciones de "¡Viva nuestro camarada Lenin!" provocan nuevas ovaciones entusiastas).

EL MARXISMO Y LA INSURRECCIÓN

Entre las más malignas y tal vez más difundidas tergiversaciones del marxismo por los partidos "socialistas" dominantes, se encuentra la mentira oportunista de que la preparación de la insurrección, y en general, considerar la insurrección como un arte, es "blanquismo".

Bernstein, dirigente del oportunismo, se ganó ya una triste celebridad acusando al marxismo de blanquismo, y, en realidad, con su griterío acerca del blanquismo, los oportunistas de hoy no renuevan ni "enriquecen" en lo más mínimo las pobres "ideas" de Bernstein.

¡Acusar a los marxistas de blanquismo, porque conciben la insurrección como un arte! ¿Es posible una más flagrante distorsión de la verdad, cuando ningún marxista niega que fue el propio Marx quien se pronunció del modo más concreto, más claro y más irrefutable acerca de este problema diciendo precisamente que la insurrección es un arte, que hay que tratarla como tal arte, que es necesario conquistar un primer triunfo y seguir luego avanzando de triunfo en triunfo, sin interrumpir la ofensiva contra el enemigo, aprovechándose de su confusión, etc., etc.?

Para poder triunfar, la insurrección debe apoyarse no en una conjuración, no en un partido, sino en la clase más avanzada. Esto en primer lugar. La insurrección debe apoyarse en el auge revolucionario del pueblo. Esto en segundo lugar. La insurrección debe apoyarse en aquel momento de viraje en la historia de la revolución ascensional en que la actividad de la vanguardia del pueblo sea mayor, en que mayores sean las vacilaciones en las filas de los enemigos y en las filas de los amigos débiles, a medias, indecisos, de la revolución. Esto en tercer lugar. Estas tres condiciones, previas al planteamiento del problema de la insurrección, son las que precisamente diferencian el marxismo del blanquismo.

Pero, si se dan estas condiciones, negarse a tratar la insurrección como un arte equivale a traicionar el marxismo y a traicionar la revolución.

Para demostrar que el momento actual es precisamente el momento en que el Partido está obligado a reconocer que la insurrección ha sido puesta al orden del día por la marcha objetiva de los acontecimientos y que la insurrección debe ser considerada como un arte, para demostrarlo, acaso sea lo mejor emplear el método comparativo y trazar un paralelo entre las jornadas del 3 y 4 de julio y las de septiembre.

El 3 y 4 de julio se podía, sin faltar a la verdad, plantear el problema así: lo justo era tomar el Poder, pues, de no hacerlo, los enemigos nos acusarán igualmente de insurrectos y nos tratarán como a tales. Pero de aquí no se podía hacer la conclusión de que hubiera sido conveniente tomar el Poder en aquel entonces, pues a la sazón no existían las condiciones objetivas necesarias para que la insurrección pudiera triunfar.

No teníamos todavía con nosotros a la clase que es la vanguardia de la revolución.

No contábamos todavía con la mayoría de los obreros y soldados de las capitales. Hoy tenemos ya la mayoría en ambos Soviets. Es fruto, solo de la historia de julio y agosto, de la experiencia de las "represalias" contra los bolcheviques y de la experiencia de la kornilovada.

No existía entonces un ascenso revolucionario de todo el pueblo. Hoy existe, después de la kornilovada. Así lo demuestra el estado de las provincias y la toma del Poder por los Soviets en muchos lugares.

Entonces, las vacilaciones no habían cobrado todavía proporciones de serio alcance político general en las filas de nuestros enemigos y en las de la pequeña burguesía indecisa. Hoy, esas vacilaciones son gigantescas: nuestro principal enemigo, el imperialismo de la Entente y el imperialismo mundial (ya que los "aliados" se encuentran a la cabeza de este) empieza a vacilar entre la guerra hasta el triunfo final y una paz separada dirigida contra Rusia. Y nuestros demócratas pequeñoburgueses, que ya han perdido, evidentemente, la mayoría en el pueblo, vacilan también de un modo extraordinario, habiendo renunciado al bloque, es decir, a la coalición con los kadetes.

Por eso, en los días 3 y 4 de julio, la insurrección habría sido un error: no habríamos podido mantenernos en el Poder ni física ni políticamente. No habríamos podido mantenernos físicamente, pues aunque por momentos teníamos a Petersburgo en nuestras manos, nuestros obreros y soldados no estaban dispuestos entonces a batirse y a morir por Petersburgo: les faltaba todavía el "ensañamiento", el odio hirviente tanto contra los Kerenski, como contra los Tsereteli y los Chernov. Nuestros hombres no estaban todavía templados por las persecuciones contra los bolcheviques, en que participaron los eseristas y mencheviques.

Políticamente, los días 3 y 4 de julio no habríamos podido sostenernos en el Poder, pues, antes de la kornilovada, el ejército y las provincias podían marchar y habrían marchado sobre Petersburgo.

Hoy, el panorama es completamente distinto.

Hoy, tenemos con nosotros a la mayoría de la clase que es la vanguardia de la revolución, la vanguardia del pueblo, la clase capaz de arrastrar detrás de sí a las masas.

Tenemos con nosotros a la mayoría del pueblo, pues la dimisión de Chernov no es, ni mucho menos, el único indicio, pero sí el más claro y el más palpable, de que los campesinos no obtendrán la tierra del bloque de los eseristas (ni de los propios eseristas), y este es el quid del carácter popular de la revolución.

Estamos en la situación ventajosa de un partido que sabe firmemente cuál es su camino en medio de las más inauditas vacilaciones, tanto de todo el imperialismo como de todo el bloque de los mencheviques y eseristas.

Nuestro triunfo es seguro, pues el pueblo está ya al borde de la desesperación y nosotros señalamos al pueblo entero la verdadera salida: le hemos demostrado, "en los días de la kornilovada", el valor de nuestra dirección y, después, hemos propuesto una transacción a los bloquistas, transacción que estos han rechazado sin que por ello hayan terminado sus vacilaciones.

Sería el más grande de los errores creer que la transacción propuesta por nosotros no ha sido rechazada todavía, que la Conferencia Democrática puede aceptarla todavía. La transacción era una oferta hecha de partido a partidos. No podía hacerse de otro modo. Los partidos la rechazaron. La Conferencia Democrática es solo una conferencia, y nada más. No hay que olvidar una cosa: la mayoría del pueblo revolucionario, los campesinos pobres, irritados, no tienen representación en ella. Trátase de una conferencia de la minoría del pueblo; no se debe olvidar esta verdad evidente. Sería el más grande de los errores, el mayor de los cretinismos parlamentarios, que nosotros considerásemos la Conferencia Democrática como un parlamento, pues aun suponiendo que se hubiese proclamado parlamento permanente y soberano de la revolución, igualmente no resolvería nada: la solución está fuera de ella, está en los barrios obreros de Petersburgo y de Moscú.

Contamos con todas las premisas objetivas para una insurrección triunfante. Contamos con las excepcionales ventajas de una situación en que solo nuestro triunfo en la insurrección pondrá fin a unas vacilaciones que agotan al pueblo y que son la cosa más penosa del mundo; en que solo nuestro triunfo en la insurrección dará inmediatamente la tierra a los campesinos; en que solo nuestro triunfo en la insurrección hará fracasar todas esas maniobras de paz por separado, dirigidas contra la revolución, y las hará fracasar mediante la oferta franca de una paz más completa, más justa y más próxima, una paz en beneficio de la revolución.

Por último, nuestro Partido es el único que, si triunfa en la insurrección, puede salvar a Petersburgo, pues si nuestra oferta de paz es rechazada y no se nos concede ni siquiera un armisticio, nos convertiremos en "defensistas", nos pondremos a la cabeza de los partidos de guerra, nos convertiremos en el partido "de guerra" más encarnizado de todos los partidos y libraremos una guerra verdaderamente revolucionaria. Despojaremos a los capitalistas de todo el pan y de todas las botas. No les dejaremos más que migajas y los calzaremos con alpargatas. Y enviaremos al frente todo el pan y todo el calzado.

Y, así, salvaremos a Petersburgo.

En Rusia, son todavía inmensamente grandes los recursos tanto materiales como morales con que contaría una guerra verdaderamente revolucionaria: hay un 99 por 100 de probabilidades de que los alemanes nos concederán, por lo menos, un armisticio. Y, en las condiciones actuales, obtener un armisticio equivale ya a triunfar sobre el mundo entero.

Luego de haber reconocido la absoluta necesidad de la insurrección de los obreros de Petersburgo y de Moscú para salvar la revolución y para salvar a Rusia de un reparto "separado" por los imperialistas de ambas coaliciones, debemos: primero, adaptar nuestra táctica política en la Conferencia Democrática a las condiciones de la insurrección creciente; segundo, debemos demostrar que no solo de palabra aceptamos la idea de Marx de que es necesario considerar la insurrección como un arte.

Inmediatamente debemos unir en la Conferencia Democrática la minoría bolchevique, sin preocuparnos del número ni dejarnos llevar del temor de que los vacilantes continúen en el campo de los vacilantes; allí, son más útiles a la causa de la revolución que en el campo de los luchadores firmes y decididos.

Debemos redactar una breve declaración de los bolcheviques, subrayando con energía la inoportunidad de los largos discursos y la inoportunidad de los "discursos" en general, la necesidad de proceder a una acción inmediata para salvar la revolución, la absoluta necesidad de romper totalmente con la burguesía, de destituir íntegramente al actual gobierno, de romper de una manera absoluta con los imperialistas anglo-franceses, que están preparando el reparto "separado" de Rusia, la necesidad del paso inmediato de todo el Poder a manos de la democracia revolucionaria, con el proletariado revolucionario a la cabeza.

Nuestra declaración deberá formular esta conclusión en la forma más breve y tajante y de acuerdo con los proyectos programáticos: paz a los pueblos, tierra a los campesinos, confiscación de las ganancias escandalosas, poner fin al escandaloso sabotaje de la producción por los capitalistas.

Cuanto más breve y tajante sea la declaración, mejor. En ella deben señalarse claramente dos puntos de extraordinaria importancia: el pueblo está agotado por tantas vacilaciones, que está harto de la indecisión de los eseristas y mencheviques; y que nosotros rompemos definitivamente con esos partidos porque han traicionado a la revolución.

Una cosa más: la oferta inmediata de una paz sin anexiones, la inmediata ruptura con los imperialistas aliados, con todos los imperialistas, o bien obtendremos en seguida un armisticio, o bien el paso de todo el proletariado revolucionario a la posición de la defensa, y toda la democracia revolucionaria, dirigida por él, dará comienzo a una guerra verdaderamente justa, verdaderamente revolucionaria.

Después de dar lectura a esta declaración y de reclamar resoluciones y no palabras, acciones y no resoluciones escritas, debemos lanzar todo nuestro grupo a las fábricas y a los cuarteles: allí está su lugar, allí está el pulso de la vida, allí está la fuente de salvación de nuestra revolución y allí está el motor de la Conferencia Democrática.

Allí debemos exponer, en discursos fogosos y apasionados, nuestro programa y plantear el problema así: o la aceptación íntegra del programa por la Conferencia, o la insurrección. No hay término medio. No es posible esperar. La revolución se hunde.

Si planteamos el problema de ese modo y concentramos todo nuestro grupo en las fábricas y los cuarteles, estaremos en condiciones de determinar el momento justo para iniciar la insurrección.

Y para enfocar la insurrección al estilo marxista, es decir, como un arte, debemos, al mismo tiempo, sin perder un minuto, organizar un Estado Mayor de los destacamentos de la insurrección, distribuir las fuerzas, enviar los regimientos de confianza contra los puntos más importantes, cercar el Teatro de Alejandro y ocupar la Fortaleza de Pedro y Pablo, arrestar el Estado Mayor y al gobierno, enviar contra los cadetes militares y contra la "división salvaje" aquellas tropas dispuestas a morir antes de dejar que el enemigo se abra paso hacia los centros de la ciudad; debemos movilizar a los obreros armados, haciéndoles un llamamiento para que se lancen a una desesperada lucha final; ocupar inmediatamente el telégrafo y la telefónica, instalar nuestro Estado Mayor de la insurrección en la central telefónica y conectarlo por teléfono con todas las fábricas, todos los regimientos y todos los puntos de la lucha armada, etc.

Todo esto, naturalmente, a título de ilustración, como ejemplo de que en el momento actual no se puede ser fiel al marxismo, a la revolución, sin considerar la insurrección como un arte.

ESCUELAS GRANJAS Y ESCUELAS CORRECCIONALES

Hace tiempo que se conoce la solución que proponen los populistas al problema del capitalismo en Rusia, expuesta con especial énfasis por Rússkoie Bogatstvo. Aunque no niegan la existencia del capitalismo ni su desarrollo, no lo consideran un proceso natural ni necesario, resultado de una evolución secular de la economía mercantil en Rusia. Para ellos, el capitalismo es un fenómeno casual, una desviación del destino histórico de la nación. "Debemos", dicen los populistas, "elegir otro camino para la patria", abandonar la vía capitalista e instaurar la "comunidad" en la producción, involucrando a todas las fuerzas de la sociedad. Según ellos, la sociedad ya comienza a darse cuenta de la insolvencia del capitalismo.

Si realmente se puede elegir otro camino para la patria y si la sociedad comprende esta necesidad, la "instauración del mir en la producción" no debería presentar mayores dificultades ni requerir un proceso histórico previo. Solo bastaría con elaborar un plan viable y convencer a las autoridades para que el país abandone la ruta equivocada del capitalismo y transite hacia la socialización.

Es evidente el enorme interés que genera un plan que abre perspectivas tan prometedoras, y no es de extrañar que el público ruso esté agradecido con el señor Luzhakov, uno de los colaboradores habituales de Rússkoie Bogatstvo, quien se ha tomado la tarea de elaborar un proyecto de esta envergadura. En la edición de mayo de la revista, se publicó su artículo "Una utopía educacional", con el subtítulo "Plan de enseñanza secundaria general obligatoria".

El lector podría preguntarse: ¿qué relación tiene esto con la "instauración de la comunidad" en la producción? La conexión es directa, pues el plan del señor Luzhakov es muy ambicioso. Su propuesta contempla la creación de una escuela en cada distrito, que abarque a toda la población en edad escolar, de 8 a 20 años (e incluso hasta los 25). Estas instituciones no solo tendrían una función educativa, sino que se convertirían en centros de producción agrícola. Los estudiantes no solo se formarían académicamente y moralmente, sino que, con su trabajo, se encargarían de sostener la escuela e incluso proporcionar recursos para la manutención de la infancia en general.

Según los cálculos detallados del autor para un modelo de escuela distrital—que podríamos denominar "escuela-granja", "hacienda-escuela" o "escuela agrícola"—, este tipo de institución podría mantener a más de la mitad de la población local. En total, el proyecto contempla la creación de 20,000 escuelas mixtas en Rusia (20,000 para varones y otras 20,000 para mujeres), a las cuales se les proveerían tierras y medios de producción. Para financiar esto, se emitirían bonos de los zemstvos, respaldados por el Estado, con un 4% de interés y un porcentaje de amortización anual. En definitiva, el "plan" del señor Luzhakov es colosal: colectivizaría la producción para la mitad de la población.

Como puede verse, de un solo golpe se propone un "nuevo camino para la patria". Y, según el autor, todo esto se lograría "sin desembolsos por parte del gobierno, los zemstvos o el pueblo". "A primera vista, parece una utopía", reconoce, pero insiste en que "es mucho más factible que la instrucción primaria general". Asegura que la operación financiera necesaria "no tiene nada de quimérica ni utópica" y que podría implementarse sin costos adicionales, sin necesidad de reformar los planes educativos existentes. Señala con énfasis que esto es crucial si realmente se quiere universalizar la educación en el país.

Aunque admite que no ha diseñado un "proyecto operativo", su exposición es muy precisa. No solo especifica el número de alumnos y alumnas por escuela, sino también el personal necesario para sostenerlas, incluyendo docentes, administradores y técnicos. También detalla los recursos requeridos para la subsistencia de los alumnos, así como los salarios de maestros, médicos y operarios. Calcula minuciosamente las jornadas de trabajo necesarias para las labores agrícolas, la cantidad de tierras requeridas por escuela y los fondos iniciales indispensables para su implementación.

Incluso prevé cómo integrar a las minorías nacionales y a las sectas que no podrían acceder a la enseñanza media general, así como el destino de aquellos expulsados por mala conducta. Su análisis no se limita a una sola escuela modelo, sino que plantea la creación de las 20,000 escuelas y detalla cómo obtener tierras y reclutar "personal competente de educadores, administradores e intendentes".

Es fácil entender el entusiasmo que genera un proyecto de tal magnitud, no solo en términos teóricos (pues un plan tan concreto podría convencer hasta a los más escépticos sobre la viabilidad de instaurar la comunidad en la producción), sino también en el ámbito práctico y político. Sería extraño que un plan para la enseñanza media obligatoria no atrajera la atención del gobierno, especialmente cuando su autor asegura que no implicará "ningún desembolso" y que su implementación será más sencilla en términos financieros y económicos que en el ámbito cultural, aunque incluso este último aspecto no representa un obstáculo "insuperable".

Este proyecto interesa directamente no solo al Ministerio de Instrucción Pública, sino también al del Interior, al de Finanzas, al de Agricultura y, como veremos más adelante, incluso al de Guerra. El Ministerio de Justicia seguramente se ocupará de las "escuelas correccionales" incluidas en la propuesta. No cabe duda de que el resto de los ministerios también prestarán atención a este plan, que, según Luzhakov, "responde a todas las necesidades educativas y de manutención, y probablemente a muchas otras también".

Estamos seguros de que el lector no se molestará, pues, con nosotros, si hacemos un análisis minucioso de este formidable proyecto.

La idea fundamental del señor luzhakov consiste en lo siguiente: como durante el verano no se estudia, ese tiempo se dedica a las faenas del campo. Luego, los alumnos que han terminado la escuela permanecen en ella algún tiempo como trabajadores; se ocupan de las tareas invernales y artesanales, que complementan las agrícolas y ofrecen, en cada escuela, la posibilidad de mantener, con el propio trabajo, a todos los alumnos y operarios, a todo el personal docente y administrativo, y cubrir los gastos de enseñanza. Tales escuelas, dice con razón el señor luzhakov, serían grandes arteles agrícolas. Esta última expresión, dicho sea de paso, no deja ya ni la menor duda acerca de que tenemos el derecho de considerar el plan del señor luzhakov como los primeros pasos de una "instauración populista de la comunidad" en la producción, como parte del nuevo camino que Rusia debe seguir a fin de evitar las peripecias del capitalismo.

"En la actualidad-razona el señor luzhakov-se puede egresar de la escuela secundaria a la edad de 18 ó 20 años, y a veces hay un retraso de 1 a 2 años. Con la enseñanza obligatoria [...], ese retraso se extenderá aun más. Se egresará más tarde, y los tres cursos superiores comprenderán a los alumnos de 16 a 25 años, si se fija en 25 años el límite de edad en que el alumno e:; eliminado, aun sin haber terminado el curso. De esta manera, si se tiene en cuenta el contingente complementario de alumnos de mayor edad entre los del quinto grado, se puede calcular con seguridad que cerca de un tercio de los educandos [...] estarán en edad de trabajar." Inclusive si rebajamos este porcentaje hasta una cuarta parte de los alumnos, como lo calcula luego el autor, agregando a los ocho grados de la escuela secundaria otros dos para la preparatoria elemental (se admitirían niños de ocho años que no saben leer ni escribir) , obtendremos, de todos modos, un gran número de obreros, que, ayudados por los medioobreros, ejecutarán las faenas de verano. Pero "un liceo-granja de diez grados-hace notar con fundamento el señor luzhakov- requerirá necesariamente cierto contingente de obreros durante el invierno." ¿De dónde sacarlos? El autor propone dos soluciones: 1) tomar obreros asalariados "(de los cuales algunos, con mayores méritos, tendrían participación en los ingresos"). La hacienda escuela debe ser rentable y justificar tales salarios. Pero el autor "tiene otra salida más importante": 2) los egresados de la escuela estarán obligados a compensar con trabajo su educación y manutención durante el tiempo que estuvieron en los grados inferiores. Esta es su "obligación directa"-añade el señor luzhakov-, una obligación, se entiende, sólo para los que no pueden abonar el costo de los estudios. Ellos serán quiénes integren el contingente necesario de operarios invernales y el suplementario de los de verano.

Este es el primer aspecto de la proyectada organización, que reunirá en un artel agrícola, que funcione en base a la " comunidad", a una quinta parte de la población. Con esto ya podemos ver cuáles serán las características que tendrá la elección del nuevo camino para la patria. El trabajo asalariado, que en la actualidad constituye la única fuente de ingresos para quienes "no pueden abonar el costo de sus estudios" ni el de su subsistencia, será remplazado por el trabajo gratuito obligatorio. Pero esto no tiene por qué turbarnos: no debe olvidarse que a cambio de ello la población gozará de los beneficios de la enseñanza media general.

Continuemos. El autor proyecta escuelas separadas para varones y para mujeres, haciendo una concesión al prejuicio que impera en el continente europeo contra la educación mixta, que en realidad sería más racional. "50 alumnos por grado ó 500 alumnos para los diez grados, ó 1.000 por escuela-hacienda (500 muchachos y 500 muchachas) será la composición normal" de una escuela secundaria. En ella habrá 125 "parejas de obreros" y su correspondiente número de medio-obreros. "Cuando pruebe -dice luzhakov-que esta cantidad de operarios es capaz de cultivar en la Malorossía, por ejemplo, 2.500 desiatinas de tierra laborable, (cualquiera comprenderá qué enorme fuerza de trabajo es la escuela!..."

Pero además de estos obreros habrá todavía "obreros permanentes" que pagarán sus estudios y su manutención "con trabajo" ¿Cuántos serán? El egreso anual será de 45 alumnos, muchachos y muchachas. Una tercera parte hará el servicio militar durante un período de tres años (actualmente lo hace una cuarta parte. El autor aumenta su número hasta un tercio, reduciendo el plazo de la conscripción a tres años). "No será ninguna injusticia colocar en las mismas condiciones a los dos tercios restantes, es decir, retenerlos en la escuela para oue paguen con su trabajo sus nror"ios estudios, v también los de sus compañeros que estén baio bandern. Todas las muchachas podrán ser retenidas para el mismo fin".

La organización del nuevo régimen establecido en la patria después de la elección de otro camino se vislumbra cada vez con mavor nrecisión. Actualmente, todos los subditos rusos se consideran obligados a currmlir el servicio militar, v como el número de individuos en ed^d militar es mayor que el de los soldados necesarios, éstos se eligen por sorteo. Si se establece el sistema de la comunidad en la producción, los reclutas también serán sorteados, pero se propone oue el resto sea "puesto en las mismas condiciones", es decir, obligado a permanecer tres años, es cierto oue no en servicio militar, sino trabañnrlo para la escuela. Ellos tendrán que pagar con su trabajo el costo de mantenimiento de sus compañeros que están baio bandera. ,1 Todos tendrán oue trabajar para esto? No, sólo los que no pueden abonar el costo de los estudios cursados. El autor ya formuló antes esta reserva, pero más adelante veremos que para los individuos que se encuentran en condiciones de abonar por el estudio proyecta, en general, escuelas secundarias especiales de tipo antiguo. Surge la pregunta: ¿por qué entonces, el mantenimiento de los compañeros que est^n bajo bandera recae sobre los que no pueden pagar el costo de sus estudios, y no sobre los que pueden hacerlo? La razón es bien simple. Si se dividiera a los estudiantes secundarios en los que pagan sus estudios y los oue estudian gratuitamente, es evidente que la estructura actual de la sociedad no sería afectada por la reforma: esto lo sabe perfectamente el propio señor luzhakov. Y si es así, se comprende entonces que los gastos generales del Estado (para el ejército) recaigan sobre los que carecen de medios de subsistencia, tal como ocurre en la actualidad en forma, por ejemplo, de impuestos indirectos, etc. ¿En qué consiste, entonces, la diferencia del nuevo régimen? En que, en la actualidad, los que carecen de recursos pueden vender su fuerza de trabajo, mientras que bajo el nuevo régimen estarán obligados a trabajar gratuitamente (o sea, por la sola manutención). No cabe la menor duda de que, de este modo, Rusia evitará todas las vicisitudes del régimen capitalista. El trabajo asalariado libre que amenaza con la "lacra del proletariado" queda excluido y cede su lugar... al trabajo gratuito obligatorio.

Estamos seguros de que el lector no se molestará si realizamos un análisis detallado de este formidable proyecto.

La idea central del señor Luzhakov se basa en lo siguiente: dado que durante el verano no hay clases, ese tiempo se dedicaría a las labores agrícolas. Luego, los alumnos que hayan terminado la escuela permanecerían en ella por un tiempo como trabajadores, encargándose de las tareas invernales y artesanales que complementarían las agrícolas. Así, cada escuela podría sostenerse por sí misma, cubriendo los gastos de enseñanza y manutención de alumnos, operarios, personal docente y administrativo. Con razón, Luzhakov afirma que estas escuelas funcionarían como grandes arteles agrícolas. Esta afirmación, por cierto, deja claro que su plan representa los primeros pasos hacia una "instauración populista de la comunidad" en la producción, como parte del nuevo camino que Rusia debería tomar para evitar los problemas del capitalismo.

"En la actualidad", razona Luzhakov, "se puede egresar de la escuela secundaria entre los 18 y 20 años, aunque a veces hay un retraso de uno o dos años. Con la enseñanza obligatoria, ese retraso se prolongará aún más. Los tres cursos superiores incluirán alumnos de entre 16 y 25 años, fijando esta última edad como el límite para permanecer en la escuela, incluso sin haber completado el curso. De esta manera, si consideramos a los alumnos de mayor edad dentro del quinto grado, podemos calcular con seguridad que cerca de un tercio de los estudiantes estarán en edad de trabajar".

Incluso si reducimos esta estimación a solo una cuarta parte de los alumnos, como luego calcula el autor al añadir dos grados preparatorios para niños de ocho años que aún no saben leer ni escribir, seguiríamos obteniendo una gran cantidad de obreros. Estos, junto con los medio-obreros, se encargarían de las tareas de verano. Sin embargo, "un liceo-granja de diez grados", señala con razón Luzhakov, "necesitará también un contingente de obreros durante el invierno". ¿De dónde sacarlos? El autor propone dos soluciones:

Contratar obreros asalariados, algunos de los cuales, en función de su desempeño, podrían recibir una participación en los ingresos. La hacienda-escuela debe ser rentable para justificar estos salarios.

Obligar a los egresados de la escuela a compensar con trabajo la educación y manutención que recibieron durante su permanencia en los grados inferiores. "Esta es su obligación directa", dice Luzhakov, aunque aclara que solo se aplicaría a quienes no puedan pagar sus estudios.

Este es el primer aspecto de la organización proyectada, que integrará a una quinta parte de la población en un artel agrícola basado en la "comunidad". Así, podemos empezar a vislumbrar cómo sería el nuevo camino para la patria. En este sistema, el trabajo asalariado, que hoy en día es la única fuente de ingresos para quienes no pueden costear su educación ni su subsistencia, sería reemplazado por el trabajo obligatorio y gratuito. Pero, según el autor, esto no debería preocuparnos, pues a cambio, la población recibiría el beneficio de una educación secundaria general.

Sigamos adelante. Luzhakov propone escuelas separadas para varones y mujeres, en una concesión al prejuicio europeo contra la educación mixta, aunque admite que esta última sería más racional. Según su plan, "50 alumnos por grado, o 500 alumnos en los diez grados, es decir, 1,000 por escuela-hacienda (500 varones y 500 mujeres) sería la composición estándar". Estas instituciones contarían con 125 "parejas de obreros" y un número proporcional de medio-obreros. "Cuando se demuestre", dice Luzhakov, "que esta cantidad de trabajadores puede cultivar 2,500 desiatinas de tierra en Malorossía, cualquiera podrá ver qué inmensa fuerza laboral representa la escuela".

Pero, además de estos obreros, también habrá "obreros permanentes" que pagarán sus estudios y manutención con trabajo. ¿Cuántos serán? Cada año egresarían 45 alumnos de cada escuela, entre varones y mujeres. De ellos, un tercio deberá cumplir el servicio militar durante tres años (actualmente lo hace una cuarta parte, pero el autor aumenta la cifra y reduce el tiempo de conscripción a tres años). "No sería injusto", argumenta, "colocar en las mismas condiciones a los dos tercios restantes, es decir, retenerlos en la escuela para que paguen con su trabajo no solo sus propios estudios, sino también los de sus compañeros que estén en el ejército". Todas las mujeres también estarían sujetas a esta norma.

La estructura del nuevo régimen que se establecería tras elegir este "nuevo camino" para la patria se vuelve cada vez más clara. En la actualidad, todos los ciudadanos rusos están obligados a cumplir el servicio militar, aunque, como el número de personas en edad militar es mayor al de los soldados necesarios, estos se seleccionan por sorteo. Bajo el nuevo sistema, los reclutas seguirían siendo elegidos de la misma manera, pero el resto de los jóvenes sería "puesto en las mismas condiciones", es decir, obligado a trabajar durante tres años, no en el ejército, sino en las haciendas-escuelas, donde cubrirían los gastos de sus compañeros en el servicio militar.

Ahora bien, ¿todos los estudiantes deberían trabajar para sostener este sistema? No, solo aquellos que no puedan pagar sus estudios. Luzhakov ya lo ha dejado claro antes, pero más adelante plantea que los alumnos con recursos tendrán escuelas secundarias especiales de tipo tradicional. Aquí surge una pregunta: si hay alumnos que pagan por su educación y otros que la reciben gratuitamente, ¿por qué el mantenimiento de los soldados recae exclusivamente sobre los que no pueden costear sus estudios y no sobre quienes sí pueden hacerlo? La respuesta es simple: si se dividiera a los estudiantes entre quienes pagan y quienes no, la estructura actual de la sociedad no se vería afectada por la reforma. Luzhakov es plenamente consciente de ello.

Así, entendemos por qué los costos generales del Estado (como el ejército) recaerán sobre los que carecen de medios, tal como sucede hoy en día con los impuestos indirectos y otros mecanismos. ¿En qué se diferencia entonces este "nuevo régimen"? En que, actualmente, quienes no tienen recursos pueden vender su fuerza de trabajo en el mercado laboral, mientras que bajo el nuevo sistema estarían obligados a trabajar gratuitamente a cambio de su mera subsistencia.

No cabe duda de que, de este modo, Rusia evitará todas las dificultades del capitalismo. El trabajo asalariado libre, que supuestamente conlleva la "lacra del proletariado", será eliminado y reemplazado... por el trabajo obligatorio y gratuito.

Y no hay que extrañarse de que los hombres sometidos a las relaciones del trabajo gratuito obligatorio se encuentren en la situación que corresponde a tales relaciones. Escuchemos lo que dice nuestro populista "(amigo del puebla)" a continuación:

"Si, además, se autoriza los matrimonios entre estos jóvenes, egresados del curso y que quedan durante tres años en la escuela; si se construye viviendas separadas para obreros casados; y si los ingresos de la escuela permiten, al alejarse de la misma, entregarles aunque sea una módica subvención en dinero y en especie, tal permanencia por tres años en la escuela será mucho menos gravosa que el servicio militar..."

¿No es evidente que estas condiciones de privilegio llevarían a la población a desear con todas las fuerzas de su alma entrar en la escuela secundaria? Juzguen ustedes mismos: en primer lugar, se les permitirá contraer matrimonio. Cierto es que, según las leyes actualmente en vigencia, no se requiere tal autorización (de las autoridades). Pero tengan en cuenta que se trata deestudiantes que, si bien es cierto ya alcanzaron la edad de 25 años, aun así son estudiantes. Si a los estudiantes universitarios no se les permite contraer matrimonio, ¿podrá consentirse que lo hagan los estudiantes secundarios? Y además, el permiso dependerá de las autoridades de la escuela, y por consiguiente, de hombres de cultura superior: está claro que no hay razón para temer abusos. Los que han terminado la escuela y quedan en ella como obreros permanentes, ya no son estudiantes secundarios. Y sin embargo, la autorización para casarse, les concierne igualmente a pesar de que tienen entre 21 y 27 años. No se puede dejar de advertir que el nuevo camino elegido para la patria entraña cierta reducción de los derechos civiles de los ciudadanos rusos, pero cabe reconocer que los beneficios de la enseñanza secundaria general no pueden obtenerse sin sacrificios. En segundo lugar, para los obreros casados se construirá edificios para que vivan aparte, probablemente no peores que los cuartuchos en que viven los obreros fabriles en la actualidad. Y en tercer lugar, los obreros permanentes recibirán a cambio una "módica subvención". Sin duda alguna, la población preferirá estas ventajas de una vida tranquila, bajo el amparo de la administración, antes que los sobresaltos del capitalismo; las preferirá a tal punto, que algunos obreros se quedarán para siempre en la escuela (sin duda por gratitud ante el permiso de casamiento): "Un pequeño contingente de obreros permanentes, que se queda definitivamente en la escuela y que, en estrecha comunión [sic] con ella, completa la mano de obra de la escuela-hacienda. Así es posible, y nada utópico, contar con la mano de obra de nuestra escuela agrícola".

¡Por favor! ¿Qué tiene esto de "utópico"? Obreros permanentes que trabajan gratuitamente, "en comunión" con los patronos, quienes además tienen el poder de permitirles casarse... Basta con preguntarle a cualquier campesino anciano, y él, desde su propia experiencia, nos dirá hasta qué punto esto es realmente posible.

UNA CRÍTICA NO CRÍTICA

"Júpiter se enfada"... De antaño se conoce que este espectáculo es muy divertido y que la ira del temible tonante no provoca en realidad más que risa. Otra confirmación de esta vieja verdad la ha dado el Sr. Skvortsov, que se ha lanzado con un cúmulo de las expresiones de "enfado" más selectas contra mi libro sobre el proceso de formación del mercado interior para el capitalismo ruso.

I

"Para presentar el proceso en su conjunto" —me adoctrina majestuosamente el señor Skvortsov—, "es necesario exponer la concepción que uno tiene del modo capitalista de producción; en cambio, es completamente superfluo limitarse a referencias a la teoría de la realización."

¿Por qué son "superfluas" las referencias a la teoría del mercado interior en un libro consagrado al análisis de los datos del mercado interior? Eso lo guarda en secreto nuestro temible Júpiter, quien por "exposición de su concepción" entiende... citas de El Capital, la mitad de ellas sin relación alguna con el asunto.

"Puede reprochársele al autor la contradicción dialéctica" —una pequeña muestra del ingenio del señor Skvortsov— "de que, habiéndose planteado el objetivo de examinar la cuestión" (cómo se forma el mercado interior para el capitalismo ruso), "llega, después de las referencias a la teoría, a la conclusión de que esta cuestión no existe en absoluto."

El señor Skvortsov está tan satisfecho de esta observación que la repite varias veces, sin ver, o sin querer ver, que se basa en un burdo error. Yo he afirmado al final del primer capítulo que la "cuestión del mercado interior no existe en modo alguno como problema separado e independiente, no supeditado al grado de desarrollo del capitalismo."

¿Y qué? ¿No está de acuerdo con ello el crítico? Lo está, pues una página antes califica de "justa" mi indicación. Y si es así, ¿a santo de qué alborota y trata de eliminar de mi conclusión su parte más sustancial? También esto se queda en misterio.

Al final del capítulo teórico de introducción, señalo directamente el tema que me interesa: "El problema de cómo se forma el mercado interior para el capitalismo ruso se reduce a lo siguiente: ¿de qué manera y en qué dirección se desarrollan las distintas ramas de la economía nacional rusa?, ¿en qué consiste la relación e interdependencia de esas distintas ramas?"

¿Cree el crítico que estas cuestiones no merecen la pena de ser examinadas? No, simplemente prefiere evadir la cuestión que yo me planteé y señalar otros temas de los que, por disposición de Júpiter, debería haberme ocupado.

Según su criterio, hubiera sido preciso "presentar la reproducción y la circulación tanto de la parte del producto que se obtiene en la agricultura y la industria de un modo capitalista, como de la parte que producen los campesinos productores independientes… mostrar la relación entre ellas, es decir, las dimensiones del capital constante y el variable y la plusvalía en cada una de las secciones señaladas del trabajo social."

¡Pero esto no es más que una frase sonora y sin contenido alguno! Antes de tratar de presentar la reproducción y circulación del producto obtenido en la agricultura de un modo capitalista, es necesario esclarecer cómo y en qué medida la agricultura se va haciendo capitalista, tanto entre los campesinos como entre los terratenientes, en una u otra región.

Sin aclarar esto —tema al que dediqué mi libro—, la exposición que propone el señor Skvortsov no pasaría de ser un conjunto de lugares comunes.

Antes de hablar de la parte del producto que se obtiene en la industria de un modo capitalista, es necesario esclarecer qué sectores industriales de Rusia se están desarrollando bajo relaciones capitalistas y en qué medida. Precisamente esto es lo que intenté hacer mediante el estudio de los datos, por ejemplo, de la industria kustar.

¡El temible crítico calla majestuosamente sobre todo esto y, en cambio, me invita con la mayor seriedad a dar vueltas sin avanzar un solo paso y a limitarme a lugares comunes sobre la industria capitalista que nada dicen!

La cuestión de qué campesinos pueden considerarse en Rusia "productores independientes" también requiere el estudio de los hechos, lo cual he tratado de hacer en mi libro. Si el señor Skvortsov hubiese meditado sobre esto, no diría tales disparates como que es posible, sin detenerse a analizarlo, aplicar las categorías de capital constante, capital variable y plusvalía a la hacienda de los "campesinos productores independientes."

En una palabra, el análisis del tema que propone el señor Skvortsov solo es posible después de aclarar las cuestiones que yo planteé.

Bajo la apariencia de corregir mi formulación del problema, el temible crítico no hace más que retroceder del análisis de la realidad concreta y con historia propia a una simple copia de Marx.

Entre otras cosas, no puedo dejar de mencionar la siguiente afirmación del señor Skvortsov, que ilustra perfectamente su forma de argumentar.

El profesor Sombart —afirma el señor P. Skvortsov— muestra que la exportación alemana va a la zaga del desarrollo de su industria. "Estos datos" —explica el señor P. Skvortsov— "confirman precisamente mi comprensión de los mercados."

Está bien, ¿no es cierto?

El señor P. Skvortsov ilustra con su razonamiento la conocida sentencia: en el huerto tengo un saúco y en Kíev tengo un tío.

La gente debate sobre la teoría de la realización, mientras que el capitalismo, lo mismo que el régimen feudal, se nutre del plustrabajo.

Si a esto añadimos sus severas amonestaciones, obtendremos el conjunto de la "crítica" del señor Skvortsov.

Pero que juzgue el propio lector.

En su intento por demostrar mi "incomprensión", el señor P. Skvortsov extrae fragmentos dispersos del primer capítulo de mi libro, descontextualiza palabras y frases sueltas y exclama triunfalmente:

"¡Encontrar, el cambio, la teoría del mercado interior, la sustitución y, por último, la compensación! No creo que esta precisión en las definiciones evidencie una comprensión clara en el señor Ilín de la 'magnífica' teoría de la realización de Marx."

¡Pero esta es exactamente la clase de "crítica" de la que Chernishevski se reía en su época!

Es como si alguien tomara Las andanzas de Chíchikov, leyera unas pocas palabras al azar y se echara a reír sin más:

"Chi-chi-kov... ¡Achís, achís!... ¡Ah, qué risa!"

¡Vaya crítica devastadora!

En mi libro, explico que la distinción entre los productos según su forma natural no es necesaria para analizar la producción del capital individual, pero sí lo es cuando se examina la reproducción del capital social, porque en este último caso, y solo en este, se trata de la compensación de la forma natural del producto.

Pero el señor Skvortsov, sin comprender el punto, me acusa de "no haber entendido a Marx", censura mi "traducción libre" y, para reforzar su argumento, cita pasajes de El Capital donde, paradójicamente, se dice exactamente lo mismo que yo expongo.

Por ejemplo, en una de sus citas, Marx plantea la siguiente cuestión:

"¿Cómo se sustituye el capital invertido en la producción en términos de valor por el producto anual, y cómo se entrelaza este proceso con el consumo de plusvalía por los capitalistas y el consumo de salarios por los obreros?"

Y, basándose en esta cita, el crítico concluye con una seguridad pasmosa:

"Creo haber demostrado suficientemente que la teoría de la realización que el señor Ilín presenta como marxista no tiene nada que ver con el análisis de Marx."

¿No es impresionante? ¿Dónde está la diferencia entre lo que yo digo y lo que dice Marx?

Ese detalle, el temible crítico prefiere guardárselo.

Lo único claro es que mi mayor pecado, según él, es mi "traducción libre". O, mejor dicho, el hecho imperdonable de que exponga a Marx "con mis propias palabras", algo que el señor Skvortsov considera una transgresión inadmisible.

¡Imagínense semejante atrevimiento! ¡Exponer a Marx con palabras propias!

Para el "auténtico" marxismo del señor Skvortsov, lo único válido es memorizar El Capital y recitarlo mecánicamente... venga o no venga a cuento... a la Nikolái-on.

Ahí va una ilustración que confirma esta última observación. Yo afirmo que el capitalismo "aparece solo como resultado de una circulación de mercancías ampliamente desarrollada" y, en otro lugar, que "el capitalismo es la fase de desarrollo de la producción mercantil en la que también la fuerza de trabajo se transforma en mercancía".

El temible Júpiter lanza rayos y truenos: "en qué condiciones se presenta el capitalismo... lo sabe cualquier lector algo culto", "el horizonte burgués del señor Ilín" y otras perlas que adornan la polémica del enfadado señor Skvortsov.

Siguen citas de Marx: la primera afirma exactamente lo que yo he dicho (la compra y venta de la fuerza de trabajo es la condición fundamental de la producción capitalista); la segunda sostiene que el modo de circulación se desprende del carácter social de la producción y no al revés.

El señor Skvortsov imagina que con esta última cita ha refutado definitivamente a su oponente. En realidad, lo que ha hecho es sustituir la cuestión que yo planteé por otra completamente diferente, demostrando así su habilidad para dar citas fuera de contexto.

¿De qué hablaba yo en el pasaje en cuestión? De que el capitalismo es el resultado de la circulación mercantil, es decir, de la relación histórica entre la producción capitalista y la circulación mercantil. ¿Y de qué se habla en la cita tomada del segundo tomo de El Capital? De la relación entre la producción capitalista y la circulación capitalista. En ese fragmento, Marx polemiza con los economistas que contraponen la economía natural, la economía monetaria y la economía de crédito como si fueran tres formas económicas distintas del movimiento de la producción social. Marx refuta esta idea, señalando que la economía monetaria y la de crédito no son más que modos de circulación propios de distintos grados de desarrollo de la producción capitalista, y concluye criticando el "horizonte burgués" de esos economistas.

El señor Skvortsov cree que el "auténtico" marxismo consiste en tomar la última palabra de Marx y repetirla mecánicamente, aunque sea contra un oponente que ni siquiera ha mencionado la relación entre la economía natural, la monetaria y la de crédito. Dejamos al lector la tarea de juzgar quién incurre aquí en "incomprensión" y a qué género de literatura corresponden tales métodos.

Entre sus severas amonestaciones, el señor Skvortsov no solo ha recurrido a su clásico "procedimiento de suplantación", sino que ha evadido por completo la cuestión central: la relación entre la producción capitalista y la circulación mercantil.

Este es un punto crucial al que vuelvo muchas veces en mi libro, subrayando el papel histórico del capital comercial como precursor de la producción capitalista. El señor Skvortsov parece no tener objeciones sobre este tema (a juzgar por el hecho de que lo ignora por completo). Y si es así, ¿qué sentido tiene el escándalo que ha armado por mis palabras sobre que el capitalismo es el resultado de la circulación mercantil?

¿Acaso el capital comercial no es expresión del desarrollo del comercio, es decir, de la circulación mercantil sin producción capitalista? Y así, estas cuestiones siguen quedando como un misterio que solo el enfadado Júpiter puede resolver.

Para concluir con la "crítica" que el señor Skvortsov dirige a la parte teórica de mi obra, solo me resta examinar algunas de sus amonestaciones más severas y los errores más evidentes de su artículo El fetichismo mercantil.

En mi libro, escribí:

"La necesidad del mercado exterior para un país capitalista se determina... por el hecho de que el capitalismo aparece solo como resultado de una circulación de mercancías ampliamente desarrollada, que rebasa los límites del Estado. Por eso, no es posible imaginar una nación capitalista sin comercio exterior, además de que tal nación no existe. Como el lector puede ver, esta causa es de índole histórica."

El temible Júpiter "critica":

"Yo, como lector, no veo que esta causa sea de índole histórica. Es una afirmación completamente gratuita."

Si la circulación mercantil es un antecedente histórico indispensable del capitalismo, ¿acaso hace falta explicar por qué esta causa es de índole histórica?

Para la teoría abstracta del capitalismo, solo existe el capitalismo completamente desarrollado, lo que borra del análisis la cuestión de su origen.

"El señor Ilín... ante la dificultad de la realización del producto en la sociedad capitalista... busca ayuda en el mercado exterior."

Cualquiera que conozca mis Estudios y El desarrollo del capitalismo en Rusia comprenderá que esto no es más que otro truco basado en el mismo procedimiento de siempre.

Cita de Marx:

"El comercio exterior solo sustituye mercancías indígenas por mercancías de otra forma, de consumo o natural."

Conclusión del crítico:

"Cualquier persona culta, salvo aquellas de espíritu crítico, comprenderá que Marx dice exactamente lo contrario a la teoría del señor Ilín, que en el mercado exterior no hay por qué encontrar el 'equivalente para la parte en venta del producto', la 'otra parte del producto capitalista capaz de sustituir a la primera'."

¡Oh, magnífico señor Skvortsov!

"El señor Ilín, haciendo abstracción de los rasgos esenciales de la sociedad capitalista y transformándola, de este modo, en una producción planificada —pues la proporcionalidad en el desarrollo de las distintas industrias significa, indudablemente, una producción organizada según un plan—, realiza felizmente, por fin, la misma cantidad de productos dentro del país."

Este nuevo método del "crítico" se basa en atribuirme, de manera encubierta, la idea de que el capitalismo garantiza una proporcionalidad constante en la producción.

Una proporcionalidad constante y mantenida conscientemente equivaldría, en efecto, a planificación, pero no así la proporcionalidad que "se establece solo como una magnitud media de una serie de oscilaciones constantes".

Y precisamente eso es lo que yo sostengo en el mismo fragmento que cita el señor Skvortsov.

Afirmo claramente que la teoría "presupone" la proporcionalidad, pero en la realidad "esta se altera sin cesar", y que para que una nueva distribución del capital sustituya a la anterior y restablezca la proporcionalidad, "es necesaria la crisis".

Cabe preguntarse: ¿qué puede pensarse de un crítico que acusa a su adversario de transformar el capitalismo en una producción planificada, basándose en la misma página y el mismo párrafo donde este adversario afirma que la crisis es necesaria precisamente para restaurar una proporcionalidad constantemente quebrantada?

II

Pasamos a la segunda parte del artículo del señor Skvortsov, dedicada a la crítica de los datos que se presentan y analizan en mi libro. ¿No encontraremos siquiera aquí, en el terreno de las cuestiones a las que ha prestado especial atención el señor Skvortsov, una crítica más o menos seria?

"La división social del trabajo es la base de la economía mercantil y el proceso fundamental de la creación del mercado interior", cita el señor Skvortsov mis palabras, "mientras que simplemente la 'división del trabajo', hay que suponer que se refiere a la división del trabajo no social, es la base de la manufactura..."

Con este intento de ironía, el crítico deja en evidencia que no comprende la diferencia elemental entre la división del trabajo en la sociedad y la división del trabajo en el taller. La primera crea, en el contexto de la economía mercantil (condición que yo señalo directamente, por lo que la referencia del señor Skvortsov a la división del trabajo en la comunidad de la India solo puede atribuirse a su lamentable afición por citar pasajes de Marx que no tienen relación con el tema), productores de mercancías aislados, que trabajan de forma autónoma e independiente unos de otros, elaborando distintos productos destinados al intercambio. La segunda, en cambio, no altera las relaciones entre los productores y la sociedad, sino únicamente su situación dentro del taller.

Por esta razón, hasta donde yo puedo juzgar, Marx habla en algunas ocasiones de la "división social del trabajo", y en otras simplemente de la división del trabajo. Si el señor Skvortsov tiene otra opinión, debería exponerla y explicarla en lugar de lanzar comentarios coléricos desprovistos de sentido.

"La división del trabajo no es en modo alguno un indicador característico de la manufactura, ya que también en la fábrica existe la división del trabajo."

¡Muy bien, señor Skvortsov! Pero, ¿acaso en mi libro la manufactura se diferencia de la fábrica únicamente por este aspecto? Si el crítico hubiese querido examinar con un mínimo de seriedad si yo comprendo correctamente los "indicadores característicos de la manufactura" (una cuestión bastante interesante y nada sencilla), ¿habría podido ignorar que en el mismo párrafo en cuestión he dicho explícitamente: "Ya hemos tenido ocasión de enumerar en otro sitio los indicadores fundamentales del concepto de manufactura según Marx"?

En mis estudios, la división del trabajo aparece solo como un indicador entre muchos otros. Por lo tanto, el lector del artículo del señor Skvortsov podría adquirir una idea completamente distorsionada de mis planteamientos y, al mismo tiempo, no obtener ninguna idea clara sobre los del crítico.

Sigamos.

El intento de presentar muchas de las llamadas industrias kustares como la fase manufacturera del capitalismo ruso se expone en mi libro, si no me equivoco, por primera vez. Desde luego, no considero que esta cuestión esté completamente resuelta, sobre todo teniendo en cuenta que en mi libro se analiza desde un punto de vista específico. Por ello, esperaba de antemano críticas a mis ideas, y las esperaba con tanto más interés porque algunos marxistas rusos ya habían expresado opiniones ligeramente distintas.

¿Qué actitud adopta aquí el señor Skvortsov? Su "crítica" se reduce por completo a una moraleja soberbia en su severidad: "No limitarse a una enumeración mecánica de los obreros asalariados, del valor de la producción en tal o cual año de una u otra rama productiva."

Si esta observación no se refiere al apartado de mi libro dedicado a la estadística fabril (del cual el señor Skvortsov no dice ni una palabra), debe referirse precisamente al capítulo sobre la manufactura, donde más de la mitad del contenido son datos numéricos.

El severo crítico no revela el secreto de cómo podría prescindirse de estos datos, y yo sigo manteniendo la opinión de que es preferible ser acusado de sequedad en la exposición antes que dar motivo al lector para pensar que mi punto de vista se basa únicamente en citas de El Capital en lugar de en un estudio detallado de los datos rusos.

Si el señor Skvortsov considera que mi enumeración es "mecánica", ¿significa esto que encuentra erróneas las conclusiones que extraigo en la segunda mitad del capítulo VI y que reitero en el capítulo VII?, ¿significa que no está de acuerdo con que estos datos muestran un régimen especial de las industrias, caracterizado por una formación específica en tres aspectos fundamentales: 1) técnico, 2) económico y 3) cultural?

El temible Júpiter no ha pronunciado ni una sola palabra sobre ello en su "crítica", que, si se prescinde de sus severas amonestaciones, carece de todo contenido.

¡Poco es esto, honorabilísimo señor Skvortsov!

Pasemos ahora a la cuestión del papel de las contribuciones campesinas en el desarrollo de la economía mercantil.

Yo afirmaba que las contribuciones fueron en su tiempo un factor importante en el desarrollo del intercambio, pero que, en la actualidad, la economía mercantil se ha fortalecido tanto que la importancia de las contribuciones "ha quedado relegada a un segundo plano".

El señor Skvortsov se lanza contra esto con una avalancha de palabras grandilocuentes como "fetichismo mercantil", "omnipotencia", "el poder de la producción mercantil", etc. Pero —¡oh!— las palabras rimbombantes no hacen más que encubrir la impotencia del severo crítico para refutar la conclusión a la que he llegado.

"Incluso el señor Kautsky" —escribe el señor Skvortsov— "con quien coincide mucho el señor Ilín"...

(¡Pobre "señor Kautsky", que resulta ser semejante a un "fetichista mercantil" y ha mostrado una incomprensión total de El Capital, igual que el "burguesito" Ilín! ¿Podrá reponerse de semejante golpe, propinado por un marxista "auténtico"?)

"...hasta él escribe que la transformación de las cargas naturales campesinas en cargas monetarias aumenta la necesidad de dinero entre los campesinos."

Muy bien, severo crítico, pero esto no tiene absolutamente nada que ver con la cuestión de cuál es el papel actual de las contribuciones en los gastos monetarios de los campesinos en comparación con otros gastos.

Kautsky ni siquiera aborda esta cuestión. El señor Skvortsov demuestra una vez más su inigualable talento para citar pasajes que no guardan relación con el tema en discusión.

"La cuestión fundamental" —plantea el señor Skvortsov en su segunda objeción— "no es explicada ni siquiera por los datos presupuestarios, y se reduce a lo siguiente: ¿de dónde sacará el campesino sin caballos los 25 rublos para el pago de las contribuciones y el que tiene caballo, los 10 rublos?"

(¡El 25 por ciento de los gastos en dinero, 25 rublos de cada 100 rublos, el señor Skvortsov ya lo ha convertido simplemente en 25 rublos!)

"Y en modo alguno qué parte de los ingresos representan las contribuciones dentro de todos los gastos en dinero de los campesinos."

Le aconsejo al señor Skvortsov que registre la patente de su extraordinario descubrimiento: el método más novedoso y sencillo de "crítica científica", capaz de destruir a su adversario de raíz.

Si un oponente menciona, en una de las cientos de páginas de su libro, la cuestión de la proporción de las contribuciones dentro de todos los gastos en dinero, basta con citar ese fragmento, atribuirle otra cuestión completamente distinta y demostrar brillantemente que el adversario es un "fetichista mercantil" que ignora, el monstruo, de dónde podrá sacar el pobre campesino sin caballos los 25 rublos.

Luego, las demás páginas del libro, donde se analiza la relación entre las contribuciones y los ingresos, la composición y la fuente de estos, pueden omitirse, y con ello se podrá demostrar, además, el "horizonte burgués" del adversario.

¡De veras, señor Skvortsov, registre su patente!

He aquí un modelo más de cómo aprovecha el Sr. Skvortsov este descubrimiento. Pido atención al lector: tales perlas de "crítica científica" son únicas en su género.

Se trata de la misma página en la que me refiero a los datos presupuestarios en la cuestión de las contribuciones campesinas. Después de señalar el papel de las contribuciones en los gastos en dinero del campesino, sigo:

"Pero si no hablamos del papel de las contribuciones en el desarrollo del intercambio, y nos referimos a su relación con los ingresos, veremos que esta es desmesuradamente elevada. El peso con que gravitan sobre el campesino contemporáneo las tradiciones de la época anterior a la Reforma se ve con más relieve en la existencia de las contribuciones, que absorben la séptima parte de los gastos brutos del pequeño agricultor, incluso del bracero sin tierra. Además, la distribución de las contribuciones dentro de la comunidad es asombrosamente desigual: cuanto más acomodado es el campesino, menor es la proporción de las contribuciones en el conjunto de sus gastos. El campesino sin caballos paga, en relación con sus ingresos, casi tres veces más que el poseedor de varios caballos (ver más arriba el cuadro de distribución de los gastos)…".

Cualquier lector que preste un mínimo de atención a lo que lee debería plantearse naturalmente una pregunta: ¿por qué hablo de la distribución de las contribuciones dentro de la comunidad cuando los presupuestos se refieren a haciendas de campesinos no solo de distintas comunidades, sino incluso de diferentes distritos?

¿Podría ser que la desigualdad en la distribución fuera fortuita, que dependiera de la diferencia de impuestos sobre una determinada extensión de tierra en los distintos distritos o comunidades de donde se tomaron las haciendas para componer los presupuestos típicos?

Para eliminar esta posible objeción, inmediatamente después aclaro:

"…Hablamos de la distribución de las contribuciones dentro de la comunidad porque, si se calcula el volumen de estas y de las cargas por cada unidad de tierra, su cuantía resulta casi igualitaria…".

Si el crítico hubiese querido verificar estas palabras, le habría bastado comparar los cuadros que muestran el volumen de las contribuciones y las cargas por hacienda con la cantidad de tierra asignada por hogar. Se habría convencido fácilmente de que, efectivamente, según los datos de los presupuestos, a pesar de que las haciendas a las que se refieren pertenecen a distintas comunidades y hasta a diferentes distritos, el volumen de las contribuciones y cargas por unidad de tierra es prácticamente uniforme.

Y ahora, admiremos el método con el que el señor Skvortsov "destruye" a su oponente. Arranca las palabras clave sobre el cálculo de contribuciones por unidad de tierra, no advierte que estas palabras se refieren solo a los datos presupuestarios, les atribuye el significado de que el volumen de las contribuciones por unidad de tierra es casi igual para todo el campesinado ruso en general y, basándose en esta "conclusión" inventada, me acusa victoriosamente de desconocer las publicaciones estadísticas de los zemstvos.

Para "demostrarlo", presenta dos cuadros que confirman el hecho (bien conocido) de que en diferentes comunidades, subdistritos y distritos el volumen de las contribuciones por unidad de tierra está lejos de ser uniforme.

Tras ejecutar este truco, el crítico añade aún:

"Efectivamente, dentro de la comunidad que ha recibido la misma área de tierra, el volumen de los pagos no es casi, sino completamente nivelado. Todo el asunto está en que el señor Ilín no sabe de qué comunidad habla en realidad. Para terminar con el abuso que el señor Ilín hace de los datos estadísticos de los zemstvos…", etc.

Me interesaría mucho saber si es posible encontrar en la literatura científica otro ejemplo de crítica tan deshonesta.

Una vez conocidos los métodos con los que el señor Skvortsov ha "demostrado" la completa "inutilidad" de los datos presupuestarios que he presentado, podemos pasar por alto sus altisonantes y vacías expresiones de descontento por el uso mismo de estos datos.

Al exigir una gran cantidad de información presupuestaria, el señor Skvortsov probablemente está desviando la discusión hacia un tema completamente diferente, ya que las descripciones de haciendas concretas que he utilizado no son, ni pueden ser, información masiva.

La literatura sobre los presupuestos de haciendas concretas la cité al inicio del apartado que se critica y, naturalmente, le habría agradecido al crítico si hubiera complementado o corregido mis referencias.

¡Pero el señor Skvortsov sabe "criticar" sin siquiera abordar el fondo del asunto!

El severo crítico simplemente califica de "curiosidad" mi intento de demostrar la tipicidad de los presupuestos comparando el volumen medio de la familia, la siembra, el arriendo y la cantidad de ganado por hacienda con y sin caballos según los datos presupuestarios y los "datos en masa".

Desconocemos la causa de su objeción, ¿o será la misma por la que un "crítico" encontraba ridícula la palabra Chíchikov?

Los presupuestos "ya no son típicos", dice, porque la venta de trigo en otoño y su compra en primavera son raras en la provincia de Vorónezh, mientras que para toda Rusia esta práctica supuestamente ha sido demostrada por otro autor.

Por algo se dice que los "grandes espíritus" se encuentran: el "auténtico" marxista señor Skvortsov, que encuentra una contradicción entre las afirmaciones de otro "auténtico" marxista y los datos estadísticos de los zemstvos, resuelve el dilema sin dudarlo: los datos presupuestarios no son típicos, en lugar de cuestionar si las afirmaciones del otro autor son inexactas o demasiado generales.

Y además, ¿qué relación tiene la cuestión de la venta de trigo en otoño y su compra en primavera con la tipicidad de unos presupuestos que ni siquiera utilizo para analizar este asunto?

III

Después del ingrato trabajo de aclarar lo que el crítico ha introducido de contrabando, resulta un alivio encontrar, por fin, una objeción que, aunque acompañada de esas temibles acusaciones de "fetichismo" y "plena incomprensión", al menos guarda cierta relación con el tema.

El señor Skvortsov tiene razón al decir que mi punto de vista "se advierte a lo largo de toda la obra".

Para destacar aún más nuestras discrepancias, contrapongo dos expresiones extremas de los puntos de vista opuestos:

El señor Skvortsov parece pensar (por lo menos así se desprende de sus objeciones) que cuanto menos tierra hubiesen recibido los campesinos al ser liberados y cuanto más cara la hubiesen pagado, más rápido habría avanzado el desarrollo del capitalismo en Rusia.

Yo creo lo contrario: cuanto más tierra hubiesen recibido los campesinos al ser liberados y cuanto más barata les hubiese costado, más rápido, amplio y libre habría sido el desarrollo del capitalismo en Rusia, más alto habría sido el nivel de vida de la población, más extenso habría sido el mercado interior, más rápido habría sido el uso de maquinaria en la producción y, en definitiva, más se habría parecido el desarrollo económico de Rusia al de Norteamérica.

Me limitaré a señalar dos hechos que, a mi juicio, confirman la validez de esta opinión:

Debido a la escasez de tierra y a las excesivas contribuciones, en una gran parte del país se ha desarrollado un sistema de pago en trabajo en las haciendas de los terratenientes, una supervivencia directa del régimen feudal y no del capitalismo.

Precisamente en nuestras regiones periféricas, donde el régimen de servidumbre era más débil o inexistente, y donde los campesinos han sufrido menos por la falta de tierra y las contribuciones, es donde el capitalismo agrícola se ha desarrollado con mayor intensidad.

Esta comparación es indispensable para analizar las condiciones de "transición de una formación social a otra", las cuales, según el señor Skvortsov, he pasado por alto.

La superficialidad de los planteamientos del señor Skvortsov sobre la economía campesina también queda en evidencia en sus observaciones sobre las migraciones y la destrucción de las barreras medievales por parte del capitalismo.

En definitiva, ¿no tenía razón al comparar al señor Skvortsov con otros críticos que reducen cuestiones complejas a afirmaciones simplistas y negativas?

¡Pero claro, para un "auténtico" marxista, basta con invocar frases altisonantes para pretender refutar un argumento!

Finalmente, la última cuestión que se puede discutir con el señor Skvortsov ateniéndose al fondo del asunto es la clasificación de los datos estadísticos de los zemstvos sobre los campesinos. El señor Skvortsov se ha ocupado especialmente, y si no nos equivocamos, sigue ocupándose, de la estadística de los zemstvos, por lo que cabía esperar de él aportaciones basadas en hechos que arrojaran luz sobre esta cuestión, que es sumamente debatible e interesante.

"Nosotros rechazamos de plano la clasificación por el nadiel y utilizamos exclusivamente la basada en los medios económicos (ganado de labor, superficie de siembra)", escribo en mi libro. Luego explico que la clasificación por el nadiel, que está mucho más extendida en nuestra estadística de los zemstvos, es completamente inservible, ya que la realidad ha alterado el carácter igualitario de la posesión de la tierra dentro de la comunidad. Basta recordar hechos notorios e indiscutibles como la entrega en arriendo de los nadieles, su abandono, la compra y el arriendo de tierras, la unión de las empresas comerciales e industriales con la agricultura y el trabajo asalariado. "La estadística económica debe necesariamente basar la clasificación en las dimensiones y tipo de la hacienda".

La "crítica" del señor Skvortsov se basa en lo siguiente:

"El señor Ilín está descontento con la clasificación de los datos estadísticos de los campesinos según el nadiel. Existen dos clasificaciones de los datos estadísticos. Una es histórica, según la cual se agrupan comunidades con la misma área de nadiel por habitante inscrito en el censo, y otra es efectiva, que agrupa las haciendas campesinas según la misma área de nadiel, sin importar la comunidad a la que pertenezcan. La clasificación histórica es importante porque muestra con claridad en qué condiciones pasaron los campesinos de la sociedad feudal a la capitalista..."

Este modelo de crítica del señor Skvortsov en su propio campo de especialidad, donde por mucho que lo intente no puede "citar" a Marx, merece ser analizado.

Cabe preguntarse, ¿qué relación tienen estas consideraciones sobre la clasificación "histórica" de las comunidades con el tema de la clasificación de los datos por haciendas, que es de lo que yo hablo? ¿Cómo puede la clasificación actual de datos por haciendas "confundir definitivamente" los datos históricos sobre las comunidades, que hace tiempo están establecidos?

El señor Skvortsov tiene derecho a usar la palabra "histórica" en la medida en que se vuelve de espaldas a la historia: si la clasificación de comunidades según el área de nadiel por habitante inscrito en el censo se refiere a lo que ocurría hace cuarenta años, también es historia lo que ocurre ahora, ante nuestros ojos, y con rapidez cada vez mayor.

Sigamos. Es completamente inexplicable cómo un hombre que se ocupa de la estadística de los zemstvos y que habla con tono profético sobre todas las cuestiones puede afirmar que "existen dos clasificaciones", cuando cualquiera sabe que hay muchas: por la siembra, por el ganado de labor, por el número de trabajadores en la familia, por la cantidad de braceros, por la posesión de casas, etc.

¿Cómo puede el señor Skvortsov, de manera tan categórica y sin ninguna justificación, declarar "efectiva" solo la clasificación por el nadiel, cuando precisamente lo que se debate es si esta clasificación es efectiva o no?

En varios distritos he demostrado que la distribución de la tierra de nadiel entre las haciendas sigue mostrando un cierto igualitarismo, aunque relativamente reducido. Al 20 % de las haciendas acomodadas, que albergan entre el 26 y el 30 % de la población, les corresponde entre el 29 y el 36 % de la tierra de nadiel en distintos distritos o grupos de distritos.

Sin embargo, la distribución de los indicadores reales de la hacienda (ganado de labor, superficie de siembra, aperos perfeccionados, etc.) es en todas partes, sin excepción, muchísimo menos uniforme.

El señor Skvortsov se las arregla para criticar y hasta censurar mis conclusiones sin decir ni una sola palabra sobre el fondo del asunto.

Es comprensible. Yo, que no soy estadístico de profesión, no pretendía en modo alguno resolver de manera definitiva la cuestión de la clasificación.

Pero creo que, en las cuestiones fundamentales de la estadística de los zemstvos —y la relativa a los métodos de clasificación de los datos por haciendas es precisamente una de ellas— tienen derecho a opinar, e incluso están obligados a hacerlo, todos los economistas, y no solo los estadísticos de los zemstvos.

Es impensable que un economista que estudia la realidad económica de Rusia pueda prescindir de los datos de la estadística de los zemstvos. Y si la estadística de los zemstvos sigue su propio camino sin relación con el trabajo de los economistas, ni una ni otra podrá alcanzar resultados satisfactorios.

Que la clasificación por nadieles no es satisfactoria como método de clasificación efectiva ya ha sido reconocido, al menos parcialmente, por los propios estadísticos de los zemstvos, quienes han introducido clasificaciones basadas en el ganado de labor y la superficie de siembra, clasificaciones que precisamente he utilizado en mi libro.

Ahora que la importancia de este asunto es subrayada por casi todos los marxistas y ni siquiera es negada por economistas de otras tendencias, sería más necesario que nunca revisar esta cuestión.

Pero el señor Skvortsov, en lugar de una crítica real, ofrece frases altivas sin el menor contenido, como esta:

"Se necesita un resumen de las compilaciones de los zemstvos con un estudio detallado de la producción y reproducción de la hacienda campesina, de modo que cualquiera que lo desee pueda tomar estas compilaciones y comprobar las 'conclusiones' de los señores Ilín, Póstnikov y Hourwich."

Sí, naturalmente, "se necesita un resumen", pero para que estas palabras no se queden en un simple sonido vacío y para que dicho resumen pueda responder efectivamente a los problemas fundamentales del régimen económico actual de Rusia y de su evolución, es necesario analizar a fondo la cuestión de los métodos para elaborar dicho resumen.

Esto no puede hacerse solo dentro de la estadística de los zemstvos, ni mucho menos dentro de las cuatro paredes de una oficina de estadística.

Esta es precisamente la cuestión que planteé en mi libro y sobre la cual intenté señalar una posible solución.

No me corresponde a mí juzgar si mi solución es acertada o no, pero sí puedo concluir que el señor Skvortsov, con toda su aparente severidad, no ha dicho absolutamente nada sobre esta cuestión y se ha limitado a defender la rutina y el punto de vista tradicional, que ya estaba obsoleto desde 1885.

Para terminar, unas palabras sobre la "ortodoxia", que no serán superfluas teniendo en cuenta que la intervención del Sr. P. Skvortsov en el papel de marxista "auténtico" hace especialmente necesaria la determinación más exacta posible de mi posición si se me permite expresarme así. Sin el menor deseo de colocar al Sr. B. Avílov junto al Sr. Skvortsov, encuentro preciso, sin embargo, referirme a un párrafo del artículo que el primero inserta en este mismo número de Naúchnoe Obozrenie. Al final del Postscriptum, el Sr. B. Avílov dice: "el Sr. Ilín (está) por la 'ortodoxia'. Mas, al parecer, para la ortodoxia, es decir, la simple interpretación de Marx, hay aún mucho campo..." (pág. 2308). Creo que las palabras que he subrayado son, probablemente, un lapsus, pues yo he dicho con precisión completa que por ortodoxia no comprendo en modo alguno la simple interpretación de Marx.

En el mismo artículo a que se refiere el Sr. B. Avílov, tras las palabras "No, nos quedaremos mejor `bajo el signo de la ortodoxia', se dice: "No vayamos a creer que la ortodoxia permite tomar cualquier cosa como artículo de fe, que la ortodoxia excluye la transformación crítica y el desarrollo ulterior, que permita cubrir las cuestiones históricas con esquemas abstractos. Si hay discípulos ortodoxos incursos en estos pecados, en verdad graves, la culpa recae por completo sobre esos discípulos, y en modo alguno sobre la ortodoxia, que se distingue por cualidades diametralmente opuestas" (Naúchnoe Obozrenie, 1899, núm. 8, 1579). Así pues, yo he dicho abiertamente que la aceptación de algo como artículo de fe, la exclusión de la transformación crítica y del desarrollo es un pecado grave, y para transformar y desarrollar, la "simple interpretación" es, a todas luces, insuficiente. El desacuerdo entre los marxistas partidarios de la llamada "nueva corriente crítica" y los partidarios de la llamada "ortodoxia" consiste en que unos y otros quieren transformar y desarrollar el marxismo en diferentes sentidos: unos quieren seguir siendo marxistas consecuentes, desarrollando las tesis fundamentales del marxismo de acuerdo con las condiciones que van cambiando constantemente y con las peculiaridades locales de los distintos países, y desarrollando más la teoría del materialismo dialéctico y la doctrina de la economía política de Marx; otros rechazan algunos aspectos más o menos importantes de la doctrina de Marx, se colocan, por ejemplo en filosofía, no al lado del materialismo dialéctico, sino al lado del neokantismo, y en economía política, al lado de quienes atribuyen un "carácter tendencioso" a ciertas doctrinas de Marx, etc. Los primeros acusan a los segundos por ello de eclecticismo, y según mi modo de ver les acusan con completo fundamento.

Los segundos califican a los primeros de "ortodoxos", y, al emplear esta expresión, no se debe olvidar nunca que se ha dado por los adversarios en la polémica, que los "ortodoxos" no rechazan la crítica en general, sino sólo la "crítica" de los eclécticos (que únicamente tendrían derecho a llamarse partidarios de la "crítica" en la medida en que en la historia de la filosofía la doctrina de Kant y sus seguidores se llama "criticismo", "filosofía crítica"). En ese mismo artículo mencioné a los escritores (pág. 1569, nota, y pág. 1570, nota) que, según mi opinión, son representantes del desarrollo consecuente e integral del marxismo, y no ecléctico, y que han contribuido a este desarrollo -tanto en el terreno de la filosofía y en el de la economía política, como en la historia y la política-, incomparablemente más, por ejemplo, que Sombart o Stammler, la simple repetición de las opiniones eclécticas de los cuales se considera ahora por muchos como un gran paso adelante. Apenas si tendré necesidad de añadir que los representantes de la tendencia ecléctica se han agrupado últimamente alrededor de E.. Bernstein. Me limito a estas breves observaciones acerca de mi "ortodoxia", tanto porque la cuestión no se refiere directamente al objeto de mi artículo, como porque me veo imposibilitado de exponer con todo detalle las ideas de los primeros y debo remitir a quienes les interese a la literatura alemana. En esta cuestión, las discusiones rusas no son más que un eco de las alemanas, y sin conocer estas últimas no es posible hacerse una idea completamente clara del fondo de ellas.

¿POR DÓNDE EMPEZAR?

"¿Qué hacer? ": tal es la pregunta que, durante los últimos años se hacen con particular insistencia los socialdemócratas rusos. No se trata de escoger el camino a seguir (como sucedía a finales de la década del 80 de principios de la del 90), sino de saber qué pasos prácticos debemos dar en un camino determinado y cómo debemos darlos. Se trata de un sistema y de un plan de actividad práctica. Y hay que reconocer que esta cuestión del carácter de la lucha y de los procedimientos para llevarla a cabo, cuestión fundamental para un partido práctico, sigue sin resolver y suscita todavía serias diferencias, que revelan una lamentable inestabilidad y vacilación del pensamiento. Por una parte, está aún muy lejos de haberse extinguido la tendencia "economista", que procura truncar y restringir el trabajo de organización y de agitación política. Por otra, sigue levantando orgullosamente la cabeza la tendencia de un eclecticismo sin principios, que se trata a cada nueva "moda", no sabiendo distinguir entre las exigencias del momento y las tareas fundamentales y necesidades constantes del movimiento en su conjunto.

Como es sabido, esta tendencia ha andado en Robócheie Dielo. Su última declaración " programática" - un sonoro artículo bajo el sonoro título de Viraje histórico (núm. 6 del Lisatok "Robóchego Diela")- confirma con toda evidencia la definición que acabamos de dar. No hace mucho coqueteaban con el "economismo", indignados porque se había censurado enérgicamente a Robóchaia Myls, "paliaban" la forma en que Plejánov planteaba el problema de la lucha contra la autocracia, y ahora citan ya las palabras de Liebknecht: "si las circunstancias cambian en 24 horas, hay que cambiar la táctica también en 24 horas"; hablaban de una " fuerte organización combativa" para el ataque directo, para el asalto contra la autocracia, de una "amplia agitación política revolucionaria (¡fíjense ustedes con qué energía está dicho: política y revolucionaria!) entre las masas", de un "constante llamamiento a la protesta en las calles", de "organizar en las calles manifestaciones de carácter marcadamente (¡sic!) político", etc., etc.

Podríamos expresar nuestra satisfacción por el hecho de que Robócheie Dielo haya asimilado tan rápidamente el programa que nosotros habíamos formulado ya en el primer número de Iskra, para formar un partido fuerte y organizado, con miras a conquistar no sólo concesiones aisladas, sino la fortaleza misma de la autocracia; pero la falta de firmeza en los puntos de vista de las personas que ahora han asimilado el nuestro puede quitarnos toda la satisfacción.

Desde luego, Robócheie Dielo invoca en vano el nombre de Liebknecht. En 24 horas se puede modificar la táctica de agitación en algún problema especial, se puede modificar la táctica de realización de algún detalle de organización del partido, pero cambiar, no digamos en 24 horas, sino incluso en 24 meses, el punto de vista que se tenga sobre problema de si hace falta en general, siempre y absolutamente, la organización de combate y la agitación política entre las masas, es cosa que sólo pueden hacer personas sin principios. Es ridículo hablar de situación distinta, de una alternación de periodos: el trabajar para que se cree una organización de combate y se lleve a cabo una agitación política es obligatorio en cualesquiera circunstancias "grises y pacíficas", en cualquier período de "decaimiento del espíritu revolucionario".

Y más aún: precisamente en tales circunstancias y en tales periodos es especialmente necesario el trabajo indicado, porque en los momentos de explosiones y estallidos es ya tarde para crear una organización; la organización tiene que estar preparada, para desarrollar inmediatamente su actividad. "¡Cambiar de táctica en 24 horas!". Más para cambiar de táctica hay que empezar por tener una táctica, y si no existe una organización fuerte, iniciada en la lucha política en cualquier circunstancia y cualquier período, no se puede ni hablar de un plan de actividad sistemática, basado en principios firmes y aplicado rigurosamente, único plan que merece el nombre de táctica. No tenéis más que fijaros; se nos dice ya que "el momento histórico" ha planteado ante nuestro partido un problema "absolutamente nuevo": el problema del terror. Hace poco era "absolutamente nuevo" el problema de la agitación y organización política; ahora, el problema del terror. ¿No es extraño ver cómo personas que olvidan hasta tal punto su genealogía hablan de un cambio radical de táctica?.

Felizmente, Robócheie Dielo no tiene razón. El problema del terror no es en absoluto un problema nuevo, y nos bastará recordar brevemente el punto de vista ya establecido de la socialdemocracia rusa.

En principio, no hemos renunciado nunca ni podemos renunciar al terror. El terror es una de las formas de acción militar que puede ser completamente útil y hasta indispensable en un determinado momento del combate, ante determinado estado de las tropas y en determinadas circunstancias. Pero el problema consiste precisamente en que el terror se propugna ahora no como una de las operaciones de un ejército en acción, operación estrechamente ligada a todo el sistema de lucha coordinada con él, sino como procedimiento de agresión individual, independiente y aislada de todo el ejército. Faltando una organización revolucionaria central, y siendo débiles las locales, el terror no puede ser otra cosa. Esta es la razón que nos lleva a declarar categóricamente que semejante medio de lucha, en las circunstancias actuales, no es oportuno ni adecuado a su fin; que aparta a los militantes más activos de su verdadero cometido, más importante desde el punto de vista de los intereses de todo el movimiento, que no desorganiza las fuerzas gubernamentales, sino a las revolucionarias. Recordad los últimos acontecimientos: ante nuestros ojos, grandes masas de obreros y de la "plebe" de las ciudades arden en deseos de ir a la lucha, mientras que los revolucionarios carecen de un Estado Mayor de dirigentes y organizadores. ¿No constituye el paso de los revolucionarios más enérgicos al terror, en semejantes circunstancias, un peligro de debilitar los únicos destacamentos de combate que se pueden cifrar esperanzas serias? ¿No constituye un peligro de que se rompa el lazo de unión entre las organizaciones revolucionarias y las dispersas masas de descontentos, que protesta y están dispuestos para la lucha, pero que son débiles precisamente por estar dispersos?

Pues no hay que olvidar que este lazo de unión es la única garantía de nuestro éxito. Muy lejos de nuestro pensamiento está en negar todo valor a heroicos golpes aislados, pero es nuestro deber prevenir con toda energía contra el excesivo entusiasmo por el terror, contra el considerarlo procedimiento de lucha principal y fundamental, cosa hacia la que tanto se inclinan muchísimos en el momento actual. Nunca será el terror una acción militar de carácter ordinario: en el mejor de los casos, sólo es utilizable como uno de los medios a emplear en el asalto decisivo. Cabe preguntar si podemos, en el momento actual, llamar a semejante asalto. Robócheie Dielo, por lo visto, cree que sí. Por lo menos exclama: "¡Formad en columnas de asalto!".

Pero también esto es empeño desatinado. La masa principal de nuestra fuerza de combate la componen voluntarios insurrectos. Como ejército regular, no tenemos más que unos cuantos pequeños destacamentos, y aún estos sin movilizar, sin relaciones entre sí, destacamentos que no saben aún formar en columnas militares en general, y menos todavía en columnas de asalto. En semejantes circunstancias, todo el que sea capaz de abarcar con la mirada las condiciones generales de nuestra lucha, sin olvidar cada "viraje" de la marcha histórica de los acontecimientos, tiene que ver claramente que nuestra consigna en el momento actual no puede ser "ir al asalto", sino "organizar debidamente el asedio de la fortaleza enemiga". En otras palabras: el cometido inmediato nuestro partido no puede ser el llamar a todas las fuerzas con que cuenta a atacar ahora mismo, sino el exhorto a formar una organización revolucionaria capaz de unir todas las fuerzas y de dirigir el movimiento, no sólo nominalmente, sino en la realidad, es decir, capaz de estar siempre dispuesta a apoyar toda protesta y toda explosión, aprovechándolas para multiplicar y fortalecer los efectivos que han de utilizarse en el combate decisivo.

Las enseñanzas de los sucesos de febrero y marzo son de tanta magnitud, que apenas si podrán encontrarse ahora objeciones de principio contra esta conclusión. Pero, en el momento actual, lo que de nosotros se exige es que resolvamos el problema prácticamente, no en principio. No sólo tenemos que explicarnos qué organización nos hace falta y para qué trabajo, sino que tenemos que trazar un plan determinado de esta organización, a fin de que se pueda emprender su estructuración por todos lados a la vez. Dada la urgencia de la cuestión, nos decidimos por nuestra parte a someter a la atención de los camaradas el bosquejo de un plan que desarrollaremos en un folleto cuya impresión está preparándose.

A nuestro juicio, el punto de partida para la actuación, el primer paso práctico hacia la creación de la organización deseada y, finalmente, el hilo fundamental al que podríamos asirnos para desarrollar, ahondar y ensanchar incesantemente esta organización, debe ser la creación de un periódico político para toda Rusia. Antes que nada, necesitamos un periódico. Sin él sería imposible desarrollar de un modo sistemático una propaganda y agitación fieles a los principios y extensivas a todos los aspectos, que constituye la tarea constante y fundamental de la socialdemocracia y es una tarea particularmente vital en los momentos actuales, en que el interés por la política, por los problemas del socialismo se han despertado en las más extensas capas de la población.

Nunca se ha sentido con tanta fuerza como ahora la necesidad de completar la agitación dispersa, llevada a cabo por medio de la influencia personal, por medio de hojas locales, de folletos, etc., con la agitación regular y general, que sólo puede hacerse por medio de la prensa periódica. No creo que sea exagerado decir que el grado de frecuencia y regularidad de la publicación (y difusión) de un periódico puede ser la medida más exacta de la solidez con que esté organizada entre nosotros esta rama de nuestra actividad de combate, la primordial y más urgente. Además, necesitamos un periódico destinado precisamente a toda Rusia. Si no sabemos, y mientras no sepamos, coordinar nuestra influencia sobre el pueblo y sobre el gobierno por medio de la palabra impresa, será utópico pensar en la coordinación de otras formas de influencia, más complejas, más difíciles, pero, en cambio, más decisivas.

Nuestro movimiento, tanto en el sentido ideológico como en el sentido práctico, en materia de organización, se resiente, sobre todo, de dispersión, de que la inmensa mayoría de los socialdemócratas están casi totalmente absorbidos por un trabajo puramente locales, que limita su horizonte, el alcance de su actividad y su aptitud y preparación para la clandestinidad. Precisamente en esta dispersión deben buscarse las más profundas raíces de la inestabilidad de las vacilaciones de que hemos hablado más arriba. Y el primer paso adelante para eliminar estas deficiencias, para convertir los diversos movimientos locales en un solo movimiento de toda Rusia, tiene que ser la publicación de un periódico para toda Rusia. Por último necesitamos sin falta un periódico político.

Sin un órgano político, es inconcebible en Europa contemporánea un movimiento que merezca el nombre de movimiento político. Sin él, es absolutamente irrealizable nuestra misión de concentrar todos los elementos de descontento político y de protesta, de fecundar con ellos el movimiento revolucionario del proletariado. Hemos dado el primer paso, hemos despertado en la clase obrera la pasión por las denuncias "económicas", por las denuncias de atropellos cometidos en las fábricas. Debemos darle el paso siguiente: despertar en todas las capas del pueblo, que tengan un mínimo de conciencia, la pasión por las denuncias políticas. No debe asustarnos el hecho de que las voces que denuncian políticamente serán ahora tan débiles, raras y tímidas. La razón de este hecho no es, ni mucho menos, una resignación general con la arbitrariedad policíaca. La razón está en que las personas capaces de denunciar y dispuestas a hacerlo no tienen una tribuna para hablar desde ella, no tienen un auditorio que escuche ávidamente y anime a los oradores, no ven por parte alguna en el pueblo una fuerza que merezca la pena de dirigirle una queja contra el "todopoderoso" gobierno ruso.

Y ahora todo esto cambia con enorme rapidez. Esa fuerza existe: es el proletariado revolucionario, que ha demostrado ya estar dispuesto no sólo a escuchar y apoyar el llamamiento a la lucha política, sino también a lanzarse valientemente a la lucha. Ahora podemos y debemos crear una tribuna para denunciar ante todo el pueblo al gobierno zarista: esa tribuna tiene que ser un periódico socialdemócrata. La clase obrera rusa, a diferencia de las demás clases y sectores de la sociedad Rusia, da muestras de un interés constante por los conocimientos políticos, y constantemente (y no sólo en periodos de particular efervescencia) es enorme su demanda de publicaciones clandestinas. Ante semejante demanda de las masas, cuando se ha iniciado ya la formación de dirigentes revolucionarios experimentados, cuando la clase obrera ha llegado a un punto de concentración que la hace de hecho dueña de la situación en los barrios obreros de las grandes ciudades, en los poblados de las fábricas, en las localidades fabriles, la organización de un periódico político está plenamente al alcance del proletariado. Y, a través del proletariado, el periódico penetrará en las filas de la pequeña burguesía urbana, de los artesanos rurales y de los campesinos, y será un verdadero periódico político popular.

La misión del periódico no se limita, sin embargo, a difundir las ideas, educar políticamente y a atraer aliados políticos. El periódico no es sólo un propagandístico colectivo y un agitador colectivo, sino también un organizador colectivo. En este último sentido se le puede comparar con los andamios se levantan alrededor de un edificio en construcción, que señalan sus contornos, facilitan las relaciones entre los distintos sectores, les ayudan a distribuir el trabajo y observar los resultados generales alcanzados por el trabajo organizado. Mediante periódico y en relación con éste, se irá formando por sí misma una organización permanente, que se ocupen no sólo del trabajo local, sino también de la labor general regular, que habitúe a sus miembros para seguir atentamente los acontecimientos políticos, a apreciar su significado y su influencia sobre las distintas capas de la población, a elaborar los medios más adecuados para qué el partido revolucionario influya en estos acontecimientos. La sola tarea técnica de asegurar un suministro normal de materiales al periódico y la normalidad de su difusión obliga ya a crear una red de agentes locales del partido único, de agentes que mantengan animadas relaciones entre sí, que conozcan el estado general de las cosas, que se acostumbren a cumplir sistemáticamente las funciones parciales de un trabajo realizado en toda Rusia y que prueben sus fuerzas en la organización de distintas acciones revolucionarios. Esta red de agentes* servirá de armazón precisamente para la organización que necesitamos: lo suficientemente grande para abarcar todo el país; lo suficientemente vasta y variada para establecer una rigurosa y detallada división del trabajo; lo suficientemente firme para saber proseguir sin desmayo su labor en todas las circunstancias y en todos los " virajes" y situaciones inesperadas; lo suficientemente flexible para saber, de un lado, rehuir las batallas en campo abierto contra un enemigo que tiene superioridad aplastante de fuerzas, cuando éste concentrar toda su fuerza en un punto, pero sabiendo, de otro lado, aprovecharse de la torpeza de movimientos de este enemigo y lanzarse sobre él en el sitio y en el momento en que menos espere ser atacado.

Hoy se plantea ante nosotros la tarea relativamente fácil de apoyar a los estudiantes que se manifiestan en las calles de las grandes ciudades. Mañana se nos planteara, quizás, una tarea más difícil, por ejemplo, la de apoyar un movimiento de obreros parados en una región determinada. Pasado mañana tendremos que estar en nuestro puesto para tomar parte de un modo revolucionario en un alzamiento campesino. Hoy debemos aprovechar la agravación de la situación política, producida por el gobierno con su campaña contra los zemstvos. El día de mañana deberemos apoyar la indignación de la población contra el desenfreno de tal o cual bachibuzuk zarista y ayudar -por medio del boicot, de una campaña de excitación, de una manifestación, etc.- a darle una lección que le obligue a una franca retirada. Semejante grado de disposición combativa sólo puede formarse por una actividad constante, que constituya la ocupación del ejército regular. Y si unimos nuestras fuerzas para asegurar la publicación de un periódico común, ese trabajo preparará y destacará no sólo a los propagandistas más hábiles, sino a los organizadores más experimentados, a los dirigentes políticos del partido más capaces, que puedan, en el momento necesario, dar una consigna para el combate decisivo y dirigido.

Para terminar, quiero decir unas palabras con el fin de evitar posibles confusiones. Hemos hablado, durante todo el tiempo, sólo de preparación sistemática, metódica, pero con esto no hemos querido decir en modo alguno que la autocracia puede caer exclusivamente por un asedio acertado o por un asalto organizado. Semejante punto de vista sería de un doctrinario insensato. Al contrario, es plenamente posible, e históricamente mucho más probable, que la autocracia caiga bajo la presión de una de esas explosiones espontáneas o complicaciones políticas imprevistas, que siempre se ciernen por todas partes. Pero ningún partido político puede, sin caer en el aventurerismo, basar su actividad en semejantes explosiones y complicaciones. Nosotros tenemos que marchar por nuestro camino, llevar a cabo sin desfallecimientos nuestro trabajo sistemático, y cuanto menos contemos con lo inesperado, tanto más probable será que no nos coja desprevenidos ningún "viraje histórico".

NUEVOS ACONTECIMIENTOS Y VIEJOS PROBLEMAS

Por lo visto, la breve "calma" que ha caracterizado los últimos meses de nuestro movimiento revolucionario —en comparación con su rápido e impetuoso desarrollo anterior— empieza a llegar a su fin. Por fugaz que haya sido esta "calma", por evidente que resultara para cualquier observador atento que la ausencia, durante ese corto periodo, de manifestaciones abiertas de la indignación obrera no significaba en modo alguno que esa indignación hubiera dejado de crecer en profundidad y extensión, sin embargo, dentro de nuestra intelectualidad de espíritu revolucionario —que con frecuencia carece de un sólido vínculo con la clase obrera y de firmes convicciones socialistas definidas— han comenzado a alzarse, por un lado, voces de desaliento y falta de fe en el movimiento obrero de masas y, por otro, voces que abogan por el regreso a la vieja táctica de atentados políticos como método de lucha política necesario y obligatorio en la actualidad.

Durante los pocos meses transcurridos desde las manifestaciones de la temporada pasada, ha surgido en nuestro país el "partido" de los "socialistas-revolucionarios", que ha proclamado abiertamente su impresión desalentadora sobre las manifestaciones, afirmando que "el pueblo, ¡ay!, no se levantará tan pronto", que es fácil, por supuesto, hablar y escribir sobre armar a las masas, pero que ahora es necesario emprender la "acción individual", sin rechazar la imperiosa necesidad del terror individual con las mismas manidas invocaciones a una única tarea, una tarea exclusiva (¡aburrida y carente de interés para un intelectual libre de la fe "dogmática" en el movimiento obrero!): la tarea de hacer agitación entre las masas proletarias y organizar su embate masivo.

Pero entonces estalla en Rostov del Don una de las huelgas más corrientes y "habituales" a primera vista, y desencadena acontecimientos que ponen en evidencia la insensatez y la nocividad del intento de los socialistas-revolucionarios de restaurar el movimiento de Naródnaya Volia con todos sus errores teóricos y tácticos. La huelga, que involucra a miles de obreros y surge con reivindicaciones de carácter puramente económico, se transforma rápidamente en un acontecimiento político, a pesar de la escasez de fuerzas revolucionarias organizadas.

La muchedumbre popular —que, según testigos, alcanza entre veinte y treinta mil personas— celebra asambleas políticas que sorprenden por su seriedad y organización, donde se leen y analizan con avidez proclamas socialdemócratas, se pronuncian discursos políticos, se explican a los sectores más fortuitos y menos preparados del pueblo trabajador las verdades más elementales del socialismo y de la lucha política. Allí mismo se dan lecciones prácticas sobre el comportamiento ante los soldados y la manera de dirigirse a ellos.

La dirección de las empresas y la policía pierden la cabeza (¿quizá en parte por su inseguridad respecto a las tropas?) y se muestran impotentes para impedir, durante varios días, reuniones políticas de masas al aire libre como no se habían visto antes en Rusia. Y cuando, finalmente, recurren a la fuerza militar, la multitud opone feroz resistencia y el asesinato de un camarada da lugar a una manifestación política al día siguiente ante su cadáver.

Por supuesto, los socialistas-revolucionarios entienden las cosas de otra manera y, a su juicio, quizá habría sido "más conveniente" que los seis camaradas asesinados en Rostov hubiesen entregado su vida en un atentado contra algún energúmeno de la policía.

Nosotros, en cambio, creemos que estos movimientos de masas, ligados al evidente crecimiento de la conciencia política y la actividad revolucionaria de la clase obrera, son los únicos actos verdaderamente revolucionarios y los únicos capaces de infundir verdadero aliento a quienes luchan por la revolución en Rusia. Aquí no vemos la famosa "acción individual", cuyo vínculo con las masas se reduce a meras declaraciones, a anónimos condenando a muerte a tal o cual verdugo.

Aquí vemos una acción real de la multitud. Y la falta de organización, la impreparación, la espontaneidad de esta acción nos recuerdan cuán peligroso es exagerar nuestras fuerzas revolucionarias, cuán criminal es despreciar la tarea de llevar organización y preparación a esta multitud que lucha de verdad ante nuestros ojos.

La única tarea digna de un revolucionario no es ofrecer, con unos cuantos disparos, un motivo para la excitación o elementos para la agitación. Consiste en aprender a aprovechar, utilizar y dirigir el material que la vida rusa nos proporciona en cantidad más que suficiente.

Los socialistas-revolucionarios pueden vanagloriarse de la influencia "agitadora" de los asesinatos políticos, tan comentados en los salones de los liberales y en las tabernas del pueblo. Ellos, liberados de cualquier dogma de una teoría socialista definida, pueden sustituir —o al menos complementar— la educación política del proletariado con el sensacionalismo político.

Nosotros, en cambio, consideramos que solo pueden tener una verdadera influencia agitadora los acontecimientos en los que el protagonista es la propia masa, aquellos originados por su estado de ánimo, y no los que son escenificados con "fines especiales" por una u otra organización.

Creemos que un centenar de regicidios jamás producirán el impacto educativo y movilizador que tiene la participación de decenas de miles de obreros en asambleas donde se debaten sus intereses vitales y su vínculo con la política. Ningún atentado puede ejercer el mismo efecto que la lucha que realmente pone en pie a sectores cada vez más amplios del proletariado, llevándolos a una vida más consciente y a una lucha revolucionaria más organizada.

Nos hablan de la desorganización del gobierno —obligado a reemplazar a los ministros caídos por otros aún más viles—, pero estamos convencidos de que sacrificar a un solo revolucionario, aunque fuera por diez verdugos, solo significa desorganizar nuestras propias filas, que ya son escasas y no pueden cubrir toda la labor que les exigen los obreros.

Creemos que la verdadera desorganización del gobierno se produce cuando las amplias masas, realmente organizadas por su propia lucha, obligan al gobierno a desconcertarse; cuando la legitimidad de las reivindicaciones del proletariado es comprendida por la multitud en las calles y empieza a ser reconocida incluso entre una parte de las tropas enviadas a "pacificar".

Sí, insurrección. Aunque lo que sucede en Rostov sea aún un primer paso, su desarrollo inevitablemente conduce al levantamiento.

Los socialistas-revolucionarios pueden hablar de atentados individuales y asesinatos políticos, pero la lucha del proletariado se está forjando a través de la movilización de las masas.

Y si no nos apartamos de nuestra tarea —de ayudar a esas masas a levantarse con más audacia y determinación, de proporcionarles no solo dos, sino decenas de oradores callejeros y organizadores, de crear una verdadera organización de combate que oriente a las masas, en lugar de una supuesta "organización de combate" que solo se dirige a individuos invisibles—, entonces nuestra victoria estará asegurada.

Cada paso del movimiento real vale más que una docena de atentados y acciones individuales, es más importante que cientos de organizaciones y "partidos" exclusivamente intelectuales.

A la par de la batalla de Rostov, han pasado al primer plano los juicios y condenas a presidio de los manifestantes. El gobierno intenta intimidar desde el látigo hasta la prisión, pero la respuesta de los obreros ha sido magnífica.

Los discursos de los obreros ante el tribunal no solo refutan las ideas de desaliento sobre las manifestaciones, sino que demuestran la poderosa transformación que se está operando en la conciencia del proletariado.

Con este signo, vencerás: es lo que nos queda por decir a quienes tienen ojos para ver y oídos para oír.

LA GUERRA DE GUERRLAS

La cuestión de la acción guerrillera es de sumo interés para nuestro Partido y para las masas obreras. Ya nos hemos referido de paso a ella más de una vez, y ahora, tal como lo habíamos prometido, nos proponemos ofrecer una exposición más completa de nuestras ideas al respecto.

I

Comencemos por el principio. ¿Cuáles son las exigencias fundamentales que todo marxista debe presentar para el análisis de la cuestión de las formas de lucha?

En primer lugar, el marxismo se distingue de todas las formas primitivas del socialismo en que no liga el movimiento a una sola forma determinada de lucha. El marxismo admite las formas más diversas de lucha; además, no las "inventa", sino que generaliza, organiza y hace conscientes las formas de lucha de las clases revolucionarias que surgen por sí mismas en el curso del movimiento.

El marxismo, totalmente hostil a todas las fórmulas abstractas y recetas doctrinarias, exige prestar mucha atención a la lucha de masas en desarrollo, que, con el crecimiento de la conciencia de las masas y la agudización de las crisis económicas y políticas, genera constantemente nuevos y cada vez más diversos métodos de defensa y ataque.

Por ello, el marxismo no rechaza categóricamente ninguna forma de lucha. No se limita en ningún caso a las formas de lucha posibles y existentes en un momento dado, pues admite la aparición inevitable de nuevas formas de lucha desconocidas para los militantes de un período determinado, conforme cambia la coyuntura social. En este sentido, el marxismo aprende de la práctica de las masas, lejos de pretender enseñarles formas de lucha inventadas por "sistematizadores" de gabinete.

Sabemos —decía, por ejemplo, Kautsky al examinar las formas de la revolución social— que la próxima crisis nos traerá nuevas formas de lucha que no podemos prever ahora.

En segundo lugar, el marxismo exige que la cuestión de las formas de lucha sea abordada históricamente. Plantear esta cuestión fuera de la situación histórica concreta significa no comprender lo más elemental del materialismo dialéctico.

En los distintos momentos de la evolución económica, bajo diversas condiciones políticas, culturales y sociales, ciertas formas de lucha emergen como principales, mientras que otras se convierten en secundarias o accesorias. Querer responder con un simple sí o no sobre un determinado método de lucha, sin analizar en detalle la situación concreta de un movimiento y su etapa de desarrollo, es apartarse por completo del marxismo.

Estos son los dos principios teóricos fundamentales que deben guiarnos. La historia del marxismo en Europa Occidental nos proporciona innumerables ejemplos que confirman lo dicho.

La socialdemocracia europea considera, en el momento actual, el parlamentarismo y el movimiento sindical como las principales formas de lucha. En el pasado, reconocía la insurrección y está plenamente dispuesta a reconocerla en el futuro si las condiciones cambian, pese a la opinión de los liberales burgueses.

La socialdemocracia negaba la huelga general en la década de 1870 como una panacea social y como medio para derrocar a la burguesía de golpe por una vía no política, pero admite plenamente la huelga política de masas (especialmente después de la experiencia rusa de 1905) como un procedimiento de lucha indispensable en determinadas condiciones.

La socialdemocracia, que en los años cuarenta del siglo XIX admitía la lucha de barricadas y la rechazaba a finales del siglo, basándose en datos concretos, ha declarado estar plenamente dispuesta a revisar esta última opinión y reconocer la conveniencia de la lucha de barricadas después de la experiencia de Moscú, que ha inaugurado, según las palabras de Kautsky, una nueva táctica de las barricadas.

II

Establecidos los principios generales del marxismo, pasemos a la revolución rusa. Recordemos el desarrollo histórico de las formas de lucha que ha generado.

Primero, las huelgas económicas de los obreros (1896-1900); después, las manifestaciones políticas de obreros y estudiantes (1901-1902); las revueltas campesinas (1902); el inicio de las huelgas políticas de masas combinadas de diversas formas con las manifestaciones (Rostov 1902, las huelgas del verano de 1903, el 9 de enero de 1905); la huelga política en toda Rusia con episodios locales de combates de barricadas (octubre de 1905); la lucha masiva de barricadas y la insurrección armada (diciembre de 1905); la lucha parlamentaria pacífica (abril-junio de 1906); los alzamientos militares parciales (junio de 1905-julio de 1906); las sublevaciones parciales de campesinos (otoño de 1905 - otoño de 1906).

Tal es el estado de cosas en el otoño de 1906, desde el punto de vista de las formas de lucha en general.

La respuesta de la autocracia ha sido la organización de pogromos por parte de las centurias negras, desde el de Kishiniov en la primavera de 1903 hasta el de Siedlce en el otoño de 1906. Durante todo este periodo, los pogromos, las matanzas de judíos, estudiantes, revolucionarios y obreros conscientes han ido en aumento y perfeccionándose, combinando la violencia de la chusma sobornada con la violencia de las tropas centurionegristas, llegando al uso de la artillería en aldeas y ciudades, en combinación con expediciones punitivas y trenes de represión.

Tal es el fondo esencial del cuadro.

Sobre este fondo se dibuja —como un fenómeno particular, secundario y accesorio— la lucha armada, que es el objeto de nuestro análisis.

¿En qué consiste este fenómeno? ¿Cuáles son sus formas y sus causas? ¿Cuándo surgió y hasta dónde se ha extendido? ¿Cuál es su significado en la marcha general de la revolución? ¿Cuál es su relación con la lucha de la clase obrera organizada y dirigida por la socialdemocracia?

Estas son las cuestiones que debemos abordar ahora, tras haber delineado el cuadro general.

El fenómeno que nos interesa es la lucha armada. Sostienen esta lucha individuos aislados y pequeños grupos. Algunos pertenecen a organizaciones revolucionarias; otros (la mayoría en ciertas regiones de Rusia) no pertenecen a ninguna organización revolucionaria.

La lucha armada persigue dos objetivos diferentes, que deben distinguirse con claridad:

La ejecución de individuos, ya sean jefes o subalternos de la policía y el ejército.

La confiscación de fondos, tanto gubernamentales como privados.

Parte de las sumas confiscadas se destina a los partidos revolucionarios; parte, al armamento y la preparación de la insurrección; y parte, a la manutención de quienes participan en la lucha.

Las grandes expropiaciones (como la del Cáucaso, de más de doscientos mil rublos, y la de Moscú, de ochocientos setenta y cinco mil rublos) estuvieron destinadas principalmente a los partidos revolucionarios; en cambio, las pequeñas expropiaciones se emplean, en su mayor parte o incluso en su totalidad, para el sostenimiento de los propios "expropiadores".

Esta forma de lucha ha tomado un desarrollo y extensión indudablemente significativos solo a partir de 1906, es decir, después de la insurrección de diciembre.

La agudización de la crisis política hasta desembocar en la lucha armada y, sobre todo, la intensificación de la miseria, el hambre y el desempleo en las aldeas y ciudades han jugado un papel importante en la aparición de esta forma de lucha.

El mundo de los vagabundos, el lumpenproletariat y los grupos anarquistas han adoptado esta forma de lucha como la principal, e incluso exclusiva, en su concepción de la revolución social.

Como respuesta de la autocracia a esta lucha armada, se han impuesto el estado de guerra, la movilización de nuevas tropas, los pogromos de las centurias negras (como en Siedlce) y los consejos de guerra.

III

El juicio habitual sobre la lucha que estamos describiendo se reduce a lo siguiente: esto es anarquismo, blanquismo, el antiguo terrorismo; son actos de individuos aislados de las masas que desmoralizan a los obreros, alejan a los amplios círculos de la población, desorganizan el movimiento y perjudican a la revolución. En los hechos comunicados todos los días por los periódicos se encuentran, sin dificultad, ejemplos que parecen confirmar este juicio.

Pero ¿son realmente convincentes estos ejemplos? Para comprobarlo, tomemos la región donde esta forma de lucha está más desarrollada: Letonia. He aquí cómo se lamenta un periódico reaccionario de la actividad de la socialdemocracia letona. El Partido Obrero Socialdemócrata Letón (sección del POSDR) publica regularmente treinta mil ejemplares de su periódico. En las columnas de anuncios de este se publican listas de confidentes, cuya eliminación se considera un deber para cada hombre honrado; quienes ayudan a la policía son declarados "enemigos de la revolución" y deben ser ejecutados, además de que sus bienes deben ser confiscados. Se llama a la población a no entregar dinero al Partido Socialdemócrata sin recibir un comprobante sellado. En la última rendición de cuentas del Partido figuran, entre los cuarenta y ocho mil rublos de ingreso del año, cinco mil seiscientos destinados a la compra de armas, obtenidos mediante expropiaciones. Como es natural, los reaccionarios lanzan rayos y centellas contra esta "legislación revolucionaria" y contra este "gobierno de terror".

Nadie se atrevería a calificar estas acciones de los socialdemócratas letones como anarquismo, blanquismo o terrorismo. ¿Por qué? Porque en este caso es evidente la relación de esta nueva forma de lucha con la insurrección de diciembre y su reactivación. En lo que respecta a toda Rusia, esta relación no es tan evidente, pero existe. La extensión de la lucha de guerrillas, precisamente después de diciembre, y su vínculo con la profundización de la crisis, no solo económica sino también política, son innegables. El viejo terrorismo ruso era obra del intelectual conspirador; ahora, la lucha de guerrillas la lleva adelante, en su mayoría, el obrero combatiente o, simplemente, el obrero sin empleo. La mención de blanquismo y anarquismo resulta cómoda para quienes gustan de los clichés, pero en la atmósfera insurreccional que tan claramente se percibe en Letonia, es evidente que esas etiquetas aprendidas de memoria carecen de valor.

El ejemplo letón demuestra que el método, tan común entre nosotros, de analizar la guerra de guerrillas sin considerar las condiciones de una insurrección, es incorrecto, anticientífico y antihistórico. Es necesario tener en cuenta esta atmósfera insurreccional, reflexionar sobre las particularidades del período de transición entre los grandes actos de la insurrección y comprender qué formas de lucha surgen inevitablemente como consecuencia de ello, en lugar de despachar el asunto con palabras repetidas al vacío, empleadas lo mismo por los liberales y los reaccionarios: ¡anarquismo, pillaje, rufianismo!

Se dice que las acciones guerrilleras desorganizan nuestro trabajo. Apliquemos este argumento a la situación creada después de diciembre de 1905, en plena época de pogromos de las centurias negras y de ley marcial. ¿Qué desorganiza más el movimiento en esta época: la falta de resistencia o la lucha organizada de los guerrilleros? Comparemos la Rusia Central con las regiones del Oeste, con Polonia y Letonia. La lucha de guerrillas ha tenido allí un desarrollo mucho mayor, y, sin embargo, es innegable que el movimiento revolucionario y el socialdemócrata están más desorganizados en la Rusia Central que en las regiones occidentales. Por supuesto, no afirmamos que el menor grado de desorganización de los movimientos socialdemócratas en Polonia y Letonia se deba exclusivamente a la lucha de guerrillas. No. La única conclusión que se desprende es que no se puede culpar a la guerra de guerrillas del estado de desorganización del movimiento obrero socialdemócrata en la Rusia de 1906.

Se invocan con frecuencia las particularidades de las condiciones nacionales para explicar la lucha de guerrillas, lo que revela la debilidad del argumento. Si se tratara de condiciones nacionales, no hablaríamos de anarquismo, blanquismo o terrorismo —conceptos comunes a toda Rusia y no exclusivos de los pueblos oprimidos—, sino de otra cosa. ¡Analicemos entonces ese otro factor de manera concreta! Se verá entonces que la opresión nacional no explica nada, pues ha existido siempre en las regiones occidentales, pero la lucha de guerrillas solo ha surgido en este periodo histórico. Hay muchas regiones donde existe opresión nacional, pero no hay guerra de guerrillas, y, en cambio, hay guerra de guerrillas donde no hay opresión nacional. Un análisis concreto muestra que el problema no radica en el yugo nacional, sino en las condiciones de la insurrección. La lucha de guerrillas es una forma inevitable de lucha en un momento en que el movimiento de masas ha alcanzado realmente la insurrección y en que existen intervalos más o menos prolongados entre "grandes batallas" de la guerra civil.

No son las acciones guerrilleras las que desorganizan el movimiento, sino la debilidad del Partido, que no sabe tomar en sus manos estas acciones. Por ello, en Rusia, las condenas habituales contra la guerra de guerrillas coinciden con la realidad de acciones guerrilleras clandestinas, accidentales, desorganizadas, que realmente perjudican al Partido. Incapaces de comprender las condiciones históricas que generan esta lucha, también somos incapaces de contrarrestar sus efectos negativos. Sin embargo, la lucha no deja de continuar, pues la impulsan poderosos factores económicos y políticos. No tenemos fuerza para suprimir estos factores ni esta lucha. Nuestras quejas contra la guerra de guerrillas son, en esencia, quejas contra la debilidad de nuestro Partido en materia de insurrección.

Lo que hemos dicho sobre la desorganización se aplica también a la desmoralización. No es la guerra de guerrillas lo que desmoraliza, sino su carácter inorgánico, desordenado y sin dirección partidaria. No podremos evitar esta evidente desmoralización simplemente condenando o maldiciendo la guerra de guerrillas, pues esas condenas son impotentes para frenar un fenómeno impulsado por causas económicas y políticas profundas. Se podría objetar que, aunque seamos incapaces de detener un fenómeno anormal y desmoralizador, eso no justifica que el Partido adopte métodos de lucha anormales y desmoralizadores. Pero esta objeción es puramente liberal-burguesa y no marxista, pues un marxista no puede considerar anormales o desmoralizadoras la guerra civil o la guerra de guerrillas como una de sus formas. El marxista se basa en la lucha de clases, no en la paz social. En ciertos periodos de crisis económicas y políticas agudas, la lucha de clases se convierte en guerra civil abierta, es decir, en lucha armada entre sectores del pueblo. En tales periodos, el marxista debe tomar partido por la guerra civil. Toda condena moral de esta es inadmisible desde el punto de vista del marxismo.

En una época de guerra civil, el ideal del Partido del proletariado es ser un partido de combate. Esto es absolutamente incuestionable. Estamos plenamente dispuestos a admitir que, desde el punto de vista de la guerra civil, se puede demostrar la inconveniencia de ciertas formas de lucha en un momento dado. Aceptamos plenamente la crítica a las diversas formas de guerra civil desde un criterio militar y estamos de acuerdo en que, en esta cuestión, la opinión decisiva debe corresponder a los militantes socialdemócratas de cada localidad. Pero, en nombre de los principios del marxismo, exigimos que nadie trate de evitar el análisis de la guerra civil recurriendo a frases vacías sobre anarquismo, blanquismo y terrorismo. No aceptamos que se conviertan en espantajo los errores cometidos en ciertas acciones guerrilleras por determinadas organizaciones, para deslegitimar la participación de la socialdemocracia en la guerra de guerrillas en general.

El argumento de que la guerra de guerrillas desorganiza el movimiento debe ser examinado con espíritu crítico. Toda forma nueva de lucha trae consigo nuevos peligros y sacrificios que pueden desorganizar temporalmente a las organizaciones no preparadas para ellas. De esto no se deduce que no haya que combatir, sino que hay que aprender a combatir. Y nada más.

Cuando veo a socialdemócratas que declaran arrogante y presuntuosamente: "Nosotros no somos anarquistas, ni ladrones, ni bandidos; estamos por encima de todo eso, rechazamos la guerra de guerrillas", me pregunto: ¿comprenden esas personas lo que dicen? En todo el país se libran encuentros armados y choques entre el gobierno centurionegrista y la población. Es un fenómeno absolutamente inevitable en la fase actual de desarrollo de la revolución. Espontáneamente, sin organización—y precisamente por eso, en formas a menudo poco afortunadas y perjudiciales—, la población reacciona mediante colisiones y ataques armados. Estoy de acuerdo en que, debido a la debilidad o a la falta de preparación de nuestra organización, podemos renunciar, en una localidad y en un momento dado, a colocar esta lucha espontánea bajo la dirección del Partido. Estoy de acuerdo en que esta cuestión debe ser resuelta por los militantes locales activos, en que no es cosa fácil reajustar el trabajo de organizaciones débiles y no preparadas. Pero cuando veo que un teórico o un publicista de la socialdemocracia no lamenta esta falta de preparación, sino que repite con orgullosa suficiencia y entusiasmo narcisista las frases aprendidas en su primera juventud sobre el anarquismo, el blanquismo y el terrorismo, me causa una gran pena ver rebajada así la doctrina más revolucionaria del mundo.

Se dice que la guerra de guerrillas aproxima al proletariado consciente a la categoría de los vagabundos borrachines y degradados. Es cierto. Pero de esto solo se desprende que el partido del proletariado no puede nunca considerar la guerra de guerrillas como el único, ni siquiera como el principal procedimiento de lucha; que este procedimiento debe estar subordinado a los otros, debe ser proporcional a los procedimientos esenciales de lucha y ennoblecido por la influencia educadora y organizadora del socialismo. Sin esta última condición, todos, absolutamente todos los procedimientos de lucha en la sociedad burguesa aproximan al proletariado a las diversas capas no proletarias, situadas por encima o por debajo de él y, abandonados al curso espontáneo de los acontecimientos, se desgastan, se pervierten, se prostituyen. Las huelgas, dejadas al curso espontáneo de los acontecimientos, degeneran en acuerdos entre obreros y patronos contra los consumidores. El parlamento se convierte en un burdel, donde una banda de politicastros burgueses comercia al por mayor y al por menor con la "libertad popular", el "liberalismo", la "democracia", el republicanismo, el anticlericalismo, el socialismo y demás mercancías de fácil colocación. La prensa se transforma en una alcahueta barata, en un instrumento de corrupción de las masas y en un medio de adulación grosera a los bajos instintos de la muchedumbre, entre otros males. La socialdemocracia no conoce procedimientos de lucha universales que separen al proletariado con una muralla china de las capas situadas un poco más arriba o un poco más abajo de él. La socialdemocracia emplea, en diversas épocas, distintos procedimientos, rodeando siempre su aplicación de condiciones ideológicas y de organización rigurosamente determinadas.

Las formas de lucha de la revolución rusa, comparadas con las revoluciones burguesas de Europa, se distinguen por su extraordinaria variedad. Kautsky lo había previsto en parte cuando decía que la futura revolución—tal vez con excepción de Rusia, añadía—sería no tanto una lucha del pueblo contra el gobierno, como una lucha entre dos partes del pueblo. En Rusia vemos que esta segunda lucha toma indudablemente un desarrollo más extenso que en las revoluciones burguesas de Occidente. Los enemigos de nuestra revolución son pocos dentro del pueblo, pero se organizan cada vez más a medida que la lucha se agudiza y reciben apoyo de las capas reaccionarias de la burguesía. Es, por lo tanto, completamente natural e inevitable que en una época semejante, en una época de huelgas políticas a nivel nacional, la insurrección no adopte la antigua forma de actos aislados, limitados a un lapso de tiempo breve y a una zona reducida. Es completamente natural e inevitable que la insurrección tome formas más elevadas y complejas en una guerra civil prolongada que abarque a todo el país, es decir, en una lucha armada entre dos partes del pueblo. Una guerra semejante no puede concebirse más que como una serie de pocas grandes batallas, separadas unas de otras por intervalos relativamente considerables, y una gran cantidad de pequeños encuentros librados durante estos intervalos. Si esto es así—y lo es sin duda—, la socialdemocracia debe plantearse la tarea de constituir organizaciones que sean lo más aptas posibles para dirigir a las masas en estas grandes batallas y, en lo posible, en estos pequeños encuentros. La socialdemocracia debe proponerse, en la época en que la lucha de clases se agudiza hasta llegar a la guerra civil, no solo participar en esta guerra civil, sino desempeñar un papel dirigente en ella. Debe educar y preparar a sus organizaciones para que realmente sean capaces de actuar como una parte beligerante, sin dejar pasar ninguna ocasión de asestar un golpe a las fuerzas del adversario.

Esta es—no es posible negarlo—una tarea difícil, que no se puede resolver de inmediato. Lo mismo que todo el pueblo se reeduca y se instruye en la lucha en el curso de la guerra civil, nuestras organizaciones deben ser educadas y reorganizadas sobre la base de lo que enseña la experiencia, a fin de estar a la altura de su misión.

No tenemos la menor pretensión de imponer a los militantes activos una forma de lucha cualquiera inventada por nosotros, ni siquiera resolver, desde nuestro gabinete, la cuestión del papel que una u otra forma de guerra de guerrillas puede desempeñar en el curso general de la guerra civil en Rusia. Lejos de nosotros la idea de considerar la apreciación concreta de una u otra acción de guerrillas como una cuestión de tendencia dentro de la socialdemocracia. Pero consideramos que es nuestro deber contribuir, en la medida de nuestras fuerzas, a la justa apreciación teórica de las formas nuevas de lucha que la vida hace aparecer. Debemos combatir sin cuartel la rutina y los prejuicios que impiden a los obreros conscientes plantear como conviene esta nueva y difícil cuestión y abordarla de la manera correcta.

PRFACIO A LAS CARTAS DE MARX

Al editar en un folleto la recopilación completa de las cartas de Marx a Kugelmann, que aparecieron en el semanario socialdemócrata alemán Neue Zeit, nos proponemos dar a conocer más íntimamente al público ruso a Marx y el marxismo. En la correspondencia de Marx ocupan un lugar destacado, como era de esperar, los temas personales. Para un biógrafo, todo esto constituye un material muy valioso. Sin embargo, para el público en general y, particularmente, para la clase obrera de Rusia, son infinitamente más importantes aquellos pasajes de las cartas que contienen materiales de carácter teórico y político. En nuestro país, precisamente en la época revolucionaria en que vivimos, es muy instructivo profundizar en un material que testimonia cómo Marx se hacía eco inmediato de todos los problemas del movimiento obrero y de la política mundial. Tiene completa razón la redacción de Neue Zeit al afirmar que "nos eleva el conocimiento directo de aquellos hombres, cuyas ideas y voluntad se formaron en las circunstancias de grandes revoluciones".

En la Rusia de hoy, este conocimiento es doblemente necesario, ya que proporciona multitud de las más valiosas enseñanzas acerca de las tareas inmediatas de los socialistas en todas y cada una de las revoluciones por las que atraviesa su país. Rusia pasa precisamente en nuestros días por una "gran revolución". La política seguida por Marx en los años relativamente tempestuosos de la década del 60 debe servir, con muchísima frecuencia, de modelo directo para la política socialdemócrata en la actual revolución rusa.

Por lo tanto, nos permitiremos señalar, con la mayor brevedad, los pasajes de la correspondencia de Marx de especial importancia en el sentido teórico y detenernos con más detalle en su política revolucionaria, como representante del proletariado.

Desde el punto de vista de la comprensión más completa y profunda del marxismo, tiene un interés notable la carta del 11 de julio de 1868. Marx expone en ella con extraordinaria claridad, en forma de réplicas polémicas contra los economistas vulgares, su concepto acerca de la llamada teoría del valor "del trabajo". Analiza aquí, de un modo breve, sencillo y muy claro, precisamente aquellas objeciones contra su teoría del valor que, con la mayor naturalidad, surgen en la mente de los lectores menos preparados de El Capital y que, por lo mismo, son recogidas con gran celo por los mediocres representantes de la "ciencia académica" burguesa. Marx explica en esta carta el camino que él tomó y el que es necesario tomar para interpretar la ley del valor. A través de las objeciones más comunes, Marx enseña cuál es su método. Descubre la relación existente entre un problema que parece meramente teórico y abstracto, como el de la teoría del valor, y "los intereses de las clases dominantes", que exigen "eternizar la confusión". Es de desear que cada persona que aborde el estudio de Marx y la lectura de El Capital lea y relea esta carta al mismo tiempo que estudia los primeros y más difíciles capítulos de la obra.

Otros pasajes de las cartas, especialmente interesantes desde el punto de vista teórico, son las opiniones de Marx sobre diversos escritores. Sus juicios, escritos en un lenguaje vivaz, llenos de pasión y que revelan su inmenso interés por todas las grandes corrientes ideológicas y su análisis, dan la impresión de estar oyendo la voz del genial pensador. Además de las opiniones manifestadas de paso sobre Dietzgen, merece especial atención la apreciación sobre los proudhonistas. La "brillante" juventud intelectual procedente de las filas de la burguesía, que se lanza "hacia el proletariado" en los períodos de ascenso social, pero que es incapaz de penetrar las concepciones de la clase obrera y trabajar tenaz y seriamente "en las filas y en la línea" de las organizaciones proletarias, está pintada solo con unos cuantos trazos, pero con una claridad asombrosa.

Hay también una referencia a Dühring que parece presagiar el Anti-Dühring, la famosa obra de Engels (y de Marx) escrita nueve años más tarde. Existe una traducción rusa de dicha obra, pero, por desgracia, contiene omisiones y errores que la convierten en una mala versión. En la misma correspondencia se menciona a Thünen, en relación con la teoría de la renta de Ricardo. Ya en 1868, Marx rechazaba resueltamente los "errores de Ricardo", refutados definitivamente en el tercer tomo de El Capital, aparecido en 1894, errores que hasta hoy día son repetidos por los revisionistas, desde los ultraburgueses hasta los "casi ortodoxos".

Es interesante también su opinión sobre Büchner, con su crítica al materialismo vulgar, así como sobre la "palabrería superficial" copiada de Lange, fuente habitual de la filosofía "profesoral" burguesa.

Veamos ahora la política revolucionaria de Marx. En Rusia ha adquirido una difusión asombrosa entre los socialdemócratas cierto concepto filisteo sobre el marxismo, según el cual el período revolucionario, con sus formas especiales de lucha y las tareas particulares del proletariado, constituye casi una anomalía, mientras que la "constitución" y la "oposición extrema" son la regla. Ningún país del mundo atraviesa ahora por una crisis revolucionaria tan profunda como Rusia, y en ningún otro país existen "marxistas" que asuman una posición tan escéptica y filistea frente a la revolución. ¡Del hecho de que el contenido de la revolución es burgués, llegan a la conclusión trivial de que la burguesía es la fuerza motriz de la revolución, de que las tareas del proletariado en la misma son auxiliares, no independientes, y de que es imposible que el proletariado dirija la revolución!

¡De qué modo desenmascara Marx en sus cartas a Kugelmann este concepto trivial acerca del marxismo! En la carta del 6 de abril de 1866, Marx, en ese momento dedicado a culminar su obra principal, ya había dado su opinión definitiva sobre la revolución alemana de 1848. En 1850, él mismo se había despojado de sus ilusiones socialistas sobre la proximidad de la revolución socialista en 1848. Y en 1866, al comenzar a observar las nuevas crisis políticas en maduración, escribió:

"¿Comprenderán, por fin, nuestros filisteos que sin una revolución que elimine a los Habsburgo y Hohenzollern, las cosas llevarán, en fin de cuentas, a una nueva Guerra de los Treinta Años?"

Ni la menor ilusión de que la próxima revolución—que en realidad se llevó a cabo desde arriba y no desde abajo, como esperaba Marx— eliminaría a la burguesía y el capitalismo. Solo señalaba de manera clara y precisa que dicha revolución eliminaría a las monarquías prusiana y austríaca. ¡Y qué fe en esta revolución burguesa! ¡Qué pasión revolucionaria de luchador proletario que comprende el enorme papel de la revolución burguesa para el avance del movimiento socialista!

Tres años más tarde, en vísperas del hundimiento del imperio napoleónico en Francia, al señalar la existencia de un movimiento social "muy interesante", Marx manifiesta con verdadero entusiasmo que "los parisienses comienzan a estudiar su reciente pasado revolucionario con vistas a prepararse para la nueva lucha revolucionaria inminente". Describiendo la lucha de clases revelada en el estudio de este pasado, Marx concluye: "¡Y hierve la caldera de las hechiceras de la Historia! ¡Cuándo llegaremos nosotros a tal estado!".

Esto es lo que deberían aprender de Marx los intelectuales marxistas rusos, postrados por el escepticismo y atontados por la pedantería, propensos a los discursos de arrepentimiento y que se cansan rápidamente de la revolución y sueñan, como si fuese una fiesta, con el entierro de la revolución para sustituirla por la prosa constitucional. Deberían aprender del jefe y teórico de los proletarios a tener fe en la revolución, a saber llamar a la clase obrera a defender hasta el fin sus tareas revolucionarias inmediatas, a mantener firme el espíritu, sin llegar a los lloriqueos pusilánimes ante los reveses temporales de la revolución.

¡Los pedantes del marxismo piensan que todo esto es charlatanería ética, romanticismo, falta de realismo! ¡No, señores! Esto es unir la teoría revolucionaria con la política revolucionaria, unión sin la cual el marxismo se convierte en brentanismo, en struvismo, en sombartismo. La doctrina de Marx fundió en un todo indisoluble la teoría y la práctica de la lucha de clases. Y no es marxista quien deforma una teoría que constata serenamente la situación objetiva para justificar la situación existente, llegando al deseo de adaptarse cuanto antes a cada declive temporal de la revolución, de abandonar lo más rápidamente posible las "ilusiones revolucionarias" y dedicarse a pequeñeces "reales".

Marx era capaz de sentir la proximidad de la revolución y elevar al proletariado hasta la conciencia de sus tareas revolucionarias progresivas en la época más pacífica, que podría parecer, según expresión suya, "idílica" o "desconsoladoramente estancada". En cambio, nuestros intelectuales rusos, que simplifican a Marx de modo filisteo, ¡aconsejan al proletariado, en la época de mayor auge de la revolución, que realice una política pasiva, que se deje llevar sumiso "por la corriente", que apoye tímidamente a los elementos más vacilantes del partido liberal en moda!

La apreciación que Marx hace de la Comuna de París corona sus cartas a Kugelmann. Y esta apreciación es particularmente instructiva si la comparamos con los métodos empleados por los socialdemócratas rusos del ala derecha. Plejánov, que después de diciembre de 1905 exclamó con pusilanimidad: "¡No se debía haber empuñado las armas!", tenía la modestia de compararse con Marx, afirmando que también Marx frenaba la revolución en 1870.

Sí, también Marx la frenaba. Pero fíjense en el abismo que hay entre Plejánov y Marx en la comparación hecha por el primero.

En noviembre de 1905, un mes antes de que llegase a su punto culminante la primera ola revolucionaria rusa, Plejánov no solo no advertía resueltamente al proletariado, sino que, por el contrario, afirmaba sin ambages que era necesario aprender a manejar las armas y armarse. Pero cuando un mes más tarde estalló la lucha, Plejánov, sin hacer el menor intento de análisis de su papel e importancia en la marcha general de los acontecimientos, de su enlace con las formas anteriores de lucha, se apresuró a pasar por un intelectual arrepentido gritando: "No se debía haber empuñado las armas".

En septiembre de 1870, medio año antes de la Comuna, Marx advirtió francamente a los obreros franceses, en su famoso llamamiento de la Internacional, que la insurrección sería una locura. Puso al descubierto de antemano las ilusiones nacionalistas respecto a la posibilidad de un movimiento en el espíritu del de 1792. Supo decir muchos meses antes, y no ya después de los acontecimientos: "No se debe empuñar las armas".

Pero, ¿qué posición asumió Marx cuando esta obra desesperada, según su propia declaración de septiembre, empezó a tomar vida en marzo de 1871? ¿Acaso Marx aprovechó esta ocasión (como lo hizo Plejánov con respecto a los acontecimientos de diciembre) únicamente en "detrimento" de sus adversarios, los proudhonistas y blanquistas que dirigían la Comuna? ¿Acaso se puso a gruñir como una preceptora: "Ya decía yo, ya les advertía, y ahí tienen su romanticismo, sus delirios revolucionarios"? ¿Acaso Marx se dirigió a los comuneros como Plejánov a los luchadores de diciembre con su sermón de filisteo autosatisfecho: "No se debía haber empuñado las armas"?

No. El 12 de abril de 1871, Marx escribió una carta llena de entusiasmo a Kugelmann, carta que con gran placer colgaríamos en la casa de cada socialdemócrata ruso, de cada obrero ruso que supiera leer.

Marx, que en septiembre de 1870 había calificado la insurrección de locura, en abril de 1871, al ver el carácter popular y de masas del movimiento, lo trata con la máxima atención de quien participa en los grandes acontecimientos que marcan un paso adelante en el histórico movimiento revolucionario mundial.

Esto —dice Marx— es un intento de destrozar la máquina burocrática militar, y no simplemente de entregarla a otras manos. Y canta un verdadero hosanna a los "heroicos" obreros de París, dirigidos por proudhonistas y blanquistas. "¡Qué flexibilidad —escribió Marx—, qué iniciativa histórica y qué capacidad de sacrificio tienen estos parisienses!"... "La historia no conoce todavía ejemplo de heroísmo semejante".

La iniciativa histórica de las masas es lo que más aprecia Marx. ¡Oh, si nuestros socialdemócratas rusos aprendieran de Marx a valorar la iniciativa histórica de los obreros y campesinos rusos en octubre y diciembre de 1905!

A un lado, el homenaje a la iniciativa histórica de las masas por parte del más profundo de los pensadores, que supo prever medio año antes el revés; y al otro, el rígido, pedantesco, falto de alma: "¡No se debía haber empuñado las armas!" ¿No se hallan acaso tan distantes como la tierra del cielo?

Y en su calidad de participante en la lucha de masas, en la que intervino con todo el entusiasmo y pasión que le eran inherentes, desde su exilio en Londres, Marx emprende la tarea de criticar los pasos inmediatos de los parisienses "valientes hasta la locura" y "dispuestos a tomar el cielo por asalto".

¡Oh, cómo se habrían mofado entonces de Marx nuestros actuales sabios "realistas" de entre los marxistas que, en 1906-1907, se burlan en Rusia del romanticismo revolucionario! ¡Cómo se habrían reído estos hombres del materialista, del economista, del enemigo de las utopías, que admira el "intento" de tomar el cielo por asalto! ¡Cuántas lágrimas, cuánta risa condescendiente, cuánta compasión habrían prodigado todos estos hombres enfundados en su escepticismo hacia las tendencias motinescas, utopistas, etc., con motivo de semejante apreciación del movimiento dispuesto a asaltar el cielo!

Pero Marx no estaba penetrado de la "archisabiduría de los albures", que temen analizar la técnica de las formas superiores de la lucha revolucionaria, y analizó precisamente estas cuestiones técnicas de la insurrección. ¿Defensiva u ofensiva?, se pregunta, como si las operaciones militares se desarrollasen a las puertas de Londres. Y responde: sin falta, la ofensiva, "se debía haber emprendido inmediatamente la ofensiva contra Versalles..."

Esto lo escribía Marx en abril de 1871, unas semanas antes del grande y sangriento mes de mayo...

Los insurrectos que se lanzaron a la obra "loca" de tomar el cielo por asalto (septiembre de 1870) "debieron haber emprendido inmediatamente la ofensiva contra Versalles".

"No se debía haber empuñado las armas" en diciembre de 1905, para defenderse por la fuerza contra los primeros intentos de arrebatar las libertades conquistadas...

¡Sí, no en vano se comparaba Plejánov con Marx!

"Segundo error —continúa Marx en su crítica técnica—: el Comité Central" (es decir, la dirección militar; tomen nota, pues se trata del Comité Central de la Guardia Nacional) "renunció demasiado pronto a sus poderes...".

Marx sabía prevenir a los dirigentes contra una prematura insurrección. Pero ante el proletariado que asaltaba el cielo, adoptaba la actitud de consejero práctico, de participante en la lucha de las masas que elevaban todo el movimiento a un grado superior, a pesar de las teorías falsas y los errores de Blanqui y Proudhon.

"De cualquier manera —escribía Marx—, la insurrección de París, incluso en el caso de ser aplastada por los lobos, cerdos y viles perros de la vieja sociedad, constituye la proeza más gloriosa de nuestro Partido desde la época de la insurrección de junio".

Y Marx, sin ocultar al proletariado ni uno solo de los errores de la Comuna, dedicó a esta proeza una obra que hasta hoy día es la mejor guía para la lucha por el "cielo", y el espanto más temido por los "cerdos" liberales y radicales.

Plejánov dedicó a diciembre una "obra" que se ha convertido casi en el evangelio de los kadetes.

Sí, no en vano se comparaba Plejánov con Marx.

Kugelmann respondió a Marx, manifestándole, por lo visto, algunas dudas, haciendo alusiones a lo desesperado de la empresa, al realismo en oposición al romanticismo; en todo caso, comparaba la Comuna, la insurrección, con la manifestación pacífica del 13 de junio de 1849 en París.

Marx inmediatamente, el 17 de abril de 1871, da una severa réplica a Kugelmann.

"La historia universal —escribe— sería por cierto muy fácil de hacer si la lucha solo se aceptase con la condición de que se presentaran perspectivas infaliblemente favorables."

En septiembre de 1870, Marx calificaba la insurrección de locura. Pero cuando las masas se sublevan, Marx quiere marchar con ellas, aprender al lado de ellas en el curso de la lucha, y no darles consejos burocráticos. Marx comprende que los intentos de prever de antemano, con toda precisión, las probabilidades de éxito, no serían más que charlatanería o vacua pedantería. Pone, por encima de todo, que la clase obrera crea la historia mundial heroicamente, abnegadamente y con iniciativa. Marx consideraba la historia desde el punto de vista de sus creadores, sin la posibilidad de prever de antemano, de modo infalible, las probabilidades de éxito, y no desde el punto de vista del filisteo intelectual que viene con la moraleja de que "era fácil prever..., no se debía haber empuñado..."

Marx sabía apreciar también el hecho de que hay momentos en la historia en que la lucha desesperada de las masas, incluso por una causa sin perspectiva, es indispensable para los fines de la educación ulterior de estas masas y de su preparación para la lucha siguiente.

A nuestros cuasi-marxistas actuales, a los que les gusta citar a Marx al tuntún, con el único fin de utilizar su apreciación del pasado y no de aprender de él a crear el futuro, les es completamente incomprensible, incluso ajena en principio, semejante manera de plantear el problema. Plejánov ni siquiera pensó en ella al emprender, después de diciembre de 1905, la tarea de "frenar..."

Pero Marx plantea precisamente este problema, sin olvidarse en lo más mínimo de que, en septiembre de 1870, él mismo consideraba como locura la insurrección.

"Los canallas burgueses de Versalles —escribe Marx— plantearon ante los parisienses la alternativa: aceptar el reto a la lucha o entregarse sin luchar. La desmoralización de la clase obrera en este último caso habría sido una desgracia mucho mayor que el perecimiento de cualquier número de líderes."

Con esto terminaremos nuestro breve esbozo sobre las enseñanzas de una política digna del proletariado, tal como nos las ofrece Marx en sus cartas a Kugelmann.

La clase obrera de Rusia ha demostrado ya, y lo demostrará todavía más de una vez, que es capaz de "tomar el cielo por asalto".

ACTITUD DEL PARTIDO OBRERO HACIA LA RELIGIÓN

El discurso del diputado Surkov en la Duma de Estado, durante el debate sobre el presupuesto del Sínodo, y la discusión dentro de nuestra minoría en la Duma al examinar el proyecto de este discurso, han planteado un problema de extraordinaria importancia y actualidad en nuestros días. Es innegable que el interés por los temas relacionados con la religión ha crecido, abarcando amplios sectores de la sociedad y penetrando incluso en los círculos intelectuales cercanos al movimiento obrero, así como en ciertos sectores de la clase trabajadora. Por ello, la socialdemocracia tiene el deber ineludible de expresar claramente su postura frente a la religión.

La socialdemocracia fundamenta toda su visión del mundo en el socialismo científico, es decir, en el marxismo. La base filosófica del marxismo, como lo declararon en repetidas ocasiones Marx y Engels, es el materialismo dialéctico, que asimiló plenamente las tradiciones del materialismo del siglo XVIII en Francia y de Feuerbach en Alemania durante la primera mitad del siglo XIX. Se trata de un materialismo incondicionalmente ateo y profundamente contrario a toda forma de religión. Recordemos que en toda su obra Anti-Dühring, Engels, cuya redacción revisó Marx, acusa al materialista y ateo Dühring de ser inconsecuente en su materialismo, al dejar abiertas ciertas puertas a la religión y la filosofía religiosa. También en su obra sobre Ludwig Feuerbach, Engels criticó a este pensador por combatir la religión no con el propósito de erradicarla, sino para renovarla, intentando crear una nueva religión "sublime" o "purificada".

"La religión es el opio del pueblo". Esta célebre frase de Marx es la piedra angular de toda la concepción marxista sobre la religión. Para el marxismo, todas las religiones e iglesias modernas, sin excepción, así como todas sus organizaciones, son herramientas de la reacción burguesa, utilizadas para perpetuar la explotación y mantener en la ignorancia a la clase trabajadora.

No obstante, Engels también condenó los intentos de ciertos sectores que, en su afán por ser "más izquierdistas" o "más revolucionarios" que la propia socialdemocracia, pretendían incluir en el programa del partido una condena categórica del ateísmo o declarar una guerra frontal contra la religión. En 1874, al referirse al manifiesto de los comuneros blanquistas exiliados en Londres, Engels calificó de absurda su declaración ruidosa de lucha contra la religión, argumentando que tal postura solo serviría para reavivar el interés por la fe y hacer aún más difícil su extinción real. Engels sostenía que solo la lucha de clases del proletariado, mediante su participación activa y consciente en la práctica social revolucionaria, lograría verdaderamente liberar a las masas de la influencia de la religión. En cambio, hacer de la lucha contra la religión una misión política del partido era, según él, un simple eslogan anarquista.

En 1877, en Anti-Dühring, Engels condenó enérgicamente cualquier concesión al idealismo y la religión, pero con igual fuerza rechazó la idea seudorrevolucionaria de prohibir la religión en la futura sociedad socialista. Declarar una guerra política contra la religión, decía Engels, sería "más bismarckista que Bismarck", en referencia a la fallida "lucha por la cultura" emprendida por Bismarck en la década de 1870 contra el Partido Católico Alemán. Esta persecución del catolicismo solo logró fortalecer el clericalismo y perjudicar el avance de la verdadera cultura, pues desplazó las divisiones políticas y sociales en favor de disputas religiosas, desviando así la atención de la clase obrera de la lucha de clases. Engels denunció que Dühring, pese a querer parecer un revolucionario radical, estaba repitiendo, en esencia, la misma torpeza de Bismarck. En su lugar, Engels exigía que el partido obrero trabajara con paciencia, organizando y educando al proletariado para que la religión se extinguiera gradualmente, en lugar de lanzarse a aventuras políticas contra la fe.

Este enfoque fue adoptado por la socialdemocracia alemana, que incluso defendió la libertad de acción de los jesuitas, exigiendo su admisión en Alemania y la eliminación de todas las restricciones policiales contra cualquier religión. "Declarar la religión un asunto privado" se convirtió en un principio fundamental en el Programa de Erfurt de 1891, reflejando esta estrategia política de la socialdemocracia.

Sin embargo, con el tiempo, esta táctica se convirtió en una rutina y dio lugar a una nueva distorsión del marxismo, esta vez en sentido oportunista. La consigna de Erfurt comenzó a interpretarse de manera errónea, como si los socialdemócratas, en su calidad de partido político, debieran considerar la religión un asunto estrictamente privado, como si la cuestión religiosa fuera irrelevante para el marxismo. Sin polemizar directamente contra esta postura oportunista, Engels estimó necesario en la década de 1890 combatirla en forma clara y positiva. Subrayó que la socialdemocracia considera la religión un asunto privado únicamente en lo que respecta al Estado, pero no en relación con su propio programa, su ideología y su papel en la organización de la clase obrera.

Esta es, en resumen, la historia de las declaraciones de Marx y Engels sobre la religión. Para aquellos que abordan el marxismo de manera superficial y negligente, esta historia podría parecer una serie de contradicciones y giros sin coherencia: una mezcla de ateísmo radical con concesiones a la fe, una combinación de combatividad contra la religión con intentos de "adaptarse" a los obreros creyentes por miedo a ahuyentarlos. No faltan publicaciones anarquistas que intentan atacar el marxismo con estos argumentos.

Sin embargo, aquellos que se esfuerzan mínimamente por comprender el marxismo en toda su profundidad filosófica y su aplicación práctica en la lucha social verán fácilmente que la postura marxista frente a la religión es absolutamente coherente. Marx y Engels no improvisaron su posición, sino que la desarrollaron de manera consciente y fundamentada. Lo que los ignorantes y diletantes ven como "vacilaciones" no son más que la aplicación lógica del materialismo dialéctico.

Sería un error grave pensar que la aparente "moderación" del marxismo respecto a la religión responde a meras razones tácticas, a un simple cálculo para "no espantar" a los trabajadores creyentes. Por el contrario, la estrategia marxista en este tema está profundamente ligada a sus principios filosóficos. La lucha contra la religión no se plantea como una cruzada dogmática, sino como un proceso de transformación social en el que la conciencia de clase y la práctica revolucionaria desempeñan el papel principal. En última instancia, es la propia lucha del proletariado la que terminará por erradicar la religión, al eliminar las condiciones materiales que la generan y perpetúan.

El marxismo es materialismo. Como tal, es un enemigo implacable de la religión, al igual que lo fueron el materialismo de los enciclopedistas del siglo XVIII o el de Feuerbach. Esto es incuestionable. Sin embargo, el materialismo dialéctico de Marx y Engels va más allá, aplicando la filosofía materialista a la historia y a las ciencias sociales. Debemos luchar contra la religión; este es el principio fundamental de todo materialismo y, por ende, del marxismo. Pero el marxismo no se limita a esta base elemental, sino que la desarrolla: sostiene que no basta con oponerse a la religión, sino que es necesario saber cómo luchar contra ella. Para ello, es imprescindible explicar, desde una perspectiva materialista, los orígenes de la fe y de la religión entre las masas. La lucha contra la religión no puede reducirse a una simple prédica ideológica abstracta, sino que debe vincularse a la acción concreta del movimiento de clases, cuyo objetivo es erradicar las raíces sociales de la religión.

¿Por qué persiste la religión entre los sectores más atrasados del proletariado urbano, en las amplias capas semiproletarias y en la población campesina? El progresista burgués o el materialista superficial responderán que esto se debe a la ignorancia del pueblo. Por lo tanto, argumentan que la solución está en difundir el ateísmo y combatir las creencias religiosas. Pero el marxismo dice lo contrario. Este enfoque es una visión burguesa simplista, una interpretación idealista y no materialista de las raíces de la religión. En los países capitalistas actuales, las causas fundamentales de la religión son, sobre todo, sociales. La opresión que sufren las masas trabajadoras, su aparente impotencia ante las fuerzas ciegas del capitalismo, es la razón principal de la persistencia de la fe. Día tras día, el capitalismo somete a los trabajadores a un sufrimiento y una miseria mil veces más crueles que cualquier evento extraordinario, como las guerras o los desastres naturales. "El miedo creó a los dioses", dice un antiguo proverbio. Hoy, el miedo a las crisis económicas, a la pobreza inesperada, a la ruina súbita, a la pérdida de empleo o a la caída en la indigencia, es la causa profunda de la religión. Las masas, al no comprender las fuerzas ciegas del capital, sienten que están a merced del destino, lo que refuerza la fe en una salvación trascendental. Es en esta realidad en la que debe centrarse el materialista si quiere erradicar realmente la religión, en lugar de limitarse a una simple propaganda ateísta.

Ahora bien, ¿significa esto que la difusión de material educativo antirreligioso es inútil o dañina? No, pero sí implica que la propaganda atea dentro de la socialdemocracia debe estar subordinada a su tarea principal: desarrollar la lucha de clases de las masas explotadas contra sus opresores.

Quienes no han reflexionado sobre los principios del materialismo dialéctico, es decir, sobre la filosofía de Marx y Engels, podrían no comprender de inmediato esta afirmación. Se preguntarán: ¿Cómo es posible subordinar la difusión del ateísmo, la lucha contra un enemigo milenario de la razón y la cultura, a la lucha de clases, que se enfoca en objetivos económicos y políticos inmediatos?

Esta objeción refleja una incomprensión total de la dialéctica marxista. La aparente contradicción que confunde a quienes plantean esta objeción es, en realidad, una contradicción propia de la vida misma, una contradicción dialéctica y no una paradoja artificial. Separar de manera absoluta la propaganda ateísta de la lucha de clases, considerar ambas como procesos completamente independientes, es un error. En la vida real, ambas están indisolublemente ligadas. No se puede combatir eficazmente la religión sin enfrentar sus raíces materiales en la explotación y la opresión.

Tomemos un ejemplo concreto. Imaginemos que en una determinada región industrial el proletariado se divide en dos sectores: por un lado, los trabajadores más avanzados, con conciencia socialdemócrata y, por lo tanto, ateos; y por otro, aquellos que aún mantienen vínculos con el campo y con la iglesia, bajo la influencia del clero local, que incluso promueve organizaciones obreras cristianas. Supongamos que en esta región estalla una huelga. En esta situación, la tarea fundamental del marxista es garantizar el éxito de la huelga y evitar que los trabajadores se dividan entre ateos y cristianos. La propaganda atea, en este contexto, podría ser contraproducente, no por una cuestión de oportunismo o miedo a "asustar" a los obreros creyentes, sino porque la prioridad es consolidar la lucha de clases. En estas circunstancias, la experiencia directa del conflicto y la participación activa en la lucha obrera lograrán más para liberar a los trabajadores de su fe que cualquier panfleto antirreligioso. En cambio, si un agitador ateo insiste en este momento en combatir la religión en abstracto, lo único que logrará será reforzar la posición del clero, que aprovechará la oportunidad para fomentar la división entre los trabajadores y desviar la lucha de clases hacia un enfrentamiento entre creyentes y no creyentes.

Un anarquista, al insistir en la necesidad de una guerra inmediata contra Dios, terminaría favoreciendo los intereses del clero y la burguesía, del mismo modo en que, históricamente, los anarquistas han favorecido, sin darse cuenta, la posición de la clase dominante. El marxista, por el contrario, debe ser un materialista y, por ende, un enemigo de la religión, pero no de manera abstracta, sino con un enfoque dialéctico. La lucha contra la religión no debe plantearse como una prédica doctrinal rígida e invariable, sino como un proceso concreto dentro del marco de la lucha de clases, que es el único camino real hacia la superación de la fe.

El marxista debe tener en cuenta el contexto específico en cada momento, manteniéndose siempre en un punto de equilibrio entre el anarquismo y el oportunismo. Este equilibrio es relativo y cambiante, pero es fundamental. No debe caer ni en un "revolucionarismo" abstracto y vacío, al estilo anarquista, ni en el oportunismo del burgués liberal o del intelectual pequeño burgués, que teme confrontar la religión, se resigna a la fe en Dios y, en lugar de guiarse por los intereses de la lucha de clases, busca evitar ofender o molestar a nadie. Estos últimos se refugian en la cobarde consigna de "vive y deja vivir", que solo sirve para perpetuar el dominio de la burguesía y la sumisión del proletariado.

La lucha contra la religión no es un objetivo aislado, sino una parte inseparable de la lucha de clases. No se trata simplemente de "desengañar" a los trabajadores creyentes, sino de transformar las condiciones materiales que perpetúan la fe. Solo la lucha revolucionaria, la organización colectiva y la emancipación económica pueden hacer que la religión pierda su base social y desaparezca verdaderamente.

Desde este punto de vista, deben resolverse todas las cuestiones específicas relacionadas con la postura de la socialdemocracia ante la religión. Un ejemplo frecuente es la cuestión de si un sacerdote puede ser miembro del Partido Socialdemócrata. La respuesta habitual es afirmativa, basada en la experiencia de los partidos socialdemócratas europeos. Sin embargo, esta experiencia no se debe únicamente a la aplicación del marxismo al movimiento obrero, sino también a circunstancias históricas específicas de Occidente que no se replican en Rusia. Por lo tanto, una afirmación categórica en cualquier sentido es errónea.

No se puede establecer una regla absoluta que impida o permita siempre la afiliación de sacerdotes. Si un sacerdote se acerca al Partido con la intención de participar en la lucha política y cumple con su trabajo de manera honesta sin contradecir el programa, podría ser admitido. En ese caso, la contradicción entre su fe y los principios del Partido sería un problema personal y no una cuestión que afecte a la organización. No es tarea del Partido examinar las creencias personales de sus miembros en cada detalle. Sin embargo, estos casos serían excepcionales incluso en Europa y, en Rusia, aún más improbables. Si un sacerdote ingresara al Partido solo para promover activamente sus creencias religiosas, entonces sería necesario su retiro de la organización. La socialdemocracia debe atraer a los obreros creyentes, respetar sus convicciones y evitar cualquier ofensiva gratuita contra su fe, pero con el objetivo de educarlos en el espíritu del socialismo, no de convertir el Partido en un espacio para la defensa de la religión. El Partido garantiza la libertad de pensamiento dentro de ciertos límites, determinados por la necesidad de unidad y coherencia ideológica; no puede permitirse albergar a quienes abiertamente combaten su programa.

Otro ejemplo: ¿debería condenarse siempre la afirmación de que "el socialismo es mi religión"? La desviación del marxismo en esta idea es evidente, pero su peso y significado dependen del contexto. Un agitador que usa esa expresión para conectar con una audiencia poco instruida no merece censura, ya que puede ser una manera efectiva de introducir las ideas socialistas. Sin embargo, cuando intelectuales como Lunacharski y otros promueven la "construcción de Dios" o un "socialismo religioso", se trata de un intento consciente de fusionar el marxismo con creencias religiosas, lo que es inaceptable. En el primer caso, la censura sería injusta; en el segundo, es completamente necesaria. Para algunos, decir que "el socialismo es una religión" es un paso para abandonar la religión en favor del socialismo; para otros, es un intento de hacer regresar el socialismo a la religión.

Analicemos ahora las razones por las que en Occidente se ha tergiversado la idea de que "la religión es un asunto privado". Por un lado, el oportunismo, que siempre busca sacrificar los intereses fundamentales del movimiento obrero por ventajas inmediatas, ha contribuido a esta distorsión. El Partido exige que el Estado declare la religión un asunto privado, pero esto no significa que la lucha contra la religión y las supersticiones deba ser ignorada. Sin embargo, los oportunistas han tergiversado esta demanda para hacer parecer que el Partido mismo considera la religión un tema privado, cuando en realidad es un asunto de importancia ideológica y política.

Además, existen factores históricos específicos que explican la excesiva indiferencia de los socialdemócratas europeos hacia la cuestión religiosa. En primer lugar, la lucha contra la religión ha sido tradicionalmente una tarea de la burguesía revolucionaria, que en Occidente la llevó a cabo durante sus revoluciones o en su enfrentamiento con el feudalismo y el pensamiento medieval. En Francia y Alemania, por ejemplo, esta lucha se libró mucho antes de la aparición del socialismo, con figuras como los enciclopedistas y Feuerbach. En Rusia, sin embargo, esta tarea recae casi completamente en la clase obrera, pues la democracia pequeñoburguesa ha hecho muy poco al respecto.

Por otro lado, la tradición de lucha burguesa contra la religión llevó a deformaciones específicas, como el anarquismo, que, aunque se presenta como enemigo de la burguesía, en realidad opera dentro de una concepción burguesa del mundo. En los países latinos, los anarquistas y blanquistas llevaron la retórica antirreligiosa al extremo. En Alemania, figuras como Most (discípulo de Dühring) y los anarquistas austríacos de los años 80 también hicieron lo mismo. Esto provocó una reacción en sentido contrario: los socialdemócratas europeos se distanciaron de estos excesos y adoptaron una postura más moderada. Aunque esta postura puede ser comprensible en Occidente, los socialdemócratas rusos no pueden olvidar sus propias condiciones históricas y sociales.

En segundo lugar, en Occidente, tras la consolidación de las revoluciones burguesas y la implantación de la libertad de conciencia, la lucha contra la religión pasó a un segundo plano. La burguesía, en su combate contra el socialismo, utilizó el anticlericalismo liberal como una distracción para evitar que las masas se enfocaran en la lucha de clases. Así, se promovieron "cruzadas" contra el clericalismo, como el Kulturkampf en Alemania y la lucha de los republicanos franceses contra la Iglesia. Este anticlericalismo burgués tenía el objetivo de desviar la atención de los trabajadores del socialismo, lo que llevó a los socialdemócratas europeos a priorizar la lucha de clases sobre la lucha contra la religión.

En Rusia, las circunstancias son completamente diferentes. Aquí, el proletariado es la vanguardia de la revolución democrático-burguesa y, por lo tanto, el Partido debe ser el principal líder ideológico en la lucha contra todos los vestigios del pasado medieval, incluida la religión oficial y sus intentos de modernización o reinterpretación. Engels, aunque corrigió de manera moderada el oportunismo de los socialdemócratas alemanes en este tema, habría sido mucho más duro con los oportunistas rusos que adoptan la misma postura de indiferencia ante la religión.

Cuando nuestra minoría en la Duma proclamó que "la religión es el opio del pueblo", actuó de manera completamente acertada, estableciendo un precedente que debe guiar todas las futuras declaraciones de los socialdemócratas rusos sobre esta cuestión. ¿Deberían haber ido más lejos y explayarse en un discurso más detallado sobre el ateísmo? Creemos que no. Hacerlo podría haber llevado a un énfasis excesivo en la lucha contra la religión en detrimento de la lucha contra el sistema que la sustenta. Esto podría haber diluido la diferencia entre la lucha burguesa y la lucha socialista contra la religión. La primera tarea de nuestra minoría en la Duma fue cumplida con honor.

La segunda tarea, y quizás la más importante para los socialdemócratas, era exponer el papel de la Iglesia y del clero como aliados del gobierno reaccionario y de la burguesía en su lucha contra la clase obrera. Esta tarea también fue abordada de manera acertada en el discurso del camarada Surkov. Sin duda, hay mucho más que decir sobre este tema, y futuras intervenciones socialdemócratas en la Duma podrán complementar sus argumentos. No obstante, su discurso fue un paso significativo y debe ser ampliamente difundido dentro del Partido y en todas sus organizaciones.

La tercera tarea consistía en explicar detalladamente el verdadero significado de la tesis que los oportunistas alemanes han tergiversado con tanta frecuencia: "declarar la religión un asunto privado".

Por desgracia, el camarada Surkov no abordó este punto con la profundidad necesaria.

Esto es especialmente lamentable, ya que en la actividad previa de la minoría, el camarada Beloúsov cometió un error en esta misma cuestión, que fue oportunamente señalado en Proletari. Los debates dentro de la minoría demuestran que la discusión sobre el ateísmo impidió centrarse en cómo formular correctamente la exigencia de que la religión sea considerada un asunto privado.

No es justo atribuir toda la responsabilidad de este error únicamente al camarada Surkov; más bien, es un fallo que debe ser reconocido por toda la minoría. Es más, debemos admitir abiertamente que la responsabilidad recae sobre todo el Partido, por no haber profundizado lo suficiente en la explicación de este tema y por no haber inculcado con la debida claridad en la conciencia de los socialdemócratas la observación de Engels sobre la postura de los oportunistas alemanes. Los debates en la minoría han demostrado que se trató más de una comprensión confusa de la cuestión que de una falta de voluntad para adherirse a la doctrina de Marx.

Por ello, estamos seguros de que este error será corregido en futuras intervenciones de la minoría.

En conclusión, reiteramos que el discurso del camarada Surkov es excelente y debe ser ampliamente difundido en todas las organizaciones. Al discutir su contenido, la minoría ha demostrado que asume con seriedad su deber como socialdemócrata. Solo nos queda desear que en la prensa del Partido se publiquen con mayor frecuencia informes sobre los debates internos de la minoría. Esto permitirá acercar la minoría al Partido, dar a conocer el intenso trabajo que está realizando y fortalecer la unidad ideológica entre ambas.

EN MEMORIA DE LA COMUNA

Han pasado cuarenta años desde la proclamación de la Comuna de París. Según la costumbre establecida, el proletariado francés honró con mítines y manifestaciones la memoria de los hombres de la revolución del 18 de marzo de 1871. A finales de mayo volverá a llevar coronas de flores a las tumbas de los comuneros fusilados, víctimas de la terrible "Semana de Mayo", y ante ellas volverá a jurar que luchará sin descanso hasta el total triunfo de sus ideas, hasta dar cabal cumplimiento a la obra que ellos le legaron.

¿Por qué el proletariado, no sólo francés, sino el de todo el mundo, honra a los hombres de la Comuna de París como a sus predecesores? ¿Cuál es la herencia de la Comuna?

La Comuna surgió espontáneamente, nadie la preparó de modo consciente y sistemático. La desgraciada guerra con Alemania, las privaciones durante el sitio, el desempleo entre el proletariado y la ruina de la pequeña burguesía, la indignación de las masas contra las clases superiores y las autoridades, que habían demostrado una incapacidad absoluta, la sorda efervescencia en la clase obrera, descontenta de su situación y ansiosa de un nuevo régimen social; la composición reaccionaria de la Asamblea Nacional, que hacía temer por el destino de la República, todo ello y otras muchas causas se combinaron para impulsar a la población de París a la revolución del 18 de marzo, que puso inesperadamente el poder en manos de la Guardia Nacional, en manos de la clase obrera y de la pequeña burguesía, que se había unido a ella.

Fue un acontecimiento histórico sin precedentes. Hasta entonces, el poder había estado, por regla general, en manos de los terratenientes y de los capitalistas, es decir, de sus apoderados, que constituían el llamado gobierno. Después de la revolución del 18 de marzo, cuando el gobierno del señor Thiers huyó de París con sus tropas, su policía y sus funcionarios, el pueblo quedó dueño de la situación y el poder pasó a manos del proletariado. Pero en la sociedad moderna, el proletariado, avasallado en lo económico por el capital, no puede dominar políticamente si no rompe las cadenas que lo atan al capital. De ahí que el movimiento de la Comuna debiera adquirir inevitablemente un tinte socialista, es decir, debiera tender al derrocamiento del dominio de la burguesía, de la dominación del capital, a la destrucción de las bases mismas del régimen social contemporáneo.

Al principio se trató de un movimiento muy heterogéneo y confuso. Se adhirieron a él los patriotas, con la esperanza de que la Comuna reanudaría la guerra contra los alemanes, llevándola a un venturoso desenlace. Los apoyaron asimismo los pequeños comerciantes, en peligro de ruina si no se aplazaba el pago de las deudas vencidas de los alquileres (aplazamiento que les negaba el gobierno, pero que la Comuna les concedió). Por último, en un comienzo también simpatizaron en cierto grado con él los republicanos burgueses, temerosos de que la reaccionaria Asamblea Nacional (los "rurales", los salvajes terratenientes) restablecieran la monarquía. Pero el papel fundamental en este movimiento fue desempeñado, naturalmente, por los obreros (sobre todo, los artesanos de París), entre los cuales se había realizado en los últimos años del Segundo Imperio una intensa propaganda socialista, y que inclusive muchos de ellos estaban afiliados a la Internacional.

Sólo los obreros permanecieron fieles a la Comuna hasta el fin. Los burgueses republicanos y la pequeña burguesía se apartaron bien pronto de ella: unos se asustaron por el carácter socialista revolucionario del movimiento, por su carácter proletario; otros se alejaron al ver que estaba condenada a una derrota inevitable. Sólo los proletarios franceses apoyaron a su gobierno sin temor ni desmayos, sólo ellos lucharon y murieron por él, es decir, por la emancipación de la clase obrera, por un futuro mejor para los trabajadores.

Abandonada por sus aliados de ayer y sin contar con ningún apoyo, la Comuna tenía que ser derrotada inevitablemente. Toda la burguesía de Francia, todos los terratenientes, corredores de bolsa y fabricantes, todos los grandes y pequeños ladrones, todos los explotadores, se unieron contra ella. Con la ayuda de Bismarck (que dejó en libertad a 100.000 soldados franceses prisioneros de los alemanes para aplastar al París revolucionario), esta coalición burguesa logró enfrentar con el proletariado parisino a los campesinos ignorantes y a la pequeña burguesía de provincias, rodeando la mitad de París con un círculo de hierro (la otra mitad había sido cercada por el ejército alemán). En algunas grandes ciudades de Francia como Marsella, Lyon, Saint-Étienne y Dijon, los obreros también intentaron tomar el poder, proclamar la Comuna y acudir en auxilio de París, pero estos intentos fracasaron rápidamente. Así, París, la primera en enarbolar la bandera de la insurrección proletaria, quedó abandonada a sus propias fuerzas y condenada a una muerte cierta.

Para que una revolución social pueda triunfar, necesita por lo menos dos condiciones: un alto desarrollo de las fuerzas productivas y un proletariado preparado para ella. Pero en 1871 se carecía de ambas condiciones. El capitalismo francés aún estaba poco desarrollado, y Francia era entonces, en lo fundamental, un país de pequeña burguesía (artesanos, campesinos, tenderos, etc.). Por otra parte, no existía un partido obrero fuerte, ni una clase trabajadora preparada con experiencia en la lucha política. No había una organización política consolidada del proletariado, ni sindicatos poderosos, ni cooperativas sólidas.

Sin embargo, pese a esas condiciones tan desfavorables y a la brevedad de su existencia, la Comuna adoptó algunas medidas que caracterizan suficientemente su verdadero sentido y sus objetivos. La Comuna reemplazó el ejército regular, instrumento de las clases dominantes, y armó a todo el pueblo; proclamó la separación de la Iglesia y el Estado; eliminó los subsidios al clero y estableció un sistema de educación pública laico. También abolió el trabajo nocturno en las panaderías y erradicó el sistema de multas, una forma legalizada de explotación de los obreros. Se promulgó un decreto para que las fábricas y talleres abandonados o paralizados fueran entregados a cooperativas obreras, permitiendo así la reactivación de la producción. Para subrayar su carácter popular y proletario, la Comuna decretó que los salarios de los funcionarios administrativos y gubernamentales no superaran el de un obrero medio.

Todas estas medidas demostraban que la Comuna era una amenaza mortal para el viejo sistema basado en la opresión y explotación. Por ello, la burguesía no podía dormir tranquila mientras en el ayuntamiento de París ondeara la bandera roja del proletariado. Cuando el gobierno finalmente sofocó la insurrección, sus generales bonapartistas desataron una masacre sin precedentes: cerca de 30.000 parisienses fueron ejecutados, 45.000 arrestados y miles más fueron deportados o condenados a trabajos forzados. En total, París perdió alrededor de 100.000 de sus mejores hijos, especialmente entre la clase obrera.

La burguesía creyó haber erradicado el socialismo para siempre, pero su victoria fue efímera. Apenas seis años después, un nuevo movimiento obrero surgía en Francia. Los trabajadores, enriquecidos con la experiencia de la Comuna, recogieron la bandera caída de sus predecesores y continuaron la lucha al grito de "¡Viva la revolución social, viva la Comuna!".

La causa de la Comuna es la causa de la revolución social, de la completa emancipación política y económica de los trabajadores, y de la lucha del proletariado mundial. En este sentido, su legado es inmortal.

PACIFISMO BURGUÉS Y PACIFISMO SOCIALISTA

CAPÍTULO I: VIRAJE EN LA POLÍTICA MUNDIAL

Hay indicios de que tal viraje se operó o se está operando; es decir, un viraje de la guerra imperialista hacia la paz imperialista.

Un profundo e indudable agotamiento de ambas coaliciones imperialistas; la dificultad de continuar la guerra; la dificultad que tienen los capitalistas en general y el capital financiero, en particular, de arrancar a los pueblos algo más fuera de todo lo que le han birlado en forma de escandalosas ganancias de guerra; la saciedad del capital financiero de los países neutrales, Estados Unidos, Holanda, Suiza y otros, que se acrecentó gigantescamente en la guerra y al cual no le es fácil proseguir en esa "ventajosa" economía por la escasez de las materias primas y de las reservas alimenticias; los intentos renovados de Alemania para separar uno u otro aliado de su principal rival imperialista, Inglaterra; las declaraciones pacifistas del gobierno alemán y, con él, las de una serie de gobiernos de los países neutrales; he ahí los indicios principales.

¿Existen probabilidades de una pronta terminación de la guerra o no?

Es muy difícil contestar a esa pregunta con una aserción. Dos posibilidades se perfilan a nuestro parecer con bastante nitidez:

La primera es que se concluya una paz por separado entre Alemania y Rusia, aunque no sea en la forma corriente de un tratado formal escrito. La segunda es que tal paz no se concluya. Inglaterra y sus aliados todavía tienen fuerzas para sostenerse un año, dos, etc. En el primer supuesto, la guerra cesaría ineluctablemente, de no ser ahora, en un futuro próximo, y no se pueden esperar serias variantes en su curso. En el segundo, podría continuar indefinidamente.

Detengámonos en el primer caso.

Que la paz por separado entre Alemania y Rusia se estuvo negociando recientemente; que el mismo Nicolás II o la influyente camarilla cortesana es partidaria de una paz semejante; que en la política mundial ya se delineó un viraje de alianza imperialista entre Rusia e Inglaterra contra Alemania, hacia una alianza, no menos imperialista, entre Rusia y Alemania contra Inglaterra; todo esto está fuera de duda.

La sustitución de Sturmer por Trepov, la declaración pública del zarismo de que el "derecho" de Rusia sobre Constantinopla está reconocido por todos los aliados, la creación por Alemania de un Estado polaco separado, son indicios que parecieran señalar el hecho de que las negociaciones sobre una paz por separado fracasaron. ¿Quizás el zarismo haya hecho negociaciones solamente para extorsionar a Inglaterra, para obtener de ella un reconocimiento formal e inequívoco de los "derechos" de Nicolás el Sangriento sobre Constantinopla y de tales o cuales garantías serias de ese derecho?

Dado que el contenido principal, fundamental, de la guerra imperialista en cuestión es el reparto del botín entre los tres principales rivales imperialistas, entre los tres bandidos, Rusia, Alemania e Inglaterra, nada tiene de improbable tal suposición.

Por otra parte, cuanto más se perfila para el zarismo la imposibilidad práctica y militar de recuperar Polonia, de conquistar Constantinopla, de quebrar el férreo frente alemán que Alemania ajusta, acorta y fortifica magníficamente con sus últimas victorias en Rumania, tanto más se ve obligado el zarismo a concluir una paz por separado con Alemania, esto es, a pasar de su alianza imperialista con Inglaterra contra Alemania a una alianza imperialista con Alemania contra Inglaterra. ¿Por qué no? ¿No estuvo Rusia acaso a un paso de la guerra con Inglaterra por la competencia imperialista de ambas potencias en el reparto del botín en Asia Central? ¿No se realizaron acaso negociaciones entre Inglaterra y Alemania sobre una alianza contra Rusia, en 1898, habiéndose comprometido secretamente, entonces, Inglaterra y Alemania a repartirse entre sí las colonias de Portugal en la eventualidad de que ésta no cumpliera sus obligaciones financieras?

La marcada tendencia de los círculos imperialistas dirigentes de Alemania hacia una alianza con Rusia contra Inglaterra, se definió ya algunos meses atrás. La base de la alianza será, evidentemente, el reparto de Galitzia (para el zarismo es de la mayor importancia ahogar el centro de agitación y de libertad ucranianas), de Armenia y quizá de Rumania. Se deslizó en un diario alemán la insinuación de que se podría dividir a Rumania entre Austria, Bulgaria y Rusia. Alemania podría acordar algunas menudas concesiones más al zarismo con tal de concertar una alianza con Rusia y también, quizá, con Japón contra Inglaterra.

La paz por separado pudo haber sido concluida entre Nicolás II y Guillermo II en secreto. En la historia de la diplomacia existen ejemplos de tratados secretos que nadie conocía, ni siquiera los ministros, a excepción de dos o tres personas. En la historia de la diplomacia existen ejemplos de cómo las grandes potencias concurrían a un congreso paneuropeo, habiendo negociado previamente lo principal, en secreto, entre los grandes rivales. Nada habría de asombroso en el hecho de que el zarismo rechazara una paz formal por separado entre gobiernos, considerando, entre otras cosas, que en la situación actual de Rusia su gobierno podría encontrarse en manos de Miliukov y Guchkov o de Miliukov y Kerenski, y que, al mismo tiempo, concluyera un tratado secreto, no formal, pero no menos firme, con Alemania en el que se estableciera que ambas altas partes contratantes mantendrían juntas una determinada línea en el futuro congreso de la paz.

No se puede saber si esta conjetura es correcta o no. De todos modos, está mil veces más cerca de la verdad; es una descripción mucho mejor del real estado de cosas que las piadosas frases sobre la paz que intercambian los gobiernos actuales o los gobiernos burgueses en general, basadas en el rechazo de las anexiones, etc. Esas frases son, o bien ingenuos anhelos, o bien hipocresía y mentira que sirven para ocultar la verdad. La verdad de la situación actual, de la guerra actual, del momento actual en que se hacen tentativas para concluir la paz consiste en el reparto del botín imperialista. Allí está lo esencial, y comprender esa verdad, expresarla, "enunciar aquello que realmente es", tal es la tarea fundamental de la política socialista, a diferencia de la burguesa, para la cual lo principal está en ocultar, en esfumar esa verdad.

Ambas coaliciones imperialistas saquearon una determinada cantidad de botín, habiendo sido precisamente Alemania e Inglaterra los dos buitres principales y más fuertes, los que más saquearon. Inglaterra no perdió un palmo de su tierra ni de sus colonias, "adquiriendo" las colonias alemanas y parte de Turquía (Mesopotamia). Alemania perdió casi todas sus colonias, pero adquirió territorios inmensamente más valiosos en Europa, al apoderarse de Bélgica, Serbia, Rumania, parte de Francia, parte de Rusia, etc. Se trata de dividir ese botín, debiendo el "cabecilla" de cada banda de asaltantes, es decir, tanto Inglaterra como Alemania, recompensar en una u otra medida a sus aliados, los cuales, a excepción de Bulgaria y en menor escala de Italia, sufrieron pérdidas muy grandes. Los aliados más débiles son los que más perdieron: en la coalición inglesa fueron aplastados Bélgica, Serbia, Montenegro, Rumania; en la alemana, Turquía perdió Armenia y parte de Mesopotamia.

Hasta ahora el botín de Alemania es sin duda considerablemente mayor que el de Inglaterra. Hasta ahora triunfó Alemania, quedando inmensamente más fuerte de lo que nadie hubiera podido suponer antes de la guerra. Se entiende, por lo tanto, que sería conveniente para Alemania concluir la paz cuanto antes, pues su rival aún podría, en la oportunidad más ventajosa imaginable para él (si bien poco probable), poner en juego una más numerosa reserva de reclutas, etc.

Tal es la situación objetiva. Tal es el momento actual de la lucha por el reparto del botín imperialista. Es completamente natural que este momento haya engendrado aspiraciones, declaraciones y manifestaciones pacifistas, preferentemente entre la burguesía y los gobiernos de la coalición alemana y luego de los países neutrales. Es igualmente natural que la burguesía y sus gobiernos estén obligados a emplear todas sus fuerzas para burlar a los pueblos, encubriendo la repugnante desnudez de la paz imperialista, el reparto de lo saqueado, por medio de frases enteramente falsas acerca de una paz democrática, acerca de la libertad de los pueblos pequeños, acerca de la reducción de los armamentos, etc.

Pero si es natural en la burguesía que trate de burlar a los pueblos, ¿de qué manera cumplen su deber los socialistas? De esto se tratará en el artículo (o capítulo) siguiente.

CAPÍTULO II: EL PACIFISMO DE KAUTSKY Y DE TURATI

Kautsky es el teórico de mayor autoridad de la II Internacional, el jefe más destacado del llamado "centro marxista" en Alemania, el representante de la oposición que ha creado en el Reichstag una fracción aparte: el "Grupo Socialdemócrata del Trabajo" (Haase, Ledebour y otros). En una serie de periódicos socialdemócratas de Alemania se publican ahora artículos de Kautsky sobre las condiciones de paz, parafraseando la declaración oficial del "Grupo Socialdemócrata del Trabajo" que este presentó con motivo de la conocida nota del gobierno alemán en la que se proponían negociaciones sobre la paz. Al exigir que el gobierno proponga condiciones determinadas de paz, esa declaración contiene, entre otras cosas, la siguiente frase característica:

"...Para que dicha nota (del gobierno alemán) conduzca hacia la paz, es necesario que en todos los países se rechace inequívocamente la idea de anexar zonas ajenas, de someter política, económica o militarmente a cualquier pueblo que sea a otro Poder estatal..."

Parafraseando y concretando esa proposición, Kautsky "demuestra" circunstanciadamente en sus artículos que Constantinopla no le debe tocar a Rusia y que Turquía no debe ser un Estado vasallo de nadie.

Examinemos más atentamente esas consignas y esos argumentos políticos de Kautsky y de sus correligionarios.

Cuando se trata de Rusia, o sea, del rival imperialista de Alemania, entonces Kautsky ya no plantea una exigencia abstracta, "general", sino una completamente concreta, precisa y determinada: Constantinopla no debe tocarle a Rusia. Con eso mismo, él desenmascara las verdaderas intenciones imperialistas... de Rusia. Cuando se trata de Alemania, es decir, precisamente de aquel país a cuyo gobierno y a cuya burguesía la mayoría del partido que cuenta a Kautsky entre sus miembros (y que nombró a Kautsky redactor de su órgano principal teórico y directivo Neue Zeit) ayuda a hacer la guerra imperialista, entonces Kautsky no desenmascara las intenciones imperialistas concretas de su propio gobierno, sino que se limita a expresar un deseo o una proposición "general": ¡Turquía no debe ser un Estado vasallo de nadie!

¿En qué se distingue, pues, la política de Kautsky, por su contenido efectivo, de la política de los combativos, por así decirlo, socialchovinistas (es decir, socialistas de palabra y chovinistas de hecho) de Francia e Inglaterra, que desenmascaran los actos imperialistas concretos de Alemania, pero cuando se trata de países y de pueblos conquistados por Inglaterra o por Rusia, se escabullen expresando deseos o proposiciones "generales"? Gritan cuando se trata de la ocupación de Bélgica, de Serbia, pero callan sobre la ocupación de Galitzia, de Armenia y de las colonias en África.

De hecho, la política de Kautsky y de Sembat-Henderson ayuda indistintamente a su propio gobierno imperialista, atrayendo principalmente la atención sobre la malignidad del rival y del enemigo y arrojando un velo de frases nebulosas, generales y de bondadosos deseos sobre los actos igualmente imperialistas de su propia burguesía. Y nosotros dejaríamos de ser marxistas, dejaríamos en general de ser socialistas si nos contentáramos con la contemplación cristiana, por así decirlo, de la bondad de las bondadosas frases generales, sin poner al descubierto su significado político real. ¿Acaso no vemos continuamente que la diplomacia de todas las potencias imperialistas hace alarde de virtuosísimas frases "generales" y de sus declaraciones "democráticas", encubriendo con ellas el saqueo, la violación y el estrangulamiento de los pueblos pequeños?

"Turquía no debe ser un Estado vasallo de nadie"... Si digo solamente eso, puede parecer que soy partidario de la plena libertad de Turquía. Pero, en realidad, no hago más que repetir una frase pronunciada comúnmente por los diplomáticos alemanes que, a todas luces, mienten y dan pruebas de hipocresía, encubriendo con dicha frase el hecho de que Alemania haya transformado, ahora, a Turquía en su vasallo tanto en el sentido financiero como en el militar. Y si soy un socialista alemán, mis frases "generales" solo resultan beneficiosas para la diplomacia alemana, porque su significado real reside en que sirven para adornar al imperialismo alemán.

"...En todos los países debe repudiarse la idea de las anexiones,... del sometimiento económico de cualquier pueblo que sea..."

¡Qué alarde de virtud! Los imperialistas, miles de veces, "repudian la idea" de las anexiones y del estrangulamiento financiero de los pueblos débiles, pero ¿no convendría confrontar eso con los hechos que demuestran que cualquier banco grande de Alemania, Inglaterra, Francia o Estados Unidos tiene "sometidos" a los pueblos pequeños? ¿Puede acaso, en la práctica, un gobierno burgués actual de un país rico rechazar las anexiones y la subordinación económica de los pueblos extraños, cuando se han invertido miles y miles de millones en los ferrocarriles y en otras empresas de los pueblos débiles?

¿Quién es el que lucha realmente contra las anexiones, etc.: aquel que lanza hermosas frases cuyo valor objetivo equivale exactamente al del agua bendita cristiana, con la cual se rocía a los bandidos coronados y capitalistas, o aquel que explica a los obreros que, sin derrocar a la burguesía imperialista y sus gobiernos, es imposible poner fin a las anexiones y al estrangulamiento financiero?

He aquí una ilustración italiana del pacifismo que predica Kautsky.

En el órgano central del Partido Socialista Italiano Avanti! del 25 de diciembre de 1916, el conocido reformista Filippo Turati publicó un artículo titulado "Abracadabra". El 22 de noviembre de 1916 —escribe él— el grupo socialista parlamentario de Italia propuso en el parlamento una moción sobre la paz. En esa moción "comprobó la concordancia de los principios proclamados por los representantes de Inglaterra y de Alemania, principios que deben cimentar una paz posible, e invitó al gobierno a iniciar las negociaciones de paz con la mediación de los Estados Unidos y de otros países neutrales". Así expone el contenido de la moción socialista el mismo Turati.

El 6 de diciembre de 1916, la cámara "entierra" la moción socialista "postergando" su discusión. El 12 de diciembre, el canciller alemán propone en su propio nombre, en el Reichstag, lo que querían los socialistas italianos. El 22 de diciembre interviene con su Nota Wilson, "parafraseando y repitiendo —según la expresión de F. Turati— las ideas y los argumentos de la moción socialista". El 23 de diciembre, otros Estados neutrales aparecen en escena parafraseando la Nota de Wilson.

Nos acusan de habernos vendido a Alemania, exclama Turati. ¿No se han vendido a Alemania también Wilson y los Estados neutrales?

El 17 de diciembre, Turati pronunció en el parlamento un discurso, uno de cuyos pasajes provocó una extraordinaria y merecida sensación. He aquí ese pasaje, según la información de Avanti!:

"... Supongamos que en una discusión del tipo que nos propone Alemania sea posible resolver a grandes trazos cuestiones tales como la evacuación de Bélgica, Francia, la reconstitución de Rumania, Serbia y, si queréis, de Montenegro; os agrego la rectificación de las fronteras italianas en lo que se refiere a lo indiscutiblemente italiano y que responde a garantías de un carácter estratégico...".

En ese pasaje, la cámara chovinista y burguesa interrumpe a Turati; de todas partes se oyen exclamaciones: "¡Magnífico! ¡Quiere decir que usted también quiere todo eso! ¡Viva Turati! ¡Viva Turati!".

Turati, al darse cuenta, por lo visto, de que algo anda mal en ese entusiasmo burgués, trata de "corregirse" o de "explicarse":

"... Señores —dice él—, no estamos para bromas inoportunas. Una cosa es admitir la conveniencia y el derecho de la unidad nacional, siempre reconocida por nosotros; otra cosa es provocar o justificar la guerra por ese motivo".

Ni esa "explicación" de Turati, ni los artículos de Avanti! publicados en su defensa, ni la carta de Turati del 21 de diciembre, ni el artículo de cierto "b b" aparecido en el Volksrecht de Zúrich "arreglan" en absoluto la situación, ¡ni suprimen el hecho de que Turati se haya traicionado!... Más precisamente: no fue Turati el que se ha traicionado, sino todo el pacifismo socialista, representado por Kautsky y, como veremos más adelante, por los "kautskianos" franceses. La prensa burguesa de Italia tuvo razón cuando recogió ese pasaje en el discurso de Turati regocijándose al respecto.

El mencionado "b b" intenta defender a Turati diciendo que aquel solo se refería al "derecho de autodeterminación de las naciones".

¡Mala defensa! ¿Qué tiene que ver "el derecho de autodeterminación de las naciones", que, como todos saben, está en el programa de los marxistas (y ha estado siempre en el programa de la democracia internacional), con la defensa de los pueblos oprimidos? ¿Qué tiene que ver con la guerra imperialista, es decir, con la guerra por el reparto de las colonias, por la opresión de los países extraños, con la guerra entre potencias opresoras y de saqueo, por ver quién puede oprimir más pueblos extraños?

Invocar la autodeterminación de las naciones para justificar una guerra imperialista, no una guerra nacional, ¿en qué se distingue eso de los discursos de Alexinski, Hervé, Hyndman, quienes invocan la república en Francia en contraposición a la monarquía en Alemania, aunque todos saben que la guerra en cuestión no se debe en absoluto al choque del sistema republicano con el principio monárquico, sino al reparto de las colonias y demás, entre dos coaliciones imperialistas?

Turati se explicaba y se defendía diciendo que de ningún modo "justificaba" la guerra.

Creamos al reformista Turati, a Turati el partidario de Kautsky, que no fue su intención justificar la guerra. ¿Pero quién ignora que en la política no se toman en cuenta las intenciones, sino los actos; no los buenos deseos, sino los hechos; no lo imaginado, sino lo real?

Admitamos que Turati no haya querido justificar la guerra, que Kautsky no haya querido justificar que Alemania establezca relaciones de vasallaje de Turquía respecto del imperialismo alemán. Pero en la práctica resultó que esos dos tiernos pacifistas ¡justificaron precisamente la guerra! He aquí el fondo del asunto. Si Kautsky hubiera pronunciado algo semejante a "Constantinopla no debe tocarle a Rusia, Turquía no debe ser un Estado vasallo de nadie", no en una revista, tan aburrida que nadie lee, sino desde la tribuna del parlamento, ante un público burgués vivo, impresionable, de temperamento meridional, nada habría de asombroso en que los ingeniosos burgueses exclamaran: "¡Magnífico! ¡Muy bien! ¡Viva Kautsky!".

Turati adoptaba de hecho —independientemente de si lo quería o no, de si tenía conciencia de ello— el punto de vista de un intermediario burgués, que proponía un arreglo amistoso entre los buitres imperialistas. "Liberar" las tierras italianas pertenecientes a Austria sería encubrir en los hechos la recompensa que se otorga a la burguesía italiana por su participación en la guerra imperialista de una coalición imperialista gigantesca; sería un suplemento sin importancia al reparto de las colonias en África y de las esferas de influencia en Dalmacia y en Albania. Es natural, quizá, que el reformista Turati adopte un punto de vista burgués, pero Kautsky de hecho no se distingue absolutamente en nada de Turati.

Para no aderezar la guerra imperialista, para no ayudar a la burguesía a hacer pasar esa guerra por nacional, por una guerra liberadora de los pueblos, para no encontrarse en la posición de un reformismo burgués, hay que hablar, no como lo hacen Kautsky y Turati, sino como lo hacía Karl Liebknecht; hay que decirle a la propia burguesía que es hipócrita cuando habla de liberación nacional, que la paz democrática es imposible en relación con la guerra actual, a no ser que el proletariado "vuelva las armas" contra sus propios gobiernos.

Esa debería ser, y solo esa, la posición de un verdadero marxista, de un verdadero socialista y no de un reformista burgués. No trabaja realmente en beneficio de la paz democrática el que repite los buenos y generales deseos del pacifismo, que nada dicen y a nada obligan, sino el que desenmascara el carácter imperialista tanto de la guerra actual como de la paz imperialista que ella está preparando; el que llama a los pueblos a la revolución contra los gobiernos criminales.

Algunos tratan a veces de defender a Kautsky y a Turati diciendo que legalmente no se podía ir más allá de una "alusión" en contra del gobierno y tal "alusión" existe en los pacifistas de esa clase. Pero a esto hay que contestar, primero, que el hecho de que sea imposible decir legalmente la verdad es un argumento que no va en favor del encubrimiento de la verdad, sino a favor de la necesidad de establecer una organización y una prensa ilegal, es decir, libre de la policía y de la censura; segundo, que existen momentos históricos en que al socialista se le exige una ruptura con cualquier legalidad; tercero, que, aun en la Rusia feudal, Dobroliubov y Chernishevski sabían decir la verdad, sea pasando en silencio el manifiesto del 19 de febrero de 1861, sea burlándose de los liberales de entonces que decían discursos idénticos a los de Turati y de Kautsky, sea ridiculizándolos.

En el artículo siguiente, pasaremos al pacifismo francés, que encontró su expresión en las resoluciones de dos congresos de organizaciones obreras y socialistas de Francia, recientemente celebrados.

CAPÍTULO) III: EL PACIFISMO DE LOS SOCIALISTAS Y SINDICALISTAS FRANCESES

Acaban de clausurarse los congresos de la C.G.T. francesa (Confédération Générale du Travail) y del Partido Socialista Francés. Aquí se delineó con particular nitidez el significado y el papel auténticos que desempeña en el momento actual el pacifismo socialista.

He aquí la resolución del congreso sindical, adoptada unánimemente tanto por la mayoría de los chovinistas furiosos, con el tristemente famoso Jouhaux a la cabeza, como por el anarquista Broutechoux y... el "zimmerwaldista" Merrheim:

"La conferencia de las federaciones gremiales nacionales, de las uniones de los sindicatos, de las bolsas de trabajo, habiéndose notificado de la Nota del Presidente de los Estados Unidos que 'invita a todas las naciones que se encuentran actualmente en guerra a exponer públicamente sus puntos de vista sobre las condiciones en las que se le podría poner fin';

"Solicita del gobierno francés que otorgue su conformidad a dicha propuesta;

"Invita al gobierno a asumir la iniciativa de intervenir ante sus aliados para apresurar la hora de la paz;

"Declara que la federación de naciones, que es una de las garantías de la paz definitiva, puede ser asegurada solo a condición de que todas las naciones, tanto pequeñas como grandes, sean independientes, territorialmente inviolables y política y económicamente libres.

"Las organizaciones representadas en la conferencia asumen la obligación de apoyar y difundir esa idea entre las masas obreras para que cese la situación indefinida, ambigua, que solo beneficia a la diplomacia secreta contra la cual siempre se rebeló la clase obrera".

He aquí un ejemplo de un pacifismo "puro", muy al estilo de Kautsky, de un pacifismo aprobado por una organización oficial de obreros que nada tiene de común con el marxismo y que está formada en su mayoría por chovinistas. Tenemos ante nosotros un documento descollante y que merece la más seria atención: el documento de la unificación política de los chovinistas y de los kautskianos, basado en una huera fraseología pacifista. Si en el artículo precedente hemos intentado mostrar en qué consiste la base teórica de la unidad de opiniones de chovinistas y de pacifistas, de burgueses y de reformistas socialistas, vemos ahora esa unidad realizada en la práctica en otro país imperialista.

En la Conferencia de Zimmerwald (5-8 de septiembre de 1915), Merrheim declaró: "Le parti, les Jouhaux, le gouvernement, ce ne sont que trois têtes sous un bonnet" ("El partido, los señores Jouhaux, el gobierno, no son sino tres cabezas bajo un mismo bonete", es decir, son una misma cosa). En la Conferencia de la C.G.T. del 26 de diciembre de 1916, Merrheim vota, junto con Jouhaux, la resolución pacifista.

El 23 de diciembre de 1916, uno de los órganos más francos y extremos de los socialimperialistas alemanes, el periódico de Chemnitz Volksstimme, inserta el artículo editorial: "Descomposición de los partidos burgueses y restablecimiento de la unidad socialdemócrata". En ese artículo se alaba, naturalmente, el espíritu de paz de Sudekum, Legien, Scheidemann y compañía, de toda la mayoría del Partido Socialdemócrata Alemán, como también del gobierno alemán, y se proclama que "el primer congreso del Partido convocado después de la guerra debe restablecer su unidad, excepción hecha de los poco numerosos fanáticos que rehúsan pagar las cuotas del Partido" (¡es decir, de los adictos a Karl Liebknecht!), "—restablecer la unidad del Partido sobre la base de la política de la dirección del partido, de la fracción socialdemócrata del Reichstag y de los sindicatos".

Con una claridad meridiana se expresa aquí la idea y se proclama la política de la "unidad" entre los socialchovinistas abiertos de Alemania con Kautsky y compañía, y el "Grupo Socialdemócrata del Trabajo", unidad basada en frases pacifistas... ¡"unidad" como la realizada en Francia el 26 de diciembre de 1916 entre Jouhaux y Merrheim!

El órgano central del Partido Socialista Italiano Avanti! escribe en su nota editorial del 28 de diciembre de 1916:

"Si bien Bissolati y Sudekum, Bonomi y Scheidemann, Sembat y David, Jouhaux y Legien pasaron al campo del nacionalismo burgués y traicionaron (hanno tradito) la unidad ideológica de los internacionalistas a la cual prometieron servir en cuerpo y alma, nosotros nos quedaremos junto a nuestros camaradas alemanes tales como Liebknecht, Ledebour, Hoffmann, Meyer; a nuestros camaradas franceses tales como Merrheim, Blanc, Brizon, Raffin-Dugens, quienes no cambiaron ni vacilaron".

Ved qué confusión se produce:

Bissolati y Bonomi fueron expulsados por reformistas y chovinistas del Partido Socialista Italiano aún antes de la guerra. Avanti! los coloca en el mismo nivel que a Sudekum y a Legien, y con toda razón por cierto; pero Sudekum, David y Legien están a la cabeza del pretendido Partido Socialdemócrata de Alemania, socialchovinista de hecho, y el mismo Avanti! se rebela contra su expulsión, contra la ruptura con ellos, contra la formación de la III Internacional. Avanti! anuncia, y con justa razón, que Legien y Jouhaux se han pasado al campo del nacionalismo burgués, oponiéndolos a Liebknecht y a Ledebour, a Merrheim y a Brizon. Pero nosotros vemos que Merrheim vota junto con Jouhaux y que Legien manifiesta, por boca de Volksstimme de Chemnitz, su certidumbre en el restablecimiento de la unidad del Partido, con la única excepción de los correligionarios de Liebknecht, esto es, ¡"unidad" junto con el "Grupo Socialdemócrata del Trabajo" (Kautsky inclusive) al cual pertenece Ledebour!

Esa confusión es originada por el hecho de que Avanti! confunde el pacifismo burgués con el internacionalismo socialdemócrata revolucionario, mientras que politiqueros tan experimentados como Legien y Jouhaux han comprendido magníficamente la identidad del pacifismo socialista y la del pacifismo burgués.

¡Cómo no han de regocijarse el señor Jouhaux y su periódico chovinista La Bataille con motivo de la "unanimidad" de Jouhaux y de Merrheim, cuando, en la resolución adoptada unánimemente y citada por nosotros íntegramente, no hay de hecho absolutamente nada, salvo frases pacifistas burguesas! No hay ni sombra de conciencia revolucionaria, ni una sola idea socialista.

¿No es ridículo acaso hablar de "libertad económica de todas las naciones, tanto pequeñas como grandes", pasando en silencio el hecho de que, mientras no se derroquen los gobiernos burgueses y no se expropie a la burguesía, esa "libertad económica" es un engaño al pueblo? Lo mismo ocurre con las frases referentes a la "libertad económica" de los ciudadanos en general, de los pequeños campesinos y de los ricos, de los obreros y de los capitalistas en la sociedad contemporánea.

La resolución por la cual votaron unánimemente Jouhaux y Merrheim está totalmente impregnada por las ideas del "nacionalismo burgués", que Avanti! destaca acertadamente en Jouhaux, pero que extrañamente no ve en Merrheim.

Los nacionalistas burgueses han hecho alarde, siempre y en todas partes, de frases "generales" sobre una "federación de naciones" en general, sobre la "libertad económica de todas las naciones grandes y pequeñas". Los socialistas, a diferencia de los nacionalistas burgueses, decían y dicen: perorar acerca de la "libertad económica de las naciones grandes y pequeñas" es una hipocresía repugnante, en tanto que unas naciones (por ejemplo, Inglaterra y Francia) coloquen en el extranjero, es decir, concedan préstamos con intereses usurarios a las naciones pequeñas y atrasadas, miles y miles de millones de francos de capital, y las naciones pequeñas y débiles se encuentren bajo su yugo.

Los socialistas no podrían dejar, sin una protesta decidida, una sola frase de aquella resolución por la cual votaron unánimemente Jouhaux y Merrheim. Los socialistas hubieran declarado, en contraposición abierta a dicha resolución, que el discurso de Wilson es una evidente mentira e hipocresía, pues Wilson es un representante de la burguesía que ha ganado miles de millones en la guerra. Es el jefe de un gobierno que llevó hasta la locura la acción armamentista de los Estados Unidos, con fines manifiestos de una segunda gran guerra imperialista.

El gobierno burgués francés, atado de pies y manos por el capital financiero, del cual es esclavo, y por los tratados imperialistas secretos, enteramente rapaces y reaccionarios, con Inglaterra, Rusia, etc., no está en condiciones de decir ni de hacer otra cosa que lanzar las mismas mentiras sobre la cuestión de una paz democrática y "justa".

La lucha por una paz semejante consiste, no en la repetición de frases pacifistas generales, estériles, insustanciales, bondadosas y melifluas, que a nada obligan y que solo embellecen en la práctica la ruindad imperialista, sino en declarar a los pueblos la verdad, precisamente en declarársela a los pueblos: para obtener una paz justa y democrática es preciso derrocar a los gobiernos burgueses de todos los países beligerantes y aprovechar para ello el hecho de que millones de obreros están armados, como también la exasperación general de las masas de la población, provocada por la carestía de la vida y por los horrores de la guerra imperialista.

Eso es lo que deberían haber dicho los socialistas en lugar de la resolución de Jouhaux y de Merrheim.

¡El Partido Socialista Francés, en su congreso que se realizó en París simultáneamente con el de la C.G.T., no solo no dijo eso, sino que adoptó una resolución aún peor, por 2.838 votos contra 109 y 20 abstenciones! Es decir, con el bloque de los socialchovinistas (Renaudel y compañía, los así llamados majoritaires, los partidarios de la mayoría) y de los longuetistas (partidarios de Longuet, kautskianos franceses).

¡Al mismo tiempo votaron por esa resolución el zimmerwaldista Bourderon y el kienthalista Raffin-Dugens!

No citaremos el texto de esa resolución, pues es excesivamente larga y carece en absoluto de interés: en ella figuran a la par las frases bondadosas y melifluas acerca de la paz y la declaración de estar dispuestos a seguir apoyando la así llamada "defensa de la patria" en Francia, es decir, de seguir apoyando la guerra imperialista en la que Francia está aliada con bandidos aún más fuertes y más grandes, tales como Inglaterra y Rusia.

La unificación de los socialchovinistas con los pacifistas (o kautskianos) en Francia, y con parte de los zimmerwaldistas, se convirtió, por consiguiente, en un hecho, no solo en la C.G.T., sino también en el Partido Socialista.

CAPÍTULO IV: ZIMMERWALD EN LA ENCRUCIJADA

El 28 de diciembre llegaron a Berna los periódicos franceses con el informe referente al Congreso de la C.G.T., y el 30 de diciembre apareció, en los periódicos socialistas de Berna y de Zúrich, un nuevo llamamiento de la I. S. K. de Berna (Internationale Sozialistische Kommission), Comisión Socialista Internacional, órgano ejecutivo de la unión zimmerwaldiana. En ese llamamiento, fechado a fines de diciembre de 1916, se habla de la propuesta de paz por parte de Alemania, así como de Wilson y de otros países neutrales. A estas manifestaciones gubernamentales las llaman, y con justa razón, "comedia de la paz", "juego para burlar a los propios pueblos", "gesticulaciones pacifistas e hipócritas de los diplomáticos".

A esta comedia y a esta mentira se les contrapone, como "única fuerza" capaz de lograr la paz, etc., la "firme voluntad" del proletariado internacional de "dirigir las armas no contra sus hermanos, sino contra el enemigo que está en su propio país".

Las citas mencionadas nos muestran manifiestamente dos políticas diferentes en su raíz que, hasta el presente, parecían llevarse de acuerdo dentro de la unión zimmerwaldiana y que ahora se han separado definitivamente.

Por una parte, Turati dice definidamente, y con toda justicia, que la propuesta de Alemania, de Wilson, etc., solo es la "paráfrasis" del pacifismo "socialista" italiano. La declaración de los socialchovinistas alemanes y la votación de los franceses demuestran que tanto unos como otros han apreciado perfectamente la utilidad del encubrimiento pacifista de su política.

Por otra parte, el llamamiento de la Comisión Socialista Internacional da el nombre de comedia y de hipocresía al pacifismo de todos los gobiernos neutrales y beligerantes.

Por una parte, Jouhaux se une con Merrheim; Bourderon, Longuet y Raffin-Dugens, con Renaudel, Sembat y Thomas; y los socialchovinistas alemanes Sudekum, David y Scheidemann proclaman el próximo "restablecimiento de la unidad socialdemócrata" con Kautsky y con el "Grupo Socialdemócrata del Trabajo".

Por otra parte, el llamamiento de la Comisión Socialista Internacional invita a las "minorías socialistas" a luchar enérgicamente contra "sus gobiernos" y "contra sus socialpatriotas mercenarios" (Söldlinge).

O esto o aquello.

¿Desenmascarar todo lo insustancial, lo absurdo, lo hipócrita del pacifismo burgués, o bien "parafrasear" su pacifismo "socialista"? ¿Luchar contra los Jouhaux y los Renaudel, contra los Legien y los David como "mercenarios" de los gobiernos, o bien unirse con ellos sobre la base de las declamaciones pacifistas y vacías de molde francés o alemán?

Esta es la línea divisoria según la cual se produce la separación entre la derecha de Zimmerwald, que se rebeló siempre y con todas sus fuerzas contra una escisión con los socialchovinistas, y su izquierda, que ya en Zimmerwald mismo no en vano tuvo buen cuidado de marcar abiertamente un límite con la derecha, de intervenir, en la conferencia y después de ella, en la prensa, con una plataforma distinta.

La proximidad de la paz, o aunque sea la discusión intensiva del problema de la paz por algunos elementos burgueses, originó, no por mera casualidad sino inevitablemente, una separación particularmente manifiesta entre una política y la otra. Porque a los pacifistas burgueses y a sus imitadores o remedadores "socialistas", la paz se les figuraba y figura como algo en principio distinto, en el sentido de que la idea "la guerra es la continuación de la política de paz, la paz es la continuación de la política de guerra" nunca fue comprendida por los pacifistas de ambos matices.

Que la guerra imperialista de los años 1914-1917 es la continuación de la política imperialista de los años 1898-1914, si no lo es también de un período anterior, no quisieron ni quieren verlo los burgueses ni los socialchovinistas. Que la paz puede ser ahora, a no ser que se derroquen revolucionariamente los gobiernos burgueses, solo una paz imperialista que prolongue la guerra imperialista, eso no lo ven los pacifistas, sean estos burgueses o socialistas.

Así como para emitir una apreciación de la guerra actual se han empleado frases estrechas, vulgares y sin sentido sobre la agresión o la defensa en general, así también respecto de la paz se emplean lugares comunes de filisteos, olvidando la situación histórica concreta, la realidad concreta de la lucha entre las potencias imperialistas. Y era natural que los socialchovinistas, esos agentes de los gobiernos y de la burguesía dentro de los partidos obreros, aprovecharan la proximidad de la paz, incluso las conversaciones sobre la paz, para esfumar la profundidad de su reformismo y de su oportunismo, puesta de manifiesto por la guerra, para restablecer su quebrantada influencia sobre las masas. De ahí que los socialchovinistas, como ya lo hemos visto, tanto en Alemania como en Francia, traten con renovados esfuerzos de "unirse" con la parte pacifista, vacilante y sin principios de la "oposición".

También dentro de la unión zimmerwaldiana se harán, probablemente, tentativas para esfumar la división de dos líneas políticas irreconciliables. Se pueden prever dos tipos de tentativas. La conciliación "práctica" consistirá simplemente en mezclar mecánicamente las sonoras frases revolucionarias (tales como, por ejemplo, las contenidas en el llamamiento de la Comisión Socialista Internacional) con las prácticas pacifista y oportunista. Así sucedió en la II Internacional. Las frases archirrevolucionarias contenidas en los llamamientos de Huysmans y Vandervelde y en algunas resoluciones de los congresos solo encubrían la práctica archioportunista de la mayoría de los partidos europeos, sin transformarla, sin socavarla, sin luchar contra ella. Es dudoso que, dentro de la unión zimmerwaldiana, esa táctica pueda lograr un nuevo éxito.

Los "conciliadores de principios" intentarán ofrecer una falsificación del marxismo bajo la forma de una reflexión tal como, por ejemplo: que las reformas no excluyen la revolución; que la paz imperialista, con determinadas "mejoras" de las fronteras entre las nacionalidades, o del derecho internacional, o del presupuesto para los armamentos, etc., es posible, a la par de un movimiento revolucionario, como "uno de los aspectos del desarrollo" de este movimiento; y así sucesivamente.

Eso sería una falsificación del marxismo. Por cierto, las reformas no excluyen la revolución. Sin embargo, no se trata ahora de eso, sino de que los revolucionarios no se excluyan a sí mismos frente a los reformistas, es decir, de que los socialistas no sustituyan su labor revolucionaria por la reformista.

Europa pasa por una situación revolucionaria. La guerra y la carestía la agudizan. La transición de la guerra a la paz no la suprime necesariamente, porque de ningún lado deriva que los millones de obreros, que tienen en su poder un armamento excelente, permitan indispensable e incondicionalmente que la burguesía los "desarme en forma pacífica" en lugar de seguir el consejo de Liebknecht, esto es, en lugar de dirigir las armas contra su propia burguesía.

Veremos en un futuro próximo cómo se desenvolverá en general el proceso de los acontecimientos en Europa, la lucha del reformismo-pacifismo con el marxismo revolucionario en particular, y dentro de esta, la lucha entre los dos sectores de la unión zimmerwaldiana.

CONTENIDO

PRIMERA PARTE: EL ESTADO Y LA REVOLUCIÓN 5
CAPÍTULO 1: LA SOCIEDAD DE CLASES Y EL ESTADO 7
CAPÍTULO II: EL ESTADO Y LA REVOLUCIÓN. LA EXPERIENCIA DE 1848 A 1851 21
CAPÍTULO III: EL ESTADO Y LA REVOLUCIÓN. LA EXPERIENCIA DE LA COMUNA DE PARÍS DE 1871. EL ANÁLISIS DE MARX 32
CAPÍTULO IV: CONTINUACIÓN. ACLARACIONES COMPLEMENTARIAS DE ENGELS 48
CAPÍTULO V: LAS BASES ECONÓMICAS DE LA EXTINCIÓN DEL ESTADO 69
CAPÍTULO VI: EL ENVILECIMIENTO DEL MARXISMO POR LOS OPORTUNISTAS 85
A LA FAMILIA ZARISTA 103
SEGUNDA PARTE: ANTOLOGÍA DE ENSAYOS ROJOS 109
FEDERICO ENGELS 111
AVENTURISMO REVOLUCIONARIO 121
SOCIALISMO PEQUEÑOBURGUÉS Y SOCIALISMO PROLETARIO 141
MARXISMO Y REVISIONISMO 149
LA ENFERMEDAD DEL REFORMISMO 157
EL IMPERIALISMO Y LA ESCISIÓN DEL SOCIALISMO 167
A LOS CAMPESINOS POBRES 183
PROGRAMA DEL PARTIDO OBRERO SOCIALDEMÓCRATA DE RUSIA 241
CINCO AÑOS DE LA REVOLUCIÓN RUSA Y PERSPECTIVAS DE LA REVOLUCIÓN MUNDIAL 245
EL MARXISMO Y LA INSURRECCIÓN 259

ESCUELAS GRANJAS Y ESCUELAS CORRECCIONALES...... 265
UNA CRÍTICA NO CRÍTICA 275
¿POR DÓNDE EMPEZAR? 293
NUEVOS ACONTECIMIENTOS Y VIEJOS PROBLEMAS 301
LA GUERRA DE GUERRLAS 305
PRFACIO A LAS CARTAS DE MARX 315
ACTITUD DEL PARTIDO OBRERO HACIA LA RELIGIÓN 323
EN MEMORIA DE LA COMUNA 333
PACIFISMO BURGUÉS Y PACIFISMO SOCIALISTA 337

www.ingramcontent.com/pod-product-compliance
Lightning Source LLC
Chambersburg PA
CBHW020246010526
44107CB00002B/125